Priest 著

The light in the night

大结局

北京联合出版公司
Beijing United Publishing Co.,Ltd.

图书在版编目（CIP）数据

默读. 大结局 / Priest著. — 北京：北京联合出
版公司，2018.9（2019.3重印）
ISBN 978-7-5596-2209-9

Ⅰ.①默… Ⅱ.①P… Ⅲ.①长篇小说—中国—当代
Ⅳ.①I247.5

中国版本图书馆CIP数据核字（2018）第121002号

默读. 大结局

作　　者：Priest
选题策划：北京磨铁图书有限公司
责任编辑：杨　青　高霁月
装帧设计：好谢翔工作室

北京联合出版公司出版
（北京市西城区德外大街83号楼9层　100088）
北京嘉业印刷厂印刷　新华书店经销
字数312千字　700毫米×980毫米　1/16　印张20
2018年9月第1版　2019年3月第5次印刷

ISBN 978-7-5596-2209-9
定价：48.00元

目 录

Part 5

埃 德 蒙 · 唐 泰 斯

The light in the night

"只有血才洗得掉名誉上的污点。"——《基督山伯爵》

第一章

市局是个很有趣的地方，一条马路之隔，就是市中心最源远流长的商务区，有高档的酒店和几家老牌大商场撑着门面，借着这些"门面"聚拢来的人气，又衍生出了一堆档次各异的小商业街。出了市局过马路，正对大门的停车场里被各色小吃摊围了一圈，越是寒冬腊月天，就越是卖得热火朝天，也不知为什么生意这样兴隆——可能是因为这边的警察同志们都格外馋。

一辆和周遭环境格格不入的豪华小跑停在露天的停车场里，旁边不远处就是个卖章鱼小丸子的餐车，队伍排了十多米，长龙似的，着实叫人望而生畏。

费渡探头看了一眼就放弃了，重新升起车窗，跟旁边的陆嘉闲聊："年终奖到账以后一般是离职高峰期，你明年有什么打算吗？以后是想接着跟我混，还是打算体验一下不一样的生活？"

骆闻舟这几天一直在市局加班，出来进去的，开自己的车比较方便。费渡是开自己的车过来的，住所没地方停车，只好顺路再让陆嘉开走。跑车的驾驶座对于陆嘉来说略微局促，有点委屈他的肚子，听费渡这么问，陆嘉仰面往后一靠："费总，你这是嫌我吃得多、排量大，要养不起了吗？"

"可不是嘛，"费渡往市局的方向扫了一眼，"我自己还要靠人养呢。"

陆嘉无声地笑了一会儿，初上的华灯透过没关严的车窗缝隙照进来，落到他细长的眼睛里，在眼角处落成了一点针尖似的光。而后他的笑容越来越淡，沉默了一会儿，陆嘉说："我听人家说，那些吸过毒的，脑子会被毒品改造——总觉得这事听着挺瘆人，你想，要是性格、教养、记忆之类都是软件，那大脑肯定就是硬件了。硬件都变了，等于你从'超级本'一下变成了

'小霸王'，那这肉体算谁的呢？像不像被另一个魂'借尸还魂'？"

费渡并不插嘴，十分有耐心地听着。

"但其实有时候我觉得，'创伤'也有点类似，"陆嘉解开安全带，小幅度地伸了个懒腰，"创伤也会把一个人完全变个样，有时候你看看别人，再照照镜子，会觉得心里特别恍惚……会想，我怎么会变成这样呢？我都不认识我自己了。

"普通人追求的那些东西，房、车、事业、爱情……每天都那么忙，每个人都揣着满肚子的烦心事和高兴事，烦得真情实感，高兴得认认真真，觉得今天和昨天、明天一样。"

费渡不做评论，撑着头"嗯"了一声，等着他往下说。

"可是就你不一样，你就跟让炮仗吓秃噜毛的母鸡似的，从此下不了蛋了——你看着别人，觉着他们追求的这些东西都是镜花水月，不能当真，说没就没。你觉得世界上没有什么是不能'说没就没'的，你天天做噩梦，满脑子妄想，暴躁，无缘无故就会紧张……有时候别人多看你一眼，你就觉得这人是不是不怀好意，有人在大街上拉住你问路，你就觉得他闹不好有什么阴谋，甚至有时候看见谁摸兜摸包的时间长了，你都怀疑人家身上藏了凶器。"

陆嘉的声音越来越低。车窗缝隙中传来嘈杂又吵闹的人声，七嘴八舌地与他的声音混在一起，显得他越发格格不入，越发寂寥。

"安全感，"费渡说，"没有这个，你就只能在长期的应激状态里颠沛流离了，确实很痛苦，即使创伤过去……"

"过不去，这事永远都过不去，就算抓住了凶手也一样，那句话怎么说来着——'凝视深渊的人，深渊也在凝视你'，我不知道你有没有这种感觉。"陆嘉摇摇头，"我有时候觉得自己就跟神经病一样，活着都特别没劲。"

费渡无声地伸手拍了拍他宽厚的肩背。

陆嘉摆摆手："我特别喜欢跟你聊天，虽然你坐这儿半天就没说几个字。"

"按照一般的社交礼仪，我应该安慰你两句，比如'一切都会过去，时间总有一天会让你失去记忆和智力，当然也会让伤口痊愈'之类，"费渡说到这儿，听见旁边有车短促地鸣了两下笛，他没往窗外看，直接拎起旁边的外套披上，"只不过这些都是胡说八道的废话，你想听我也懒得说。"

陆嘉失笑："费总，你这纯粹是颜值歧视吧？跟我就一个字都懒得多说，净是大实话，是不是换个漂亮大姑娘坐这儿，你就该讲究社交礼仪了？"

"那还是长得朴素一点比较幸运，要听我的大实话可不容易。"费渡煞有介事地说，"不过前一段时间，我正好和一个漂亮小姑娘聊过，有几句现成的，你听不听'二手话'？"

惨遭歧视的陆嘉做出无奈的洗耳恭听状。

"每个人都会被外来的东西塑造，环境、际遇、喜欢的人、讨厌的人……甚至卢国盛这样让你恨不能把他扒皮抽筋的人。杀人犯会通过创伤，塑造你的一部分血肉——这是事实，不管你愿不愿意。"

陆嘉愣愣地看着他。

"你知道如果是我，我会怎么样吗？我会削下那块不想要的肉，放出那碗被污染的血，再把下面长畸形的骨头一斧子剁下去砸碎。我不是凝视深渊的人，我就是深渊。"费渡冲他露出一个带着点血气的微笑，不过那微笑还没展开，就被又一声煞风景的车喇叭打碎。费渡无奈地一摇头，转身拉开车门下了车，"催什么——帮我把车开走，我那边车位有点紧张，喜欢它你就随便开出去散散心，新年快乐。"

陆嘉嘴唇动了动，看着费渡连车牌都没确认，直接拉开旁边那辆临时停靠的车门。骆闻舟懒洋洋地下了车，换到了副驾驶那边，朝陆嘉挥挥手，两人很快扬长而去了。

骆闻舟不是第一次连续几天在值班室住，以前住就住，除了要找人喂猫之外，也没别的牵挂，哪回都没有跟这次一样，他感觉自己简直是在值班室睡了半辈子，每天都惦记着费渡那个残废能不能照顾自己。

他按第一声喇叭的时候，就看见费渡应声开始穿外套，知道对方是听见了，可是骆闻舟眼看他一件破衣服穿了一分钟，还在那儿磨磨蹭蹭地和那胖子说话，终于忍不住很没素质地又按了一声喇叭。

一日不见，如隔三秋——按照这个比例尺推算，费渡磨蹭一分钟，相当于磨蹭了18.25个小时，是可忍，孰不可忍！

骆闻舟十分不满地抱怨："你们俩密谋颠覆银河系政权吗？开什么会呢，要说那么久？"

费渡脸上不显，其实心里多少有点不知所措，因为骆闻舟住进值班室之前，跟他说的最后一句话是"费渡你大爷"。这几天大事连着小事，谁也没空搭理谁的时候还好，此时短暂地空闲下来，他感觉就跟冷战了两天回来求和好似的。

费渡长到这把年纪，玩过命，玩过火，就是没跟人玩过"冷战—和好"游戏，方才"我就是深渊"的气场早已经随着尾气喷到了九霄云外，他搜肠刮肚半晌："你……"

还没"你"出个所以然来，也不知是他车开得太平稳还是怎样，骆闻舟这个睡神居然已经一歪头睡过去了。总共没有十几分钟的路程，他十分高效地打了一个盹，被费渡晃醒的时候，骆闻舟黏糊糊地伸了个很像骆一锅的大懒腰，顺势扣住了费渡的胳膊，双臂一展就把人卷了过去："困死我了。"

费渡熄火："醒醒，回家了。"

"不想动，"骆闻舟伏在他身上装了一会儿死，继而灵机一动，不知怎么想的，他厚着脸皮就地撒娇，"主人，你背我上去吧，喵。"

车厢寂静，骆闻舟以为见多识广的费总被自己的不要脸镇住了，一边笑一边打了个张牙舞爪的哈欠，嘴还没闭上，就见费渡突然扣上外衣扣子，下车绕到另一侧，在骆闻舟目瞪口呆下打开车门，转身半跪下来："来。"

骆闻舟一口把哈欠吞了下去："你干吗！"

"背你。"费渡偏头睨了他一眼。他眼角天然带着一点弧度，被冷风一扫，泛起了细微的红。

骆闻舟彻底清醒了，从费渡的左肩摸到右肩，隔着厚实的外衣都能碰到骨肉，就费总这骨质疏松的身板，他连摸都不敢使劲摸。

"你背我，这不是扯淡吗？"骆闻舟干笑一声，正要缩回手，却被费渡一把扣住手腕，直接从车里扛了出来。

骆闻舟被他吓得魂飞魄散——尤其这小青年明显低估了他的重量，站起来的时候腿有点哆嗦，脚下还跟跄了一下。

骆闻舟的舌头和牙系在了一起："等……等等，先放……放我下来，我……我那个什么，我低空恐高。"

费渡站稳了，笑了一声："锁上车，钥匙在我兜里。"

骆闻舟手忙脚乱地一阵乱掏："宝贝儿，咱有话好好说，那个英雄你……你那个把我放下……哎，别价！怎么也没个'扶稳坐好'的提示就走啊！慢点儿慢点儿！"

埃德蒙·唐泰斯

车位距离楼门总共没几步，骆闻舟家又住一楼，就这么一点路，费渡再虚也不至于背不动他，但骆闻舟十分擅长自我恐吓，一路心惊胆战，总觉得自己是双脚悬空趴在一个古董瓷瓶上。这瓷瓶平时放在玻璃罩子里他都嫌不经心，此时被他自己压得摇摇晃晃，晃得他大气也不敢出，唯恐蹭掉这宝贝瓷瓶一块釉。

他能感觉到费渡有些急促的呼吸，在领口处呼出一点微末的温度，长发隐没在围巾里，只掉出了一绺，柔软地垂在领口，而费渡后背坚硬的骨头抵在他胸口上，刺得他有点心疼。

骆闻舟心一疼，就忍不住犯贱，他凑过去，在费渡耳边低声说：“我想起一句话。”

费渡：“嗯？”

“古道，”骆闻舟腾出一只手指了指楼梯口，又放在耳边感受了一下来自西伯利亚的小寒风，“西风……”

然后，他在费渡肩头戳了一下：“瘦马……哎哎，别别别，我错了我错了，哥这老腰禁不起摔，你悠着点儿。”

“虽然是真皮的，但是太瘦了，硌得我肋骨疼。”过了一会儿，骆闻舟又得便宜卖乖地抱怨，“我不在家，你又没好好吃饭吧，以后每天跟我锻炼去。”

费渡有点喘，被他气笑了：“是啊，没铺十二层床垫，委屈公主殿下您了——早晨六点起来晨练怎么样？”

骆闻舟被戳中了死穴，伸手勒住费渡的脖子：“小崽子。”

这样一勒，他又碰到了费渡的下巴，于是在那尖削的下巴上摩挲了两下：“我说，上回去陶然那儿吃饭，让你拿个小破咖啡机上楼你都不干，怎么今天这么好——是不是这几天干什么对不起我的事了，嗯？”

费渡想了想：“还真有一件。”

骆闻舟一顿。

费渡略歇了一下，才抬脚迈上台阶：“未经允许，擅自特别喜欢你，不好意思了。”

骆闻舟心口一热，突然不知说什么好。他感觉到费渡那缺乏锻炼的心跳和经脉汩汩流过，第一次觉得他不是油嘴滑舌也不是花言巧语，这具凡人的身体里，压着深谷般强大而黑暗的精神，偶尔从罅隙里渗透出只言片语，能带来谷底最深处柔软而真实的情绪。

骆一锅听见门响，照常出来探头探脑，不幸被强弩之末的费总一脚踩了尾巴，猫爷扯着嗓子惨叫一声，蹦起来足有两尺多高，一头撞在旁边的衣架上。颇有艺术感的瘦高衣架重心不稳，禁不住十五斤肥猫的暴击，应声一头栽倒，弯曲的长钩又刮到了玄关的小壁灯，在骆一锅的尖叫中，连灯泡带灯罩一起落地，来了个"碎碎平安"。

目睹这一切的两人面面相觑片刻，骆闻舟从费渡背上滑下来，牙缝里挤出一句话："我今天一定要炖了这只长了毛的王八蛋。"

骆一锅闻听此言，越发怒不可遏，从鞋柜上发动了攻击，给骆闻舟上了一套夺命连环爪，冷酷地把他的外衣袖子抓开线了。然后它愤怒地跃过满地碎片，一个三级连跳，蹦到了猫爬架顶端，居高临下地生闷气去了。

骆闻舟火冒三丈："骆一锅，老子跟你拼了！"

费渡大笑起来。

骆闻舟瞪了他一会儿，却一点脾气也聚集不起来。

他感觉自己就像反面教材里的败家皇帝，听那祸国殃民的妖孽百年不遇地笑上一声，亡国毁身都不在话下，何况被猫爪挠成断袖？

"看完猫拆房子，可算把你哄高兴了，是吧？"骆闻舟没好气地嘀咕了一句，"一路都不声不响，还说什么都答应，闹得我心里七上八下的，以为你又在憋什么大招。"

费渡一愣，笑意微收。

骆闻舟伸手插进费渡的头发，重重地祸害了一把："因为什么？是……那天在生态园的事？"

费渡顿了顿："我以为你会觉得……"

"觉得你实在不是什么好东西吗？"骆闻舟叹了口气，"那天你确实是有点吓人，你知道我在想什么吗？"

费渡："什么？"

"幸亏有我看着你……啧，作为一个用美色拯救世界的男人，诺贝尔真该给我颁个和平奖。"

费渡被他的无耻撞了一下腰，无言以对。

"逗你玩呢，"骆闻舟放开他，弯腰扶起委顿在地的衣架，"没有我，

埃德蒙·唐泰斯

你也长到这么大了，我知道你心里有数，对不对？"

费渡眼睛一眨不眨地看着他，像是想要用目光刻录下他的轮廓，收进心里最深、最黑的地方。

"看什么看，"骆闻舟居然也被他看得有点不好意思——他还以为"不好意思"这词已经被自己从词库里卸载了，"还不帮忙收拾，就知道戳在旁边看，一点眼力见儿都没有，除了我，谁还会收留你？"

这一年的最后一个晚上，他们俩进门以后的第一件事，就是收拾一片狼藉的玄关。

骆闻舟把玻璃灯罩和灯泡的碎片扫到一起，费渡开始收拾阵亡壁灯留在墙上的残尸。他把连在上面的半个灯泡拆下来，又不知从哪儿弄来了一根铁丝，用尖口钳随便窝了几下，就窝出了一个小支架，刚好可以卡在灯泡上，随后他跑到地下室，不知从哪儿刨出了一个破破烂烂的自行车筐。

等骆闻舟把菜收拾停当，又用小火炖上红烧肉之后，发现费渡已经将那旧车筐修修剪剪几处，放在了灯泡的铁支架上，车筐成了一套很有文艺气息的灯罩，跟旁边"肇事"的瘦衣架相得益彰，仿佛它们本来就是一套的。

砂锅里的水烧开了，味道飘了出来，骆一锅看在肉的分儿上，给铲屎工施舍了它廉价的原谅，重新跳下来在骆闻舟脚下乱转。骆闻舟靠在墙上，心里算计着火候，看着费渡背对着他，正收拾他用过的工具和剪下来的铁丝。

一时间，那些丧心病狂的嫌疑犯、声嘶力竭的受害人、错综复杂的旧案、身份难辨的内奸……忽然就都安安静静地自行离开了他的世界。

他心里宁静如微火熬煮的老汤，悠悠地冒着热气，好半晌才冒个泡，冒出来的泡有一个算一个，起承转合毫不仓促，涨到满溢方才炸开，随后香气扑面而出。

骆闻舟双臂抱在胸前，往后一仰头："哎，我说费事儿。"

费渡头也不回："大爷，干什么？"

骆闻舟看了看天花板，又看了看地板，弯腰抱起了体态厚重的骆一锅，捏着猫爪问："你打算什么时候给大爷弄个名分？"

费渡听了，低头在方才剪下来的铁丝里翻翻找找，剪了一截长度合适的，十分灵巧地用尖嘴钳拧成了一枚三个圈叠在一起的螺旋形戒指，吹掉上面的碎屑，转身面向骆闻舟。

骆闻舟和骆一锅没料到此情此景，一起炸了毛，同时往后一靠，骆一锅撞到了骆闻舟的肩膀，骆闻舟撞到了墙。

费渡："给，戒指，需要我跪下吗？"

骆一锅"嗷呜"一声，隔空蹦到了费渡身上，肥猫重重地在费渡肩上踩了一排脚印，长毛糊了费总一脸，糊得这位有史以来套路最多的花花公子连打了几个喷嚏——胜利征服了殖民地的锅总呼啸而去。

一年，又是新的一年。

肖海洋在卢国盛的怒吼声中离开了审讯室，那歇斯底里的叫骂仿佛含着某种魔力，发光发热、防风防寒，还让他身轻如燕。肖海洋在冷风呼啸中奔上了大街，穿过广场、商业街上守夜的年轻人群，跳上了一辆驶往城外的公交车，坐了一个多小时，到达终点站，又不知疲惫地用双腿走了大半个钟头，抵达了一处偏僻的小墓园。

墓园自然是已经关门了，肖海洋拿出了自己堪比狗熊的"灵敏"身手，跳墙钻进了墓地里面，找到了一座简陋的石碑。

不远处的路灯斜斜打下亮光，肖海洋看清了墓碑上黑白的顾钊，他依然是当年年富力强的模样，只是表情有点走形，因为顾钊有一点轻微的畏惧镜头，一照相就紧张，相片总是不如本人好看。

肖海洋心里突然一阵委屈，好像很小的时候在外面挨了欺负，一路强撑着面子走回来，直到看见这个男人的时候，才终于破功，忍下去的委屈变本加厉地反噬，总是让他忍不住想扑到那人怀里号啕大哭一场。

他的眼镜上一片模糊，热气从口鼻和眼眶中一起往外蒸，白汽冒成一团，好似一台人形的蒸汽炉。"蒸汽炉"缓缓地走了几步，弯腰抱住那冰冷的石碑，想要像很久以前那样痛痛快快地宣泄一番。

这时，一股浅淡的香味钻进他有点迟钝的鼻子。

肖海洋一愣，随即，他意识到那味道是从墓碑上传来的，像某种免洗清洁剂的味道。肖海洋连忙把糊成一团的眼睛草草擦了擦，打开手电，发现墓碑被人很仔细地擦拭过，连边边角角都一尘不染，墓碑下面还有一束新鲜的花。

肖海洋缓缓地皱起眉，自言自语着："顾叔叔，方才谁来过这里？"

当年顾钊的尸体是他母亲一个人拖着病重的身体收的，因为死因并不光彩，那倔强的老太太谁也没告诉，冷漠地拒绝了顾钊那些私下里想要帮她一把的同事，悄无声息地拿出自己的全部积蓄，买了块偏远又便宜的小墓地，把他安置在这里。

肖海洋当时仗着自己是小孩，一路死皮赖脸地跟着老太太，老太太见他怎么赶都赶不走，也就随他跟了。顾钊没有葬礼，也没有通知过亲朋好友，下葬的那天，只有他母亲和肖海洋在场。

那么……擦洗墓碑和摆放鲜花的是谁？

今天不是顾钊的忌日，本地也没有阳历年扫墓的习俗。

这次神秘的到访是因为刚刚得知顾钊案要重审的消息吗？

可那还没有对公众宣布……即使是内部，也只有负责卢国盛一案的相关工作人员听见个影子。

会是谁？

黔泷
大结局

第二章

"警方现在已经正式进入魏氏总部，具体情况还要等待进一步调查结果——据本台记者了解，魏氏历经三十年、两代人，由餐饮业起家，逐渐形成了自己的餐饮集团，近些年转向房地产领域，突然声名鹊起，成为我市知名企业，去年更被提名市龙头企业候选名单。掌门人魏展鸿一直十分低调，很少公开露面，但热心公益，公众形象十分健康，那么现在是什么导致……"

电视里的女主播嘴皮子仿佛装了弹簧，语速快得蹦豆一样，正在聚焦魏展鸿被调查的消息。

陶然在市局值班，肖海洋挂着一对硕大的黑眼圈，坐在骆闻舟家的客厅里，他双手举着茶杯，两眼无神地对着电视发呆，连骆一锅探进他杯子里偷喝都不知道。

"顾叔叔没有别的亲人了，"广告时间，肖海洋突然前不着村后不着店地说，"我能确定。所以谁会给他扫墓？"

骆闻舟对着骆一锅的屁股扇了一巴掌，把它打跑了，拿过肖海洋漂满了猫毛的水杯，拎到厨房重新洗涮干净，又给他倒了杯新鲜的水："他当年的同事、线人、朋友，你有认识的吗？"

肖海洋犹豫了片刻，摇摇头："老太太来料理他后事的时候，确实有一些人上门看过她，只不过都被拒之门外了，那些人最多来个一两次，走马灯似的，我基本一个都没记住。"

十几年前，他毕竟太小了。就算肖海洋记忆力超群，或许能记住童年时代每一件事情的经过，但要他认出当年只有一面之缘的人就太难了。而顾钊当年的交际网、线人网是怎么样的，想必也不会对一个八九岁的孩子细说。

骆闻舟沉吟片刻："既然是合法购买的墓地，当时肯定会留下记录，如果是系统内的人有心要查，那倒也不难查到。"

"不是的，骆队，"肖海洋有些紧绷地说，"那个墓园运营得不错，是封闭管理的，也还算严谨，扫墓的访客去了都要登记，遇到清明之类的客流高峰时段，还得预约。可是我今天一大早就赶过去查了访客记录，发现这些年除我以外，没有其他访客。除非去的人像我昨天一样，是半夜翻墙进去的，如果是我们的人，何必这么偷偷摸摸？"

骆闻舟皱起眉——的确，无论顾钊生前是蒙冤还是真犯了罪，人死如灯灭，生前的是非对错都一了百了，以前的同事朋友顾念旧情去看他，也无可厚非，不用偷偷摸摸的……尤其在这个准备重新调查旧案的节骨眼上。

"卢国盛交代的策划人'A13'，龙韵城里失踪的神秘保安，还有魏文川和冯斌的网友，这些人到现在为止，我们一点儿线索都没有，"肖海洋抿了抿干得起皮的嘴唇，饮驴似的一口灌了大半杯水，继续说，"整个过程给我的感觉，就像是……就像是……有人想要引诱我们重新调查当年的案子一样。我觉得……"

骆闻舟抬眼看着他。

"觉得对方是为了给顾钊报仇。"费渡悄无声息地走到肖海洋身后，把那小眼镜吓了一跳。

费渡眼睛好似一直没睁开，几乎要陷进柔软的沙发垫里："首选，把目标锁定在魏文川身上，通过调查解读他的心理状态，适当引导，不动声色地接近他。"

骆闻舟问："指导他怎么在那个垃圾学校里称王称霸吗？"

"魏文川不用引导也会这么做的。"费渡说着，伸手去摸桌上为了招待

埃德蒙·唐泰斯

客人摆放的易拉罐啤酒，被骆闻舟用中性笔敲了一下手背，"啪"一下，连魂不守舍的肖海洋都跟着看了一眼。

然而，被打了爪子的费总假装什么都没发生过，转而拿起桌上关于魏文川的详细资料，人五人六地推了一下眼镜："卢国盛供述，魏文川是在蜂巢碰见他的，所以他应该是从小就和魏展鸿出入过蜂巢这种销金窟，魏展鸿干什么大概也不避开独生子，你仔细看的话会发现，魏文川的肢体语言和魏展鸿很像，他在各方面模仿他父亲，包括为人处世、自恋和淡薄的道德观念——不过在学校里拉帮结伙的方法，倒很可能是那个神秘的'向沙托夫问好'教他的，这种成体系、有理论支持的恶毒更像成年人的手笔。"

"可是，"肖海洋犹豫了一下，"他怎么能确准魏文川一定会顺着他的引导，走到杀人的那一步呢？"

"买凶杀人在普通人看来是有去无回的重罪，不到万不得已时绝不会做出这种选择，但在魏文川看来，这就是一种仅限大人使用的高级手段，是他父亲的特权，青春期的少年对成人世界的渴望和好奇是非常强烈的，只要给他两种东西，他就会这么做——自以为长大成人的膨胀感以及接触到这个'工具'的能力。"费渡的指尖在魏文川的照片上划了一下，"一手建立学校里的秩序给了他这种膨胀感，机缘巧合之下，让他接触到卢国盛，又给了他工具，他就像个手持火种的孩子，按捺不住去点是迟早的事。"

骆闻舟顿了顿，忍不住略微走了神。

他觉得费渡说得有道理，正因为有道理，才让他觉得不对劲——小孩在一张白纸的年纪里，是不知道所谓善恶的，父母就是模仿对象，他们对一些东西的看法，在学说话的时候就已经初具雏形，通过后天教育也很难转变，所以魏文川长成这样不算稀罕。

可是细想起来，费渡和魏文川的成长环境几乎是一模一样的，是什么让他这样激烈地反抗费承宇？

骆闻舟很难想象这仅仅是他母亲的缘故。

大部分人觉得，"妈妈"这个称呼温暖而神圣，是因为学到这个发音和称呼的时候，把它和抚养、教育自己的女性形象联系在了一起，正因为对人充满感情，才赋予这个词特殊的意义。但仅仅从费渡流露出来的只言片语来看，他对"妈妈"一词最早的认知，恐怕是个歇斯底里的疯女人，疯女人每天因为做错事被惩罚，脑子也不正常，还没有保姆的地位高。

这样一种形象的女人，真的能凭借一条命，就推翻费承宇留下的烙印吗？

骆闻舟又忍不住想起他们追查卢国盛行踪时，费渡对班车做出的奇怪而准确的推断，当时没来得及细想，此时，疑惑却又浮了上来。

"冯斌带人出走时写了一封信，被人发到了网上，莫名带起了热度，"费渡接着说，"教育体制和青少年心理健康一直是热门话题，当时没人怀疑，但现在想起来，这波热度很不正常，肯定有人工操作的痕迹——先炒一波热度，就在人们快要忘记这件事的时候，冯斌死了，育奋中学的校园暴力立刻发酵，关于校园暴力的讨论铺天盖地，极高的社会关注度，凶手是通缉了十五年的嫌犯，致使这件本应被社会版一带而过的谋财害命事件被转入市局，成为所有人瞩目的焦点。"

"等等，"骆闻舟突然想起了什么，"冯斌死前一天，这起中学生出走事件莫名被系统推送到了我这里——也就是说，很可能不是巧合！"

费渡一耸肩："我们不小心打草惊蛇的时候，连你都在想，这一次恐怕是抓不住活的卢国盛——不过其实即便卢国盛死了，那个生态园的存在也暴露无遗，凭龙韵城里魏文川和卢国盛接触的视频记录，足以给警方调查魏家的理由，顺着这条线索查下去，未必揪不出这些人。"

"可是有人冒险第二次换了龙韵城的监控记录，拖延了魏展鸿他们的动作。"骆闻舟轻轻地说，"我怀疑就算我们当时特别不给力，让人开了一路绿灯都没赶上，那个神秘失踪的'A13'很可能亲自出手去救卢国盛。"

肖海洋："等……等等，为什么？"

"因为只有卢国盛活着，才能在大庭广众之下亲口证实，十四年前那个通缉犯的指纹并非子虚乌有，不是顾钊捏造出来索贿的，罗浮宫的大火里有冤情。"费渡伸手敲了敲桌面，"我找人把那天所有的航拍记录找出来筛一遍，当时那个神秘的'A13'一定就在生态园附近。"

骆闻舟一点头，又对肖海洋说："你以深度调查魏文川谋杀同学一案为由，到最早接警的派出所走一圈，挨个问问，我要知道那条推送是谁干的。"

肖海洋抿了抿嘴唇，欲言又止。

"顾警官的尸检是市局的法医亲自做的，那么多同事和专家的眼睛盯着，法医不可能连死者是谁都认错，相关的尸检报告都在档案里，"骆闻舟仿佛

埃德蒙·唐泰斯

看出了他在想什么，十分笃定地说，"小肖，借尸还魂的故事我是不信的。"

肖海洋神色复杂地看了他一眼，不知是失落还是庆幸地叹了口气："嗯，我知道。"

"至于那个'A13'究竟是谁的人，是不是明里暗里地帮了我们一把，最终目的是什么，这是我们下一步需要调查的，但有一条，"骆闻舟竖起一根手指，正色道，"他是杀害冯斌的嫌疑人之一，明白吗？"

肖海洋："是！"

"干活去吧，"骆闻舟说，"公安局都快被这些杂碎的眼线穿成筛子了，能信任的人实在不多，我去找……"

他的话刚说了一半，手机忽然一振。骆闻舟的手机上接到了一条群发的消息。

他低头一看，见来信人是杨欣——老杨的小女儿。

杨欣说："我妈今天刚做完手术，医生说不乐观，人还在ICU里，感谢诸位亲人和朋友们的关心，询问太多，在此统一回复，我会努力照顾她的，生老病死，都是常事，大家都要好好保重。"

骆闻舟心里咯噔一下，愣了半响："我……我有点事，咱们下午见吧。"

他匆忙打了声招呼，就赶去了医院。

骆闻舟为人圆滑，但脾气其实也不小，骨子里有点少爷习气，他对师父的情分不比陶然浅，逢年过节都会通过杨欣给他们送东西，杨欣要是有什么事，杨欣一条信息就能把他叫出来两肋插刀，但知道师娘傅佳慧不待见他，他也不会像陶然一样忍辱负重地去看她的脸色。算起来，自从师父没了，他就没怎么和这个师娘接触过。

没想到再见，中间已经隔了一道讨厌的重症监护室的房门。

骆闻舟赶到医院，先去安慰了杨欣，又跑去跟医生聊了一通，出来的时候，老远看见杨欣正跟一个熟悉的人说话，他愣了愣，走过去打招呼："陆局。"

陆有良冲他点点头，温声对杨欣说："闺女，没事，叔叔们都在，需要人还是需要钱，咱们都有，不怕，回头让你阿姨陪你住几天，学校里忙就不用总往医院跑，我们帮你守着。"

杨欣眼圈红红的，点了点头。

陆有良又指着骆闻舟说："正好，让你大哥开车送你回去，我今天也蹭个车。"

骆闻舟眉心一动，没说什么，等把杨欣送回学校，他才从后视镜看了陆有良一眼。陆有良脸上有深深的疲倦，正揉着眉心闭目养神。骆闻舟想起头天晚上临走时，陶然借着打闹在他耳边说的话——陶然说："那天我一直跟在陆局身边，我觉得不是他。"

"闻舟啊。"陆有良突然开口叫他。

"哎，"骆闻舟应了一声，又问，"我送您回单位还是回家？"

陆有良说："你随便开吧，我有点事要跟你说。"

骆闻舟心里一跳，一转方向盘，把车开上了环城高架。

陆有良发了一个预告片，之后就哑了火，自顾自地陷入了回忆里，骆闻舟也不催，顺着堵成一锅粥的内环缓缓地往前蹭，拉下车窗，递给陆局一根烟。

别的不提，骆闻舟感觉自己能有现在这种好耐性，费渡同志居功至伟。

车子以十米的时速蹭过了最堵的一段路，直到骆闻舟终于能把踩着刹车的脚挪一挪的时候，陆有良才叹了口气："这一阵子辛苦了，往你肩上压的担子太重了吧？"

要是换成别人，怎么也要来一句"为人民服务"客气一下，谁知骆闻舟一点儿也不谦虚，闻言眼睛一亮："可不是嘛，领导，既然您都看出来了，年终奖赶紧给我涨一点儿，男人不容易，养家糊口压力大啊！"

"滚蛋。"陆有良满腔的沉重被骆闻舟的脸皮弹回去了，一时间什么想法都没有了，冷酷无情地说，"为人民服务，这都是你应该做的。"

骆闻舟在陆局打算大巴掌削他时，主动转回了正题："您是想跟我说当年顾前辈的事吗？"

"顾钊……顾钊。"陆有良把这个熟悉又陌生的名字念了几遍，继而仰面靠在车座椅背上，仿佛不知该从何说起似的犹豫片刻，"你师父是我师兄，比我高一届，在学校里也是个风云人物，他和你说过吗？"

"怎么没说过？"骆闻舟接话，"老杨没事就吹牛，说什么在学校里有好多女孩喜欢他。我说那不可能，咱们燕公大压根儿就没有'好多女孩'，被他打出了办公室。"

骆闻舟这个人，好似天生不知何为拘谨，无论是对长辈还是对上司。

陆有良脸上闪过一点稍纵即逝的笑意："我们那时候可不像现在，当年想调进市局太难了，既要年轻，又不能太年轻，得在基层锻炼够了，才有资格参加考试，我们一个个都削尖了脑袋拼成绩、拼资历。那年不知为什么，市局招人的名额特别多，顾钊、我、老张、老潘都是那年进来的——哦，老潘你可能不熟，他早就不在一线干了，现在在燕公大教书，这回的'画册计划'，他是学校那边的负责人，架子大得很，都不说回来看看。"

骆闻舟升起车窗，从陆局的三言两语中，他好像翻开了那张摆在局长办公室的老照片。

"我跟顾钊是同班同学，老潘是从外地调回来的，老张比我们大一点儿，立过功，被市局点名要来的。那会儿刑侦队里高手和前辈很多，新来的年轻人都得打杂，我们四个刚来的时候，基本就是跑腿、记录、端茶倒水，人都管我们叫'四大丫鬟'。"

骆闻舟心里默默啧啧两声：这活泼的警队文化。

"再加上一个老杨——老杨是我们的'丫鬟总管'，那时候他也就刚从莲花山调回来没几个月。"陆局的眼角浮起隐约的笑纹，"我们五个人年纪差不多，又基本是同一时期参加工作的，整天混在一起，见缝插针地跟着前辈们学，一起跑腿、一起整理案卷卷宗……除了老杨早早'背叛组织'以外，我们还都是大龄单身汉，有时候一个人值班，其他几个没事干，还带着盒饭跑过来'陪值'。

"老杨经历最丰富，胆大心细，业务水平最高；老张家里是做生意的，手头最宽裕，出去吃饭都是他主动买单，所以人缘最好，是我们的老大哥；老潘最不是东西，脾气臭，脸酸，跟我很不对付，我俩三天两头吵架，可是都不记仇，吵完一会儿就好，过一会儿说不定因为什么又翻脸了。

"顾钊年纪最小，当时我们都管他叫'顾老五'，他话不多，很会照顾人，明明自己也穷得叮当响，但只要别人有困难对他开口，他都仗义疏财。人还非常用功，笔记做得最勤，手里离不开书，毕业七八年，还在空闲时间自费回母校深造了一个在职研究生。"

随和、用功、有心、一照相就紧张……陆有良的话渐渐给顾钊的形象染上了颜色，那夕阳下的"自行车侠"有了血肉，从内网上苍白而冰冷的简历中站了起来。

"后来一批前辈退居二线，老五后来居上，成了副队，我们也都很服气，因为确实是谁也没有他用功。你跟他在一起的时候，工作也好，玩也好，都觉得自己心里是很安静的，你看着他的眼睛，就会觉得自己太浮躁了，会不由自主地跟着他踏实下来。"陆有良顿了顿，"'327案'是顾钊接手副队之后，处理的第一个大案，曾经轰动一时，解决得也干净漂亮，唯一美中不足，就是卢国盛跑了。

"你可以想象，因为这个通缉犯一直在逃，327国道周围的老百姓人心惶惶，一到天黑，那条路都没人敢走。为了抓他，全国通缉，赏金最后提到了十万——那可是十五年前，十万真不算什么小数目了。你知道那会儿冒着生命危险帮着穿针引线、钓毒贩子的线人，完事也就能拿个三五千，有时候经费还批得不及时。线人们听说这事都疯了，一度有人到卢国盛家的旧址附近蹲点，可是这个人再也没有出现过，他就跟从人间蒸发了一样，怎么也找不着。"

让公家额外拿出十万块钱悬赏，得负责人跑遍关系、磨破嘴皮，可对于魏展鸿、郑凯风之类的人，这又能算什么呢？掉地上都懒得弯腰捡。

可惜，那时候没有人知道自己的对手是谁。

"一年后卢国盛自己喝醉了酒，不慎落下一个指纹。"骆闻舟打破沉默，"陆局，这事当时是怎么个前因后果，能详细说说吗？"

"指纹是下面负责处理酒吧斗殴案的法医检查出来的，当时专案组已经解散了，得知卢国盛竟然还在本地，大伙都兴奋了，我们立刻调取酒吧监控，马不停蹄地走访目击者和线人。老杨当时小孩生病，情况不太好，正好请年假不在岗，所以这个事是顾钊负责的。"陆有良说，"那家酒吧经营不正规，监控基本是摆设，我们在附近蹲点蹲了一个多礼拜，顺手抓了俩贩售'摇头丸'的小团伙，卢国盛的影子都没看见，只好撤了——当时我们猜，卢国盛意外被卷进斗殴事件，惊动了警察，之后应该是害怕了，这个人可能已经逃离燕城了。"

"那不一定，"骆闻舟说，"要跑他早跑了，'327'后一年多还在本地，肯定是燕城里有什么让他牵挂的东西，还敢去喝酒，说明他有固定收入来源和藏身地点，手头甚至可能比较宽裕——没去查查他曾经供职的运输公司吗？"

埃德蒙·唐泰斯

"你这推测跟顾钊说的一模一样，他要是还在世，你们俩估计……"陆有良嘴角的笑纹一闪而过，然而说到这里，又沉郁了下去，"我们查过运输公司，但是卢国盛和老板娘偷情的事很隐蔽，如果不是他自己交代，就连跟他一起杀人的亲哥都不知道。"

"那个威胁过他的司机呢？"

"跑了，我估计是听说了'327案'，知道警察没抓住卢国盛，怕被报复。"陆有良说，"当时我们不知道这里还有事，没细查。"

卢国盛的指纹好似惊起千层浪的那块石头，然而只是一闪而过，旋即失去了踪影，线索断了。

"我们把能想的招都想到了、试过了，可就好比是大海捞针，你单知道水里有，就是找不着。拖了很久，手头又不是没别的案子——送到市局的案子哪个不重要？实在没辙，只好再次撤了。只有顾钊私下里一直没放弃，那段时间，我看他明显是手头很紧，问也不说，别人还当他是谈恋爱了……现在想来，可能是私下里补贴给线人了。"

骆闻舟没插嘴，知道他要说到关键地方了。

"我记得……那天是我第一次上老丈人家门，跟老头喝了点酒，走的时候已经是夜里快十点了。有点醉，我自己一个人抄近路去坐公交车，路上突然接到老杨的电话，说是出事了。我当时都没明白具体出了什么事，就好像冥冥中有什么感觉似的，激灵一下，酒瞬间就醒了。

"我赶过去的时候，看见老杨正拎着一个人的领子，脖筋暴起老高，像是要动手，旁边一帮兄弟死命拉着他——他手里拖着的那个人我们都认识，代号叫'老煤渣'，是个职业线人，干这一行四五年了，在市局刑侦队里备过案的，配合过我们好多次行动，一起出生入死过，能算是半个自家兄弟。"

骆闻舟想了想，斟酌着措辞说："罗浮宫大火，我听说有人逃出去了，指认顾钊是这场大火罪魁祸首的目击证人——就是这个'老煤渣'吗？"

"是他。'老煤渣'被老杨一只手拎着，号得声泪俱下，说顾钊平时对他不错，他不能这么着，不能说。"陆有良轻声说，"我当时一听这话，再一看老杨的脸色，心都凉了。后来仔细审了几遍，'老煤渣'终于承认了，说顾钊私下索贿已经不止一次，都是借着查案的名义。让跟他比较熟的几个线人拿着卢国盛的指纹膜，先盯住了一个目标，摸清环境，再把指纹按在人家店里，顾钊假装接到线报上门搜查。直接开单子，不交钱，就说这地方窝藏通缉犯，有指纹、有'证人'，让你生意做不下去。"

"死无对证，一面之词，"骆闻舟说，"其他证据呢？"

"第一是法医的验尸结论，顾钊死前确实和罗浮宫的负责人发生过肢体冲突，种种细节和目击证人证词对得上。第二，是我们在顾钊值班室的储物柜里找到了一沓一样的指纹膜。第三是人证，'老煤渣'一个人说的，老杨和我们都不信，但我们在火灾现场的残骸里找到了一个没烧完的笔记本，是顾钊平时贴身带着的那本，烧掉了大半，上面隐约能辨认出几个地名和人名，人名都是线人的代号，地名则应该是顾钊近期走访过的商户——我们把这些人全都给叫来问了话，只有一个商户老板可能是怕惹麻烦，一问三不知，不肯做证，除了他以外，其他人都招了。"

骆闻舟心里一沉："证人都是备过案的职业线人？"

线人有很多种，有为了赏金起哄的，有零零散散"打零工"的，有戴罪立功的，还有就是职业线人，这些人在警队里有备案资料，跟警方合作过不止一次，有时候几乎就像警察的卧底，信任度高，关系非常密切。

陆局说的证据链确实不够无懈可击，可当事人已经死了，证人又都是这种"半个自己人"，言之凿凿。

"顾钊生前为人仗义，和线人关系好是出了名的。"陆有良说，"他们的供词，我们不得不慎重。最早出现卢国盛指纹的酒吧监控没拍到卢国盛，酒吧的工作人员对卢国盛没印象，却有一个调酒师指认了'老煤渣'，'老煤渣'后来承认，卢国盛的指纹是他伪造的——也就是说，这个失踪一年的通缉犯在燕城出现的事，完全是人为捏造、子虚乌有。"

仔细想想，一个在本地制造了轰动案件的通缉犯，能藏匿一年之久不被发现，还大刺刺地在外面喝酒，这件事本身就让人充满疑虑。再加上顾钊对这事非同一般的工作热情和执着，与他独自行动，甚至藏藏掖掖的行为……骆闻舟感觉，单以局外人的眼光看，他已经快被这个结论说服了。

"但是说他索贿，索贿的钱呢？存放地点在哪儿？用途是什么？"

"钱在他家里，现金，床底下搜出来的，总共有五十多万，数目跟证人说的大体对得上——他母亲得了癌症，老太太当时自己都被顾钊瞒着，诊断书在那堆钱下面压着。顾钊家境很普通，父母是农业户口，父亲没得早，家里人丁也不兴旺，母亲在他们镇上一个百货公司工作，工作是临时工，公司也不正规，早些年人都没有交保险的意识，一场大病下来，这些钱恐怕都还不够。"

动机明确、物证昭昭，铁打的证人言之凿凿。

别说顾钊死了，就算他还活着，也说不清楚。

"当时的社会环境没有现在宽松，网络也不发达，市局出了这么大的一桩丑闻，当事人又死了，所以领导们的第一反应就是捂住，不许再提，现在你去数据库里查，是查不到的。"陆有良说到这里，长长地叹了口气，"十四年了。"

十四年了，真相来得太迟了。

骆闻舟沉默了好一会儿，忽然说："陆局，有一点我觉得很奇怪。"

陆有良抬起眼，正对上骆闻舟从后视镜里折出来的目光。

"咱们破案率不是百分之百，总会有些案子是没结果的，在警力有限的情况下，就得按着轻重缓急暂时搁下，但专案组撤了，案子还在，只要不违规、不跟其他工作冲突，相关负责人继续追查，这一点儿问题也没有。"骆闻舟一顿，"所以——顾钊如果是冤枉的，他当时为什么非得独自行动？"

即便他是不想给别的同事增加负担，选择单独调查，但一旦案子有进展或者有新想法，他就必须要找同事配合——因为按规定，警察私下行动，在没有知会任何人的情况下取得的证据是不合规的，拿回来也是仅供参考，没有价值。

陆有良短暂地沉默了下去。

骆闻舟缓缓把车停在路边，车头对准了市局正门，公安标志上硕大的国徽折射着正午的日光。

"陆叔，"骆闻舟低声说，"这里就您和我，该说不该说的，不会流进第三个人的耳朵。"

陆有良垂下眼睛，终于几不可闻地出了声："对，如果顾钊是冤枉的，那只有一种可能，就是我们的队伍不干净。"

车里只有空调的嗡嗡声，陆有良一下没一下地敲打着自己的膝盖，沉默了一会儿，他说："意外发现卢国盛的指纹后，我们在原本的悬赏上又加了五万，公示后几次三番接到举报电话，说是在某地见过类似的人。但不管多快赶过去，都是一无所获——后来这也成为通缉犯一事不实的佐证之一。"

"备案线人的资料都是严格保密的，只有自己人知道他们的身份，"骆闻舟说，"毛贼不可能跑到公安局里偷鸡摸狗，如果顾钊是被陷害的，往他值班室的储物柜里放东西的，也只能是自己人——顾钊当时疑心市局有内鬼，所以选择了私下调查，但他也知道规矩，最后查到罗浮宫的时候，为了取证严谨，他一定是在自己信任的人里选了一个作为搭档，而这个人要了他的命。"

陆有良好似瞬间老了十岁。

骆闻舟转头看向他："陆叔，您还有别的事想告诉我吗？"

他有种感觉，陆有良一定有什么话就在嘴边，然而等了好半天，陆局终于还是避开了他的视线："没了，我知道的就这些，我们这些老东西都是嫌疑人，这件事只能靠你们了。"

骆闻舟深深地看了他一眼，开车进了市局院里，周到地把陆有良送到办公室楼下。

直到目送骆闻舟把车开走，陆有良才轻轻地叹了口气，伸手摸了一下自己的大衣口袋——那里有一个已经没电的微型窃听器。

第三章

半个月后。

郎乔在工作日志上写下日期落款，心不在焉地检查了一遍错别字，又把写错的年份改了过来——每年的头一个季度，日期都容易顺手写成前一年，等好不容易接受了今年的公历年号，又要重新开始习惯下一年的了。

光阴似箭。

旁边的同事戳了她一下，小声问："小乔，我看今年春节是悬了吧，唉，我本来还想回趟老家呢。"

"回什么老家，"郎乔头也不抬地说，"没假最好，省得钱包让七大姑八大姨家的熊孩子挠个大出血，再说……"

她话音没落，办公室的门打开了。

众人立刻一静，角落里的肖海洋后背挺得太直，整个人几乎和后面的白墙融为了一体。郎乔一激灵，倏地闭了嘴。

只见骆闻舟和陶然一前一后走进来。

骆闻舟脸上是百年难得一见的严肃，他把手边的一沓材料往郎乔办公桌上一放，示意她分发下去，然后十分公式化地开了口：

"魏展鸿为达到不法目的，借由蜂巢等高级消费场所，窝藏通缉犯，非法伪造大量身份信息，涉嫌多起谋杀、非法买卖、持有枪支，组织、领导黑社会性质组织等罪名，现在一系列的相关嫌疑人已经被正式拘捕，等待进一步审理调查，提交检察院。"骆闻舟一顿，目光从众人脸上扫过，在肖海洋身上停留了片刻，接着说，"其中，嫌疑人之一卢国盛，也就是当年'327国道案'的主谋之一，供述了他当年为逃脱罪行，栽赃、陷害并谋杀刑警顾钊的犯罪事实。"

肖海洋尝到了自己嘴里的血腥味。

"当年的这桩悬案，现在终于有了新的线索，所以局里决定，正式重启对十四年前罗浮宫大火一案的调查，依然是由咱们刑侦队牵头，其他部门的同事全力配合。这几天我调出了当年的案卷，但大家也看到了，目前，我们掌握的信息只有这么薄薄的一小沓，更多的，可能还要我们重新去查。"

办公室里响起一阵小声议论的嗡嗡声，旧案重提、旧案重审，这是最让人头疼的两件事，堪比一回没做熟，再次回锅的夹生饭——时过境迁，不是味了。

"我知道，"骆闻舟敲了敲桌子，示意众人安静，"十几年过去，物证早就湮灭，当事人和证人们不是死了就是走了，查起来很难，未来一段时间，大家有可能得出长差，没准还有危险，闹不好一年一次的春节得在值班室过。寒冬腊月，天又短又冷，人家都抱着暖气在网上刷段子玩，但凡正常人都不愿意喝着西北风上班——在这方面，我作为一个罹患懒癌多年的'觉皇'，比较有资格代表大家发言。"

骆闻舟比较能豁得出自己去，敢往自己脸上贴一平方米的金，也乐于没事拿自己开涮，一句话把众人说乐了，他自己却没笑。

"当事人去世这么多年，说出来，谁都不知道顾钊这人是谁，他死后没有直系亲属，更不会有人堵在市局门口等着给他讨说法，这案子查起来，没有压力，没有动力，最后费劲查完，除了那几块钱节日加班费，可能也没多少奖励。再没有比死人更宠辱不惊的了，已经埋在黄土下的人，身份是犯人还是烈士，应该都不影响他的睡眠质量——"骆闻舟的目光沉沉地扫过采光良好、亮亮堂堂的办公室，"可是诸位，罗浮宫是烧了，顾钊是死了，但咱们还都得在这儿接茬活呢。咱们活在一个什么样的地方？如果是非不分没人管、黑白颠倒都没人扶，你们觉着过不过这个节，还有劲吗？"

众人鸦雀无声。

骆闻舟："陶然做简报，准备开工！"

刑警们各归各位，一时间，整个办公室只有纸页翻动的声音。

陶然等所有人把有限的一点信息消化完，才开口说："罗浮宫，又叫'塞纳河右岸'，曾是一家中外合资的大型会所，大股东来自境外，查起来恐怕很难，境内股东则是一家名叫'事通投资'的公司，早已经注销，当时就没什么业务，基本是个皮包公司，这家已经不存在的公司的法人代表，刚巧是魏氏的所谓'顾问'——也就是咱们在龙韵城堵住的那个人，但一直到现在，魏展鸿都拒不承认'罗浮宫'曾经是他的产业。罗浮宫大火中，总共有二十六人丧生，另有数十人受伤，损失很大。其中一个目击者逃出来以后，指证是顾钊失手错杀领班，是引起罗浮宫大火的罪魁祸首，这个关键目击证人，就是当晚奉命带顾钊进入罗浮宫的线人，代号'老煤渣'，真名叫尹超，男，汉族，现年五十六岁，籍贯在本地，罗浮宫大火一案之后，就和我们断了联系，已经离开燕城多年了。除了'老煤渣'以外，其余证人一共有六人，三个是职业线人，另外三个是声称被顾钊勒索过的商户——无一例外，这些人也都销声匿迹，我在内网上搜了搜，有的死了，有的出国了。"

骆闻舟问："'老煤渣'的籍贯在本地？"

陶然一点头："对，本市下辖县城之一，南湾县南湾镇人。"

"我已经把当年顾钊在市局里的一些同事请来了，他们陆续会到，准备问话。另外，陶然，你速联系南湾派出所，查一下'老煤渣'这个人在本地还有没有亲戚，如果他还在世，务必要找到，这个人很关键——最后，咱们也别把希望寄托在一个人身上，那些出国的人也都尽快试着接触。"

整个刑侦队反应十分迅捷，立刻分头动了起来。

肖海洋站起来："骆队，我去南湾查这个'老煤渣'。"

骆闻舟看了他一眼，发现他脖颈间露着若隐若现的青筋，如果不是披着人皮，恐怕已经要露出獠牙来，恨不能要把"老煤渣"撕开嚼碎。

"不，"骆闻舟面无表情地说，"让陶然去，你跟人沟通效率太低。"

陶然立刻会意地拿起电话，联系南湾派出所。

肖海洋急道："骆队，我……"

骆闻舟抬手打断他，拎着他的领子进了自己的小办公室，低声问："那天是谁把育奋中学学生出走的事推送到市局的，你查到了吗？"

肖海洋强行定了定神："是……我去找负责人了解过了，报送人是他手下一个刚工作没多久的小民警，一问三不知，我查了一下他的背景，没看出有什么问题。"

骆闻舟一点头："嗯。"

肖海洋不依不饶："骆队，你让我……"

"你另外有任务，叫上郎乔，去帮我查一件很重要的事，"骆闻舟打断他，几不可闻地在他耳边说，"去把近些年监控设备维修情况调查一遍，是哪位领导批准的，找的什么机构，维修工人是谁，负责人又是谁。"

肖海洋一愣。

"你顾叔叔的案子里，到底是谁在背后陷害他，当时是哪个线人出卖了他，这都不是关键问题，你懂吗？"骆闻舟一字一顿地说，"快去。"

肖海洋狠狠地咬咬牙，飞快地一点头，转身走了。

陶然正准备跟骆闻舟打个招呼去南湾，迎面碰见有个人轻车熟路地走进办公室。

陶然一愣："费渡？怎么今天过来了？"

"陪导师过来配合调查，"费渡端详了他一下，顺手从咖啡机里接了一杯热饮，借花献佛地放在他面前，"陶然哥，怎么几天不见，人都憔悴了？这可不行啊。"

陶然还没来得及说话，就听见骆闻舟那关不上门的办公室里传来声一波三折的干咳，有个人好似对费总问候的先后顺序感觉不太满意。

这几天正是春节返乡的订票高峰时段，陶然刚刚谢绝了常宁帮自己订票一起回家的邀请，不光人憔悴，心也很憔悴，实在没眼看他俩，当下有气无力地摆摆手："你啊，离我远点，少在我面前散德行，我就挺好的。"

费渡遭到嫌弃，不怎么在意，笑了一下，他转身溜达进骆闻舟的办公室。骆闻舟的耳朵早就支棱起老高，然而装得大尾巴狼似的，听见脚步声靠近，他头也不抬，仿佛十分繁忙。费渡把刚倒的咖啡给了陶然，不见外地钩走了他的杯子，喝了一口，嫌弃地评价说："茶沏得太浓了。"

"不爱喝放下，"骆闻舟白了他一眼，"你跑来有什么事？"

"你托我查的人有了点眉目。"费渡余光瞄了一眼背后毫无遮挡的一办公室人，抽出夹在胳膊下的一个文件袋。文件袋里有几张截图照片，应该是从那天在生态园抓卢国盛的航拍记录里截出来的。那是个貌不惊人的中年男子，个子不高，留平头，细长眼睛，皮肤有点黑，无论是穿着还是相貌，混在一群干粗活的村民中都毫不打眼。

"你可以把照片拿给卢国盛看看，看这个人是不是就是'A13'。"费渡绕到骆闻舟的办公桌旁边，用后背挡住敞开的门里穿进来的视线，"我去那个自然村里问过，那天在场的当地人告诉我，有村民正好翻盖自己家房子，这个人自称是建材市场上新来的送货员，是拉着一车瓷砖来的，非常自来熟。当时他假借着跟加油站附近的一伙村民打牌，混迹其中，监视'牧羊犬'的动向。'牧羊犬'屋门口的监控设备被人入侵了，窗台下面还有个窃听器，如果当时我们慢了一步，他也可以第一时间除掉'牧羊犬'。"

骆闻舟皱起眉："他盯着'牧羊犬'，可以防着那些人狗急跳墙，把生态园一炸了之，但未必就能保证卢国盛不死吧？那个生态园里住的都是通缉犯，每个人手里都有不止一条人命，一个远程命令就能让他们做掉卢国盛。"

费渡没吭声，嘴角含笑地看着他，骆闻舟一愣之后，立刻反应过来："你的意思是，他们在那个生态园里面也有人！"

费渡轻声说："我猜是跟卢国盛接触最多的一个，你觉得呢？"

骆闻舟倏地站起来："提审'一只眼'。"

骆闻舟风风火火地抬腿就走，片刻后，又想起了什么，冲回会议室，一把拉住费渡的胳膊："你等等。"

他们眼下面对的，至少有两股势力：一股是魏展鸿他们那一帮；还有一股隐藏在其间，不显山不露水，却神通广大，他们似乎是想要挖出旧案，和"那些人"做一个了结，目标和警方仿佛是一致的。可骆闻舟不由自主地联想起这一整年经历过的几桩大案——苏家拐卖女童案中，究竟是谁把当年苏

埃德蒙·唐泰斯

筱岚的作案手法和"独特签名"透露给苏落盏，诱使她去模仿的？周峻茂一案里，究竟是谁把肇事司机董乾开车撞人的真正理由透露给董晓晴的？还有冯斌被杀案中，那个神秘的"向沙托夫问好"……还有总是通过读书软件隐秘预告谋杀的"朗诵者"。

桩桩件件，回想起来，似乎都有这股神秘势力的影子，而这影子身上笼罩着说不出的阴冷与血腥气。

他们在龙韵城中两次调换监控视频，把魏展鸿涮了个底朝天的同时，也说明这些神秘人早早察觉到了费渡的小动作。

费渡一偏头："嗯？"

"你在这儿等我，"骆闻舟正色说，"从现在开始，不许单独行动，不管你要去哪儿、不管你要干什么，必须要让我知道。"

费渡目送着骆闻舟冲出去，手机忽然一振，有人发了一条短信给他："你说过如果我想让一些人付出代价，可以直接打这个电话。"

费渡眉头一动——王潇？

他把电话打了回去，那一边传来少女怯怯的声音："喂……"

"是我，"费渡在窗边坐下，"你现在决定要来找我了吗？"

王潇迟疑了好一会儿，才带有几分艰难地低声说："学校的事，我……我有证据。"

费渡靠在窗台上，办公室的暖气抵着他的后背，他并不开口追问证据是什么，也不吭声，连呼吸都放得很低，静静地等着女孩自己说。王潇就像一管干瘪的牙膏，得把周身的铁皮都拧在一起，用尽全力，才挤出几个字："是……衣、衣服……那时候的衣服，我没有洗过……"

费渡无声地叹了口气："你在哪儿，我叫人去接你。"

王潇蚊子似的应了一声："我在家等。"

"王潇，"费渡温柔而不失力度地在她挂断电话之前说，"你能不能告诉我，为什么突然做出这个决定？"

王潇沉默半晌："我就要出国了。"

"一只眼"从被逮进来的那一天就知道，自己这回是在劫难逃，哪怕他闭了嘴一言不发，以前犯下的事也够他最轻无期、上不封顶了。因此他也比较配合，不用怎么浪费口舌，就跟骆闻舟知无不言了。

"我没想杀卢国盛，""一只眼"说，"警官，你也看见了，我那会儿还给他送了饭呢。我们那里有规矩，一个人暴露了基地，跟他住一块儿的人都得跟着吃挂落，所以他们才都恨卢国盛，一听说他可能暴露，不等上面发话，就自动把他绑了，就等着推他出来顶罪了。可是我不一样啊。我仗义，我他妈哪是那种人啊……"

"那你是哪种人？圣母玛利亚啊？"骆闻舟冷冷地打断他，"少给我来这套，再废话就喂你吃枪子。"

"一只眼"撇撇嘴，肩膀垮下来，吭哧了一会儿，老实交代："……他们答应把我送走。"

骆闻舟一抬眼："'他们'是谁？答应送你去哪儿？"

"从基地里逃出去，""一只眼"叹了口气，低声说，"出国，或者跑到一个没人认识的地方——'A13'说的，我知道公司里有好多他们的人。您可别问我他们老大是谁，我连我老大是谁都还是这次被抓进来才知道的，那些'大人物'一个个都他妈的跟耗子似的，把自己藏得严严实实的。我反正是过够那种日子了，有时候觉得跟被你们抓进去坐牢也没什么区别，不一定什么时候就给谁顶罪当替死鬼。"

骆闻舟听得一阵惊疑不定——这和他之前推测的不太一样。

这个神秘的第三方势力虽然不择手段，但仅就抓捕卢国盛、曝光基地的目的来看，跟警方的目标是一样的，他本以为这是类似于"义务警察"或是"复仇者"之类的角色，肖海洋甚至还生出过"和顾钊有关"的疑虑，可是现在听起来……这个"第三方"倒像跟魏展鸿他们是一伙的，只不过后来闹了内讧。

现在这些犯罪集团闹内讧，都开始流行利用警察了？

骆闻舟追问："你们怎么约定的？"

"他们要求，如果有人通知我们处理卢国盛，我要无论如何保住卢国盛一条命，只要让他留口气就行，至于是残废还是重伤，那都不管，到时候会有人接应我们，先把我们送到安全的地方。"

骆闻舟立刻追问："安全的地方在哪儿？"

"一只眼"笑了起来："警官，拿钱办事，先拿钱还是先办事，是看谁求谁，这事儿是我求人家，我得把人家交代的事办妥了，才能有'收成'，

埃德蒙·唐泰斯

在那之前，他们不可能会信任我，也不可能告诉我要把我送到哪儿去……反正我还什么都没来得及办，就被你们抓过来了。我还想，那个A13是不是警察混进来的卧底诓我呢——哈哈，现在我到这儿来了，怎么说呢，这地方也是个'安全地点'，起码在这儿我夜里能睡个好觉，不用提防半夜三更有人进来捅一刀。"

骆闻舟审完"一只眼"，思虑重重地走出来时，一眼就看见费渡在门口等他。

"王潇来了。"费渡简短地告诉他。

骆闻舟还没从"一只眼"透露出的信息里回过神来，当即一愣。

"我刚给她家长打了电话，找了个女警陪着她，"费渡正色说，"但这事很不对劲。我当初给王潇留下号码，其实只是为了安慰她，成长经历和家庭背景塑造出来的人格，很难被外人三言两语影响，即使改变也是个漫长的过程，一时逃脱不了固有观念的桎梏。王潇这种女孩，从小缺少亲密关系，习惯于被忽视，对别人的目光非常敏感，不是那种敢为了自己挺身而出的类型，特别是在创伤还没有修复的时候。"

骆闻舟："所以是什么原因？"

费渡皱了皱眉："王潇告诉我，她准备出国了。"

他一皱眉，骆闻舟就下意识地跟着他皱眉，回过神来，骆闻舟伸出一根手指按住了费渡的眉心，强行把他往一起拧的双眉分开了，问："她家哪儿来的钱，有没有可能是学校或者涉事学生家长想息事宁人？"

费渡被他推得略微往后一仰，有点无奈，表情却随之柔和下来："前脚拿了人家息事宁人的钱，后脚就到公安局来报案吗？"

"要是我，我就这么干，坑王八蛋的钱，再让王八蛋管我叫爸爸。"骆闻舟吊儿郎当地在费渡肩上搭了一把，推着他往前走，"出了这档事，王潇想转学很正常，唯一的问题就是钱——这里头什么事让你觉得不对劲？"

费渡压低声音，在他耳边说："我本来打算替她支付出国留学这笔费用，之前已经通知了基金会的人，还没来得及接触。"

骆闻舟的眼角眯了一下，转头看向费渡。

"被人抢先了——有人在密切关注着这案子，并且在和我做一样的事，"费渡几不可闻地说，"回想一下，你不觉得我们这次之所以能抓住卢国盛，归根结底，就是王潇点出了11月6号那天，卢国盛曾经和魏文川在龙韵城见过面吗？"

如果没有这条重要线索，魏文川和魏展鸿父子依然可以狡辩。

如果没有这条线索，警方甚至摸不到"蜂巢"，更不可能顺藤摸瓜地找到他们在"生态园"的"基地"。恐怕等他们慢慢查到其他线索，卢国盛尸体上的蛆都化蝇了。

那天在魏文川生日宴上的学生，没有一个人知道冯斌被谋杀一案的细节。

而曾经因为跟冯斌一起出走，被警方拿着卢国盛的画像询问过的几个人，也不会被邀请到魏文川的私人聚会——这本该是两条风马牛不相及的平行线，就因为王潇在卫生间里偷听到的一段话，以彗星撞地球的概率被联系到了一起。

真的会是巧合吗？

骆闻舟脚步一顿："走！"

一个小时后，骆闻舟和费渡来到了育奋中学，通过老师，找了王潇口中的几个女生问话。

因为这一场惊天动地的丑闻，学校不得不放假一个月接受调查，最近才刚复学，不少学生都转学了，家长们集体要求退学费。之前张扬跋扈的"大姐大"梁右京好似换了个人，嘴唇干裂得起皮，裹在不合身的校服外套里，像个披了麻袋片的小柴火妞。

骆闻舟没和她多废话："魏文川生日请你们吃饭那天，还记得你们几个什么时候回的学校吗？"

几个女孩莫名其妙地对视了一眼，其中一个大着胆子说："我们好像没回学校。"

"后来不是去KTV了吗？"

"对啊，他们带了酒，喝多了，在KTV开的房间。"

旁边老师的表情已经难看到极点了——在校生出入娱乐场所，醉酒还夜不归宿，学校居然毫不知情。

"王潇撒谎的可能性不大，一个普通小女孩，让她去骗警察，这事有点勉强，万一被看出来，反而更容易暴露自己。"骆闻舟打发了几个灰溜溜的女学生，转头对一脸僵硬的值班老师说，"麻烦联系保安室，看看教学楼11

月的监控记录还在不在。"

学校的监控记录一般保留三十天，不过最近频繁出事，为了备查，本来应该删掉的备份一直没敢动。当天的监控很快被调取出来，正是休息日，整个教学楼里空荡荡的，非常安静。

镜头里王潇独自从教室里出来，去了教学楼里的卫生间。

"等等，"费渡忽然说，"这儿有个人。"

陪同的值班老师几乎被这句话吓出了一身鸡皮疙瘩，定睛一看，只见监控角落一个偏僻的楼梯口，有个校工模样的中年女人藏在那儿。

值班老师脱口说："这……这人好像不是我们学校的！"

骆闻舟一抬头："你确定？"

值班老师大概是想推卸责任，忙说："真不是我们学校的，我天天在教学楼里巡视，校工我都认识，没有她！"

监控里的中年女人跟着王潇走进卫生间，她先在四周查看一圈，看附近有没有人，又往厕所里面探头看了一眼，大概是确定王潇是不是进隔间了。然后从兜里拿出了什么东西，走了进去。

大约几句话的时间，中年女人从卫生间里出来，压低帽檐，飞快地走了。好一会儿，王潇才好似有些紧张地从厕所出来，犹犹豫豫地往教室走，先是扒着教室后门看了半天，确定里面没人，才仿佛松了口气，推门而入。

"王潇没说谎，"费渡把视频停在她扒教室门的一刻，"她确实听见了欺负过她的女孩聊天的声音，你看这里，她是担心在教室里撞上对方，才会有这个动作——应该是质量比较高的录音和播放设备。"

骆闻舟拿出电话，把监控上的中年女人照片发给同事："查一下这个人的身份。"

第四章

此时，陶然已经很有效率地带着刑侦队的小武来到了南湾县。

在燕城周边，南湾明显属于后发展起来的区域，低矮的棚户和城中村还有不少，正在改头换面的过程中，拆得乱七八糟，道路也坑坑洼洼的。

南湾派出所派了个民警给他们带路，民警名叫孔维晨，老远迎出来等着他们："你们说的这个尹超，户口还在咱们这儿，人早就搬走了，刚才我大概问了问，他们家老房子拆迁他都没回来，是他弟弟尹平拿着授权书签字领的钱。"

陶然没料到会这么容易就找到"老煤渣"的线索，忙问："所以这个人一直跟他兄弟有联系？"

"没有，"民警老孔说，"领导，您猜怎么着，我早晨接到你们电话就上门去问了，结果这个叫尹平的人含含糊糊、躲躲闪闪，我当时就觉得不对劲，再一逼问，才知道那授权书根本就是伪造的，就为了独吞老家那点拆迁款！哎，前面慢点开，修路呢……让他们拆得乌烟瘴气的，一家子原来守着个小破屋过日子过得好好的，现在——得，爹妈不是爹妈，儿女不是儿女，兄弟姐妹一场，天天为这点钱掐得跟乌眼鸡一样，我们这一阵子出警就没别的事，全是为这个产生的矛盾……前面就到了。"

尹平一家刚从老宅里搬出来，住在一处临时租屋里，一家三口住在一起，屋里采光不良，连暖气都没有，活似个阴冷潮湿的冰窖。尹平是"老煤渣"尹超的双胞胎弟弟，也是五十六周岁，在一家单位烧锅炉，一张瘦脸拉得老长，脸上多长着十年份的褶子，透着一股说不出的愁苦气。

陶然一见人就是一愣——"老煤渣"留在市局的备案资料已经是十多年前的了，然而依然能看出他的五官与眼前这老男人的相似之处，还真是双胞胎。

干了亏心事，尹平开门见到警察的时候表现得十分畏缩，忙着支使和他一样愁苦的老婆端茶倒水。

"让人查出问题来才知道惹事啦？伪造你哥签名的时候怎么没想到今天呢？"老孔脸一板，"你这是违法，懂吗？"

尹平耷拉着脑袋，一声也不敢吭，搭在膝盖上的双手戴着一副脏兮兮的毛线手套，不安地在裤子上来回搓着。

"别紧张，我们这回过来，主要不是追究这个问题。"陶然放缓了语气，把自己的工作证压在桌面上。

尹平的目光从他的证件上掠过，连搓裤子的动作都停下了，整个人一僵，吓得不知怎么好了。

"你哥尹超是我们一起案子的重要证人，"陶然说，"我们正在找他，

埃德蒙·唐泰斯

你有他的联系方式吗？"

尹平的下巴几乎要贴在胸口上，他轻轻地摇了摇头。

老孔在旁边说："是没有还是不敢拿出来？你有胆子独吞家产，没胆子跟你哥说话是吧？就你们这种人……"

陶然一摆手打断他："尹平，你最近一次和尹超联系是什么时候？"

尹平抬起眼皮看了他一眼，随后又飞快地躲闪开陶然的目光，嗫嚅半响："有十来年了……我哥说他在燕城得罪了人，得走，刚开始老娘活着，他还隔三岔五地寄钱回来。大概……八九……十年前，老娘没了，我们也联系不上他，我就……我就到他最后一次汇款的地址去找。"

"在什么地方？"

"T省，"尹平说，"到处跟人打听，找了半个多月才找着他。他看着挺有钱，过得也滋润，就是不愿意回来，说他仇家太厉害，回了燕城他们得要了他的命。我反正……反正是没见过他哪儿来的仇家，气坏了，就说'你不回去，就当老娘没生过你，忘本的混蛋王八蛋，不孝！迟早得遭报应'。"

尹平开始还小心翼翼的，到了最后几句话，约莫是动了火气，额角青筋暴跳，哑着嗓子吼了出来。

陶然一顿，不是真情实感，恐怕还真演不了这么逼真："那以后，你们再也没联系过？"

"还有什么好联系的，他不是我们家的人了，有什么资格来分老家的东西？"尹平梗着脖子抬头去看方才说话的民警，"我没违法，我没错！"

尹平双目充血，脸色却一片惨白，干裂的嘴唇不住地哆嗦，脸颊不自然地抽搐起来。陶然忽然开口打断了民警老孔和尹平的争执，目光扫过尹平戴着手套的手，他问："怎么在家也戴手套？"

尹平好似正在应激状态，闻声，他立刻警惕地看向陶然，飞快地小声说："烧锅炉的时候烫伤过。"

说着，他好像怕陶然不信似的，小心地将手套扒下来一点儿，给警察们展示掌心扭曲的烫伤痕迹，随即又缩回手，低了头，仿佛对丑陋的双手自惭形秽，嗫嚅着说："反正……他不是东西，我不亏心。"

陶然的目光不动声色地在这间租屋里扫视一圈——家里穷，但是不缺生活气息，锅碗瓢盆一应俱全，桌上、旧电视上，都盖着手工勾线的罩子，浅色调，洗得很干净，看得出，女主人为了让家人生活好一点儿，大概已经竭尽所能了。

客厅正对大门的墙上贴着不少旧照片，有单人的也有全家福，众星捧月地围着中间一张老式的奖状，奖状上写着"尹小龙同学在六年级第一学期被评为三好学生"，一角上压着一张小男孩的照片，七八岁的样子，抹着红脸蛋，抱着一杆玩具机关枪，冲镜头笑得见牙不见眼，想必就是"尹小龙同学"。

"这是你儿子？"陶然指着墙上的奖状和照片问。

尹平没料到他问这个，愣了愣，才闷闷地点了个头："嗯。"

陶然走过去凑近打量那张小学颁发的奖状，从奖状主人上六年级的年份日期来看，当年的男孩尹小龙，现在也应该有三十来岁了。

"还得过奖状，成绩挺好吧？"

"不好，从小到大就得过这么一张奖状，我们搬家都没舍得扔。"尹平那好似布景板似的老婆开了口，眼看众人的目光都落到她身上，她十分不习惯地低了头，抠着自己手指上的冻疮。

"叫尹小龙是吧，结婚了吗？"陶然闲聊似的开口问，"现在他干什么呢？"

"还没对象呢，学历不行，我们家条件也不好，他人又笨又不会说话，人家都看不上他。"女人小声说，"他在4S店给人打工……"

尹平骤然粗暴地打断她："人家就随口一问，你怎么那么多话？"

女人瑟缩了一下，讷讷地不敢出声了。

陶然冲她一笑，他笑起来的时候让人如沐春风，总是自带用不完的亲和力："那您是做什么工作的？"

"我俩一个单位的，"女人在他面前果然略微放松了一些，低声说，"他烧锅炉，我就在食堂干点洗洗涮涮的活。"

"哦，是同事，"陶然想了想，又说，"二位是工作岗位上认识的啊，结婚多少年了？"

"三十多年……快三十二年了，"女人有些不好意思地笑了一下，"还是单位领导介绍的——早些年我们俩是'双职工'，听着还挺富裕，这几年单位效益越来越不行，我们也跟着凑合活着……那个……警察同志，我家大伯是不回来了，老太太活着的时候，亲口说过要跟他断绝关系，那要是已经断了关系，人又找不着，那房……那房也没他什么事啊，我们不能算犯法吧？"

尹平又呵斥了她一句："行了，傻老娘儿们什么都不懂，少插嘴，烧水去！"

女人低眉顺目地应了一声，闭了嘴，在围裙上抹了一把手，拎起壶去了厨房，显然是已经逆来顺受地被支使惯了。

贫贱夫妻，一个愿打一个愿挨，共同生活工作了三十多年，有个成年而且一起生活的儿子，即使工作单位日薄西山，两口子也丝毫没有打算辞职的意思。保守、安稳、懦弱、故步自封——是个典型的、有些守旧的家庭，和"老煤渣"那种游走在灰色地带的线人，生活得简直不像是在同一个星球，仿佛是无论如何也不该有什么联系的。

陶然无声地呼了口气，一进门就猝然遭遇一个长得和"老煤渣"太过相似的尹平，他心里陡然升起一大堆有的没的怀疑，几乎要疑心起"老煤渣"尹超逃亡未果，冒亲弟弟的名混迹人群了。

现在看来，倒像是他有点想太多了。

要真是那样，这双胞胎仅仅长得像还不行，恐怕互相之间还得有心电感应，互相移植过记忆，才能天衣无缝地在一家干了三十多年的工作单位里冒名顶替。

尹平一眼一眼地看他："您……还有什么要问的吗？"

"受累帮我一个忙——你们家里还有尹超当年汇款时候的留底吗？有地址的信封什么的都行，麻烦给我们参考一下。"陶然想了想，又十分委婉地说，"另外，他可能联系过你们，只是你们上班或者忙别的事，没接到电话什么的，为了以防万一，我们也会走个过场，想筛查一下你们最近的邮件往来和通讯记录……"

尹平木着脸，生硬地说："他没联系过我们。"

陶然被他打断话音，也不生气，只是面带微笑地看着他。

尹平僵坐片刻，仿佛终于攒足了直立行走的力气，一言不发地走进旁边的卧室翻找起什么，片刻后，他从卧室里拿出一个塑料皮的小本，应该是记账用的，写满了被生活逼迫的柴米油盐，本皮上夹着许多东西——老式的IC电话卡、旅游纪念卡……还有一张打过孔的火车票。

"我只有这个，"尹平把那张火车票递给陶然，说，"这是我当时去T

省找他的时候，坐的慢车留下来的票根。他寄回来的那些东西……我一样也没留，不是我们家的人了，还假惺惺的干什么？"

多年断绝关系、母亲去世都不肯回家奔丧的兄弟，听起来的确是谈不上什么情分的，要是尹平还留着"老煤渣"当年汇款的存根，那还有几分可疑，但是现在……

陶然他们又盘问了尹平关于哥哥"老煤渣"在外地的踪迹，尹平一边回忆一边说，也不知道准不准确，听起来这个"老煤渣"倒像是颠沛流离地跑过了大半个中国，一直居无定所。

在这里没什么收获，也是意料之中的事，陶然虽然失望，对这个结果也还算接受。见实在问不出什么，他们只好和尹平告辞，准备回去再仔细排查一下尹家人的各种通讯记录，如果确实没问题，就去尹平提到的T省碰碰运气。临走，陶然挥手示意尹平两口子留步："如果想起了什么关于尹超的事，劳驾随时联系我们。"

尹平冷冷地说："我一般不想他。"

不等陶然开口，他就接着说："他过的不是正常人的日子，他就不是正常人，生在这个家里，就是前世的讨债鬼，从来都招祸不招福，一把年纪了没个妻儿老小，就知道出去鬼混，弄得他身边的人都胆战心惊，走……走了这么多年，还给我们惹麻烦。"

陶然一愣，见尹平说这话的时候，浑浊无神的眼睛里居然控制不住地闪着鬼火一样的恨意，"走"字几乎有点变音。

尹平当着他的面抬手推上门，冷冷地说："别再来了！"

旁边暴脾气的南湾派出所民警老孔已经跳着脚骂了起来，陶然却轻轻地皱起眉——仅仅是家庭矛盾，母亲去世的时候没回家这点事，确实会让人心存芥蒂，谁家有这么个亲戚，提起来大约也没什么好话，可是为什么尹平对"老煤渣"有那么深的憎恨？

恨意几乎要满溢出来。

陶然甚至觉得，如果"老煤渣"就在他面前，尹平可能就直接扑过去了。

他顺路开车送民警回派出所，老孔下了车，还没义愤完，扒着车门对陶然说："您瞧见没有？就这素质——我跟您说，这就是做贼心虚的表现！"

陶然听了这话，突然一愣，不知想起了什么。

埃德蒙·唐泰斯

老孔没注意，继续说："这种人我见得多了，有些事分明是他对不起别人，他就是要跳得比谁都高、嚷嚷得比谁声音都大——其实他心里明镜似的，知道自己不是东西，越心虚就越这样，好像叫唤一下，就能把良心镇住似的。嘿，说到底，他还不是为了独吞家产吗？"

陶然心里一动。

这时，后座的小武开口说："终于传过来了，网速太慢了——陶副，他们调阅到了'老煤渣'当年的供词，纸质扫描的，刚才信号不好，我才打开……唉，这个人也是遭了不少罪，谁能想到他背信弃义做伪证呢？市局和前辈们待他不薄了。"

陶然心不在焉地"嗯"了一声。

"罗浮宫那场大火，这个'老煤渣'也在里面，差点儿没逃出来，"小武一边翻看旧档案的扫描图片，一边说，"还算他机灵，没烧出个毁容破相，逃出来的时候双手在一个铁栏杆上扒过，整个被烫掉了一层皮，当年连指纹都没录。"

陶然猛地抬头。

第五章

骆闻舟和费渡刚回市局，一个同事就跑过来告诉他："骆队，查到你方才发过来的那个女的了。"

骆闻舟有些意外："这么快？"

跟着王潇进入卫生间的中年女人戴了帽子，面部特征不算有辨识度，而且只有一段视频的截图，即使是警察，搜索起来也十分有难度，除非……

"这个人有案底。"同事说，"朱凤，女，四十二岁，十四年前，新婚的丈夫出门买菜，与人发生争执，对方突然拿出一把西瓜刀，在他胸口和腹部连捅八刀，送医院没抢救回来。后来证实这个凶手有精神障碍，监护人说是一时没看住，让他跑出来了。据说审这个案子的时候，凶手在庭上看见死者家属朱凤，还嬉皮笑脸地朝她做鬼脸。后来凶手被关进了精神病医院，朱凤一直不服，觉得他是装病，事发半年后，她带着刀试图闯进精神病院报仇，未遂，被医院逮住报警了。"

"精神障碍？"骆闻舟听着这案子，莫名觉得有几分耳熟。

"第一次'画册计划'调档研究过的一个案子，"费渡说，"除了这一起，剩下的都是未结案，记得吗？这个精神病凶手和其他有嫌疑没证据的涉案人员都不明不白地死了。"

骆闻舟的瞳孔倏地一缩。

这时，他的手机突然打摆子似的振动起来。

骆闻舟抬手做了个稍等的手势，接起来："陶然，什么事？"

"我怀疑一件事，"陶然把车开出了一路残影，路过一个大坑，他直直地踩着油门冲了过去，警车在崎岖的县城小路上连蹦带跳，"老骆，我怀疑当年出卖顾钊的线人不是'老煤渣'！"

骆闻舟一时没明白："不是'老煤渣'是谁？"

"是尹平，'老煤渣'的双胞胎弟弟。"陶然一脚急刹车把车停在了尹平楼下，"我没有证据，只是直觉，说不清楚——尹平对他哥哥的线人身份十分怨恨，他不怕警察，但是在见到我的工作证之后，态度十分恐惧。我猜是因为看见了我是市局的人，谈话间他非常小心地制止他老婆透露他们家的家庭情况，还有，他老婆无意中说了一句'大伯不会回来'……对了，尹平还说，他哥早年间往家里寄过钱，但他描述的地点太分散了，而且长达几年之久——'老煤渣'就算在躲什么人，难道几年也找不到一个藏身之处吗？这不合常理。"

"狡兔三窟"也是要有"窟"的，几天就换一个完全陌生的地方，并不能给谨小慎微的老线人带来安全感。这听起来倒像是有人一人分饰两角，而且分得并不高明，到老太太去世就戛然而止——好像只是为了哄骗老人。

"老煤渣"活在边缘，亲友淡薄，就地消失也不影响谁，大概世界上也只有亲妈会真心诚意地牵挂他。

陶然三步并作两步地顺着楼梯飞奔上楼："以及指纹，'老煤渣'当时从罗浮宫出来以后就被送到了医院，双手在火场中被重度烫伤，当时没法录指纹，你知道双胞胎共享一套DNA，唯一没法伪造的就是指纹。我刚才看见尹平戴着手套，他手上也有烫伤。"

骆闻舟皱起眉："照你这么说，真正的'老煤渣'在哪儿？"

陶然蓦地抬头。

"警察，开门！"

"尹平，麻烦跟我们回市局配合一下调查！"

破木门打开一条小缝，尹平的老婆怯生生地打开门："他……他刚才出去了……"

"去哪儿了？"

"说是去单位有点事，骑车走的……"

陶然转身就跑："通知派出所、区分局、交通部门，搜一辆红色电动车！"

南湾县城就像一张刚动了大刀子、尚未消肿拆线的脸，恨不能一夜之间改头换面，急躁得有些狼狈。放眼望去，到处都是暴土狼烟的建筑工地，人们熟悉的旧街道分离合并，连老住户也有些难辨东西。

时代是破坏一切的推土机，可悲的人们自以为"深埋"的秘密，其实都只是顶着一层浮土，轻轻一吹，就会露出遮盖不住的丑陋身躯。

从浩浩荡荡的拆迁打破小镇的平静生活的那一刻开始，尹平就知道，自己离这一天不远了。

十四年前他盖上的土捉襟见肘，到底是纸里包不住火。

漆色斑驳的红色电动车在冻土上飞驰，打了个滑，剐到了一辆停在路边的轿车后视镜，后视镜掉下来摔了个稀碎，电动车也跟着一起飞了出去。尹平瘸着脚爬起来，身上的泥都没顾上拍，一把拎起车把摔歪的电动车，跨上就跑，剐破的手套下露出成片的烧烫伤痕。被剐掉后视镜的车主正好从路边小超市里出来，追了几步，眼见肇事者绝尘而去，跳着脚破口大骂几句，拿出手机报了警。

这一条报警信息透过巨大的网络传播出去，尹平和他的红色电动车立刻被锁定。

"定位到了，"陶然飞快地对电话里的骆闻舟交代了一声，"我马上带人赶过去。"

骆闻舟那边似乎想说点什么，陶然却急急忙忙地打断了他："尹平很重要，我知道，你放心，我一定把他带回去。"

骆闻舟："等等，我给你叫……"

"支援"两个字没来得及顺着信号传出去，已经被挂断的电话卡了回来。

骆闻舟狠狠地抽了口气——如果尹平才是当年出卖顾钊的人，那他可能是他们唯一能找到的突破口，这个人太重要了，谁也没料到他会出现得这么猝不及防。

逃亡中的尹平几乎能听见西北风刮来阵阵的警笛声，他觉得自己就像一只挣扎在蜘蛛网上的小虫，干涩的眼睛被寒风吹出了泪水，混着鼻涕一起流下来，他想起了十四年前那个同样刺骨的夜晚。

他和尹超是双胞胎，好像一个模子里复制出来的人。

可父母就是偏心，跟人家提起来，总是说"学习好的"那个是哥哥，"听话的"那个是弟弟。

"听话的"，这评价实在熨帖——狗也听话。

长大以后，父亲去世，他们俩又变成了"在外面闯荡"的哥哥，和"没什么出息接他爸班"的弟弟。

分明是一模一样的人，其中一个却好似将另一个人的运气与才华一并偷走了，就连女朋友，尹超的那个也比他谈的看起来"高级"很多。不过好在，尹超这桩婚事后来黄了，因为到了谈婚论嫁的时候，那女孩在下班途中被人杀了。从那以后，尹超从他这里"偷走"的运气好似一股脑儿地反噬了回来，尹超就像变了个人，工作也辞了，世界也不闯了，一天到晚游手好闲，不知在干什么，还跟家里人断了联系。

逢年过节，他妈总要先求神拜佛地烧一通香，等着大哥尹超中奖似的从天而降。

大哥出事的时候，尹平虽然嘴上没说，心里是有点幸灾乐祸的，多年压抑的嫉恨好似旷野上的草根，一夜春风吹过，就会一发不可收拾地疯长起来，每次看见他老娘落寞的脸色，他都很想快意地问她——你不是开口闭口都是尹超吗？你不是天天说他有本事、有魄力吗？他魄力大得连家都不回，到头来，还不是自己这个"没出息"的东西给你这老不死的养老送终？

可是很快，尹平就发现，不管那个阴影似的大哥变成什么样，他都是老娘的心头肉，不管自己每天多么勤勤恳恳地上班养家，在偏心的老母亲眼里，依然只是个可有可无的添头。

有段时间，尹超不知什么毛病，又从市里搬回南湾镇上，在离家不远处租了个民房。尹小龙生日那天，他竟然还破天荒地出现在了他们家的饭桌上，买了蛋糕，反常地把自己收拾得干干净净。饭桌上，尹超说他最近赚了点钱，想起老娘以前曾经珍藏过一张豪华游轮的广告，自己这么多年没孝顺过她，终于有能力给她实现梦想了，正好小侄子也放寒假，他给老娘和弟弟一家三口都报了团，全家可以一起去。

冬天正是锅炉房最忙的时候，尹平觉得这时候请假，单位领导那边交代不过去。尹超却故意轻描淡写地说，要是实在没时间也没办法，反正一人两万，钱已经交了，退也退不了。他们家那傻老太婆听说了这个价格，勃然大怒——大哥把小十万块钱都拍在桌上了，做兄弟的连一个礼拜假也请不出来？岂有此理！

至此，尹平确定，老大这回依然是不怀好意，是想害自己。

可是愤怒之余，他又觉得不对劲，那个年月，两万块钱对于平民老百姓来说，实在不少了，尹超犯得上花这么多钱害他丢工作吗？

下这么大本钱，大概得要他的命才划得来了。

于是那天晚上，满腹疑虑的尹平偷偷地跟在了大哥尹超身后，一路跟回了他在镇上落脚的租屋。

尹超警惕心高得吓人，尹平几次三番差点儿被他发现，幸亏南湾镇他地头熟。然后，他亲眼看见几个人把尹超堵在了租屋院子里。

尹平连大气也不敢出，恨不能钻进墙角的耗子洞里，他也不知道自己在恐惧些什么，只是本能地感觉到危险。他听见其中一个人说："'老煤渣'，你给你们家人报了一个什么玩意儿？游轮？这就想躲过去啦？我告诉你，就算是航空母舰，我们说让它沉底，它也得沉底。时间不多，来点痛快的吧，给你一宿时间好好想想——你是要五十万现金，还是要你妈、你弟弟、你侄子的脑袋？"

尹平听得半懂不懂，却又如堕冰窟，他向来不惮以最大的恶意揣度老大，却没料到老大居然还能超出他的想象！

尹平不知躲了多久，在严冬的深夜里差点儿冻成一条人干，直到那些人走远，小平房里亮起黯淡灯光，他才行尸走肉似的钻出来。

尹超一脸凝重，看起来是正要出门，门推开一半，迎面撞见了戳在门口的尹平，惊呆了。

尹平软硬兼施地堵住了尹超，逼问出老大在给一个警察做线人，代号就是"老煤渣"。尹超承认，他们在调查一桩很危险的案子，恐怕已经打草惊蛇，警方内部有人向嫌疑人泄密，现在他们不知道从哪儿知道尹超也掺和在其中，威逼利诱地找上了他。

尹超没和他说具体是什么案子、哪个警察，可是尹平听了只言片语，就已经吓疯了，根本不管其他，不分青红皂白地跪下，求他大哥收下钱、赶紧收手走人。尹超被怯懦的弟弟闹得心烦意乱，对他说："我本来想借着旅游，暂时把你们送走，没想到也被他们发现了，你别着急，我再想想别的办法……你今天先在我这儿住下，我出去找我的搭档商量商量，看能不能找信得过的人保护你们。"

尹平连滚带爬地拽住他："哥，那是黑社会吧！黑社会不能惹啊，警察来了又走，可是这些人真能阴魂不散，一个漏网之鱼都能让你家宅不宁啊！妈都快七十了，还有小龙……小龙还小呢！你不能……"

尹超急匆匆地甩开他："别添乱，我会解决。"

眼看他甩开自己就要走，尹平急了，随手从旁边抄起一个烟灰缸，照着大哥的后脑勺，狠狠地砸了下去——尹平永远忘不了那一幕，他好似灵魂出了窍，又好似在什么地方千锤百炼过这一套动作，眼看着尹超一声不吭地倒下，尹平恐惧之余，又有说不出的兴奋。那时他仿佛鬼上身，原地愣怔片刻，又走过去，在他亲哥哥的脑袋上重重地补了几下，直到尹超彻底断气。

然后他趁着月黑风高，就地在那小院后面的大树底下挖了个坑——后院的大树有几百年树龄，旁边围着铁栅栏，是保护古木，本地有政策，即使动迁修路，也不会有人随便动它，尹平知道，这是个天然的保护伞。

他冷静得可怕，有条不紊地收拾了血迹和凶器，把他从小到大的噩梦扔进坑里，还没来得及松一口气填上土，尹超的兜里突然响起了手机铃声。尹平吓得手脚冰冷，有那么一瞬间，他觉得那手机默认的铃声是在叫尹超的魂。

第一次电话响完，他没来得及接，停了半分钟，电话很快第二次响起。他鬼使神差地跳进坑里，从死人兜里摸出了那部旧手机："……喂？"

"老煤渣！"

"……嗯。"

电话里的男人说："罗浮宫，后天傍晚七点二十，我这边都准备好了，你也不改了吧？"

尹平觉得自己的气管仿佛被什么堵住一样，艰难地从喉咙里挤出两个字："……不改。"

事后，尹平呆呆地在尹超的租屋里坐了一宿，坐得手脚麻痹，整个人像是被梦魇住似的，而这一切也确实像一场噩梦。直到听见窗外乌鸦叫，尹平心里才升起微弱的期望，以为自己就快要醒了。

但寂静的黎明里，却突然传来了摩托车的引擎声。

尹平一激灵，对了，那些人说，他只有一宿的时间。

要钱还是送命？这答案对于尹家卑微的老二来说，实在再简单不过了。

尚未破晓，来找他的人可能以前和尹超不熟，没看出双胞胎之间细微的差别，在尹平说出他从电话里听来的时间、地点后，对方笑了起来，拿出一个电话递给他。电话里的男人说话带笑："其实我知道你们约好的时间、地点，只是让手下人试试你说不说实话——老兄，你有诚意，我也有诚意，怎么样，现在你知道我是谁了吧？咱俩可是一条船上的人了。"

尹平完全听不懂他在说些什么，只好讷讷地应着，对方大概也没料到自己的手下会认错人，并没有怀疑他的身份："不用紧张，我告诉你怎么做，一步一步来，错不了。"

一个老实巴交的锅炉工，怎么会有那么大的胆子呢？

此后十四年，尹平也没弄明白。他披着人皮，心里头却好似有一头怪物，一口咬死了亲哥，为了活命，只能壮着胆子、背着大槐树下的亡魂走下去。

第二天，尹平先和单位请好了假，又说"工作忙，不能陪他们去旅游"，搪塞了家人，两头骗完，他以"浪费也是浪费，不如送给别人，送了人情，还能帮着照顾家人"为由，找了个工友，拿着自己的身份证，顶了名额，做出一家四口外出旅游的假象。然后尹平偷偷跑到尹超家里，穿上尹超的衣服，拿起他的行头，把自己打扮一番，瞒天过海地成了"老煤渣"。

巨大的危机逼出了他所有的聪明才智，在火场中的时候，尹平甚至想起了不知从哪张小报上看来的"双胞胎指纹也有差别"的理论，忍痛烫了自己的手。事后，这件事果然像电话里那个人说的那样，并没有大张旗鼓地查，只是藏藏掖掖把他叫去问了几次话，最后一次去警察局，他碰见一个警察，那人意味深长地冲他笑了一下，和他寒暄："来了？"

这俩字就把尹平吓出一身冷汗，他这才知道，尹超说的"警方有人泄密"是什么意思——那个警察就是给他打电话的人！

尹平向来贪财，那次却难得聪明了一回，愣是没敢去觊觎那些人承诺的五十万，当天夜里，他就神不知鬼不觉地剃了头发，摇身一变，又成了"平凡无奇的锅炉工"，把尹超的东西拉到一处荒山野岭，一把火烧了，让"老煤渣"这个人彻底从世界上消失。

他忍痛用锅炉把自己重新烫了一次，给双手的烫伤"过了明路"，此后每天在煤灰中把自己弄得灰头土脸、耸肩缩脖，彻彻底底地藏进了锅炉工身份里。

十四年，他瞒天过海、苟且度日，过着平淡又贫穷的生活。

老人过世、孩子成人，大槐树又在风雨飘摇里安安稳稳地粗了一圈，没有人知道那树根下埋着尸体，久而久之，连尹平自己都忘了这件事，好像那段惊心动魄的插曲只是他的妄想，他从未有过一个让他又妒又恨的兄弟，从未触碰过那个天仿佛永远也亮不了的夜色——可为什么命运到底不肯放过他，为什么平静了这么多年的南湾中了邪似的要改造、要查人口，甚至有警察上门查尹超？

为什么那个人已经在大槐树底下烂成了一摊泥，仍然要阴魂不散！

尹平摔得几乎散架的小电动车嗡嗡作响，每个焊接处都在不堪重负的高速中颤抖，他冲过惊叫的人群，碾过小贩的地摊，充耳不闻那些尖声叫骂，拼命向着那个地方冲去——那里曾经有一排古旧的小民居，现如今到处写满了"拆"字，唯有清朝年间就竖在那里的老槐树不动声色，怜悯地看着那些来而复返的人们。

迫近的警笛声刺破了天际，有人从喇叭里大叫他的名字，尹平眼里却只有那棵树。

有那么一瞬间，他觉得自己在铁栅栏里看见一个人影，顶着一个被砸得凹进去的后脑勺，正阴森怨毒地盯着他。

陶然已经看见了尹平的背影，不知为什么，他不住地心慌，眼前是七扭八歪的小窄路，旁边骑摩托车的老孔冲他摆手，示意自己先过去，陶然没来得及让位，就在这时，异变陡生。

两辆皮卡突然从前方路口冒出来，左右两边同时夹向尹平！

陶然来不及细想，猛地一打方向盘，先将骑摩托车的老孔挤到后面，自

The light
in
the night

埃德蒙·唐泰斯

已冲了过去。

警车径直撞向两辆皮卡之间，后视镜刷到了尹平的车把，随后，尖锐的急刹车声在小巷间响起，警车以险些侧翻的姿势漂移出去，猛地把尹平的小电动车甩上了天。同时，三辆车不可避免地撞成了一团，碎玻璃碴暴风骤雨似的"泼"了出去，一声巨响……

第六章

不知怎么突然刮起一阵妖风，顺着骆闻舟办公室的窗户缝悍然闯入，玻璃窗一下被撞上，窗台上的笔筒应声而倒，被惊动的费渡抬起头，尖锐的电话铃声炸雷似的响起。

正好从外面进来的骆闻舟气都没顾上喘匀，一把抓起座机听筒："喂？"

费渡的心口不明原因地一紧，随即，他就听见骆闻舟的声音陡然变了："什么？你再说一遍！"

"……肇事的两辆皮卡车里事先放了易燃易爆物，陶副队的车跟他们撞在一起时产生了明火，一下点着了爆炸物，其中一个皮卡车上的肇事司机当场死亡，另一个重度烧伤，半路上死了。老大，这是蓄意……"

骆闻舟脑子里井然有序的多条线程一下短路了一半："在……在哪儿？哪家医院？"

五分钟以后，整个市局都被惊动了，刑侦队里的所有人，不管是正在局里的还是出外勤的，同一时间放下手里的事，赶往了燕城第二医院。

车载空调吹出来的风十分"油滑"，燥热的暖气不住地往人身上乱喷，却好似始终浮在人皮表面上，就是不往毛孔里走。

骆闻舟开车开到半路，一把攥住了旁边费渡的手。

费渡的手仿佛刚被冰镇过，凉得几乎失了活气，从接到消息开始，他就一言不发，这会儿坐在车里也是一动不动，半天才眨一次眼，像是成了个人形摆件。被骆闻舟的小动作惊动，费渡才轻轻地捏了一下骆闻舟的手掌以示安慰。

骆闻舟看了他一眼，不怕费渡作妖，就怕他不说话——他紧紧地攥了一下费渡的手，将炸了个底朝天的三魂七魄强行归位，随后拨出电话："是我，我五分钟以后就到，你们在医院哪儿？现在什么情况？"

为了围堵尹平，小武另外开了一辆车，没跟陶然坐在一起，也因此幸运地毫发无伤，电话里，他声音嘶哑，带着哭腔，先是三言两语把到了医院怎么走说明白了，随即又忍不住哽咽起来："今天我们本来都要回去了，陶副队突然说尹平不对劲，我们回去找人的时候，尹平已经骑着他的电动车跑了。后来尹平路上出事故后逃逸，受害人报了警，正好大致锁定了尹平的方向，我不知道陶副队为什么那么着急，都不等咱们支援的人到齐……"

费渡的目光落在骆闻舟开着免提的手机上——尹平一跑，想要抓他，就必须要上报、要走程序，起码在对尹平会去哪儿这件事完全没有头绪的时候，必须得求助于数量庞大的摄像头——这样就必须要人协助，免不了惊动很多人。

"红色电动车肇事"的报警信息一发出，就不知进了谁的耳朵，陶然对这里面的泄密风险心知肚明，所以他必须要做好最坏的打算，谁也顾不上等，得抢在对方反应过来之前抓回尹平。

如果当年跟着顾钊进入罗浮宫的线人真的是尹平冒名顶替的，那他很可能是这桩旧案的最后一个证人，即便此人一钱不值，这会儿也金贵得有进入保险箱的资格。

陶然的处理非常果断，可为什么……对方的反应竟会那么快？

这不应该。

"我们是在南湾县北边，一片拆了一半的城中村附近追上尹平的，那地方车不太好走，派出所有个骑摩托车的兄弟本来想先过去，可是经过一个路口的时候，两辆皮卡车突然冲出来，陶副队当时就把他挤开，自己撞过去了……"

费渡蜷在身侧的手陡然收紧。

"道太窄，三辆车在路口一撞，我们都进不去，幸亏那个离得最近的兄弟看见皮卡车滋火，当时就觉得不对，冲过去把车门砸开了，刚把人拖出来，那边就炸了，要不是他……"

要不是他，他们这会儿也没有往医院赶的必要了。

费渡忽然插话问："尹平呢，还活着吗？"

小武情绪太激动，没听出说话的换了人，立刻做出汇报式回答："尹平被陶副队甩出去了，甩那一下可能摔得不轻，小腿被电动车压骨折了，不知道是不是受爆炸的影响，他方才一直在昏迷，现在也在二院。"

费渡平静得可怕，神色纹丝不动，和他的手一样没有活气。

骆闻舟横冲直撞地越过医院停车场的减速带，车身也跟着狠狠震颤。费渡一抬手抓住了门扶手，语气却毫不颠簸："找信得过的人看住了尹平，不管他是住院还是抢救——二十四小时一秒钟都不能放松，尹平不死，灭口的就还会来。"

"是！"

骆闻舟本想补充几句，思前想后片刻，实在没什么好补的，于是一言不发地挂上了电话，停下车。

"狗急跳墙，看来陶然怀疑尹平当年冒充'老煤渣'的猜测不单对路，假的'老煤渣'可能还直接接触过核心人物。"费渡不慌不忙地开口说，"因为魏文川、魏展鸿被召唤到市局来，随即又被扣下，那时对方都没有那么紧张，说明魏展鸿一直以来的抵赖可能不是抵赖——他真的只是持有一部分蜂巢股权，这些年使用对方的'资源'，合作的幕后老板是谁，他也并不知道。"

骆闻舟没吭声，低头看了一眼费渡那只被他攥住的手。费渡的脉搏飞快，快得几乎有些紊乱，沸腾的血流反而在不断带走他四肢的温度，他手心只有一层薄薄的冷汗。如果不是从这只手上感觉到的生理反应，骆闻舟几乎要有种错觉，好像陶然对费渡来说，就只是个无关紧要的陌生人。他的逻辑永不停摆，永远条分缕析地客观着。

但……植物性神经是不会骗人的。

费渡的身体、情绪乃至于他在说什么、想什么，好似都是彼此脱节的，他仿佛一台本应浑然一体的精密仪器，被来回拆装太多次，咬合不良的齿轮转起来不甚灵便，一旦过载，就不免有些微妙的不协调。

多么矛盾的人。

这时，几辆警车同样匆忙地冲进来，车上的人几乎是没等车停稳就蹿了出来，跑得太急，都没留意到骆闻舟他们也在停车场。

骆闻舟看着这些匆忙的同事，忽然问费渡："你和陶然最好，不急着进去看看他吗？"

"那里面在抢救，进去也看不到，"费渡神色不变，"再说看得到也没用，我也不是大夫。到医院里等和在车里等没什么区别。"

骆闻舟沉默下来。

"首先，当年陷害顾钊的那伙人和受害人顾钊一样，不知道'老煤渣'是被人冒充的，否则这些年要杀尹平太容易了，不可能现在才动手，"费渡并不急着解开安全带，坐在车里说，"而如果假设，对方是被陶然追捕尹平这事惊动之后，才意识到什么，调来两辆皮卡来灭口呢？"

骆闻舟："除非他们正好有两辆装着易燃易爆物的皮卡，正好就等在鸟不拉屎的南湾。否则按理来说，他们不应该比警察快，更不应该比抢在所有人前面的陶然快。"

"所以他们得到信息的时间点一定会更早一点儿。"费渡说，"当时陶然身边跟着一个市局的搭档小武，一个南湾派出所带路的民警，还有……"

"还有就是，他给我打了个电话。"骆闻舟沉声说，"陶然包里搜出窃听器之后，我们就一直很注意，他当时拨的是我的私人电话，我可以拿这小十年的工龄担保，我的电话百分之百没问题。"

"那么排除掉所有不可能的，可能出问题的就是两个人和一辆车，"费渡缓缓地说，"车是公车，停靠使用都应该有记录——这调查范围听起来是不是小多了？"

骆闻舟摸出电话打给了肖海洋。电话响了不到半声就被接起来了，肖海洋有些语无伦次地说："我马上到医院，骆……骆队，我……"

"先别过来，"骆闻舟沉声说，"医院楼道里不缺人站岗了，干点有用的，我要你现在立刻去调查小武，还有今天和陶然他们同行的南湾派出所民警孔维晨，警号我一会儿给你发过去，查他们最近的行踪，干了什么、见过谁，还有，查陶然今天开走的那辆公车近期的使用记录，我要知道它去过哪儿，什么人碰过——包括日常擦车和维修人员，记住，是所有人！"

费渡搭了一句："你不方便查的，我可以叫陆嘉他们找人配合你。"

肖海洋那边顿了顿，重重地吸了一下鼻子，连声"是"都没说就挂断了电话。

两人在已经熄火的车里相对无语片刻，骆闻舟安排完了所有事，一仰头，他闭上眼靠在了车座上。他一时不能去细想陶然现在是个什么情况，抢救得怎么样了，他得用全部的心智去忽视自己的愤怒和焦灼，处理需要他处理的事。

费渡犹豫了一下，拢过他的肩头，在他肩上拍了拍："要是难过需要宣泄，都没关系，反正只有我在这儿。"

"上学的时候……有个女同学好不容易鼓起勇气约他出去看电影，他盯着人家的眼影说'你看你眼圈都熬黑了，赶紧回去休息吧，我听人说那是个烂片，网上评分才五分'……就这种货，我有一段时间还以为他是弯的。"骆闻舟几不可闻地说，"后来他试着跟几个女孩处过，闹了半天不是弯，就是二百五，一点套路也不懂。女孩们一开始都觉得他可爱，后来马上面临毕业，才发现花花世界里，男人光可爱不行，慢慢就淡了。分了手，他偷偷摸摸自己消沉，回头还任劳任怨地帮人家搬家扛行李，扛完找我喝酒，吐得一塌糊涂……陶然如果……如果……"

骆闻舟眼圈发红，费渡捏着他肩头的手紧了紧。

"陶然如果……"这个念头随着骆闻舟的话音在费渡心里一闪，立刻就被他掐断了，他心里好像有一道随时可控的闸门，连同有关陶然的一切回忆，全都切在理智之外。

就像多年前，他循着音乐声走上楼，看见门后吊死的女人时一样。

这是费承宇教会他的——永远保持无动于衷，如果不能，那就学着装得努力一点儿，因为在他漫长而无力的少年时代，露出任何破绽，费承宇都会让他印象深刻，随时切断自己的感情，几乎已经成了他的反射反应，每遇到无法面对的事，都会自发启动，保证他做出最理智的选择。

"我知道，"他用恰到好处的温柔拍了拍骆闻舟的后脊，"我知道——走吧。"

陶然人缘好，医院的等候区里长椅坐不下，不少人都坐在地上，连原本在医院陪着师娘的杨欣也闻讯赶来了，众人一见骆闻舟，全都站了起来。

他正要说什么，突然，抢救室里门一开，一个脸色有些发沉的护士走出来，摘下口罩，不像往常一样叫着病人名字通知亲朋好友推病床，她的目光在殷殷注视着自己的人群里一扫："你们都是公安局的吧？那个……对不住，我们大夫也实在是尽力了……"

骆闻舟脑子里"嗡"一声响，费渡一把撑住了他。

护士在众人的目光逼视下，硬着头皮继续说："……病人孔维晨，颈部被爆炸产生的碎片打穿，送来的时候就已经因为失血过多……"

孔维晨就是当时陪着陶然他们的派出所民警老孔，好一会儿，才有人回过神来，屏住呼吸问："那……另一个……"

"另一位主要是撞车的时候造成的骨折和内脏出血，汽车爆炸的时候被同事用后背挡了一下，需要在重症监护室观察一宿，如果情况稳定，应该就没有生命危险了。"

等候区里鸦雀无声。

陶然发现那两辆车来者不善的时候，第一反应是挤开摩托车，让只戴了一个头盔的老孔退后，而那位兄弟在意识到可能要发生爆炸的时候，想也不想就冲上去把人拖出来……

不知过了多久，有个从南湾派出所赶过来的才发出一声压抑的哽咽。

"骆队？"

"通知……喀，"骆闻舟声音有些发紧，用力清了清，才续上自己的话音，"通知家属了吗？去……"

他的话再次被几个飞快跑过来的医护人员打断。

"尹平——这个叫尹平的也是你们送过来的吗？"

骆闻舟倏地回头。

"这人多少年没去体检了，高血压自己不知道啊？低压都接近一百三了，头部撞击导致脑出血，得马上手术，有人能来签个字吗？"

古人说，举头三尺有神明，果然，办了亏心事，迟早有报应。

可是尹平这报应来得未免也太寸了！

这时，骆闻舟的手机振了一下，他在一团乱麻中低头一看，只见是一条来自"老太爷"的信息，"老太爷"骆诚同志发短信从来不打标点符号，永远都是一串——"顾钊案蹊跷调查组已进驻重点调查老人你们老陆已被叫走问话长点心"。

第七章

"侯淑芬，女，五十三岁，汉族——你和尹平是什么关系？"

"他……他是我老头。"

in
the night

埃德蒙·唐泰斯

"哦，你和尹平是夫妻关系，那你认识尹平的大哥尹超吗？"

女人默不作声地点了点头。

"你知道尹超可能已经死了，而凶手可能就是你丈夫尹平吗？"

女人惶恐地抬起头望着问话的刑警，被松弛的眼皮压得只剩下一条缝隙的双目显得浑浊而迷茫，却没有震惊。

警察盯着她，把问题又重复了一遍，略微提高了声音："侯淑芬，问你话呢。"

女人双手扭在一起，有意无意地抠着手上的冻疮，嗫嚅着说："他什么都没跟我说过。"

"我没问你他说没说过，"问话的刑警什么人都见过，听出了她这句话里避重就轻的意思，"我就问你，知道不知道你丈夫可能杀了人，你想好了再说，这是公安局。"

女人战战兢兢地避开警察的目光，垂目盯着自己蹭了一块污渍的布鞋，坐不住似的左右摇晃片刻："……有一阵子，他特别爱做噩梦，半夜被魇住，老是大呼小叫，还喊胡话……"

"喊什么？"

"喊'你别缠着我''尹超你阴魂不散'之类的。我们家原来住平房，有个自己圈的小院，院门口也有两棵大槐树，都快成材了，他就跟有病似的，非得要砍，砍下来不算，还找人掘了根，那么好的木头，仨瓜俩枣就卖了，谁劝也不行……他说那两棵树不吉利，会克他，那时我就感觉有点不对劲。"

警察十分不信地问："你只是觉得不对劲？"

女人把下巴点在胸口，只露出一个发旋，她头发稀疏、头皮惨白，头发丝上沾着一块丑陋的头皮屑，沉默半晌，她含含糊糊地又重复了一遍："他什么都没和我说过。"

医院楼道的长椅里，骆闻舟看完这一段尹平老婆的问话记录，面无表情地合上了膝盖上的笔记本电脑："他什么都没和我说过，所以我不是共犯，我也没有责任，我只是闭着眼、堵着耳，什么都不想，踏踏实实地过我的日子，同床共枕的人是个杀人犯？爱是什么是什么吧，只要他没被抓住，只要他还能上班挣工资，日子还能照常过下去，这都无所谓。"

多么朴素而又愚蠢。

黔狱
大结局

郎乔站在他旁边说："尹平当时飞车前往的区域内正好有几棵大槐树，我们在其中一棵树底下找到了一具男尸，现场法医粗略看了看，认为死者是男性，四十来岁，身高在一米七五左右，生前后脑勺曾经被钝器多次打击，死了有些年头了。具体情况还要等法医的详细资料，但就目前的信息来看，我们都觉得，树底下埋的死人多半就是尹超。"

深埋树根下的骸骨，终于随着旧案浮出水面而重见天日。

郎乔看了看病房低矮的小门，忽然压低声音对骆闻舟说："老大，陆局……还有其他几个副局已经好几天没来上班了，年底好多要审批的材料全压着，只剩个曾主任，现在也不知道怎么办，我……"

骆闻舟轻轻地打断她："我让你查市局内的监控系统，你查了吗？"

"正要跟你说，"郎乔小声说，"我借着打扫，碰碎了203的镜头，报修的时候主任身边来了两个不认识的人，主任让我该干什么干什么去，我也不好强行留下。当我磨蹭到门口的时候，回头看见维修工人跟那两个不认识的人说了几句话，整个气氛就不对了……现在整个市局都在大检修……"

看来不但是有问题，而且是问题很大。

骆闻舟抬头看了她一眼。郎乔手心都是汗，在自己衣角上轻轻抹了一把："老大，陆局他们到底什么情况，这事不会是因为我太莽撞了吧？"

"跟你没关系，"骆闻舟摇摇头，"给我说说你的判断。"

"检修记录都有，除了前年那次是突发情况，剩下的基本都是厂家过来日常维护……购买设备都是按程序来的，程序我不好无缘无故查，是趁着行政主任不在的时候偷偷溜进去翻的，就我看来，当年招标的手续没有问题，相关会议纪要文件也齐，厂家是正经厂家，不是只有市局在用。如果有问题，那就只能出在前年那次突发性的维修里——我也查了，当时维修工人的证件登记在册，工号和姓名都有，可我去厂家问的时候，他们说这个人前不久辞职了。"郎乔的喉咙有些发紧，"辞职日期正好是咱们逮住卢国盛的那天。我去他登记的地址附近找过，那房子都租给别人两年了，地址是假的。"

那天郎乔在203跟学生们问话的时候，内容泄露，魏展鸿立刻接到消息，随后魏展鸿被控制住，内鬼在市局里的眼线相当于已经暴露。

"别找了，我估计你找不着。"骆闻舟说，"报修程序有没有问题？有没有不该过问的人问了？"

"不太可能，"郎乔说，"当时报修，是因为正在用203审抢劫团伙老大的时候，监控室里的同事发现摄像头不好用了，很多人一起报的。"

骆闻舟揉了揉眉心。

"老大，咱们之前一直很平静，但是自从张局吃了王洪亮的挂落，被调走以后，咱们就接二连三地出事，先是郑凯风被炸死那天，他提前知道消息逃跑，还有这回……"郎乔声音越来越低，到最后几乎是在对口型，"……他们都说是陆局。"

骆闻舟还没来得及回答，郎乔把双手撑在膝盖上，哀求地看着他，带着颤音说："不可能是陆局，对不对？"

骆闻舟："小乔……"

"不可能是陆局，真的，你相信我——我上小学的时候，有一伙吸毒的瘾君子在学校旁边的小公园里聚会，嗑高了发疯，一帮疯子提着砍刀冲进学校，还砍伤了保安，学校紧急锁了教学楼，可是我们班正好在外面上体育课……老师带着我们往室内跑，好多人都吓哭了，那些疯子大喊大叫，就像动画片里演的怪兽，警察很快就来了，我记得很清楚，带队的就是陆局。他额角有一道伤疤，但是看起来一点儿也不可怕，很快就把坏人都抓走了。我偷偷跑出来跟着他们，想把我的果汁送给他。可是他好像误会了，只是接过去替我把盖子拧松，又还给我，还小声说'你现在赶紧跑回去，我不告诉老师'……因为这件事，我们班三十六个人，后来有四个进了公安系统，还有六个在相关的行业，几乎三分之一的同学都像我一样，在追着他的脚步……不可能是他。"郎乔眼睛睁得大大的，睫毛轻轻一动，眼泪先下来了，"他们会冤枉他吗？顾警官也是被冤枉的，万一……"

骆闻舟和她对视了一眼，默默把"人是会变的"这句话咽了下去，起身将笔记本电脑拍进郎乔怀里："没有万一，要你是干什么吃的？你还是那个连瓶饮料也拧不开的小学生吗？"

郎乔下意识地接住电脑，愕然地看向他。

"你在市局里，有穿制服的资格，可以申请配枪，可以随身携带手铐和警棍，所以你想要知道什么，就自己去查，觉得谁是冤枉的，就去抓一个不冤枉的出来——我看你在男厕所削魏展鸿的时候挺利索的，怎么现在越长越回去了？"骆闻舟板着脸瞪了她一眼，"干活去，今年不放假。"

郎乔早忘了拉扯皮肤会长皱纹这件事，用袖子重重地一抹眼睛："是！"

就在这时，脚步声从楼道那一头传来，是费渡独特的、永远踩在某个韵律点上的脚步声，仿佛天塌地陷都不能让他迈开那双摆设似的腿跑几步。

可惜，这次他带来的却不是什么好消息。

费渡先是往陶然的病房里看了一眼，木乃伊似的陶然还睡着，闻讯赶过来的常宁正守在病床边，大约是有点疲倦了，她一手撑着额头，在椅子上打盹。费渡轻手轻脚地走进去，把一件大衣盖在她身上，又在她手边放了一杯热茶，悄悄地关上病房门退出来，冲骆闻舟招了招手："出来说——尹平的手术结果不乐观。"

骆闻舟和郎乔忙跟上去。

"尹平谋杀亲哥，这些年自己也不见得好过，他长期失眠，还有酗酒的习惯，他收入有限，喝的都是不知道什么东西兑水的假酒，久而久之，心脏、肝、肾都有不同程度的慢性病，血栓风险也很高，就算没有这回的车祸，也说不定哪天就犯病一命呜呼了。"费渡穿过楼道，轻且快速地说，"手术虽然做完了，但人什么时候能醒还不知道，大夫说他醒过来一定会有后遗症，乐观一点儿，也许是半身不遂、话说不清楚，还有可能干脆就没法恢复正常的认知水平了。"

郎乔："什么意思？"

骆闻舟重重地叹了口气："就是傻了。"

"他凭什么能傻！"郎乔立刻炸了，随即意识到自己声音太大，又连忙压下嗓音，"他要是傻了，我就再在他脑袋上补一下，让他干脆到那边谢罪去算了！"

市局里人心惶惶、群龙无首，陶然在医院躺着，同事们不知谁能信任……唯一的证人人事不知。

简直是四面楚歌。

骆闻舟十分想苦笑：他才刚给郎乔灌了半盆鸡汤，一转眼，汤盆说翻就翻。

这时，肖海洋又打来了电话。

骆闻舟的手指在手机屏幕上顿了一下，才滑开接听："小眼镜，你要是再没有好消息，我就开除你。"

肖海洋突遭横枪，莫名其妙，丝毫也没感觉到领导不怎么美好的心情，还很实在地刨根问底道："为什么，我又违纪了吗？"

骆闻舟被他一个拦腰大岔打得发不出脾气，噎了片刻，没好气地说："什么事？"

肖海洋语气严峻下来："骆队，你们还在医院吗？先别走，我马上就到，要见面说。"

"小眼镜"相当有时间观念，说"马上到"，果然不到五分钟，他就裹着寒流冲进了医院。

住院部人多嘴杂，几个人到后面的小花园里找了一张石桌。小花园是给住院病人散步用的，此时正是寒冬腊月，滴水成冰，四下里别说散步的病人，连只自带羽绒服的乌鸦都没有。肖海洋把两份履历和一张打印出来的表格放在石桌上，用力吸了一下鼻涕："骆队让我去查当天和陶副队在一起的人和车辆使用情况，都在这里了，还有两份履历——当天跟陶副队一起的一个是咱们队的武哥，一个是南湾派出所的民警孔维晨……"

"小武我知道，毕业以后就在我眼皮底下，要不是我师父出事，那年差点儿成我小师弟，"骆闻舟摆摆手，"孔维晨也先不用说了，重点是……"

"不，孔维晨我要重点说。"肖海洋用冻僵的手指不甚灵便地抽出了孔维晨的履历，"骆队，你知道前些年本市搞过'国家企事业单位定点扶贫项目'吧？"

骆闻舟疑惑地一扬眉："嗯？"

这种活动每年都有几次，一般都形式大于实质意义，基本也就是让大家掏顿午饭钱，意思意思捐点款，然后拍几张照片写个报道完事，没什么意思，组织了几年就不搞了。

"当年和市局结对子的，就是南湾的宏志学校，市局的几个干部去宏志学校转了一圈参观，每个人捐了两千块钱，一对一地资助学校选出来的几个成绩比较好的学生，孔维晨就是其中之一。"肖海洋说，围着石桌的三个人全都大眼瞪小眼地看着他。

骆闻舟有种不祥的预感，感觉肖海洋这张狗嘴里恐怕吐不出象牙："所以？"

"我去查了学校的存档，当年孔维晨的资助人一栏写的是'张春久'——就是张局。孔维晨带着陶副队他们赶往尹平家之前，曾经和张春久通过电话。"

郎乔一脸信息量过载的茫然。

费渡则轻轻地皱起眉。

骆闻舟沉下脸："肖海洋，你知道你在说什么吗？"

"我知道——我打印了通话记录，"肖海洋抬手擦了一把鼻涕，少根筋似的抽出一张纸条，"另外，我跟武哥证实过。武哥说，他们出发前，他确实看见孔警官打电话，他还随口问了一句，当时孔维晨告诉他'老领导挺关心这事，打电话跟他汇报一声'。武哥以为是所里的领导，也没太在意。我还查到，孔警官最早被分到了清原县，是张局打了招呼，才调回老家南湾的。"

一簇浓云身不由己地被风吹作一堆，遮住了太阳，唯一的热源也消失了，周遭立刻阴翳一片。小石亭里好一会儿没人说话，郎乔突然觉得自己微弱的体温是这样捉襟见肘，这半天也没能把石凳坐热，凉意依旧透过她的衣服直入肌理，激起从内到外的战栗。

某种无法言说的愤怒山呼海啸地炸开，就像信徒看见有人往神像上泼了污水，郎乔猛地站了起来："肖海洋，你有病吗？接受过资助、调动过工作这种屁事也至于拿出来刨根问底？你是军统特务吗？是不是平时大家坐在一起打牌吹牛也得逐字逐句地拖出来排查，看看里面是不是有暗号？"

肖海洋根本不看人脸色，语气也毫无起伏："张局在位的时候，辖区县城派出所还能勉强算他管辖范围内，现在他调离，南湾跟他一点关系也没有，你能解释为什么孔维晨会在这种时候和他联系吗？我知道孔维晨是烈士，我也知道，这话要是说给南湾的人，他们得揍我——你也想揍我，但是不管你们感情上相不相信，这就是我的调查结果，这就是事实。"

"扯淡！"郎乔火了，"要是你，你会先害人再救人，还为了救人把自己搭进去吗？张局都退居二线了，这都能被你拖出来……"

肖海洋把手揣在一起，油盐不进地说："是我当然不会，但是每个人的逻辑都不一样，我不知道别人怎么想的。"

郎乔一把薅住他的领子，肖海洋被她拽得整个人往前一倾，肋骨撞在石桌上，眼镜腿滑到了颧骨下面。

骆闻舟："哎，小乔，干什么？坐下！"

"听我说句话。"费渡轻轻地搭住郎乔的手腕，"第一，孔警官事前和张局通过话，和他泄露信息，两件事之间没有必然的逻辑关系，除非你拿到完整的通话记录，确切知道他泄密的内容。第二，即使这件事真的是从他那里泄露的，他也并不一定是主观的、故意的。"

肖海洋张了张嘴。

费渡轻柔而不由分说地把郎乔的手从肖海洋的衣领上摘了下去，分开他们俩："我打个不恰当的比喻，海洋，你听完不要生气——如果顾警官还活着，是你的前辈和上级，他以秘密调查某事为由，要求你做一些你无法理解的事，你会无条件遵从吗？"

不知为什么，有些话从费渡嘴里说出来，肖海洋总是比较容易听进去。他沉默片刻："你说得对。"

"好，这个争议我们先搁下了。"费渡问，"武警官和车呢，你查过吗？"

"查了，今天市局里一片混乱，我趁机偷出了武哥的人事档案，他是本地人，工作年限不长，履历和个人背景都比较简单，暂时没看出可疑的地方，会进一步深入调查。"肖海洋面无表情地把自己歪歪扭扭的领子和眼镜归位，"至于警车，车辆损毁很严重，现在拉到痕检去详查了，结果还没出来。我看了记录，它近期没保养过，但是使用比较频繁，从卢国盛他们被捕之后就一直没闲着，基本所有外勤人员都碰过——如果是车的问题，那我们队里所有人都有嫌疑。"

肖海洋再次成功地用一席话把众人都说哑火了。

不管什么时候，查自己人永远是最痛苦的，大概也只有肖海洋这种人情世故一概不讲的驴，能担起这么冷血无情的差事。

肖海洋的目光在几个人脸上扫了一圈，见没人接茬，自顾自地说："我认为现在……"

骆闻舟简直要怕了他，连忙打断他："祖宗，你先歇会儿。"

"我还没说完，"肖海洋推了一下眼镜，完全不管别人想不想听，"我认为现在我们应该尽快查清张局关注这件事的动机以及那两辆皮卡车是不是和他有关。"

郎乔忍不住说："可是张局年初就……"

"张局年初就调走了，所以现在连调查组都没有查到他头上，但是你别忘了，203那一批监控检修的时候，他还是市局的负责人。"肖海洋略微提高了声音，"他在一把手位置上待了那么多年，就算调走，影响力也还在，你知道有多少人会在有意与无意中向他透露什么？还有，我们现在外勤使用的系统也是他搞的，抓捕郑凯风的时候，杨波为什么能拿到我们自己人都不一定说得清的外勤名单？"

郎乔嘴皮子没有他利索，一时哑口无言，忍不住又想动手。

"证据——肖海洋，你指控的是市局的老局长。"骆闻舟开口打断他们俩的剑拔弩张，"找到证据，我替你往上递，不然的话，今天这番厥词我们可以假装没听见，但孔警官下葬的时候，你得去给他磕三个头赔不是，否则陶然都不会放过你。"

肖海洋听见陶然的名字，终于消停了，有些紧张地抿了抿嘴。骆闻舟很心累地冲他一挥手："滚吧。"

肖海洋却没滚，他在原地戳了片刻，垂在身侧冻得通红的手松了又紧。这"小眼镜"身上有种奇异的气质，仿佛无论是身处人群中还是独自站着，他都显得孤零零的，孤零零地满腹疑虑，对流经口鼻的空气都充满了不信任感。

除了……陶然。

陶然温厚、耐心，看似粗枝大叶，把自己的日子过得无比粗糙，却总是在关照每个走进他视野的人，虽然相貌与气质天差地别，但陶然总让他想起当年的顾钊。从肖海洋还在花市区分局、第一次和市局合作调查何忠义的案子开始，他就对陶然有这种天然的亲切感。这一场突如其来的谋杀几乎让他觉得时光倒流，恍然回到了顾钊出事、他无能为力的时候，肖海洋成了一只紧张的刺猬，浑身的刺都愤怒地竖起来。

骆闻舟瞥了他一眼："有话说话。"

肖海洋有些迟疑地小声说："我……我想去看看陶副队，行吗？"

骆闻舟深深地看了他一眼，随后轻轻地一点头，肖海洋松了口气，飞快地跑了。

随着肖海洋离开，郎乔的满腔怒火渐渐被寒风吹散，下意识地顺着肖海洋的话思考起来，她惊悚地发现，自己居然有点被他说服了："骆队，前年突然检修监控设备的时候，好像确实是……"

骆闻舟没吭声，叼起烟含在嘴里，想起陆局对他说过的：

"老张比我们大一点，立了功，是市局点名要来的。"

"他人缘最好，是我们的老大哥。"

"家里做生意的……"

"顾钊当时疑心市局有内鬼，所以选择了私下调查，但他也知道规矩，最后查到罗浮宫的时候，为了取证严谨，他一定是在自己信任的人里选了一个作为搭档……"

为什么那些人的"生意"遍及全球，有能力跨境洗钱作案，最终的重要据点却在燕城？

顾钊出事以后，作为正队的杨正锋负直接领导责任，一并给了处分，把市局刑侦队交到了和他资历相近、更加稳重的张春久手里。刑侦队在张春久手里更加辉煌，那些年，治安好得不行，好像全市的违法犯罪分子集体度假去了。他在位期间，无论是犯罪率还是破案率都相当好看，这才一步一个脚印地爬到高位。

到底是他治理有方，还是……

郎乔说得对，所有的事几乎都爆发在张局被调走之后，市局这大半年来的工作量几乎快抵得上以前十年了。

到底是因为张局这根定海神针走了，各路妖魔鬼怪都出来兴风作浪了，还是反过来——严严实实的保护伞不见了，再也遮不住底下的魑魅魍魉了？

"小乔，"骆闻舟说，"你留在医院，盯紧了尹平，不管他是傻也好，是植物人也罢，无论如何不能让他出问题。"

郎乔慌忙点点头："哎。"

"别空手，"骆闻舟压低声音说，"去申请配枪。"

郎乔的脖子上蹿起细细的鸡皮疙瘩，看了一眼骆闻舟的脸色，再不敢废话，站起来跑了。

骆闻舟长长地呼出一口气。

内鬼如果是和顾钊同一时期的，必定已经是德高望重的前辈——这是显而易见的事实，骆闻舟一直以来心知肚明，然而事到临头，他心里依然一片空白。

太难了。

去接受、怀疑、调查，用对待最狡猾、最罪大恶极的犯罪分子的态度……太难了。

"没有证据，"骆闻舟低声说，"不管被调查组带走的是陆局，还是张局——肖海洋做事全凭想象和直觉，净是放屁。连魏展鸿都不知道内鬼的身份，除非尹平醒了指认……就算尹平指认，他那个人品，如果他口说无凭……"

骆闻舟有些语无伦次，说着说着就没了声音，弯下腰，手肘撑在自己的膝盖上——他眼下没地方汇报，没人可以请示，市局里人心惶惶，往来者都目不斜视。下一步该怎么做，没人给他一个准主意。他也没地方诉苦，陶然躺下了，郎乔他们没经过事，不是慌就是乱，还都等着看他的脸色。

骆闻舟沉默的时间太长，费渡捏起他的下巴端详片刻："怎么？"

骆闻舟抬起眼看着他，有些出神，突然想，费渡和他认识的任何一个人都不一样。

那些年轻而胸无城府的人像透明的塑料瓶，里面是果汁还是可乐，一目了然；年长而心机深沉的，则像磨砂的玻璃瓶，里面大多装着深色的液体，不打开闻闻，很难分清是酱油还是醋。

而费渡，二者皆非，他更像个万花筒瓶，瓶身上有一千面彼此相连的小玻璃片，粘连的角度各有不同，穿过的光会被折射无数次，进出都无从追溯。骆闻舟这辈子，碰到过的最让人头疼的人物，费某人绝对名列前茅——无论是他们俩互相看不顺眼、见面就吵时，还是恨不能把他含在嘴里、顶在头上的现在。

如果一年前有人对他说，这一年的年关，他会在一片冰天雪地里如此孤立无援，只能一个费渡在侧聊作安慰，他一定得觉得对方是脑子里的保险丝烧断了。

"没有，"骆闻舟摇摇头，苦笑了一下，"我就是提前感觉到了中年危机的严峻。"

费渡眨眨眼，忽然坏笑起来："怎么，师兄，感觉自己力不从心了？"

骆闻舟哭笑不得："宝贝儿，爸爸已经很心塞了，你就别在我心梗的道路上添砖加瓦了。"

听他能贫嘴了，费渡才慢吞吞地坐直了，回归正题："你在担心什么？"

骆闻舟吐出一口气："你知道这事让我有种什么感觉吗？"

"知道，孔维晨和张局的联系，他事前给张局打的电话，这些都太容易查也太显而易见了，好像是有人安排好的证据，"费渡眼皮也不抬地回答，"自己人互相猜疑，关键证人死无对证，证据一个接一个，按照排好的次序出场——你在想，这和十四年前的冤案太像了，简直好像旧事重演。"

骆闻舟面无表情地说："我随口一问，你说那么全干什么——你这么聪明过头会让人缺少安全感的，知道吗？"

费渡有意哄他，故作诧异地说："你和我在一起居然还会有安全感？骆队，这到底是你太有自信了，还是我魅力下降了？"

骆闻舟在他手背上掴了一巴掌："说人话。"

"话说回来，"费渡说起了人话，"我要是没记错，五月份何忠义那个案子，我到你办公室接受审讯……"

骆闻舟干咳一声："那是配合调查，审什么讯，年轻人怎么说话那么难听呢？"

"行吧，配合调查，"费渡从善如流地改了口，"那时候我就警告过你，这案子的热度来得诡异，有人在整你们。"

"陶然从何忠义的案子开始，就听见那个电台里一个叫'朗诵者'的人密集投稿，循着这条线，"费渡把手伸进骆闻舟的外衣里，从他大衣内袋里掏出了一个小笔记本，"有什么蛛丝马迹，你可以从头说，我帮你回忆。"

骆闻舟沉默了一会儿："你有没有觉得非常恐惧的时候？"

费渡一顿，顺着他的话音想了想，心里浮光似的闪过一些十分碎片化的记忆，地下室模糊的门和缓缓逼近的脚步声飞掠过他的脑海，轻轻一点，旋即又消失得无影无踪。

他于是吊儿郎当地耸了耸肩："有啊，怕你离开我的时候。"

骆闻舟被他一段接一段的套路搅和得实在没什么想法，感觉自己这辈子能摆平一个费渡，大约也是有些本领和狗屎运的，这么一想，他居然不由自主地心宽了不少："何忠义被杀一案，市局之所以第一时间介入，是因为当时我们还收到了一份举报材料，是被害女孩陈嫒的弟弟陈振递上来的——你明白我的意思吗？不是递到市局，而是捅到了上面，上面责令市局彻查，我们不得不查。"

费渡长眉一挑。

"陈振没有正当职业，刚开始接触的时候，他对我充满了不信任，我一直觉得奇怪，他自己举报王洪亮，别人来查，为什么他反而不配合？现在想起来，陈振一开始激愤之下，应该不止一次试图举报过王洪亮，但恐怕都石沉大海，久而久之，他根本不相信会有人来查。"

费渡点点头："举报区分局参与贩毒这么耸人听闻的事，又没有任何站得住脚的证据，一看就是个疯子的胡言乱语，每天各种各样的举报信雪片似的，陈振又不是什么有身份有地位的人，没人会搭理这种无理取闹。"

"对，张局派我去查这件事，当时他的原话是，这份举报里说的事肯定不实，但是平白无故，也不会空穴来风，王洪亮这个人尸位素餐惯了，很可能是作风、工作上有别的问题，也不怪别人整他。调查分局干部是得罪人的事，调查完怎么处分、怎么给举报人一个交代，这又是十分微妙，所以要我亲自走一趟。只是……"

"只是没想到举报的内容居然属实。"费渡接话说，"但是按理说，王洪亮认识你，如果他够聪明，看见你和陶然去了，多少应该明白你们为什么来的，花市区这么多年一直是铁桶一个，为什么他会这么容易露出破绽？"

"不是我特别厉害，是有人刻意把这件事往外捅，"骆闻舟沉声说，"凶手赵浩昌抛尸后，引起了社会上莫名其妙的关注，抛尸点正好在他们的死穴上，这是第一。"

"赵浩昌那变态的脑回路不是一般犯罪分子猜得到的，这个时候，如果王洪亮的逻辑正常，他应该配合市局积极调查何忠义被杀一案，不动声色地去找何忠义死亡第一现场不在'金三角空地'的证据，尽快把你们的视线从他们的毒品交易点转移开——这个证据其实也不难找，死者当天晚上去了承光公馆，我和陶然后来都找到了佐证，"费渡在骆闻舟的笔记本上画了一条线，写下"马小伟"三个字，"但还没来得及，就出了意外。"

"马小伟的证词颠三倒四，像个智障，成功地当上了谋杀何忠义的嫌疑人。同时，他也像一块双面胶，牢牢地把我们的焦点粘在当晚有过毒品交易的地方。"骆闻舟有些吃力地回忆片刻，"对了，你这么一说我想起来了，当时这个事的导火索是马小伟和原住民起冲突，点燃了双方的积怨，这才打起来一起被带走的。"

"你是说，那场引起警方注意的群架未必是偶然。"费渡一顿，略微一偏头，"这时王洪亮已经相当被动，但是他仍然有机会，因为马小伟尿检结果显示他确实吸毒，吸毒的人神志错乱胡说八道也很正常，或者他可以干脆抓一群替罪羊，说马小伟当天晚上和他们在那儿进行毒品交易，既立了功，又给你们交代，把他们自己择出去也并不费事，多灭几个口而已。"

然而就在这时候，不信任警察的陈振擅自行动，被扣在鸿福大观，骆闻舟闻讯赶去的时候，正撞上了黄敬廉等人谋杀陈振，黄敬廉狗急跳墙，要连骆闻舟一起杀，丧心病狂，但是证据确凿，把整个花市区分局拖下了水。

这里头唯一的问题就是，黄敬廉根本没打算也没必要那么着急杀陈振——这一点费渡当时把骆闻舟从鸿福大观捞出来的时候就提到过。

"其实当时还有个疑点，"骆闻舟想了想，说，"我闯进鸿福大观之后，负责登记的前台女孩塞给我一张提醒的纸条，还故意把我安排在了一个有暗窗的房间，这样万一有点什么事，我可以立刻跳窗户跑——萍水相逢，素不相识，那女孩冒着危险帮我……虽然说对于帅哥来讲，人间自有真情在吧，但她就好像提前知道黄敬廉他们会对我下手一样。我后来去查过，那个前台女孩已经不知所终了。"

"如果陈振不死，黄敬廉不一定有这个胆子对我下手，而如果陈振不是黄敬廉杀的，那他是谁杀的？"骆闻舟看着费渡在他的笔记本上写下"陈振"两个字后，又接着说，"第三个关键人物是个神秘人，也就是往死者何忠义手机上发短信的那个人，当时我们认为这是赵浩昌自导自演的，赵浩昌没有承认过。如果……真的不是他呢？如果赵浩昌抛尸花市西区，就是因为看见那条神秘人物给的指引呢——这是三个破案的关键点，也是对于王洪亮而言致命的巧合。"

巧合太多，听起来就不像真的了。

而因为张东来猝不及防被卷进本案里，张局作为近亲属避嫌，全程都来不及反应就被调离。

"让关键人物从关键领域下台，"费渡在方才的笔记外面加了个圈，"再一次听到'朗诵者'投稿，是随后的拐卖女童案，这案子除了骇人听闻外，案情本身并不太复杂，关键是苏落盏模仿了苏筱岚的作案签名，暴露了他们所有人以及抛尸地点。苏落盏是天生的虐待狂，如果她知道苏筱岚当年对受害人家属做过什么，那毫无疑问，她一定会模仿，而且会升级，问题是——把旧案的细节泄露给她的人到底是谁。"

"之后是周氏，郑凯风谋杀周峻茂，用了董乾，奇怪的是那个以董乾的名义寄给董晓晴的包裹，董晓晴因为这个神秘包裹，下手捅了周怀信，他们被迫杀人灭口，同时暴露了有人专门策划假车祸制造谋杀案的事实。那天有人劫获了董晓晴的号码，发信息给肖海洋，诱使警方上门，又一把火烧了董晓晴的家。"骆闻舟叹了口气，"最后是魏文川买凶杀人。根据魏文川的口供，他从几年前就开始接触那个神秘网友了，对方用了漫长的策划和铺垫，从滨海抛尸地点，到若隐若现的通缉犯窝点，一步一步引导我们，抓住活的卢国盛和找到他的藏身之处——"

吹去扑朔迷离的尘土，最开始让人云里雾里的脉络开始暴露出来，陈列在旧笔记本上，显得分外触目惊心，两人在无人的医院小花园里面面相觑片刻，骆闻舟轻轻打了个寒战。

"有几种可能，第一，像'一只眼'所说的，犯罪集团内讧，其中某一重势力做了当年费承宇想过但是没能完成的事——排挤掉其他的出资人，自己控制整个团伙。"费渡弯了弯冻僵的手指，拿出手机，"第二，他们先是针对市局中的某个人，再想办法引导你们去查一系列的旧案，而这一切，都是为了把顾钊的案子翻出来，像是这个'朗诵者'这一期的投稿——复仇，你倾向于相信哪个？"

这时，一个陌生的号码突然打了进来，费渡看了骆闻舟一眼，接起来："喂？"

"是我，周怀瑾。"电话那一头的男人压低了声音，"我现在在国内，你方便见我一面吗？"

第八章

那是一家颇为讲究的日系餐厅，进门要脱鞋，没有大堂，里面是一个一个的微型小雅间，费渡应邀独自走进去，一推门，几乎没能认出周怀瑾来。

这位周氏的正牌继承人穿着一件堪称朴素的石色大衣，硕大的行李箱靠墙立在一边，显得风尘仆仆。他脸色还算好看，但整个人瘦了一圈，多少有些脱相，理得十分整齐的短发两鬓苍白，看上去多了几分老相。如果说周怀瑾之前像个豪门公子，此时，他头发一白、打扮一换，就几乎成了个沧桑落魄的中年男人，可见一张青春靓丽的富贵皮，着实是薄如蝉翼。

"我是少白头，二十来岁就一头花白了，之前都是焗染，最近没什么心情折腾，让费总见笑了。"周怀瑾疲惫地冲费渡一笑，"请坐，这家餐厅是很多年前我和一个朋友私下里一起开的，连家里人都不知道，说话很安全。"

费渡的目光扫过墙上的一幅油画，画的是晚霞余晖，题材有些司空见惯，画作也是中规中矩，未见得有什么出彩之处，但是用色饱满而温暖，虽然谈不上什么艺术价值，倒是十分符合大众审美。

费渡礼貌性地随口赞扬了一句："很有品位。"

"怀信画的，我当时说让他给我画几张能挂在客厅和卧室里的风景画，他说他不是装修队的，不过最后还是捏着鼻子给我画了几幅……可惜他都没来过这儿。"周怀瑾顺着他的目光望去，眼神一黯，"喝茶，还是来一点清酒？"

"茶就好。"

周怀瑾擦干净手，给费渡倒了杯茶："请——那时候我只想有一天离开周家，要给自己留条退路，打算得是很好，想在一处深巷里开一家每天只接待几桌客人的小馆子，客人在精不在多，店里要清清静静的。可是啊，想得太美了，生计哪有那么容易？这家店打从开店到现在，一分钱也没盈利过，每年还得让我贴上大几十万才能勉强支撑。"

费渡笑了笑，没搭腔，周怀瑾就算是个姥姥不疼舅舅不爱的"小可怜"，也是穿金戴银的"小可怜"，周家别墅墙脚的蘑菇都比别人家的伞大，犯不上捡别人的同情。

"这么多年，我痛恨周家，又舍不下名利，首鼠两端，不是东西——费总，偌大的家业，如果是你，你舍得吗？"

"周兄，"费渡看了一眼表，"你有话还是直说吧，要是没做好准备，你也不会来找我。"

周怀瑾碰到他的目光，无声地与费渡对视片刻，继而一点头，有些落寞地说："视富贵如浮云，如果我像你一样放得下，怀信也不至于早早就没了。冒昧约你过来，是因为我回去以后查到了一些事。周家虽然在国内声名扫地，在海外还是能勉力支撑的，但是我今天把这些话说出来，恐怕以后就得白手起家了。"

费渡坐正了："我洗耳恭听。"

"我妈去世的时候，保险柜里留下了一盒过期的药，你记得吧？是你让我注意它的。"

　　费渡一点头——周怀瑾的母亲，也就是那位谋杀亲夫的周夫人，换了个丈夫仍是人渣。听周怀瑾的描述，她第二段婚姻的保质期还没有开盖即饮的豆浆长。只是寻常夫妻关系，可以合则来、不合则去，谋财害命的同盟却不敢这么任性，因此除了共同的股权外，周夫人手上一定有什么东西能威慑到周峻茂。可是等她去世，周怀瑾打开她锁了一辈子的保险箱，却发现里面只有一盒过期的心脏病药。

　　"我回去以后把那盒药翻来覆去地研究了许久，实在想不通这东西能做什么，我一度异想天开地觉得，这可能是周峻茂谋杀周雅厚的证据，甚至请人鉴定上面是否有血迹和DNA残留什么的，但是上面什么都没有。"

　　费渡："即便是有，那也不能作为证据，粘在纸盒上的血迹可能是任何人在任何场合抹上去的，如果是案发当时，警方在现场取的证还有些研究价值，但等周雅厚尸骨已寒，再拿着这玩意儿作为物证，那就未免太不严谨了。"

　　"对，我甚至怀疑，我妈留下这么个东西，纯粹是为了吓唬周峻茂的——直到我无意中看见了药盒上的条形码。"周怀瑾拿出手机，打开图片，把那神秘的药盒打开给费渡看，"就是这个。我不知道你小时候有没有做过那种训练，背诵唐诗宋词、圆周率之类小孩不理解的东西，用以锻炼机械记忆能力。我小时候，我妈让我背的就是条形码数字。你知道商品的条形码一般都是ENA码制，其中前三位数指的是所属国家。费总，你看，这盒药的产地在美国，但对应条形码的前三位是'480'。"

　　费渡一抬眼："480不是美国的代码？"

　　"不是，是菲律宾。"

　　费渡放大了照片，仔细观察片刻："但是这串条形码并不是13位，印刷时中间还有细小的空格，所以我猜……它应该不是从某个菲律宾产的商品上撕下来的。"

　　"不是，"周怀瑾说，"'480'后面跟着四位数，然后是小空格——四位数，你想到什么？"

　　费渡一皱眉："任何能编码的东西……菲律宾国内的邮编是几位数？"

　　"你猜对了，菲律宾国内的邮政编码正好是四位。"周怀瑾不由自主压低了声音，"再往后，这几个数字不符合菲律宾国内对应的经纬度，所以我猜，很可能指的是邮区内的街道和门牌，也就是说，这不是商品条形码，很可能是一个地址。"

"我循着这个地址找过去——不太容易，毕竟几十年了，街道拆的拆，改的改，换了三个当地向导，费了好大功夫，才打听出之前住在这个地址的人搬到了哪儿。我母亲的设想，大概是她一过世，周峻茂很可能会对我下手，我应该很快能拿到她留给我的东西，但她没想到，周峻茂居然忍了这么多年……这些年，我一直在周氏里混日子，混得建树全无，满肚子邪魔外道，居然都没有仔细看过她的遗物。"周怀瑾叹了口气，"但这回我运气还算好，老人家已经八十多岁了，还活着，而且不糊涂，记得当年的事。"

费渡立刻追问："你顺着这个地址找到的人是谁？"

"她，"周怀瑾翻过手机相册，把一张他和一个老太太的合影给费渡看，"就是这位老太太，我对她依稀有些印象，很小的时候，她在我家帮工做家政，后来突然有一天就不知所终了。找到她我才知道，是我妈秘密把她送走了。"

"她给了你什么？"

"周雅厚心脏病发的时候，家里的录音机里正放着音乐，他在挣扎中错按了录音键，录下了随后赶来的周峻茂和郑凯风的对话。我妈妈偷偷收起了那盒磁带，托人保存，原件在包里，音频你可以先听。"

他说着，从手机里调出录下来的音频。

录音里面先是一阵乱响，听这声音都能感觉到里面的人挣扎得有多剧烈、模糊、惊心动魄，良久才平息——应该是周雅厚已经死了，过了一会儿，脚步声传来，有一个男人的声音说："死透了，放心吧。"

周怀瑾小声提示："这声音是郑凯风。"

三十八年前的郑凯风嗤笑一声："周总，一到关键时候你就往后缩，周雅厚这小子死了，往后家业、美人，那都是你的吗？表情那么沉重干什么？"

另一个男声有些犹豫地开口说："再想想还有什么遗漏，万一招来警察就麻烦了。"

"有什么遗漏？嫂子去看电影了，家里保姆们放假，至于我们俩——今天下午结伴去钓鱼了，忘了吗？收拾干净，我们走！"郑凯风丧心病狂地笑了一声，"一想到这些以后都是我的，我就……哈！这是我的命……哎，周哥，别的都无所谓，他那小别墅你要给我。"

录音里的脚步声走远，周怀瑾停下录音。

费渡立刻问："郑凯风说的是'小别墅'吗？有什么特殊的意义？"

"周雅厚有一个秘密的私人小别墅，"周怀瑾放下手机，"我花了一个多礼拜，同她软磨硬泡，总算让她开口说出了我妈不堪忍受周雅厚的真相。"

费渡轻轻往后一靠："我觉得这真相大概不会让人愉快。"

"周雅厚喜欢未成年少女。"周怀瑾艰难地说，"尤其是……尤其是十三四岁的东方女孩。周雅厚有一个别墅，专门养着这些……这些……"

费渡问："女孩是从哪儿来的？"

周怀瑾沉默了一会儿："福利院的，周雅厚生前也十分'热心慈善'，在东亚一带定点资助了几家福利院，国内也有一家，借此来挑他喜欢的女孩。"

"有证据吗？"

"有。"周怀瑾打开旁边的行李箱，从里面取出一个牛皮纸袋，纸袋里有一沓旧照片。

旧照片平摊在古朴洁净的桌面上，别致的插花从花瓶里低下头，那婆娑的花影与费渡的目光一起，落在失真的旧照片上——那是四五张少女的半身照，长得都很漂亮，多少都带着点营养不良的稚弱，穿着以当今的审美眼光看起来有些媚俗的旧式性感时装，化了妆，有着说不出的怪异。

"想给警察可以，反正当事人都死了——照片背面写了女孩的资料，我给你看的这几个是中国人，也有韩国人和日本人，资料都在我的箱子里。那个老婆婆当年的工作，就是帮周雅厚照顾别墅里的女孩子，女孩养到十六岁左右，身量长到和大人差不多了，周雅厚就会失去兴趣，抛弃她们，把人送到那些地下人口市场，通常……通常很快就死了……"周怀瑾有点说不下去了，别开视线，一只手盖住嘴，好一会儿才说，"不好意思……我曾经一度以为周雅厚是我的亲生父亲，在周家最艰难的时候，我曾经把他当成过精神的偶像……喀，这让我有点恶心。"

"四十多年前，国内没有网络，而且这些女孩是孤儿，本来就是边缘人，恐怕很难追溯。"费渡一边翻着照片一边说，突然，他不知看见了什么，倏地坐直了，抽出一张照片。

那照片背面写着"苏慧，恒安福利院，十五岁"。

埃德蒙·唐泰斯

日期是三十八年前。

费渡连忙把照片翻过来，仔细看了看那女孩的脸，从五官轮廓上依稀看出了一点熟悉的影子，他立刻拿出手机把照片拍了下来。

骆闻舟担心出意外，就在费渡和周怀瑾见面的小餐厅附近，车停在路边，他刚点着一根烟，就收到了费渡发过来的照片，骆闻舟一愣之后立刻转给同事，市局的刑警效率奇高，十分钟就给了他回复。

"骆队，你从哪儿找到这张照片的？对，没错，这就是那个苏慧——拐卖女童案的嫌疑人苏落盏的外祖母，可以说苏家三代人做这个缺德营生，就是从她开始的。苏慧的档案里显示她确实是孤儿，不过她小时候那家福利院早就散摊子了，这么多年，人也都差不多死没了，具体是哪个福利院，恐怕不太好查，她也确实有出国经历，不过一年后又回来了。面部特征对得上，就是年岁上有一点误差——她身份证上登记的年龄，比照片上标注的要大两岁，应该是回国后为了找工作虚报了年纪。"

餐厅里，费渡按住苏慧的照片问周怀瑾："能跟我说说这个女孩吗？"

"你怎么知道这个女孩很关键，是看了背后的日期吗？"周怀瑾说，"这是最后一个女孩，你看，标注日期是四月，那年六月，周雅厚就死了。老婆婆回忆说，这个女孩后来又在别墅里住了一阵子，跟着郑凯风。"

费渡眉心一拧："字面意思？"

"字面意思。"周怀瑾说，"后来被我妈发现了，她觉得非常恶心，强行命令郑凯风把这个女孩送回国，就是那时候，在别墅工作的老婆婆也回了主宅。叫苏慧对吗？可怜的小姑娘……不知道她后来怎么样了。"

后来……

后来这孤苦伶仃的受害者长大成人，终于如愿以偿地游到了这条罪恶的"产业链"上游，成了加害者。

她就像西方传说里被吸血鬼初拥的人类少女，忘了凶手，成了凶手。

"上次我们俩告别的时候，你对我说，我们一家子的悲剧就在于我的父亲到底是谁这个问题，关于这个，那位老婆婆说，我可能是周雅厚遗孤的谣言，就是苏慧被强行送走后，才在帮佣中传开的。这听起来可能有点阴谋论，但根据我对郑凯风的了解，这个人阴损、贪婪、小肚鸡肠，什么都干得出来。"

"你的意思是，因为周夫人送走了苏慧，郑凯风心怀记恨，所以恶意中伤，说你不是周峻茂亲生的。"费渡问，"这一点有什么依据吗？"

周怀瑾耸肩："你知道在亲子鉴定这方面，国外相关领域起步比较早，如果周峻茂对我的血统存疑，他后来为什么不去做亲子鉴定？光靠猜测就深信不疑，未免太儿戏。"

费渡缓缓地说："确实不合常理。"

周怀瑾低声说："周峻茂生前立过一份遗嘱，关于其名下资产归属问题的附录里，有一份亲子鉴定书，解释了为什么我不是他的遗产继承人——那份二十多年前的鉴定书和你们警方的结论正好相反。"

"你的意思是，二十多年前，也就是你青少年时代，周峻茂曾经托人做过亲子鉴定，但结果被人做了手脚？"

"听着耳熟吧？这和我整杨波的手段一模一样，"周怀瑾苦笑，"真是讽刺，我费了好多周折，找到了当年那个鉴定公司的人，得知当初那份鉴定是周峻茂托郑凯风做的。"

这不是什么光彩的事，小报整天都想报点豪门丑闻，周峻茂当然不会大张旗鼓地去验，他如果要做这个鉴定，一定是找亲信私下里办。

这个亲信就是跟他一起杀过人的郑凯风。不过显然，他和郑凯风亲近得有点一厢情愿。

"我上次告诉过你，有一段时间我很害怕，我觉得周峻茂想要我的命，每天必须要把怀信接到我屋里才敢合眼睡，我一直以为是因为我妈快不行了，周峻茂忍够了——直到我看见那份鉴定书的日期，原来那时候是他得到了'确凿证据'，证明我不是他的儿子。"

那应该是二十一年前，周怀信还小，周怀瑾惶惶不可终日，同时，也正好是周氏高调回国的时间。郑凯风在国内大显身手，人为制造了一场车祸，撞死了竞争对手。

费渡的手指有一下没一下地敲着茶杯沿。

周峻茂很少回国，国内的事务主要都是郑凯风在管，这样看来，郑凯风一回国就搭上了"那些人"……是不是从那时候开始，郑凯风这条假装温驯的中山狼就已经开始计划着要在将来把周氏纳入囊中呢？

费渡其实思考过，像周氏这样根基都在国外的金主，到底是怎么搭上那些人的船的？

现在终于明白了，原来中间还有苏慧这层联系。

苏慧利用女儿苏筱岚拐骗女童，买卖后谋杀弃尸，是谁帮她们孤儿寡母处理尸体的？她是在滨海那块抛尸地建成之前，就已经和那些人有合作了吗？

甚至有没有可能，滨海的抛尸地根本就是专门为她准备的？

时隔十几年，郑凯风回国，找到了已经人老珠黄的苏慧，是不是转而成了她的"客户"，从而认识了处理尸体的人？

隐秘的线透过漫长的时间，把零碎的事件串联在一起，隐约有了脉络。可是这中间还缺一环，费渡隐约感觉到，那会是非常关键的一环。

"杨波呢？"他忽然问，"你查到郑凯风和杨波的关系了吗？"

"查了，杨波的父亲死于十三年前，是一场车祸的肇事人……"

周怀瑾还没说完，费渡的手机突然不安地抖动起来。

费渡立刻接起来："喂？"

"医院，"骆闻舟飞快地说，"尹平那边出事了！"

第九章

第二医院，半个小时前。

陶然周身捆满了夹板和绷带，四仰八叉地被固定在床上，头顶一撮桀骜不驯的毛仍然不依不饶地翘起老高，形象有点逗。肖海洋过去看他的时候，病房中十分热闹，杨欣和常宁都在。陶然住了几天院，已经勉强可以开口说话了，只是有些结巴——刚开始他的主治医生十分紧张，怀疑他是伤了脑袋，把人拉出去做了一圈检查，后来才发现，陶警官这毛病不在脑袋，在姑娘，常宁要是不来，他说话还挺利索的。

有常宁在，连肖海洋都莫名觉得此地不宜久留，略坐了几分钟，确定陶然不会有什么危险了，就和杨欣一前一后地离开了。

"肖大哥。"杨欣叫住他，因为老杨的缘故，杨欣对所有穿制服的人都自来熟，见面就叫哥哥。

肖海洋性情孤僻，有些不适应地答应一声。杨欣晃了晃手机："我订了几箱水果和饮料，送到医院门口了，你能帮我搬一下吗？要送到护士站，陶大哥这边、我妈那边的护士们都要送。"

女孩提了要求，肖海洋也不好拒绝，只好默不作声地跟着杨欣当挑夫。饮料和水果都是有分量的东西，从医院大门到住院部的几步路，肖海洋感觉自己那点少得可怜的肌肉都快给挤压炸了，他满脖子青筋地吊着口气，在寒冬腊月天里累出了一身热汗。杨欣也没料到还有这么弱的男人："我们抄条近道吧——唉，肖大哥，你这样可怎么抓坏人啊？"

肖海洋无暇回答，累得喘不上气。

杨欣轻车熟路地带肖海洋在住院部里穿近路，中途听他喘得不行，于是找了个不挡路的地方，示意肖海洋把东西放下歇会儿："一直往前走，再拐个弯就到了。去我妈那层，就说是'傅佳慧家属送的'，到陶大哥他们那层，就说'陶然家属送的'。哪个病人送了东西，人家心里都有数，以后照顾起来也会更尽心——这是我妈刚住院的时候长辈们教我的。"

这女孩才二十出头，父亲已经过世了，只跟母亲相依为命，相依为命的人还时日无多。杨欣一边上学，一边还得跑医院，学着面面俱到，肖海洋听说过她父亲杨正锋，这会儿看着她，心里多少有点不是滋味，搜肠刮肚半响，他只是十分生硬地说："我知道你爸，是个英雄。"

"英不英雄的，反正他自己也不知道啦，"杨欣一低头，随后露出些许苦笑，"细想起来，英雄和坏人有时候是一个下场，都是个死，死了都是一堆烂骨头，相比来说，坏人活着的时候无法无天，还能更痛快一点儿。"

肖海洋不知道该怎么搭腔，被她三言两语说得触动了心绪，两人一时尴尬地沉默下来。他俩背后正好是个楼梯间，但是平时使用的人不多，都是锁着的，肖海洋一边活动着僵硬的手腕，一边出神地对着楼梯间门上的玻璃发呆。这时，他看见一个穿着护工制服的人匆匆经过。这一层的楼梯间锁着，肖海洋没想到还有人从这儿上楼，忍不住多看了一眼——那是个男人，块头很大，脚步飞快，看身形绝不超过四十岁。他穿着二院的护工制服，戴着一副大口罩，和肖海洋对视了一下，又飞快地移开目光。肖海洋皱起眉，不知是不是他的错觉，他总觉得这人有哪里不对劲。还没来得及细想，旁边的杨欣忽然轻轻拉了拉他的衣角。

肖海洋一惊："……嗯？你说什么？"

"我刚才是问，"杨欣托着下巴问他，"那个害陶大哥住院的嫌疑人是不是快从重症室里出来了？你们会让他在医院里住多久啊，住院费也不便宜呢。"

肖海洋的表情空白了片刻："尹平快从重症室里出来了？你听谁说的？"

"中午在食堂给我妈打饭的时候听人议论的……哎，等等！"杨欣坐在饮料箱子上，好像反应过来了什么，她忽地压低声音问，"肖大哥，你们这事现在不会是保密的吧？"

肖海洋瞪着她看了两秒，突然撒腿就跑。

杨欣跳起来："肖大哥！"

肖海洋回头冲她吼："你在这儿待着，别乱跑！"

骆闻舟他们才刚得到的消息，说尹平手术效果不乐观，可能会就此失去神志……这是哪儿来的谣言？什么人在造谣？为什么？

重症室外围有便衣巡逻，再远处，还有费渡的眼线在，因为尹平身份特殊，本来非探视时间不允许非医护人员进入的病房里也安排了刑警值班看守，穿着隔离衣，二十四小时轮换倒班。此时，距离换班时间还有半个小时，守在里面的刑警已经独自待了三个半小时，精神不免有些涣散。这是一项非常痛苦的工作，聊天玩手机是绝对不可能的，裹着隔离服和口罩，喘不过气来不说，还要注意保持安静，不影响医护人员工作。

等待换班的刑警第三次看表时，有人走进来了，疲惫的刑警抬头看了一眼——进来的是个护工，不是换班的同事。

重症室里值班的护士每隔十几分钟就要过来检查一次病人的情况，小护士刚巡视完出去了，护工进来干活的时间也都是固定的，这个护工这时候进来也不知道有什么事。他进门后，目光环视了一圈，径直朝着刑警走过来。值班的刑警这才发现，来的是个男护工，脸遮在口罩下，只露出一双眼睛弯出谄媚的笑意。对方走过来，拍拍刑警的肩，伸手冲他身后一指。值班的刑警下意识地顺着他的手转头，就在这时，隔离服外裸露出的一点颈部皮肤突然一凉！刑警悚然一惊，再要挣扎已经来不及了，来人力气极大，一手捂住他的嘴，牢牢地扣住他的双臂，针管里的液体飞快地涌入血管，刑警的挣扎越来越微弱，片刻后，他悄无声息地倒了下去。

"护工"面无表情地扶着他坐在旁边临时支起的椅子上，转身走向尹平的病床。

就在这时，巡视的小护士恰好回来了，抬头看见站在病人床头的护工，她当下一愣，露出狐疑神色——护工的工作时间是值班护士统一安排，此时显然不是他该来的时候。

护士脚步微顿："哎，你……"

"护工"理也不理她这突兀的一嗓子，将另一支注射器抵在了无知无觉的尹平的脖子上。值班护士已经感觉不对，来不及叫人，她第一反应就是自己扑了上去："你干什么！"

肖海洋踩着疾风冲到了重症室室外，一圈盯梢的便衣被他惊动，只见肖海洋跑得眼前一阵阵发黑，扶着墙大喘气："有……有没有外人进去过？"

"进门要刷卡，除了我们的人，就是医院的，"郎乔看他还有点来气，语气也十分生硬，随后，她突然想起了什么，话音一顿，"对了，刚才进去个护工……"

肖海洋的瞳孔骤然收缩，正好一个巡房的医生经过，肖海洋扑了过去，一把拽下了医生的门卡。

"哎，你干什么！"巡房的大夫蒙了，"那是ICU！你不能进去！等等！"

肖海洋不由分说地闯进了重症室，此时，撞开门的巨响正好跟小护士的尖叫声合而为一。

护士扑到那男人拿着注射器的手上，被对方暴力甩开，她脚下踉跄了下，双手仍然不依不饶地拉扯着那人的胳膊，见有人来，她连忙大喊："救命！这人不是……"

护士话没说完，整个人被一把拽过去，紧紧地勒住了脖子，动脉上抵了一把小刀："别动！"

肖海洋的脚步倏地停住，双方一时僵持。

"护工"额头上见了汗："站住！我要一辆车！去给我找一辆车！"

"二院距离市中心不远，满大街都是监控，你要车有什么用？出不了城就会被截下来。"肖海洋说着，大着胆子往前走了一步。

郎乔赶上来，眼见肖海洋的腿还在哆嗦，连忙揪住他，把他扯到身后："你敢伤害人质，自己也跑不出去，用脑子想想——现在老老实实地滚出来，你还是犯罪未遂，这事可轻可重，但你要是动她一下，你就是板上钉钉的杀人犯，你想清楚了！"

她一边说，一边朝身后的同事们看了一眼，同时很有技巧地贴着墙根，保持着正对犯人的方向往病房里走。"护工"下意识地随着她的移动转换站立的角度，暴躁地喝住她："站住！再进来我就……"

"尹平的情况你看见了，"门口的肖海洋出声打断他，"他手术不太成功，不知道能不能活，就算能活，最后醒了，痴呆、半身不遂，他也一样都逃不了。你觉得他还能指认谁？他那张嘴，后半辈子也就只剩下流哈喇子一个用途了——如果他还有后半辈子。"

"护工"的注意力又不由自主地被他引走。

郎乔："你把刀放下。"

肖海洋："我的天，你现在还不明白吗？谁告诉你说尹平就快痊愈了？明显是骗你的。"

郎乔听了肖海洋的话，才知道当中还有这一节，听得吓出了一身冷汗："真的假的？"

"真的，"肖海洋的目光盯着犯人，"不然一具行尸走肉有什么值得铤而走险的？"

他们两人一人站一边，话音衔接得非常紧，说的话时而风马牛不相及，时而又互相对话，硬是造成了"七嘴八舌"的效果，被夹在中间的犯人一时不知道该先提防谁，目光来回游移，注意力被牵扯，左支右绌："住口！住口！"

肖海洋蓦地又往前走了一步，与此同时，几个在闻声赶来的同事一起跟了进来，颇有声势地从门口逼近那"护工"。他在慌乱之中，本能地转向人多势众的一方，挟持着护士后退，嘶声咆哮："滚出去！"

"不，"肖海洋说，同时盯住了"护工"那只正剧烈颤抖的持刀的手，"现在明显是有人骗你来自投罗网，事情就是这么简单，你不赶紧把骗子供出来拉他下水，还打算替他绑架、替他杀人？"

"护工"的手哆嗦得越发剧烈——他把话听进去了，承认肖海洋说的确实是实情。

肖海洋盯着他的眼睛，露出一个本色出演的嘲讽："你是不是智障？"

"护工"整个人蓦地一僵，就在这时，被他挟持的小护士可能是有应付医闹的经验，趁他分神，突然一口咬住了那男人的虎口，时机挑得稳准狠。那犯人先是心神动荡，猝不及防地挨了一发铁齿铜牙，他当即大叫一声，本能甩手。

小护士紧接着一脚踩在他脚背上，郎乔的声音也在此时想起："低头！"

护士应声膝盖一弯，几乎同时，一个托盘当空砸了过来，"当"一下撞飞了"护工"正欲行凶的刀，护士被这擦头而过的巨响吓得尖叫一声，几个刑警一拥而上……

周怀瑾眼看费渡接了个电话后神色越来越严峻，道："重要的事情我差不多说完了，你要是有急事就先请便，我们改天再……"

"周兄，"费渡突然打断他，"你愿意跟我们走一趟吗，作为证人？"

周怀瑾一愣。

"我知道，周氏除了你，还有其他股东，还有你们整个家族，"费渡说，"你能私下里查到这一步，还把信息共享给我，已经非常不容易，如果你不想卷入得更深，我也能理解。"

周怀瑾嘴唇动了动，在清寂的雅间里不安地和他对视。

"你无辜，怀信也无辜，"费渡说，"但你姓周，从周峻茂和郑凯风当年买凶——不，从他们当年谋杀周雅厚的时候开始，你就注定会被卷进去。周兄，到了现在这地步，想独善其身是不可能的。"

周怀瑾的眼角神经质地颤动起来。

"上一辈的秘密我们已经知道了，但里面还有疑点，"费渡接着说，"你有没有想过，是郑凯风安排董乾撞死周峻茂，那为什么董晓晴放着宾馆里的郑凯风不管，要去医院刺杀你？"

周怀瑾愣了愣："不是说……那是郑凯风雇凶的时候为了掩人耳目，冒用我的名义……"

"郑凯风合作雇佣的凶手有严格的会员制，不是什么人都使唤得动的——周兄，难道你也是他们谋杀俱乐部的一员吗？"

周怀瑾失声道："什么？"

他脑子里一团糨糊，思路完全跟不上费渡的话，感觉自己奔波小半年，自以为弄清楚一点的事实，又扑朔迷离了起来。

"想知道真相，来找我。"费渡深深地看了他一眼，起身要走，"失陪。"

"等等！"

两分钟以后，周怀瑾取消了自己的行程，跟着费渡坐上了骆闻舟的车。

"我……我查到杨波父亲死于十三年前，"周怀瑾在车上说，"撞了一辆七座商务车，车上是某公司前去竞标土地的工作团队，本来十拿九稳。"

"也是按意外事故处理的吗？"骆闻舟问，"一下撞死车上所有的人并不容易实现，又正好是那个时间点，没有人觉得这事不自然吗？"

"没有，"周怀瑾说，"其实这件案子本身就有猫腻，当时处理这件案子的人都知道是谋杀，只是当年舆论不发达，被捂住了，我也是辗转托人打探到的。杨波的父亲叫杨志，撞车的时候，他身上的衣服用红字写了抗议强拆的大标语——他们竞拍的那块标的土地涉嫌强拆，杨家是受害人之一，竞拍土地的公司前期曾经不止一次派车过去考察土地，老百姓们不知道拆迁的和开发商并不是一回事，杨志应该是误把开发商的车当成了强拆的罪魁祸首。这件事后来私下赔钱解决了，对外只说是事故。但微妙的是，杨波父亲死后，他母亲拿了补偿款就搬走了，搬到了燕城，住在一处高档小区，租金绝对超出了她的支付能力，而且她随后就把杨波送出了国，加入了周氏赞助的教育项目。"

费渡没吭声，他不相信巧合……杨波的父亲死于十三年前，正是第一次"画册计划"启动时。

到了市局，骆闻舟先找人领走了周怀瑾，这才转头问费渡："跟我说说你想到了什么。"

"我是十四年前陷害顾钊的关键人物，是顾钊的秘密搭档，作为警察，我当然熟悉那几个和市局关系密切的线人，尹超和尹平虽然是双胞胎，但本人性格相差甚远，那么……'老煤渣'是尹平冒名的，我为什么没有察觉到？"费渡的手指掠过自己的上唇，尾音里却好像带着笑意，好像他真的是那个藏在暗处、把所有人翻覆在自己手掌间的怪物。

骆闻舟说："可能他为了规避风险，没有直接接触尹平？"

"是啊。"费渡抬起眼，"我不会亲自去接触这种人。假如这个'老煤

黙读
大结局

渣'手上真有什么关键证据，我绝不会任凭尹超'失踪'，而没有去深入调查他的家人。"

骆闻舟倏地一愣："你的意思是说，陷害顾钊的罪魁祸首，当年很可能认为这个'老煤渣'手上并没有能指认自己的实质性依据！"

费渡："所以问题来了，幕后的凶手为什么这样气急败坏地要除掉尹平，先是慌慌张张地暴露自己的联络人，又把自己的人送到医院来给警察抓？"

骆闻舟的太阳穴都开始疼了。

在调查组紧紧盯着市局的微妙时刻，混进医院的"护工"交代了。

"我确实是护工，以前在二院干过，很熟，我需要一笔救命钱，实在没别的办法……他们一开始让我混进二院，盯着那个尹平……结果今天听人议论，说他就要醒了，一旦情况稍微稳定，警察就会把人弄走，我知道这个事以后就通知了雇主，然后他们让我……"

"为了钱？"郎乔用一种不可思议的眼神看着男人，"你不知道杀人是什么罪名吗？"

肖海洋："谁让你盯着尹平？谁指使你杀人的，你见过吗？"

"两个男的，带着现金来我家的，他们老板我没见过……对了，我看见楼底下停着一辆车。"

一个盯着审讯监控的调查员转向骆闻舟："骆队，劳驾你尽快协调，我们要抽调嫌疑人家附近的监控。"

事情到了这一步，骆闻舟只能照做——在这个"医院杀手"的居所中搜出了五十万的现金，同时，附近一个监控拍到了一辆豪华型轿车在犯人交代的时间点前后出现，经犯人指认后确定，这就是当时停在他楼下的车。高清的监控镜头拍到了司机回头和后座上的某个人说话的一幕，那人身体略微前倾，面貌清晰可辨——正是市局年初调任二线的老局长张春久。

张春久和顾钊是同一时期进入市局工作的，两人一直很有交情，顾钊案发生的时候，张春久也是市局刑侦队的骨干，完全有条件神不知鬼不觉地放好指纹膜和现金；顾钊死后，杨正锋负主要领导责任被处分，张春久正是那时候接替了杨正锋的职位，是顾钊之死的最终既得利益者；而涉嫌泄密的外勤系统、有问题的监控设备，也全部都是他在任期间安装更换的。最重要的

埃德蒙·唐泰斯

是，经过调档发现，张春久当年之所以被破格调入市局，是因为他在原所属辖区内有重大立功表现——他抓住了一伙流窜二十个省的抢劫杀人团伙，该团伙非常狡猾，全国范围内被通缉了大半年没抓着，也不知怎么那么巧，就栽在了张春久这个当年名不见经传的年轻人手上！

真是他明察秋毫，工作能力卓绝吗？他年轻时候就这么神，为什么反倒越老越糊涂，他在任管理市局期间，花市区分局都快成贩毒窝点了，他都无所察觉？

一切都说得通了，调查组兴奋异常，派了两个人，亲自跟着骆闻舟他们把老张局从居所里"请"了出来，而且不看不知道，一看吓一跳——老张局家在燕城市有名的豪宅小区里，家里连喝茶的杯子都是某著名奢侈品牌的，柜橱里单价超过十万的皮具有一整排，与他往日在市局塑造的低调朴素形象大相径庭。

什么"只穿制服""自带茶水""私人电话都不是智能机"……凡此种种，此时看起来简直都像浮夸过火的笑话。

第十章

"张局真是有家底啊，您住那小区多少钱一平？我听说没有一个亿的资产，都不让进去看房？"

"房产是我大哥的，今年我工作调动，上班的地方稍微远了一点，正好我大哥年纪大了，打算搬到清静一点的地方，城里的住处就暂时让给我住两年，反正我也快退休了。"

"大哥？兄弟间感情这么好？"

"我大哥比我大十岁，是他把我带大的，说像我父亲也不为过，我跟他确实不太见外，他下海早，做生意积攒了一些家底……惭愧，其实这件事是我思虑不周，只图方便，可能造成了一些不好的影响——但是我能保证，我大哥这些年的生意和我的工作权责不沾边，我也从来没有利用过自己的职位替他谋过任何方便。如果组织还是觉得我私生活太奢侈，是违纪，我也接受处理，尽快反思搬回自己家……但除此以外，别的方面我是问心无愧的。"

调查员看着眼前义正词严的张春久，笑了一下："好吧，关于这点我们再去核实——张局，知道为什么把您请过来吧？"

"有数。"

"那您有什么想说的吗？"

张春久端坐在椅子上，依旧是瘦，中年人的消瘦往往自带严厉感，他眉头轮廓颇深，久而久之，压出了一条冷冷的褶皱，永远像是在皱眉。这张严厉的面孔无论如何也很难和陆局他们回忆中那个义气、开朗又好脾气的老大哥联系在一起，让人忍不住心怀疑问——二十年的光阴，对人的改变有那么大吗？

是什么改变了他？

"这两天老陆打电话联系不上，我就觉得不对，于是又试着给其他几个老朋友打电话，发现他们都不方便接，连已经去了学校的老潘都一样，我就在想，快轮到我了。"张春久端起茶杯喝了口水，神色不变，"我也不知道应该交代些什么，你们看着问吧。"

"那我们就不客气了，"调查员绵里藏针地笑了一下，"听这个意思，您调走以后，还经常和老同事联系？"

"不经常，这段时间比较特殊，一个是顾钊案要重新调查，一个是老杨媳妇——遗孀，得病住院，我们老哥们儿几个电话打得比较勤。"

"哦，顾钊案，"调查员推了一下眼镜，自动忽略了另一句，"细节您还记得清吗？是十四年前的事了。"

张春久沉默了一会儿："顾钊……顾钊案是我们所有人心里的刺，当年谁也不相信，可是证据确凿，由不得我们不信，要我说实话，我到现在都不相信顾钊能做出那种事，私下里也找当年的老领导谈过很多次，只是不敢声张——兄弟们意志消沉，领导们左右为难，我那时候上有老下有小。"

他说到这里，脸上露出一个介于疲惫和郁愤之间的表情："难啊……没想到这么多年，还有重新调查的一天，要是老杨知道……"

调查员不着痕迹地打断他："张局，如果顾钊当年并没有索贿行凶，您觉得他蒙冤十几年，是谁的责任呢？"

"我不方便在背后议论长辈的功过，但是顾钊身边的线人集体做伪证，对方对他的动向了如指掌，说明我们这边很可能有人在泄密，陷害了

埃德蒙·唐泰斯

他……"张春久眉间褶皱更深了些，沉吟好半晌，他说，"我不知道是谁，也不愿意怀疑谁，你们要怀疑我，可以——但你要是让我说当年那伙兄弟可能有谁背叛，就像让我相信顾钊杀人索贿确有其事一样，不能。"

调查员并没有什么"兄弟情深"的触动，铁石心肠地掏出了正题："张局，您记得当年有个代号'老煤渣'、真名尹超的线人吗？"

张春久点了下头："嗯，是带顾钊去罗浮宫的那个吧？我记得很清楚，当年的事情发生不久，这个人就失踪了，我一直就觉得他不对劲，前些年我有个小兄弟正好调到南湾工作，我知道尹超在当地还有亲戚，还托那位兄弟帮我盯着点，万一尹超回家探亲，立刻把人扣住。"

调查员略微坐正了些，追问："您这个小兄弟叫什么名字？"

"孔维晨。"

"这个孔维晨领着市局的几个刑警去调查尹平的时候，曾经给您打过一个电话是吗？都说了什么？"

"对啊……就说了尹平假冒尹超签名骗拆迁款的事，他们正要去调查，还说事后有尹超的消息，一定通知我，但是之后我就联系不上他了。"张春久好像意识到了有什么不对，"怎么？孔维晨怎么了？"

调查员不错眼珠地盯着他的微表情："我们有依据认为，当年和顾钊一起进入罗浮宫的'老煤渣'其实就是尹平，他手上还掌握了当年顾钊案的重要证据，但是尹平察觉不对后就畏罪潜逃了，追捕过程中，刑侦队的行踪泄露，两辆装了易燃易爆物品的皮卡突然冲出来，想要灭口——"

张春久："什么？"

调查员"图穷匕见"，突然收敛了脸上和煦的笑容："对方灭口的动作比警方还快，也就是说，他们得到消息的时间是在刑警陶然向上级汇报之前，而当时在现场的几个知情人，只有孔维晨曾经对外联系过，联系人就是您。张局，有想解释的吗？"

"你们怀疑我……"张春久说到这里，忽地一咬舌尖，将一脸惊怒强行压了下去，尽可能心平气和地说，"孔维晨给我打电话的时候，只说他们要去尹平家，没有提到过尹平、尹平是……"

张春久把这名字念了两遍，到底没能控制住自己，露出一点难以置信的神色："尹平怎么又成了'老煤渣'？他什么时候冒名顶替的，当年没有人看出来吗？这是谁说的，有根据吗？"

调查员面无表情地和他对视了片刻，试着从他脸上看出些什么："张局，你真的不知道吗？那这个人你认识吗？"

他说着，把一张照片抽出来，压在张春久面前。

张春久仿佛还沉浸在方才听到的离奇消息里，飞快地低头扫了一眼："不认识。"

"不认识？您再仔细看看，"调查员往前一倾，"尹平因为撞击引发了脑出血，被送到医院抢救，至今没有脱离危险，就在昨天下午，这个人假冒护工潜入尹平的病房，再次意图杀人灭口，未遂，被我们抓回来了——这个凶手指认是你指使他这么干的。"

张春久瞠目结舌，片刻后，他仿佛啼笑皆非似的伸手指了一下自己："我？"

"我们在这个杀手居所中找到了五十万现金，是买尹平命的钱。"

张春久目光突然一凝："多少？"

"五十万。"

张春久脸上忽然闪过难以言喻的神色，片刻后，他苦笑一声，长出了一口气，板正的坐姿崩塌，他重重地靠在了椅背上，低声说："当年从顾钏床下搜出的物证，就是现金五十万……十四年了，怎么，还是这个数吗？"

调查员仔细端详着他的神色："11号下午你在哪里？"

"记不清了，"张局揉了揉眉心，双眼皮被他揉搓出了第三条褶皱，脸上的倦色愈深，"有点提示吗？"

"11号下午两点左右，有人看见你乘坐私家车去了'杨树里'小区附近，对吗？"

"杨树里小区？没什么印象。"张春久面露疑惑，回忆了好一会儿，"11号……上礼拜一对吗？那天我的车限号，借用了我哥的车，去了六安桥附近，旁边好像是有几个居民区，但我没注意都叫什么。"

"去干什么？"

"本来是去二院，看看老杨家人，路上想起来，探病应该带点东西，所以让司机在六安桥下了高架，那儿有一家挺大的购物中心，"张春久说，"证据……小票我顺手扔了，不过商场收银台附近的监控应该还查得到，买完东西我就去医院了，老杨的遗孀傅佳慧和女儿杨欣都能证明，你可以去问她们。"

调查员眼角略微一跳——医院里抓到的杀手所在的小区叫"杨树里"，确实是在六安桥附近，但规模非常小，而且房屋老旧，楼上的门牌也斑驳不清，小区外围甚至没有院墙。调查员是故意这么问的，因为一般人如果只是途经，很难注意到一堆随处可见的六层小楼叫什么。如果张春久直接回答"我只是路过"，那么他的嫌疑就非常大了，可是……

张春久会是装的吗？那他这心也未免太细，思虑也未免太周全、太可怕了。

查到了张局头上，就不能归市局的刑侦队管了，这一场问话都是秘密进行的，只有骆闻舟被特殊批准过来旁听，调查员把所有问题颠来倒去地问了四五遍，其中无数语言陷阱，整整三个多小时，问话的和被问的全都疲惫不堪，连骆闻舟这个旁听的，出来的时候都忍不住先在门口点了根烟。

他心事重重地在一片烟熏火燎中凝神沉思片刻，这才走到街对面——一辆高得没有朋友的SUV在那儿等着。骆闻舟刚一拉开车门，还没来得及钻进副驾驶，后座的肖海洋就等不及地往前一倾："骆队，我现在觉得这件事存疑，张局可能是被陷害的！"

骆闻舟扫了他一眼，把冻僵的双手凑在车载空调口上吹暖风，慢吞吞地说："前一阵子恨不能把张局推上断头台的是你，现在说他冤枉的还是你……小眼镜啊，幸亏你是个当代的平民老百姓，这要是让你托生到封建社会的帝王家，你手下得有多少条冤魂？"

肖海洋才不理会骆闻舟说他什么，一低头从包里抽出一个文件夹，指着里面的两张照片说："你看，这是在那个杀手家里发现的现金，另一张照片是当时顾叔叔家发现的五十万，我从密封的旧档案里找到的——大额现金为了清点方便，一般是一万一摞地放，银行柜台会在上面绑一根纸条，可是从杀手家里发现的这些现金是直接摞在一起的，和十四年前的物证一模一样！"

郎乔在旁边说："对，我问了那个医院杀手，他说钱送来的时候就是这样的，他还鸡贼地点了好半天。"

骆闻舟接过照片，深深地皱起眉。

肖海洋突然前言不搭后语地说："骆队，对不起，我错了。"

他这一句话落下，连驾驶座上的费渡都回过头来，车里其余三个人六只眼睛全部落在肖海洋身上，活像围观铁树开花的千古奇观。肖海洋被他们看得很不自在，神经质地推了推眼镜，嘴唇抿成一条线，整个人不知是因为紧张还是不安，好像还微微打着晃，张嘴放出了一串连珠炮："我错了，我不应该武断冲动，抓住一点表面证据就下结论，随口冤枉烈士，我还不应该……"

骆闻舟打断他："你这段忏悔词是什么时候写的？"

肖海洋脱口回答："昨天晚上。"

他说完，立刻意识到自己犯了傻，倏地闭了嘴，旁边郎乔"噗"一声笑了出来，肖海洋局促地抠着自己的裤缝，好似已经快从人间蒸发了。

"我们队不流行口头背诵个人检查全文，这事过去了，你记着请客吃饭就行。"骆闻舟想了想，又补充了一句，"菜得自己炒，炒成什么样，就看你心诚不诚了。"

肖海洋一脸空白，看起来想自带调料，直接跳进蒸锅。

"张局的供词我听了，虽然证据对他很不利，但他的解释基本都说得通，"骆闻舟正色下来，"就我看来，要么是他段位太高，要么他是被陷害的——但话说回来，他如果真的能在这种时候这样滴水不漏，就不该在两次刺杀尹平未遂的过程中留下那么多破绽。"

郎乔问："所以说，是有人陷害他，就和陷害顾钊的手段一样？为什么？他得罪什么人了？"

骆闻舟摇了摇头，示意费渡开车回家。

顾钊案的档案是最近重启调查才解密的，谁会知道现金摆放的细节？而张局被调查之后，当年最后一个和本案有关的人也被请进去了，调查组怎样处理，恐怕都是不公开的，他们很难干涉……

这越发扑朔迷离的旧案，眼下成了僵局。

这时，费渡忽然开口说："第一次'画册计划'是在顾钊案后一年左右的时间启动的，画册小组的人有权调阅档案——其中也包括顾钊案吗？"

骆闻舟一愣："你是说……"

"那个神秘的牵头人，"费渡说，"真的死了吗？"

骆闻舟深深地看了他一眼，碍于郎乔和肖海洋还在场，只是敷衍地说："太久远了，这要等陆局他们回来再问了。"

费渡点点头，不再吭声了。

骆闻舟瞥了他一眼，心里的疑惑却隐约地升了起来——"画册计划"和顾钊案，表面上看，似乎应该是风马牛不相及的两件事，为什么费渡会几次三番提起，一直念念不忘？甚至放下偌大的家业不管，加入了第二次"画册计划"？

"老大，"郎乔问，"那现在调查组把人都带走了，我们干什么？"

骆闻舟其实也茫然，但是不能在手下小青年们面前表现出来，沉吟片刻，他说："那个潜入医院杀人的智障还在我们手里，要继续审，他不是说当时有两个男的带钱给他吗？现在这两个人头发都没找到一根，谁知道是不是他胡说八道？"

郎乔连忙拿出个小本记录——应试教育调教出来的毛病，一不知所措就奋笔疾书地记笔记，造成自己还在努力的错觉，好像这样就能坐等真相从天而降似的。

"另外，找几个兄弟跟着张局那个司机，给他上点监听手段，"骆闻舟一边说，一边整理着自己的思路，"肖海洋继续等物证的结果，如果陶然他们追踪尹平的时候，是孔维晨泄密，那么他之前就不会明着打张局的电话，他们俩都是自己人，当然知道出了事我们会怎么查，应该不会留下这么明显的证据——所以尹平的车祸肯定还有别的猫腻。"

肖海洋这回终于没有异议了，连忙应声点头。

"另外，找个机会去趟戒毒中心，可能的话，和马小伟聊聊。"骆闻舟又说。

郎乔和肖海洋对这个要求十分不明所以，大眼瞪小眼地望着他。

骆闻舟："马小伟出现的时机，还有他'无意'中泄露给我们的秘密，这些现在看不太可能都是巧合，几桩大案都是张局调走之后发生的。如果这些事都是有预谋的，那很可能从那时候已经开始了，马小伟肯定也参与其中。"

肖海洋性急如火，连忙说："我这就去。"

"去什么，现在都过了探视时间了，明天再去——你想好怎么问话了吗？什么都急，不知道什么叫磨刀不误砍柴工？"

本打算加班到春节的刑警们无所事事地按时下了班，费渡把随身携带的肖海洋和郎乔两个人各自送到家，又去医院给伤筋动骨一百天的陶然送了点吃的，口述给他两个讨女孩喜欢的小套路，中途被听不下去的骆闻舟强行拎回家。

随后，费总又若无其事地兼任了超市推车工、搬运工与钱包，陪骆闻舟到超市买了食材和猫粮，态度平静而自然，就和往常一样。尤其在该睡觉的时候，费渡居然难得没用骆闻舟三催四请——才说第二遍，他就关了电脑。

费渡有时候就像个熊孩子，生活习惯很不好，晚上不睡，早晨还要早起，使用的是心灵鸡汤里的作息时间表。刚出院精力不济时还好一点儿，随便揉搓一下就躺下了，可是被骆闻舟精心地调养了一阵子以后，家里就好像多了另一只精力旺盛的骆一锅——好在费总比锅总有素质，不睡觉会自己玩，并不在别人身上踩来踩去。

骆闻舟一脸奇怪地看着他："你今天怎么了？哪儿不舒服？感冒了？还是晚上吃什么过敏了？"

"不听你的吧，你就诉诸暴力，"费渡十分无奈，"听你的吧，你又怀疑我有病……爱妃，你也太反复无常了。"

骆闻舟眼角浮起一点笑意，随后，他一语双关地说："是我反复无常，还是你君心难测啊？"

费渡一愣，骆闻舟目光微沉地看着他："这两天你情绪不太对，到底怎么了？"

费渡似笑非笑地避而不答："谁说我情绪不对？我只要看见你，'情绪'一直很对。"

某个人刚教完陶然的话，连个标点符号都不改就用在自己身上，这是当他聋得没听见吗？

眼见费渡又不说人话，骆闻舟忽然一抬手夹起他的腰，将他双脚离地地提了起来。

费渡："鞋，等等，鞋！"

骆一锅听见动静，见缝插针地蹿过来，叼起费渡被甩掉的拖鞋，拿它当个稀罕玩意儿，连撕带咬地撒起欢来。

费渡到底是年轻人，经过一段时间，电击留下的痕迹已经基本看不出来了，没有了那些乱七八糟的文身贴遮挡，他的胸口单薄而白皙，几乎还带着一点诱人的少年感。

那么浅的胸口，那么深的心。

骆闻舟："你能相信我吗？想好了再说，费渡，就给你一次机会。"

费渡立刻意识到了骆闻舟话里有话，他心里一转念："怎么了，是我最近话少了，没有强行往你耳朵里塞一堆看法，让你觉得不安了？"

骆闻舟眉尖一动："我觉得你有事瞒着我。"

这种话一般是家庭危机的先兆，费渡认真回忆了片刻："我最近托陆嘉他们跑腿办事，都是当着你的面，既没有暗地里谋划着要谁的命，也没有要去拔费承宇的呼吸管，我遵纪守法，滴酒不沾，唔，还有求必应，应该没有什么瞒着你吧？"

骆闻舟缓缓地说："那天周怀瑾提起'十三年前'的时候，你就说了'画册计划'，今天在车上讨论张局到底是不是被陷害的，你又一次提到了'画册计划'，甚至你别有用心地接近我，用的也是重启画册的名义……"

费渡笑了一声："我别有用心地接近你，用的是美色。"

骆闻舟被噎了一下："谁让你学我说话的？你这近墨者黑得倒快。"

费渡犹豫了一下："'画册计划'当时是打算要建立一个犯罪档案，虽然是由学校牵头，但如果你注意到参与人员名单，就会发现，那些仿佛都是经历过顾钊案的一线刑警——也就是嫌疑人。"

"但你不是为了顾钊案来的。"

"我记得我告诉过你……"

"我也记得，"骆闻舟打断他，"你第一次告诉我，你是直觉你妈妈的死和费承宇有关，并且想知道自己为什么会有这种直觉，所以想要回忆追溯自己小时候的事；第二次告诉我，你其实知道你妈妈是自杀，也知道她为什么自杀，还隐约推测得出费承宇私下里在干什么勾当；第三次我们追捕卢国盛的时候，你在你家地下室里跟我复述了当年听见过的费承宇的话，十三年前的事你记得清清楚楚，根本不用追溯。"

费渡怔了怔，没料到骆闻舟居然把他的每句胡说八道都记得清清楚楚。

骆闻舟略微咬着牙问："现在你能告诉我，你这一堆自相矛盾的话里，哪句是实话吗？"

费渡突然沉默，他的心跳得很快，松松垮垮的睡衣遮不住胸口，骆闻舟能看见他剧烈震颤的脉搏，这一瞬间，骆闻舟好像终于从他包装精良的皮囊中，隐约看见了他深藏不露的内里："你……"

费渡忽然开了口："我三次跟你说的话，都不完全是编的。"

他的声音有点沙哑，轻轻地摩擦着人的耳膜，骆闻舟一顿，"嗯"了一声，伸长腿在床边的懒人小沙发上坐下。

费渡："我追查'画册'，确实是为了追溯小时候的事，地下室的细节，我并不完全记得，而且直觉遗漏的部分很重要。"

骆闻舟："我以为你的记忆力不比肖海洋差。"

"我又不能过目不忘、走马观碑，"费渡飞快地笑了一下，笑容稍纵即逝，"其实我曾经有两次未经允许进入过费承宇的地下室，第一次完全是偶然，兜里东西掉了，我下去捡，正好他没锁门，那次我溜进去，看见了'画册计划'的名单。正在乱翻的时候，费承宇回来了，我藏进了他书柜下面的小橱里，侥幸没被发现。"

骆闻舟莫名觉得这句话里有什么地方不对，没等他细想，费渡就接着说："可能小男孩天生有追逐刺激的好奇心吧，我进去过一次，就想进去第二次，于是想方设法弄到了他地下室的密码——并不容易，费承宇是个很仔细的人。我第二次成功溜进那间神秘的地下室，是小半年之后，我看见他桌案上摆着的，是那篇关于恶性案件受害人研究的论文。"

骆闻舟问："你是说，第一次'画册计划'牵头人——范思远的论文？"

"嗯。"

骆闻舟皱起眉。

第一次"画册计划"中途出事，那时顾钊案才刚过去没多久，市局实在受不起再一次的丑闻，一发现不对，就紧急叫停，所有参与人员全被调查过，处理得十分迅捷。

"第一次'画册计划'，从启动到被叫停，好像都没有半年时间，"骆闻舟说，"费承宇的兴趣为什么保持了这么久？"

"我开了他的电脑，密码和门禁是一样的，在桌面看见了一个名叫'画册'的文件夹，但是没能打开，因为门禁密码不管用了。"

"你的意思是说，'画册计划'和费承宇有关系？"骆闻舟追问，"然后呢？"

"然后我就记不太清了，但是……"费渡忽然觉得喉咙有点发紧，偏头咳嗽了两声，"但是……喀……"

骆闻舟开始还以为他是说话的时候自己呛了一下，然而很快察觉到不对——费渡咳得停不下来。他连忙扶起费渡，拍了拍他的后背："怎么回事？是着凉了吗？让你不听话！"

费渡咳得喘不上气，额角几乎露出青筋来，好半天才平息下来，骆闻舟端来一杯温水："来，先喝点水，你可真不好养活……晚上看看，再咳嗽就吃药。"

"我只大概记得费承宇不知为什么突然回家，发现我溜进他的地下室，好像非常生气，大发雷霆之后就把地下室清空了，"费渡好似兀自沉浸在自己的世界里，没有接他的话，"但是……回想起来，我好像是从那时开始，才对他具体在做什么有了大概的概念，所以那天我在地下室，一定很偶然地看见过什么重要的东西。"

一个成年人不记得自己十岁以前的事很正常，比如骆闻舟就一直坚持认为，什么"他小时候举着一柄玩具枪占领煤堆"的那些破事是穆小青同志编造出来污蔑他的——但不正常的是，费渡前前后后的细节都记得很清楚，包括费承宇说话时的语气，为什么他会单独忘了这一段？

可是费渡眼下的情况显然不适合再逼问，骆闻舟只好暂时偃旗息鼓，让他躺下休息，临睡探了探他的体温，怀疑是方才猫叼走他的鞋让他着了凉。不过实时温度计显示地暖屋里的温度接近27°，穿短袖都不凉快，骆闻舟百思不得其解，最后只好归结为一个原因——费渡可能是属热带鱼的，虚，只好又给他加了一层被子。

可能是被棉被压的，这天夜里，费渡总是过于活跃的精神并不肯老老实实地待在静止的躯壳里，在睡眠中到处漫无目地徘徊。他先是梦见自己拿出了猫罐头，但是忘了给锅总打开，随后又梦见骆闻舟不知因为什么不痛快，气哼哼地怎么哄都不理他；最后又仿佛回到陶然被推进医院的那天——说来奇怪，真实世界里，费渡和骆闻舟赶到的时候，陶然已经被推进抢救室了，直到情况稳定后推入病房，他俩才匆匆看了一眼。

可是在乱梦里，费渡却觉得自己好像眼睁睁地看见陶然一身是血，白骨顶着碎肉，里出外进地从他身体里挤出来，陶然的脸涨红发紫，眼睛突出，是一副目眦欲裂的濒死模样。

费渡与那双可怖的眼睛对视片刻，倏地惊醒过来。

他的眼皮有些沉重，然而仅仅是睁眼的一瞬间，混乱的思绪就立刻训练有素地强行回笼。费渡皱着眉回忆自己方才的乱梦，觉得有点不对劲，因为陶然身上的伤是被撞出来的，那么自己梦里为什么要给他安一张窒息的脸？

好像不是很合逻辑。

不过即便是霍金，大概也没法要求自己做个梦都讲逻辑，这点疑问在费渡心头一闪而过，随后他又觉得难受，身上有种像是一个姿势维持太久的酸痛感。费渡轻手轻脚地爬起来，给自己倒了杯水，分明是温度正好的温水，却喝得他有点想吐。

就在费渡头重脚轻地站在黑暗里平息翻涌的胃时，平时打雷都撼不动的骆闻舟不知什么时候醒了，伸手打开灯："怎么了？"

费渡懒得说话，低头躲避刺眼的灯光，有气无力地冲他摇摇头。

骆闻舟伸手一摸："都烧成暖气片了，还摇头！"

费渡有些茫然地戳在原地，看骆闻舟翻箱倒柜地找退烧药。

骆闻舟以前独居的时候，最常用的药是红花油、云南白药一类的，创可贴和碘酒倒是攒了一堆，其他的要么没有，要么过期了，他翻出一身热汗，旁边骆一锅还不肯消停，它不知从哪儿弄来了一盒没开盖的罐头，在地上连刨带咬，把罐头盒摔得叮咣作响。

骆闻舟嘘了它一声，小声训斥："再闹就把你关阳台上去！"

骆一锅脚踏罐头，不屈不挠地昂首瞪向他，大有要跟他斗争到底的意思。

骆闻舟没心情搭理它，好不容易翻出一盒压箱底的退烧药，一目十行地看完说明书和生产日期，发现竟还没过期，连忙拿去给费渡。

骆闻舟一边让费渡就着自己的手吃药片，一边忍不住看着他叹气："我说费总，打个商量，咱们能不能从明天开始，每天稍微活动一下，健康作息啊？"

费渡没什么力气跟他贫嘴，只是含混地说了一句："明天就好了。"

他勉强喝了半杯水，东倒西歪地推开杯子，在骆闻舟手背上轻轻拍了两下表示感谢，倒在床上蜷起来不动了。费渡平时很善于作妖，在慢半拍地得知自己生病之后，反而老实了，好似十分有条理地将自己有限的能量清点一番，智能地把各种活动降到最低，全部分派给免疫系统。

骆闻舟十分不放心地在旁边观察了一会儿，发现这个病人完全可以自理，并没有掀被子乱动的毛病，忽然有些心疼地摸了摸他的头发："以前生

埃德蒙·唐泰斯

病的时候谁照顾你？"

费渡想说"小病不要紧，大病去医院"，然而实际他只是嘴唇动了动，没说出来，退烧药的催眠效果来势汹汹，骆闻舟走动的声音像是隔了一层什么，越来越远，很快就化成了一片朦胧。费渡带着这句没来得及回答的话，被药物强行拖入睡眠，那句不安分的问话从他意识里脱离而出，投入到梦里。

他梦见自己小时候住过的卧室——整个别墅都是按费承宇的喜好装修的，女人和孩子的房间也是，那些色泽厚重的家具自带气场，把年幼居住者的人气压得一丝不剩，到处都是冷冰冰的……唯独好在窗口朝南，室内采光不错。

费渡依稀记得，有一次他靠在床头，大半个身体笼罩在阳光下，因为一场突如其来的感冒发烧被迫卧床。趁费承宇不在家，他偷偷翻出自己笔袋里的小纸条。

纸条上是三串密码——偷闯禁地这种事，有一就有二，费渡花了近半年的时间，每天不动声色地观察着费承宇的一切，悄悄收集了日常生活里费承宇使用过的其他密码，对编码规律做了简单的汇总和统计，从中分析出了几条规律，试着推断地下室的密码。

他没有试错的机会，因为密码输错会报警，无论费承宇在哪儿，他都会立刻收到通知。费渡最后锁定了三种费承宇可能会使用的密码组合，但究竟是这三个中的哪一个，他又实在举棋不定。

这时，门外有人敲了敲门，费渡方才慌慌张张地把这张"大逆不道"的小纸条塞回笔袋，他妈妈就端着感冒冲剂走了进来。她温柔地换下他额头上已经被烫热的毛巾，又用凉水浸泡过的毛巾替他擦身，整个过程就像个机器人，事情做得周到且有条不紊，却偏偏不肯和他有任何眼神对视，好似多余的触碰会给他们招来灾祸似的。

费渡想开口叫她一声"妈妈"，话到咽喉，又卡住了，只是张了张嘴。

女人细细地给他擦了身，看起来比往日的死气沉沉好了一点儿，步履甚至有点轻快，小费渡想和她说句话，又不知道从何说起，眼看她又要走，他连忙伸长了胳膊去够她。膝头上没拉上拉链的笔袋一下掉了下去，写满了密码的纸条一下滑了出来。

空气好像凝固了。

好一会儿，女人弯腰把那笔袋捡了起来，拿起那张小纸条，费渡下意识地屏住了呼吸。女人终于抬头看了他一眼，目光那样复杂难辨，男孩没能分辨出她的意思，紧张地揪紧了被子。

她会告诉费承宇吗？会突然发疯吗？

就在他的忐忑不断上升的时候，女人好像没看懂似的，若无其事地把纸条塞回笔袋，轻轻放回他腿上，又在他头顶亲了一下，转身走了。门响过后，费渡迟疑着打开自己写满密码的纸条，看见其中一串密码下面多了一道指甲印。

三天后，在得知费承宇去了外地之后，他用这一串密码打开了地下室那道厚重的门。那地下室犹如禁地，楼梯细窄而蜿蜒，从上面一眼看不到头，幽暗的壁灯闪烁着昏暗的光，照着墙壁纸上狰狞的群龙张口欲噬人，里面像是藏着一只怪物，森然张大了嘴。

梦境里，费渡总觉得他一步一步走下去的时候，他妈妈就在二楼看着，他推开那扇门，地下室里的橱柜与桌案上都好似笼罩在一层模糊的黑雾里，他犹犹豫豫地靠近桌案，在那里看见一沓打印出来的论文。

接下来的梦境陡然混乱起来，纸上的印刷字墨迹突然扩大，血迹似的从纸面上蔓延出来，接着，他所处的空间行将崩溃似的动荡起来，天花板和地板一起破碎，其间夹杂着打碎玻璃的声音、恐怖的脚步声和女人的尖叫声，窒息感突然袭来，让他喘不上气来，同时，好像有个男人在他耳边说"我的'画册计划'也可以启动了"……

费渡一身冷汗，倏地坐起来，随即又觉得天旋地转，跌了回去，被守在旁边的骆闻舟一把搂住。

"先别掀被子。"骆闻舟把他拖回来，擦了擦他额角的冷汗，十分欣慰地感觉温度确实降下去了，"做噩梦了吗？吃退烧药确实容易做噩梦，来哥这儿寻求安慰吧。"

费渡剧烈的耳鸣退去，他犹豫了一下，低声说："算不上噩梦，只是有一些很奇妙的情节。"

骆闻舟："……奇妙的情节？比如坐火车上天？"

一大早和病人开黄腔，实在太没有下限，费渡无言以对地用胳膊肘杵了

埃德蒙·唐泰斯

他一下。

"比如我当年一次性破解了费承宇的密码,其实是因为有我妈的提示。"费渡说,"还有……费承宇好像跟谁说了一句'我的画册计划'……"

骆闻舟一顿:"你不记得你是怎么打开那扇密码门的?"

"记得,我记得我是归纳出了几个可能性,然后去试的,很幸运的是,试的第一个密码就通过了……"费渡的话音突然一顿,从中感觉到了违和,他以旁观者的视角推断自己小时候的心理状态,认为自己无论如何不敢冒着触怒费承宇的危险,贸然拿着一堆完全不确定的密码去试。

所以当时真的是他妈给过他提示?为什么他一点儿也不记得?

骆闻舟伸手盖住他的眼睛:"再睡一会儿,别想了,伤神。"

好不容易安顿好费渡,骆闻舟悄悄地爬起来,把早餐热好放进保温饭盒,又留下字条,独自去了市局的档案室。调档需要走正式手续,尤其是一些封存的档案,但眼下是非常时期,走手续也找不到可以签字的人,管理员抽过他无数盒好烟,睁一只眼闭一只眼地把他放过去了。

骆闻舟找了一圈,果不其然,没能找到什么有价值的东西,"画册计划"只有一个薄薄的小册子,里面是一些非常场面的介绍语,还有几篇不痛不痒,看起来完全是到处复制、粘贴赶制出来的论文,"画册计划"的牵头人是当时燕公大的教授范思远,但最后收录的论文中,无论是作者还是指导老师,都没有他的签名。

范思远的个人档案内容也少得可怜,只是简单地收录了他的工作经历和发表过的论文,到十三年前戛然而止,死亡记录则很奇怪,是在十年前——老杨隐晦地提过,说这个人死了,骆闻舟一直以为他是"画册计划"东窗事发后,畏罪自杀或是在抓捕途中出了什么意外之类的,没想到事实居然并不是。

正是大清早,值班的管理员和骆闻舟交代了一声就去蹲厕所了,骆闻舟趁机把第一次"画册计划"中所有收录调研过的案卷飞快地复印了一份,业务熟练地做了一回贼。

临走时,他的目光在范思远的工作经历上停留片刻,脑子里突然灵光一闪——对了,陆局说过,顾钊在工作后,曾经去燕公大读过一个在职研究生!

第十一章

肖海洋一大早就赶去了戒毒所，戒毒所可不像人民公园一样说来就能来，他坐立不安地等了大半天，才总算见到了马小伟。肖海洋暗地里大松了口气——这段时间出的意外太多了，他唯恐自己刚找到一点线索，就被告知马小伟也被灭口了。

马小伟比之前胖了一点儿，没那种瘾君子相了，精神状态却有点萎靡，但那点萎靡在见到肖海洋的一瞬间就不翼而飞，整个人都紧绷了起来。

肖海洋想冲他笑一下缓解紧张气氛，然而他嘴角往上一咧，就是笑不出来强行笑的模样，效果奇差，反正马小伟看完，脸色更绿了。

肖海洋只好放弃了亲和路线，公事公办地亮出一张招牌似的冷脸："记得我吗？"

马小伟拘谨地一点头："肖警官好。"

"我现在调到市局了，"肖海洋说，"今天过来，是打算问你点事。"

马小伟的双手绞在一起，低下了头，活似又被拖出去审讯了一次。

肖海洋注视了他片刻："你和我们警方合作过，我们救过你的命，帮你洗脱过杀人的嫌疑，你见了我不说高高兴兴，至少也不应该这么紧张——马小伟，你其实知道我想问什么，对吧？"

马小伟手背上绷紧了青筋。

肖海洋："今年五月二十号晚上，你拿了何忠义的手机，卖给了毒贩子，随后何忠义被杀害后抛尸到毒品交易地，第二天清晨，有路人发现了何忠义的尸体。而你在警方到处走访调查此案的时候，和当地居民发生冲突，被一起抓到了花市区分局，一时说漏嘴，让我们知道，案发前后你就在现场，现场发生了另一件在分局不能说的事。"

马小伟嗫嚅说："是……这些我当时都交代了。"

"我知道，"肖海洋的目光从"瓶子底"后面逼视过来，"我想问的是，当时究竟是你自己说漏嘴，还是有人教你说的？"

马小伟整个人哆嗦了一下。

"你胆小、怯懦，而且爱撒谎，"肖海洋一针见血地说，眼看马小伟张了嘴，好像打算辩解什么的样子，肖海洋直接强硬地打断了他，"这没必要否认，盗窃、诈骗型人格是吸毒者的典型特征——当时不是你自己交代说，你偷了何忠义的手机，还骗他吗？"

马小伟无话可说。

"那我就想不明白了，"肖海洋轻轻往后一靠，"你既然也不是什么不会撒谎的实在人，为什么警察随便问你两句话，你都能说走嘴？全部都说'不知道'很难吗？你明知道那天晚上王洪亮的人在那儿，还故意这样模棱两可，不怕他们灭你的口吗？"

马小伟绞在一起的手指更紧了。

"是不是教你这么做的人向你保证过，说王洪亮他们马上就会恶有恶报，所以你不用担心？"

马小伟略微睁大了眼睛，这到底是个未成年的孩子，一瞬间惊诧的神色立刻出卖了他。肖海洋头天晚上回去思考了一宿该怎么问话，功夫不负有心人，准备充分就是会有回报。他打量着马小伟的脸色，有条不紊地说出最有分量的一句话："那我告诉你一件事，你还记得我把你带到市局的那天吧？其实那天晚上，王洪亮他们曾经给留在分局值班的同伙发过一条信息，让他尽快处理掉你这个目击证人，如果当时不是我一直监视他们，抢在他们动手之前带你溜走，你现在已经是一堆骨灰了。"

马小伟脸上血色褪尽："那……那不会的……"

"那时候你其实已经没用了，"肖海洋步步紧逼，"反正警方当时已经得到了确切线索，很快就拿到了王洪亮犯罪的视频证据，你死在分局没有任何影响，顶多就是再给王洪亮添一条罪名，暗中操纵你的人根本不会管你，就想让你自生自灭而已。"

马小伟如遭雷击，肖海洋立刻追问："所以是谁教你的？"

马小伟的嘴唇哆嗦片刻，好一会儿，才迸出几个字："是……是赵……赵哥。"

"哪个赵哥？"肖海洋先是愣了愣，随后立刻回忆起来，"你是说那个跟你们住同屋，号称是何忠义老乡的赵哥，叫'赵玉龙'的？"

马小伟咬着嘴唇点点头。

肖海洋皱起眉——他记得，当时是王洪亮打算让马小伟背黑锅，充当这个犯罪嫌疑人，把诡异非常的何忠义案草草结案给市局看，但他知道里面有猫腻，于是跟着同样心存疑惑的陶然，私下里走访了何忠义生前的几个熟人，其中就包括赵玉龙。

赵玉龙并不是什么关键人物，因为案发时，据说他回老家奔丧了，肖海洋给他打电话的时候，他才得知何忠义死了，匆匆赶回燕城。其实连证人也算不上，那次只能说是为了了解死者背景情况的一次普通走访。

除了他和陶然，其他人可能都不知道有这么个人。

但细想起来，这个路人甲一样的赵玉龙提供的线索却相当关键——何忠义的白色手机来路、何忠义和张东来的冲突，都是在和他谈过话之后才进入警方视野的，最重要的是，何忠义当天为了去承光公馆见赵浩昌，穿得颇为正式，脚上那双鞋就是问他借的，所以赵玉龙很可能掌握了何忠义的动向。

当时最先查到"承光公馆"的，其实是费渡，因为他那天恰好偶遇过何忠义问路，但仔细想想，有赵玉龙这一番供词，即便没有费渡的偶遇，警方也会很自然地将视野转向承光公馆，进而意识到马小伟支支吾吾不肯说的"案发现场"可能根本不是案发现场，而是另有隐情。

一瞬间，肖海洋心里已经闪过无数个念头，他略微抿了一下发干的嘴唇："你不是说……这个赵玉龙案发当晚回老家奔丧去了？"

"他是说他回老家了，可是第二天早晨，天还没亮，他就又突然回来了，忠义没回来，其他人不在，宿舍里只有我一个人，"马小伟带着哭腔说，"他突然把我晃醒，拿着网上你们没来得及删的照片给我看，问我这是怎么回事……我一睁眼就看见……看见忠义哥……我……我……"

马小伟一回忆起那件事，就有点话不成音，嘴里"你你我我"地胡言乱语半天，干脆一把捂住脸，闷声哭了起来。

肖海洋保持着冷眼旁观式的漠然僵坐片刻，然后不知怎么想的，突然鬼鬼祟祟地伸出手，用手指尖小心翼翼地点了点马小伟的肩头，轻轻一碰又缩了回来，仿佛马小伟是一只人形刺猬，会扎手。

"赵哥问我这是怎么回事，还说忠义哥就在楼底下，下面都是警察，我不敢相信，扒开窗户往外一看才知道是真的，脑子里'嗡'一声，然后就听见赵哥在旁边说，'他们好像是在那个三角地发现忠义的'，我一听，吓死了——那就是昨天晚上买卖'那个'的地方，忠义哥怎么会跟他们扯上关

埃德蒙·唐泰斯

系？他从来不碰这些，我知道……我当时第一反应，就是坏了，肯定是我卖的那个手机惹的事。"

"你认为，何忠义是看见了你卖他宝贝的新手机，所以冲上去和毒贩子理论，想把自己的东西拿回来，结果才被那些人杀了？"肖海洋问，"是你自己这么想的，还是别人误导过你？"

马小伟一脸茫然地看着他。

"行吧，"肖海洋无奈，这傻孩子被人利用都不知道，"你继续说，然后呢？"

"忠义哥跟我可好了，我要不是那什么……我也不会偷他的东西啊！我害怕，就把什么话都跟赵哥说了，问他该怎么办，可是赵哥说'要是王洪亮他们杀了人，忠义哥死也是白死'。"

肖海洋听出了什么，沉声问："你的意思是，赵玉龙也知道王洪亮他们的事——他吸毒吗？"

马小伟摇摇头："他不跟我们一起，不过赵哥在这儿好多年了，待的年头比谁都长，他什么事都知道。"

肖海洋又是一皱眉——因为他们和赵玉龙谈话的时候，看不出来赵玉龙是个"什么都知道"的神通广大之人，不光如此，他还假装自己是刚从外地回来，对何忠义的死亡原因一无所知！

肖海洋忽然觉得后脊有些发寒："他让你怎么做？"

"赵哥悄悄下楼看了一圈，说是有一辆没见过的警车，警察局长跟人点头哈腰的，"马小伟小声说，"赵哥说这件事现在肯定是闹大了，上面下来人来查了，我们也许有机会给忠义哥申冤。"

肖海洋匪夷所思地问："你是说，你那赵哥连哪辆警车不是分局的都看得出来？他还一眼认出了分局负责人王洪亮？"

马小伟理所当然地点头："赵哥认识很多人，他什么事都能打听清楚。"

肖海洋无言以对，这些没长大就到花花世界里到处乱碰的小男孩对"人脉"的迷信堪比邪教，对于他们来说，没有什么是不能用一句"上面有人"解释的，如果不能，那就再加一句"里面有兄弟"。

"赵哥说，按理警察会到忠义哥住的地方来问，但杀人的和调查的都是一拨人，来问话也只是走个过场给上面的头头看，我们要是想申冤，就必须得让上面的人听见，得去分局里面闹。可是分局是他们的地盘，这样一来，等于是当着他们的面告发他们，赵哥问我敢不敢。敢，就照着他教的去做，保管没事，最多是关两天就放出来，上面肯定有人护着我；不敢也没关系，反正忠义哥跟我非亲非故，我也不是故意害了他的。

"赵哥还跟我说了好多掏心窝的话，说见过好多像我一样的年轻人，最后都烂在泥里，被人拿草席一卷就拖到城外烧了，运气好的能通知家人，有些就当成流浪的处理，父母亲人都不知道。他说让我按着他说的做，如果能算立功，以前小偷小摸和'抽面'都能一笔勾销，不会抓进去，还可以免费去戒毒所，出来以后就跟普通人一样，谁也不知道我走过歪路。"

马小伟委委屈屈地抹了一把眼泪，肖海洋不熟练地生出些许恻隐之心，少见地把"他就是想骗你去当炮灰"这种冷酷又真实的话咽下去了。

肖海洋前前后后和马小伟聊了一个多小时，心里才有了底，准备告辞离开，临走的时候，他突然又想起什么，推了推眼镜，回头问道："赵玉龙虽然谎话连篇，但没有指使你干什么犯法的事，怎么我刚进来的时候你好像有点害怕？"

马小伟脸色苍白地抬起头。

"这个马小伟说，他从市局离开去戒毒所的路上，有一辆车一直跟着他，然后冲他举起一行字，说他做得很好。车里的人戴着墨镜，绝对不是他的赵哥。这件事把他吓着了。马小伟以为那是句反话，类似于'看你干的好事'之类的意思，以为是他和赵玉龙私下里商量的事被人知道了，而王洪亮一党有漏网之鱼，在恐吓他。"肖海洋坐在骆闻舟家的沙发上，笔管条直地汇报。

骆闻舟家的沙发很软，一坐就陷进去，然而肖海洋不肯跟着沙发随波逐流，活像比别人多长出三百多根骨头，硬是把软沙发坐出了冷板凳的效果，跟旁边的费渡形成鲜明对比——费渡手肘撑着沙发扶手抵着头，没骨头似的瘫成一团，旁边骆一锅有样学样，脖子一歪搭在他腿上，睡成了一张猫饼，把费总有型有款的裤子蹭成了一条毛裤。

费渡、肖海洋、郎乔和骆闻舟围着一张小茶几，暂时把骆闻舟家客厅当成据点，桌上的电话通着仍在住院的陶然。

"赵玉龙我有印象，"陶然在电话里说，"不光小肖，我都没看出有什么问题来，如果是真的，那也未免太可怕了……喂？信号不好吗，怎么总有杂音？"

骆闻舟站起来，一言不发地把靠着费渡打呼噜的骆一锅拎起来扔进了猫窝。

"我按着当时咱俩登记的身份证信息查了，"肖海洋继续说，"确实有赵玉龙这么个人，也确实来过燕城，但是五年前就回老家了，我找到这个真的赵玉龙，发现他普通话很差，和咱俩那天见的完全不是同一个人，而且据说在本地丢过一张身份证。"

"在那边住小平房的都是最穷的年轻打工仔，初来乍到，两手空空，这个赵玉龙虽然在人堆里不扎眼，但把他拎出来单独看，确实有点和那些小青年不一样的地方，怎么说呢……就是很整洁的那种体面。"陶然在电话里说，"这事怪我，当时只当是他家里可能有什么难处，没有深究。"

"那这个假赵玉龙在这儿干什么？"郎乔问，"暗地里搜集王洪亮他们参与贩毒的证据，义务为民除害？"

费渡刚退烧，哑声开了口："听马小伟的意思，这个人已经潜伏了很久，真要为民除害早就除了，只是……"

"只是暂时没用到这颗棋子而已。"骆闻舟接上他的话音，同时瞪了费渡一眼，"嗓子疼少说话，听你说话我就难受。"

郎乔总感觉自己发表了一句非常错误的问话，目光没地方放，只好投向旁边和自己一样多余的肖海洋："所以这个假赵玉龙究竟是谁？"

肖海洋迟疑了一下："这个我还没查到。"

"我倒是有点线索。"骆闻舟说，"这也是我把你们都叫来的原因——查王洪亮的时候，我去鸿福大观救陈振，遇上了一个假前台服务员；随后，育奋中学那案子里，冯斌在钟鼓楼被杀，我和费渡沿着那俩孩子走过的路去查过……"

"啊？"郎乔敏锐地捕捉到关键信息，"你们俩去情……那个哪儿，查……查案子啊？"

她说完，周围一片寂静——肖海洋并不知道她在说些什么玩意儿，费渡撑着头，似笑非笑地看着她，笑得像个伺机饮人魂魄的大妖怪，吓得郎乔不敢跟他对视，默默挪开视线。

骆闻舟则比他"慈祥"多了，拿出个很旧的档案袋，手法熟练地在郎大眼额头上抽了一下："就你机灵！"

郎乔："……父皇，我真傻，真的！"

骆闻舟白了她一眼，把快要散开的旧文件袋展平："我们在冯斌出事的地方碰见了一个冒名顶替的假巡逻员；追捕卢国盛的时候，龙韵城的监控被人调换过，保安'王健'事后失踪——这是个假保安；后来重新调查王潇，我们翻看过育奋中学11月6日当天的监控记录，发现王潇证词里提到的几个女同学并没有回学校，当时跟着她进入卫生间的其实是一个清洁工。"

"假清洁工。"骆闻舟顿了顿，"再加上这一个，假赵玉龙，听出规律和作案手法了吗？"

"都是小人物，明面上的身份要么是孤身在外的外地人，要么是临时工，都是流动性很大的行业，伪装难度低。"肖海洋立刻接话说，"而且好像都有原型，比如真的有一个赵玉龙，籍贯、姓名、年龄，甚至部分工作经验都对得上，这样，万一有人去查，只要不是刨根问底地查，也不容易查出破绽！"

"你还漏了一个，"费渡声音很轻地说，"董乾撞死周峻茂之前，一直接触的那个假快递员也没找到。不考虑动机的情况下，我觉得那起案子归入这一类更合适。"

"服务员、巡逻员、保安、清洁工、快递员……"郎乔打了个寒战，发现这种事不能多想，想多了容易得被迫害妄想症——服务员可以随便给酒水食物做手脚，巡逻员和保安几乎都是安全的象征，清洁工像是任何环境里的隐形人，出入哪里都不会惹人怀疑，快递员可以敲开无数毫无戒心的家门。可矛盾的是，这些被赋予了额外信任的服务性行业，有时候恰恰是人员流动最多、换人最频繁、进出审查最不严格的。

"顶替一个假身份，在一定时间段内长期潜伏，这很可能是同一个团伙。"骆闻舟从文件袋里取出一张照片，"但是幸运的是，我们找到了其中一个'线头'——这个假清洁工叫朱凤，不明原因潜入了育奋中学误导王潇。能确认这个人的身份，是因为她有案底，十四年前，朱凤新婚丈夫被杀，凶手后来被判定为有精神障碍的无行为能力人，免予刑事处罚。事后朱凤不服，曾经潜入过安定医院意图行凶复仇，未遂，这起案子后来收入到第一次'画册计划'，"骆闻舟顿了顿，从档案袋中抽出七个薄薄的卷宗，递给众人传看，"你们可能还不知道，第一次'画册计划'出了一点意外。"

郎乔问："什么意外？"

"第一次'画册计划'收录了几个未结案件，就是你们手上的这几份，都是旧案，有些是技术限制，有些是时过境迁证据不足……各种原因吧，总之都有嫌疑人，但嫌疑人都没有付出应有的代价——加上那个精神病免予刑事处罚的，总共有七个案子——这点资料是我坑蒙拐骗偷才弄来的，违规的，得严格保密，不要离开这间屋子——这些未结案，在被收入'画册计划'之后，每一起案件中嫌疑最大，却因为证据不足没能被逮捕的人，都先后离奇死亡。"

"死因也很微妙，"费渡一目十行地扫过旧卷宗，"比如这起，被关进精神病院的凶手，和他入院前杀害的死者死因很像，都是被同一种型号的刀具多次刺伤胸腹部，两个人的伤口分布也几乎一致，这个精神病被杀的当天，他住的医院曾经突然停电，部分监控失灵，有人神不知鬼不觉地迷昏了值班护士，撬开门锁——而捅死他的凶器、血衣最后在隔壁病房找到，凶器上还发现了隔壁病房患者的指纹……不过那位疯得太厉害，几乎不能和人交流，什么也问不出来，即便真是他杀的也只能不了了之。"

"一个精神病杀了人，然后被另一个精神病杀了？"电话里的陶然说，"这算什么？因果报应？"

"一起事件是因果报应，这么多起接连发生，恐怕这'报应'不是纯天然的。"费渡笑了一下，然而不知想起了什么，他的笑意随即消散，目光有些发沉——用某种方法暗中收集恶性事件的受害人，把他们像是棋子一样布置起来，利用不起眼的小人物织一张网……如果不是他晚生了十几年，费渡几乎怀疑这是他自己干的，他忍不住偏过头咳嗽了几声。

"让你少说话了没有？"骆闻舟皱起眉，推了一杯温水到他面前，"再插嘴我把你的嘴粘起来。"

"之前的'画册计划'是因为这个被叫停的？"郎乔问，"那这些人是谁杀的？"

"那一次'画册计划'的负责人是燕公大那边的一个资深教授，名叫

'范思远'，我查了查，老杨、陆局、顾钊——这些曾经在燕公大学习或者进修过的，都当过他的学生，后来这人销声匿迹，'画册计划'结束两三年后，档案状态才更改为'死亡'。"

肖海洋听见"顾钊"俩字，大脑先短路了一半，直愣愣地问："什么意思？"

"意思是，这个范思远很可能是先失踪，失踪几年后'死亡'。"骆闻舟一字一顿地说，"所以他很可能只是法律意义上的'死亡'。"

肖海洋猛地抬起头。

"但是为什么？动机呢？"郎乔说，"老大，我用一下你的口头禅——依据呢？"

"动机恐怕要抓住人以后才知道，依据要你们去找，不然我把你们都叫来干什么？"骆闻舟双手一摊，混成头儿就这点好，可以严以待人、宽以待己，问别人要依据的时候就大刺刺地伸手，别人问他要依据的时候，就指使手下小弟们自己去查，"理论我给了，同志们，验证理论就靠你们了！"

郎乔：好不要脸。

"这七宗未结案，要一件一件去查、去追溯，挖掘当年受害人生前的近亲属以及任何有亲近关系的人，任何一条都不能放过，如果这一系列'假人'真的都是旧案的牵连者，那背后人的身份不言而喻——肖海洋，你又怎么了？"

肖海洋胸口剧烈地起伏了一下，抬起有些发直的眼："骆队，这个范思远既然受这么多人信任，有没有可能……有没有可能他也是十四年前的知情人？顾叔叔疑心市局有内鬼，又不能判断谁有嫌疑的时候，会不会寻求其他帮助？比如自己的老师？出卖顾叔叔的人有没有可能根本不在市局？"

骆闻舟一愣，还没来得及说话，电话突然响了，他冲肖海洋打了个手势接起电话："嗯……嗯？什么，今天吗？好，我知道了，谢谢。"

众人看着他，骆闻舟放下电话："调查组决定对陆局的调查先告一段落。"

郎乔先是一呆，随后喜形于色："陆局洗脱嫌疑了！"

"没有，只是暂时，"骆闻舟飞快地说，"调查还在继续，这段时间他不能离开本市——这样，你们先去查，费渡病没好别乱跑，在家做一下信息汇总。我去看看陆局，顺便和他仔细打听打听'画册'的事。"

埃德蒙·唐泰斯

第十二章

调查员客客气气地把陆有良请到门口，还派了辆车准备送他："陆局，您是回单位还是回家？市局现在也确实有好多工作需要主持。"

陆局脚步微顿，突然说："我能见一见老张吗？"

调查员一愣，十分彬彬有礼地说："这恐怕……"

"当然不是私下见，你们派人在场看着也行。"陆有良说，"我和老张一起共事了很多年，感情上和理智上，我都不愿意相信他有什么问题，让我们俩聊几句，也许能想起些什么遗漏的地方——要不你先请示一下上级？"

调查员深深地看了他一眼，拿起电话走到一边。

一个小时以后，张春久和陆有良被领到一个简陋的小会客间里，两人面面相觑，各自露出个恍如隔世的苦笑——张春久看起来更消瘦了，陆有良鬓角的白发比前几天多了一半，可见都被折腾得不轻。

"是我没管好你留下来的摊子，才不到一年弄出这么多事，连累老哥了。"陆有良说。

张春久却冲他竖起一只手，略有些急切地打断他的话音："老陆，当年不是我。"

陆有良没料到他居然连寒暄环节都省了，直接就要进入主题，不由得看了在一侧旁听的调查员，调查员悄无声息地按下了录音笔。

"我知道不是你，"陆有良叹了口气，说，"咱们兄弟这么多年了，互相都知根知底。"

"当年顾钊私下调查罗浮宫的事，我并不知情，他肯定是挑了个最信任的人，"张春久压低了声音，"你知道他最信任的人是谁！"

陆有良一愣，随即回过神来："你是说……"

"你听我说，这几天在这儿配合调查，人家把我最近几年的工作安排全排查了一个遍，其中有个人问我，为什么第二次申请启动'画册计划'，"张春久飞快地说，"我当时都听愣了，我说'什么画册计划'，他们就把我打过的报告给我看——老陆，我确实打过一份报告，你知道，我一直想完善咱们内部的电子档案管理，除了智能外勤系统，我还想把案卷分门别类，加上理论研究成果，为以后办案做参考。我在报告里只提了这些，没有给这个项目起过代号，更没说过它叫'画册计划'！"

陆有良睁大了眼睛，下意识地捏紧了自己揣在外衣兜里的手。

"这个项目是我离任之后才批下来的，"张春久说，"老陆，谁给它起名叫'画册'的？为什么要叫这个？"

陆有良张了张嘴，好一会儿，才有些艰难地说："如果不是你，就是燕……燕公大那边。"

"范思远是真死了吗？"张春久一字一顿地说，"谁要复活这个'幽灵'？谁要诬陷我——我们？谁藏在队伍里偷偷往外传递消息？老陆，让你手下那帮孩子去查，揪出这个人，才能还我一个清白！"

陆有良几乎是魂不守舍地坐上了车，他知道司机名义上是送他，实际仍在暗地观察他，然而张春久方才的几句话一直在他耳边徘徊——你知道他最信任的人是谁！

顾钊最信任的人是谁？

顾钊在燕公大进修的时候，和他的导师范思远关系确实很好，他当时追查卢国盛的时候，是觉得市局里有内鬼，谁都不安全，所以选择了导师吗？

市局不会给刑警强制性安排固定搭档，只是实际工作的时候，每个人都有习惯性一起行动的人，譬如现在的骆闻舟和陶然——当年的顾钊和杨正锋。

第一次发现卢国盛指纹的时候，杨正锋正好不在，那么后来呢？如果顾钊怀疑周围有人泄密，那么当时缺席的杨正锋岂不是正好能置身事外地洗清嫌疑？他和顾钊一个正队一个副队，工作中一向交集最多、磨合得最好……如果杨正锋不是三年前已经牺牲，那么此时重启顾钊案，怀疑的焦点绝对会是他。

"陆局，到您家了。"

陆有良一激灵，回过神来，勉强冲司机一笑，下车时险些被马路牙子绊倒——他后背布满冷汗，快步走上楼，从书柜的暗格里取出了一个已经没电的窃听器。陆有良盯着那枚窃听器许久，一把揣在兜里，出门对一脸担心的夫人交代了一句："我要去趟医院。"

说完，他不理会夫人一迭声的询问，大步离开了家。

第二医院里，陶然开完了信息量爆炸的电话会，还没来得及把方才听到的事情理顺一二，病房里就来了访客——那天跟着他一起去调查尹平的小武拎着大包小包的水果和营养品过来，把病房窗台都堆满了。

"你这是干什么？"陶然连忙说，"奖金还没发呢，你日子不过了？春节给父母买东西去吗？东西拿回去，正好孝敬老人。"

小武搓了搓手，在旁边坐下："陶副队，你就让我先孝敬孝敬你吧，那天我明明就跟在你后面，要不是我反应慢……我……我那个……我还给孔维晨家里拿了点钱——不多，我手头也紧，就是觉得这么着心里好受一点。"

陶然打量他的神色，觉得这小师弟脸色非常憔悴，黑眼圈都快垂到下巴上了，坐立不安，一副欲言又止的样子，他开口道："小武，你怎么了？"

"哥，"小武嗫嚅良久，才艰难地开了口，"有个事，我……我不知道该怎么说……我他妈的真是……"

陶然疑惑地问："什么？"

小武双目充血，好像马上就能哭出来，抬头看了看陶然一身吊起来的绷带，他一弯腰，把脸埋在手掌里："那天咱们去抓尹平，结果咱们还没协调完，灭口的人已经来了，他们现在都说是孔维晨给谁打了电话……我也不知道具体什么情况，我听老孔家里人说，有人去他家里调查好几次了，可能连'烈士'都……"

陶然皱起眉看着他。

"其实……其实不是他。"

"小武，"陶然沉声说，"你什么意思？"

小武缓缓地从兜里摸出一个小证物袋，里面是一个纽扣大小的窃听器，陶然的瞳孔倏地一缩。

"我包里发现的，"小武哑声说，"前天我姐家的孩子问我要压岁钱，翻了我的包，结果找到了这个……拿出来的时候已经没电了，我到现在都不知道……这事……这事我不知道该跟谁说，我真的不知道啊哥，都赖我……都赖我！"

陶然的目光落在那个微型窃听器上——和当时骆闻舟在他包里检查出来的那个一模一样，他心里隐约闪过了什么："行了，哭有什么用？你这一段时间都去过哪儿？接触过什么人？"

小武茫然地看着他："我……没去哪儿，一直加班，就是家和单位两点一线……"

不可能是在市局里放的，陶然心想，在自己身上发现窃听设备后，他们把内部人员明里暗里筛查了不知道多少轮。而且如果是市局的人，第一个下手的目标绝对是骆闻舟，骆闻舟的权限大得多，信息也全得多，难道放窃听的人认为骆闻舟比他们都机警，窃听他不容易？

"除了单位，你还去过哪儿？"陶然撑着半身不遂的身体，"小武，想好了再说。"

"真没有……调查尹平之前那几天，我真的……"小武紧紧地皱起眉，"除了去幼儿园接了一趟我侄子，去医院看了一趟师娘……我连女朋友都没工夫搭理，我……陶副队！"

陶然一只手猛地抓住了他。

陶然的左臂和右腿吊成了一条对角线，整个人好似一条渔民家里摊平着晒的咸鱼干，突然做了这样一个高难度的咸鱼翻身动作，手上的吊针直接飞升到了半空。

小武吓得蹦了起来："哥你这是干什么？躺……躺躺……快躺下，我去叫……"

陶然额角沁出了冷汗，错位的骨头集体动荡以示抗议，飙升的心率将呼吸逼成了喘息，他却没顾得上喊疼，用眼看着肿起来的手死死攥住了小武的袖子："你什么时候……什么时候去看的师娘？"

"师娘？"小武一头雾水，不明白他为什么要问这个，"师娘……师娘不是得癌症了吗？那我必须去啊，她到二院这边做手术，还是我开车送她过来的呢，本来还想等她做完手术帮忙照顾呢，谁知道就出了事——哥，怎么了？"

陶然没吭声，心里好似被风暴卷过的北冰洋，是惊涛骇浪、冰雪交杂。

上一次在骆闻舟家吃火锅，他的包里发现窃听器，当时他们几个人就讨论过，那枚窃听器很可能不是队里人放的，陶然单独出门时见过的证人、线人……甚至受害者家属，全都做得到。

那天晚上他躺下后，翻来覆去睡不着，暗自把自己单独接触过的所有人琢磨了一个遍，确实有那么一瞬间，他脑子里闪过了师娘傅佳慧的影子——那次是师娘叫他去杨家的，她还把老杨的遗书交给了他，而老杨的遗书里恰好提到了在当时看来十分神秘的"顾钊"和"327国道案"。

他们拿到这份绝密遗书之后没几天，老杨那句触目惊心的"有些人已经变了"，他们还都没来得及消化，"327国道案"的主角就粉墨登场，在钟鼓楼杀了冯斌。

这是巧合吗？

凶手又不是自动点播机，这怎么可能是巧合！

可……那个人是师娘。

在他们讨论"窃听器""内鬼""叛徒"这样龌龊的话题时，脑子里一闪地想起她，都仿佛是对她的亵渎。

谁敢对她有一点儿怀疑？

她为什么这么做？她要窃听什么？杀尹平灭口的信息是不是她传出去的？

她又为什么要事先把老杨那封……不知真假的遗书交给他？

陶然清楚地记得，那天他接到师娘的电话，赶紧扛了一箱腊肉应邀而去。老杨家住那种旧式的六层小楼，没有电梯，腊肉是他老家的亲戚自制的，箱子糊得很不结实，一拎就要散架，他得十分吃力地托着纸箱底，将三十多斤的东西连扛带抱地弄上了六楼，敲门时手都在哆嗦。

然后他在满手异样的腊肉香里，接到了晴天霹雳一般的噩耗和真相。

傅佳慧送他出门时，把那封遗书递给他，脸上的神色非常复杂，仿佛是痛苦，眼睛里又好似闪着异样的光。

陶然记得她说："这些事，是该有个了结了。"

而他当时在打击中回不过神来，接过那封遗书，手还在没出息地哆嗦，竟没能听出她这句话里的万千重意思。

老杨说"有些人已经变了"。

那……你也变了吗？

"我要出去，"陶然突然说，"我要出去见个人，就现在，必须去，小武，帮我个忙！"

小武看了看陶副队咸鱼干似的造型，又看了看他的表情，一句"你疯了吗"就要脱口而出。

就在这时，病房门口传来女孩的声音，拎着饭盒走进来的常宁问："帮你什么？"

本想去接陆局的骆闻舟慢了一步，得知陆局已经回家了，他实在是一分钟也不想等，马上就想打听关于范思远的一切，于是很讨人嫌地循着地址追到了陆局家里，不料又扑了个空。

"医院？"骆闻舟跟同样莫名其妙的陆夫人大眼瞪小眼，"阿姨，陆叔没说去医院干什么？"

"没说，"陆夫人摇摇头，"一进门就魔怔了似的，外套也不脱，鞋子也不换，直接往书房里一钻，待了没有两分钟，又突然跑出来，不知道他要干什么。"

骆闻舟皱起眉，心不在焉地和陆夫人告辞。

陆局刚从调查组回来，不多陪陪担惊受怕的家里人，也不去市局主持大局，而是独自一个人往医院跑，这是什么道理？他这是知道了什么？

骆闻舟越走越慢，一只手搭在自己车门上挂了好一会儿，突然，他不知想起了什么，一把拉开车门钻了进去，油门"嗡"一声，咆哮着往第二医院赶去。

陆有良两手空空地走进住院楼，与来来往往拎着各种礼物的探病客人们格格不入，来到傅佳慧病房门口，他神色复杂地盯着门牌号看了许久，深吸一口气，抬手敲了敲门。

病床上的女人行动迟缓地偏头看了他一眼，她消瘦、苍白，白得几乎和病号服融为一体，嘴唇上也没有血色，吊针插在她几乎透明的手背上，手背被反复下针扎得青紫一片，是触目惊心的衰弱。

傅佳慧见了他，不说话，也不笑，依然是一张万年不变的冷脸，目光高傲又漠然，将她面前中年男人身上的权力与地位削得干干净净，只说："来了啊？坐。"

陆有良抽出旁边的小圆凳，委屈地蜷缩起长腿坐下："闺女不在？"

"不用寒暄了，你又不是来探病的。"傅佳慧不回答，直接打断他，"探病的，不会连点水果都不带。"

陆有良这才回过味来，赧然地低头看了看自己空空的双手："我……"

"有什么话你就说，"傅佳慧淡淡地说，"我能听见的时间也不多了，多余的就省了吧。"

陆有良沉默了好一会儿，手指轻轻叩着膝盖，良久，用尽斟酌，开了口："我上个月才知道你的诊断结果，吓了一跳，怕你家里孤儿寡母，治病期间琐事多应付不来，又不知道这么大的病得花多少钱，医保能负担多少，怕你手头紧张，心急火燎地带着钱去了你家。"

傅佳慧一抿嘴，权当是笑过了："陆局，这事我谢谢你。"

"不用谢，你趁我上阳台抽烟，又把钱塞回我包里了。"

"我这几年手头还算宽裕，不用你的钱，但情分还是要感谢的。"傅佳慧说，"钱没少吧？"

"没少，"陆有良用悲哀莫名的目光看着她，轻轻地说，"还多了。"

傅佳慧意识到什么，闭了嘴，两人一坐一卧，像是两尊不甚美观的人体塑像，凝固着各自漫长时光中的憔悴苍老，然后陆局轻轻地拿出了那个小窃听器，放在傅佳慧床头。

"我知道我的包被人动过，但是我不会多心，因为一看就知道是你把钱偷偷塞回去，我不会因为这个神神道道地仔细翻自己的包，"陆有良的眼睛里略微带了一点血丝，说，"嫂子，老杨活着的时候跟我们说起你，总说你胆大心细，没有不敢干的，我们都笑话他是媳妇迷，现在我信了。"

傅佳慧面无表情地看着他："陆局好涵养。"

"我的事，无不可对人言，愿意听随便听，再说我一个其貌不扬的糟老头子，又不怕别人占我便宜，没什么好恼羞成怒的，"陆有良低头，紧紧地攥了攥拳头，深吸一口气，"嫂子，我就问你一件事——那天骆闻舟他们去抓卢国盛，要不是那小子机灵，差点儿事先走漏风声，是不是……是不是你？"

正准备敲门进去的骆闻舟站在病房门口，抬着一只手，定住了。

旁边突然响起轮椅的声音，骆闻舟僵着脖子偏过头，看见常宁不知从哪儿弄来了一张轮椅，把本该卧床的陶然推了过来，骆闻舟表情空白地和他对视了一眼，忽然觉得自己就像是回到了三年前得知老杨出事的那天，耳朵听见了，送到中枢神经，中枢神经拒不接收处理，让他自己和自己干瞪眼。

不知过了多久，病房里传出一声轻笑，傅佳慧说："陆局，您明察秋毫，这不是都知道了吗？"

骆闻舟整个人晃了一下，一把捏住门框。

"为什么？"陆有良是做好了心理准备来的，听见这句话却还是胸口一闷，几乎有些语无伦次，"我不明白，不是……是不是有人要挟你啊，啊？拿什么……拿孩子要挟你吗——肯定是……你可以告诉我们啊，我派人二十四小时贴身保护，自己兄弟的老婆孩子都保不住，我们他妈的也没脸接茬干这行了……"

傅佳慧截口打断他："老杨自己都不知道是被谁害死的，我们又能算得了什么！"

陆有良难以置信地看着她。

"怎么，我说这话你很奇怪？"傅佳慧冷笑起来，"哎哟，陆局，您不是刚被调查完吗？你不知道顾钊是怎么死的、老杨又是怎么死的吗？老杨连遗书都写好了，做好了万全的准备，还是道高一尺、魔高一丈，你们救得了他吗？你们赶上了吗？"

陆有良语无伦次："老杨……老杨也……"

"我快没时间了，"傅佳慧全然不理会他，兀自说，"我就快死了啊……老陆，跟你说实话吧，我不是年底体检才查出来的病——这病早就有征兆了，等你也走到这一步，你就知道，其实不光动物，人也能在冥冥中看见自己的死期，所以我跟我的兄弟姐妹们说，我可能要等不下去了。"

"你的……什么兄弟姐妹？"陆有良一阵毛骨悚然。

"和我有一样命运的兄弟姐妹，"傅佳慧的声音低了下去，"我们遭受过这个世界上最大的不公平，警察没法替我们抓回罪犯，法律没法替我们讨回公道，我们大声疾呼，所有人都看着，赔几颗眼泪，说我们可怜。那时候，我们都曾经自以为能获得全世界的支持，可是时过境迁，人们可怜完，转眼就忘了我们，再要去不依不饶，我们就成了祥林嫂……想要的公道，得自己去讨，一个人讨不来，那就所有人一起联手——你看，这不是有成效吗？你们终于开始清查内鬼，重启旧案了。

"泄密的事，我跟你说句对不起，所有的事都是由于我的身体缘故才仓促启动，有些细节准备得不圆满，我们的敌人阴险狡诈，也很危险，周家那事中，我们已经打草惊蛇，魏展鸿那一次更是，当时我们一个兄弟被他们捉住了，他们从他那儿拿到了我们的通讯记录，幸好没有影响大局，不好意思，不是我们有意泄露的。我们所做的，只是想不惜一切，挖出过去的脓疮，重新治疗。"

陆有良从她语焉不详的只言片语中听出了什么，他耳畔一时"嗡嗡"

The light
in
the night

埃德蒙·唐泰斯

作响："周氏……魏展鸿……卢国盛杀人案，是你们引导的、你们策划的？卢国盛杀人案中的'向沙托夫问好'也是你们的人？你提前知道那个小男孩会死，就……就在旁边等着看？嫂子，那孩子比欣欣还小啊，你……你疯了吗？欣欣知道这事吗？"

傅佳慧没有回答，平静地说："你没听说过吗？'坏嘎嘎是好人削成的'[①]。"

电光石火间，门口的骆闻舟想起来——肖海洋提起过，他当时是听杨欣"无意中"提起了午餐时听到的谣言，才察觉到不对。

杨欣真的是无意中听到的谣言吗？还是知道有人要去表演刺杀尹平的大戏，故意推动着反应迟钝的演员们就位？

杨欣是知情的，不但知情，她甚至还参与了。只是年纪还小，表演有些生硬，不能像大人那样不动声色……糊弄肖海洋却也够用了。

那是他从小看着长大的小女孩，读初中的时候，骆闻舟带人替她揍过纠缠她的小流氓，高中时候帮她联系过补课家教，高考前，她每次模拟考试成绩，老杨都要事无巨细地念叨他一耳朵……

骆闻舟听见陆局问："你们到底是谁？谁是领头人？谁是策划人？"

傅佳慧几不可闻地说："我们是……把过去的……故事，一桩一件、一丝不差……重新搬到你们面前的人，我们是故事的朗诵人，我们……"

病房里陡然没了声音，随后传来老陆惊怒交加的声音："嫂子！嫂子！"

骆闻舟一把推开病房的门，见那病床上面色惨白的女人已经闭上了眼睛，嘴角带着一点笑意，既不冰冷又不嘲讽，几乎是安详的。

透着安息意味的安详。

这么多年，骆闻舟鲜少去她面前自讨没趣，已经很久没有好好看过她，连她住院，都是跟着别人一起匆匆到医院点个卯，一时间竟然觉得她陌生得有些不认识了。

陆局抬起头大声说："找大夫！"

骆闻舟如梦方醒，撒腿就跑。就在他跑出病房时，看见楼道里有个人影一闪而过，好像是杨欣！

---

①出自老舍的《骆驼祥子》。

骆闻舟匆忙冲常宁说了一句"你去找医生"，随后自己撒腿追了出去。

费渡窝在骆闻舟家的沙发里，盯着白墙上一点一点往前蹭的时钟，皱着眉思量着什么。

忽然，厨房里传来"砰"一声巨响，打断了费渡的思路。他回头一看，正好目睹骆一锅不知从哪儿摔下来，一屁股坐在地上的"英姿"。

年前骆闻舟父母来过一趟，给"亲猫"骆一锅买了太多的零食，原来的地方塞不下，骆闻舟只好腾出了一个专门的橱柜给锅总放宠物用品，那柜橱在厨房，顶着天花板，柜门上没有抓手，人手开关当然不在话下，猫爪却有点困难了。

只要不上锁，骆一锅平时开个房门柜门完全不算事，偷吃业务相当纯熟，再加上这几天被勒令控制体重，馋得抓心挠肝，忍不住自己动爪丰衣足食——它先从冰箱顶部纵身一跃，精准无比地撞在柜橱门上，企图以一通乱抓扒拉开柜橱门，不料光滑的柜橱门没地方落爪，骆一锅把自己拍在柜上面，拍成了一张"猫片"，又张牙舞爪地滑了下去。

而它犹不死心，重复以上线路又试了一次。

费渡没有同情心地在旁边观看了骆一锅的惨败，目光落在垃圾桶里没来得及清理出去的空罐头盒上，心里忽然一动——对了，那天晚上，他确实给骆一锅拿了罐头，后来忘在了一边，没想到在梦里想起来了。

他打开手机，翻开了一个记事本，看着自己那天早晨烧得迷迷糊糊时留下的记录——猫罐头、骆闻舟生气、陶然受伤、窒息、密码来源、女人的尖叫……

这是他乱梦的内容。

费渡踱步到客厅一角，那里支着一块十分文艺的小白板，还是费渡自己买回来的，不料他没用过几次，反而成了一个姓骆的唐僧——骆闻舟以前是纯啰唆，现在则是在啰唆之余，还要把他啰唆过的鸡毛蒜皮条分缕析地归纳总结，高挂在白板之上，对费渡的眼和耳实现全方位的耳提面命，十分丧心病狂。

费渡犹豫了一下，念在某个人吭吭哧哧写了半天的分儿上，没舍得擦，把白板翻过去，取出马克笔，画了一个坐标系，横轴代表时间，纵轴代表压力源。

埃德蒙·唐泰斯

理论上，相比方才发生的事，久远一些的记忆可塑性更强，被大脑适当增减修改的可能性更大。而相比一些无关紧要的小事，压力源对本人的影响越大、造成的不适感越强，体现在深层意识的梦境里，被歪曲的可能性也越大。

　　没开猫罐头这件事，对于那天晚上的费渡来说，是刚发生过的小事，很浅的表层记忆，他觉得自己与其说是梦见，倒不如说是在半梦半醒状态中想起了这码事。他在坐标系中的原点处画了一道斜杠。

　　接下来是"骆闻舟生气，怎么也哄不好"的情景。

　　那天晚上，因为他不说实话，骆闻舟确实上来点脾气，费渡感觉得出来，但没有到生气的地步，只是直到睡前，费渡也没弄清自己有没有哄好对方，也许是因为这个，他在梦里多少有些记挂，而他的梦不知道为什么要小题大做，放大了这一点轻微的记挂。

　　费渡有点疑惑，感觉自己最近是操心得少了，多大点事都能占一席之地。他歪着头斟酌片刻，沿着"压力源深度"的坐标轴，往下稍许挪了一点，画上了第二道杠。

　　那么再之后，是"陶然受伤"和"窒息"，两个风马牛不相及的东西被混在同一个场景里。

　　费渡写到这里，放下马克笔，皱紧眉，在白板前略微踱了几步，有些分析不下去了。

　　人的意识与记忆里藏着非常复杂的投射和非常微妙的扭曲，表层的逻辑和深层的逻辑用的好像不是一种语言，即使费渡自觉对自己已经非常坦诚，还是很难客观地解读那天一系列让他如鲠在喉的梦。按照常理，一个能把人猝然唤醒的梦，一定是触碰到了这个人心里压抑得很深的焦虑和恐惧。

　　但费渡扪心自问，认为自己并没有焦虑，更谈不上恐惧，"恐惧"于他，就像是电视电影里的明星——知道有这个人，隔着屏幕天天能看见，但现实中究竟长什么样、脾气秉性如何……这些就无缘得知了。

　　他没感觉自己听完陶然送医院抢救的消息后有什么不冷静，车祸已经发生，能做出补救的只可能是医生，他无能为力，费渡记得，自己只是一路在思考这件事的前因后果而已。难道对于他这个冷心冷性的人格障碍者来说，"陶然受伤"这件事，也会是一个巨大的压力源吗？也深到足以触动另一件潜藏在他记忆里、更深、更激烈的东西吗？

默读

大结局

难道他也有感情吗？

在他的梦里，被车撞伤的陶然出现了一张窒息的脸，那么按照这个思路推测，"窒息的脸"也应该是他记忆里的东西……可是在哪里见过呢？

骆一锅尝试了几次，也打不开那个遭瘟的橱柜，只好竖着大尾巴跑来朝费渡撒娇，它谄媚地用圆滚滚的脑袋蹭着费渡的裤腿，还抬起前爪的肉垫拍费渡的小腿。费渡一弯腰，拎着骆一锅的前爪把它抱到眼前，骆一锅讨饭的时候总是十分温驯，尾巴在底下一甩一甩的，试图用自己布满横肉的脸拗出个"天真无邪"的娇俏表情，喉咙中发出细细的哀叫。

费渡盯着猫脸端详了一会儿，总觉得自己应该不会把那些小动物窒息挣扎的脸和人的面孔重叠在一起，五官结构差太远了。

骆一锅见他盯着自己，以为有戏，忙冲他"喵"了一声。

"不行，"费渡冷酷无情地把骆一锅放回地面，宣布，"我抱不动的动物有骆闻舟一只就够了。"

骆一锅：两条腿走路的都不是好东西！

费渡想了想，把白板上的字迹擦干净，给骆闻舟发了条"我回家拿点东西"的信息，就披上外衣出门了。他决定回旧宅那间地下室看看，他在那里度过了暗无天日的童年时光，承受过无数次电击和药物矫正，甚至目睹过他母亲的死亡。

费渡实在不理解，他这辈子，多可怕的事情都经过见过，为什么记忆会在偷偷潜入地下室的这件事上出现偏差。

骆闻舟没顾上看手机，他正追着一闪而过的杨欣冲了出去。才刚跑到楼梯口，骆闻舟就迎面遇上一大帮病人家属，严严实实地拥堵了楼梯口，刚好隔开了他和杨欣。杨欣在他迟疑的片刻里就不见了踪影，情急之下，骆闻舟掉头推开楼道的窗户，在一个路过的护工的惊叫声里，他直接踩着窗台从三楼爬了出去，拿二楼略微突出的窗台做了个缓冲，接着一跃而下，跳到了楼下的人造草坪上，就地打了个滚，在围观群众纷纷举起手机实拍人形"蜘蛛侠"之前，撒腿就跑。

医院大厅里人满为患，但还算井然有序，骆闻舟杀气腾腾地冲进来，把值班的医护人员都吓了一跳，医院特勤立刻过来询问，骆闻舟胡乱把工作证拍给特勤看："警察，看没看见一个二十来岁的女孩刚从楼上跑下来？"

特勤还没来得及说话，骆闻舟余光已经瞥见楼道另一头刚到一楼的杨欣，杨欣猝不及防地和他对视了一眼，素净的小脸上浮现出一个分外复杂的表情，像是一段欲言又止的痛苦与愤怒，随后她毅然决然地奔着后门冲了过去。

骆闻舟气得肺都要从头顶蒸发出去："杨欣，你给我站住！"

住院部后门有一条小路，穿过去，就是医院后门的一大片停车场，骆闻舟和杨欣之间的距离不断缩短，就在这时，一辆轿车突然从停车场里冲了出来，直接向他撞过来，骆闻舟和驾驶员打了个照面——正是那天他和费渡在钟鼓楼的凶杀现场碰见的假巡逻员！

他情急之下纵身一跃跳上了车前盖，顺势滚到了另一边。好在开车的司机也没打算撞死他，车窗半摇下来，那司机嘴角仿佛露出了一点笑意，彬彬有礼地冲骆闻舟一点头，随即一脚油门踩到底，一溜烟似的从停车场冲了出去，而此时，杨欣已经跳上一辆车，消失得无影无踪。

骆闻舟的大腿被方才那车蹭得生疼，忍不住炸出一句粗话："他妈的！"

傅佳慧被推进去抢救，常宁则很有眼色地回避，下楼去给他们买饮料了。陆有良和陶然相对无言地等在医院压抑的楼道里，一起抬起头看着裹着一身火气和浮土回来的骆闻舟。

骆闻舟找了个墙角，重重地掸了掸身上的土："跑了，两辆车，一辆宝来一辆金杯，车牌号我记下来了，叫人去堵了。"

陆有良没吭声，一仰头，重重地靠在了墙上。

陶然沉默了一会儿："年前调查冯斌案的时候，师娘曾经叫我去过她家里，把师父的遗书给了我，还……还趁我神儿不在家的时候往我包里扔了个窃听器，跟陆局、小武身上的一模一样。今天小武跟我说起的时候，我还……我还……"

陶然有些说不下去，瞪着眼盯着地面好一会儿，他才艰难地续上自己的话音："看完师父的遗书，有那么一阵子，我还觉得有点欣慰，以为师娘这么多年对我们冷冰冰的态度不是她的本意，以为她没有恨我们、没有讨厌我们，只是师父嘱咐她疏远我们的。"

可是现在想想，只是有苦衷的疏远，他们这些靠明察秋毫混饭吃的刑警真的一点儿也感觉不到吗？

如果不是真情实感的厌恶，能让骆闻舟三年多不愿上门吗？

"小武？你说尹平也是他们设计撞的？"骆闻舟怒火沸腾的脑子逐渐降温，他略有些疲惫地在陆局身边坐下来。

陆有良问："也是为了陷害老张？"

"对，我怀疑师娘被人骗了，"陶然哑声说，"幕后策划这一切的人才是当年陷害顾钊、后来害死师父的人，如果当年的'老煤渣'真的是尹平假冒的，那他手里很有可能有重要线索，所以他们要杀人灭口，人没死，还要利用他再次陷害张局……对师娘他们也好解释，只要说尹平手里并没有证据，即便出来做证，证词也不足取信于人，不如利用他做个局就可以了。"

骆闻舟手肘撑在膝盖上，双手轻轻地合在一起，顶着下巴："陆叔，我今天过来，其实是想跟您打听个人。"

陆有良："你想问范思远吗？"

骆闻舟一愣："您怎么知道？"

陆有良沉默了好半晌，才低声说："猜的……今天她跟我说话的语气和那个腔调，让我一下想起了这个人。"

骆闻舟和陶然一起将目光投向他。

"范思远其实也是我老师……应该也教过老杨。"陆有良想了想，缓缓地说，"那会儿他年轻，比我们大不了几岁，但非常有魅力，有时候你觉得他看你一眼，就知道你心里在想什么，人也有才，博闻强识，发表过很多文章，课上得特别好……那时候是不流行学生给老师打分，要不然，他肯定年年能评上最受学生欢迎的老师。偶尔一些刺儿头问题学生，教导处、思政老师都管不了，把他找来保准管用。我们宿舍当时就有一个，梗着脖子被他叫去谈了一个小时的话，也不知他说了什么，那个兄弟回来以后痛哭流涕，恨不能重新做人。"

骆闻舟轻声说："顾钊和他也有交集，对吧？我查了范思远的工作履历，顾警官去进修的时候，正好是他带的。"

"嗯，"陆有良点点头，"顾钊认真，回学校念在职研究生不是为了混学位升官发财，是真想学东西的，很下功夫，看过的书都会做笔记，周末从来不休息，不懂一定要问明白，有一阵子开口闭口都是范老师。毕业的时候

埃德蒙·唐泰斯

他请客，我们几个兄弟和范思远都去了。"

骆闻舟："他跟范思远关系很好？"

"很好……"陆有良迟疑了一下，又说，"唔，很好，顾钊其实不是特别活泼外向的人，亲疏很有别，看得出来他跟范思远是真的挺好，只是谁知道那个人是怎么想的？"

骆闻舟又问："第一次'画册计划'是他发起的？具体是怎么回事？陆叔，范思远真的死了吗？"

有个医生匆匆经过，陆有良不安地往楼道尽头看了一眼，好像担心那边会传来什么不好的消息。

"其实后来看，那时候他发表的一些论文已经有了偏激的苗头，"陆有良说，"只是我们当年都没有留意。当时'心理画像'技术刚在国内兴起，范思远牵头申请了这个'建立犯罪分子心理画像档案'的项目，想通过归档研究，重新审视一些未结案件，找出新的突破口，在市局点了一圈一线刑警……研究项目属于日常工作外的政治任务，参不参加当然全凭自愿，但是我们都参加了——因为主犯没有归案的'327国道案'也在其中，那时候顾钊刚出事不到一年，我们还都咽不下这口气，就我知道的，就有好几个兄弟私下仍然在寻访调查。"

"但是心理画像技术不能作为呈堂证供，"骆闻舟说，"'画册计划'里的未结案其实都有可疑对象，没有有效证据，除非屈打成招，否则……"

"那是不可能的，"陆局苦笑了一下，"顾钊当时有一项罪名就是警察滥用权力，我们那会儿一举一动都有人盯着，都得夹着尾巴做人，一点出格的事都不敢做……我陪着范老师走访过一桩案子，回来以后，他突然跟我说'有时候想想，真不知道法律和规则到底是为了保护谁，限制的永远都是遵纪守法的人，欺软怕硬'，我当时觉得他有点不对劲，但也没多想……可是接着，事情就开始不对了。"

骆闻舟："您是说嫌疑人一个一个离奇死亡？"

"对，手法和对应案件的受害人一模一样，而案件中很多细节是我们没有对外公布过的，所以'画册计划'被紧急叫停，所有相关人士全部停职接受检查。"陆有良说，"范思远就是在调查人员去找他的时候失踪的，家里、学校……到处都没有，当时他被认为有重大嫌疑，但嫌疑归嫌疑，没有证据，局里为了到底是将他定性为'失踪'还是'通缉的嫌疑人'争论了很久，后来为了市局形象考虑，对外只是说他'失踪'，'画册计划'的一应档案处理的处理、封存的封存，只是私下继续搜查。

"三个月以后，他家里亲戚收到了一封遗书，同时，局里得到线报，说范思远曾在滨海区出没，那时候滨海比现在还荒，我们循着线报过去，差点儿抓住他。"

"差点儿？"

"追捕过程中，范思远跳海了，"陆有良说，"礁石上留下了血迹，但尸体一直没捞着，只好让他继续失踪，但这个人从此销声匿迹，同类案件也再没出现过……你们知道，连环杀手一旦开杀戒，是很难停下的，所以渐渐地，大家觉得他是真的死了。几年后他家涉及拆迁问题，亲戚为了财产来申请失踪人员死亡，范思远在档案上正式'死亡'。"

第十三章

费渡很快就在楼下打到了车，他一只耳朵塞着耳机，冲司机一笑，报了地址。

司机从后视镜里看了他好几眼，一不小心对上了费渡的视线，愣了愣，露出了个有点谄媚的笑容："那地方住的可都是有钱人，我只能给您停在外头，进不去。"

费渡在翻看手机的间隙里给了他一个点头："行。"

眼看到了年根底下，燕城的人口好似南来北往的候鸟，飞走了一大半，街道顿时空旷了起来，出租车的生意也不那么好做了，司机大概是自己一个人趴活趴得久了，并没有看出客人不大愿意聊天，依然不依不饶地试图搭话："您是自己家住那边啊，还是探亲访友啊？"

与此同时，费渡的耳机里传来一句请示："费总，有辆车一直跟着你，我们缀着呢，刚才他们好像察觉到不对，现在要跑。"

"送上门来的，当然要堵住他。"费渡轻描淡写地吩咐，随后他抬起眼，看向出租车前面的后视镜。司机再一次对上他的目光，莫名觉得一阵凉意从后脊梁骨爬了上来，自己好像成了只被毒蛇盯上的青蛙。

费渡要笑不笑地看着他，温文尔雅地问："不好意思，我没听清，您刚才说什么？"

司机再也不敢多嘴，一路噤若寒蝉，不时看一眼后视镜，快且平稳地把费渡送到了他家旧宅外围，按下计价器："您好，到了，要发票吗？"

费渡坐着没动。

司机回头看了他一眼，可能是热空调开太大了，他额角竟然有些冒汗。顶着这一头热汗，他冲费渡笑了一下："先生，我只能开到这儿了，你们家小区不让外面的车随便进。"

"我们家小区？我说过我们家住这小区吗？"费渡跷着二郎腿，手肘撑在车门上，是个十分休闲放松的坐姿，眼神里却渗着有些危险的光，"师傅，您会相面吧？"

司机眼神一闪，勉强找补了一句："我看您衣着打扮，就像是这个档次的人……"

费渡无声地笑了起来，目光仿佛漫无边际地扫过周遭，司机下意识地跟着他的目光望去，正好看见一辆小型SUV从街对面开过来，越走越慢，最后竟然沿街靠边停车了，他周身肌肉绷得死紧，一只手下意识地往腰间探去。

"我以前一直以为，先来找我的会是'他们'，"费渡不慌不忙地说，"没想到他们比我想象中沉得住气，也谨慎得多，到最后也只敢旁敲侧击，不和我正面接触，一直到魏展鸿被揪出来，我对'他们'不怀好意这一点恐怕是暴露了，现在这个风口浪尖上，'他们'估计也是恨不能一头扎进地下十八层不出来，以后想让他们主动联系我是不可能了……不过我确实没想到，先来到我面前的会是你们。"

费渡撑着头的手修长，有一下没一下地点着自己的太阳穴，频率和司机紧张的呼吸声相映成辉——对方每次重重地吐气时，他就会在额头一侧轻点一下，仿佛追逐着他的呼吸似的，带着韵律明晰的逼迫，追得那司机顿觉更加心慌气短。

"我刚才思考了一路，我和诸位有什么交集吗？好像没有，还是您背后那位大人物突发奇想，打算见我一面？对了，你们怎么称呼那位？"

"叫他'老师'，"司机脸上装出来的油滑与谄媚荡然无存，神色紧绷之余，还有些说不出的阴沉，"您既然卷进了这件事里，就不能说和我们没有交集。另外——费总，我只是个跑腿的，没什么用的无名小卒，就算把我抓起来，也问不出什么有用的东西，可是您不一样，不管您有多大的手段，现在您总归是自己一个人坐在我车里，您的人多少会投鼠忌器吧？"

费渡撑着太阳穴的手指一路往下滑，滑到了嘴唇附近，一根眉毛也没动一下，眼角含着一点戏谑的忍俊不禁，好像刚才听到的威胁幼稚得可爱。司机莫名被卷进他的似笑非笑里，一时几乎怀疑起自己是不是说了句蠢话，握紧了腰间的凶器，他的青筋一路爬到了脖子上。

此时，医院里的骆闻舟正在仔细思考着陆局方才说的陈年旧事。

他忍不住想，为什么又是滨海？苏家人把拐来的女童尸体埋在滨海，范思远也偏偏要选在滨海跳下去，滨海那块地又属于神秘的光耀基金——他们调查过"光耀基金"，约谈过公司负责人，然而果然如费渡所说，它只是个虚弱的壳，是一根随时能斩断的触角。

逼仄狭窄的走廊里，三个男人各自陷进自己的思绪里，一时相对无言，走廊尽头的手术室亮着苍白的光晕，照着噩耗逼近的路。

骆闻舟心烦意乱地想掏出手机看一眼时间，就在这时，他发现手机的提示灯一直在闪，是有未接来电或者未读信息的意思，他随手一翻，此时才看见费渡那条留言。费渡平时偶尔要回公司，没放寒假之前几乎天天要去学校，虽然不再和狐朋狗友出去鬼混了，也会有一些必要的应酬，并不是总在家。只是他做事很周到，不管去哪儿都会知会一声，几点去、几点回都有交代，而且交代了就不会不当回事，说几点就几点，十分准时。

"回家拿东西"不属于"乱跑"范畴，骆闻舟本该看过就算，可也许是医院是个让人觉得压抑的地方，骆闻舟心里忽然有点不安，等他回过神来的时候，发现自己已经把电话回拨了过去。

骆闻舟心里觉得自己有点烦人，一边把听筒凑近耳边，一边琢磨着找个什么理由，让自己这保护欲过度的查岗电话合理一点儿，然后他就听见手机里传来机械的女声："您拨打的电话正在通话中……"

骆闻舟一顿，掐断了电话，心不在焉地等了两分钟，又拨了回去——依然在占线！

费渡不是个爱抱着电话煲电话粥的人，骆闻舟知道他的习惯，一般拿起电话，顶多两句寒暄，随后就会有事说事，超过一分钟说不清楚的，他就会把对方约出去当面聊，通讯很少不畅通。

骆闻舟站了起来，就在这时，一个护士行色匆匆地走了过来："谁是傅佳慧家属？谁能签字？病人情况不太好。"

陶然脸色一下变了，陆有良一跃而起，骆闻舟手机忽然响了，他还以为是费渡，看也不看就急切地接起来，可是那边却传来同事的声音："骆队，杨欣坐的车找到了，但车上的人弃车跑了！"

骆闻舟深吸了一口气，听见那边护士对陆局他们说："不行啊，这个得要亲属来签……"

电话里的同事问："骆队，现在怎么办？"

骆闻舟的目光投向急切地和护士说着什么的陆局，继而又越过他们，望向一眼看不穿的手术室——他不知道老杨泉下有知，是不是在看着，看完心里是什么滋味。

骆闻舟沉声对电话里的同事说："叫增援，把周围监控都排查一遍，然后联系交通广播、附近商圈、地铁、临时插播寻人信息，找杨欣，就说……"

"说什么？"

"说她妈快不行了，让她滚回医院签字！"

骆闻舟说完挂断电话，伸手在陶然尚算完好的一侧肩膀上轻轻按了一下。

"你有事走吧，"陶然低声说，"在这儿陪着也没用，我想她要真有个万一，最后一眼也并不想看见咱们……走吧。"

骆闻舟一言不发，转身就走。

费渡的耳机里第三次传来有人试图打进电话来的提示音，他没在意，哄小孩似的毫无诚意地对那司机说："好吧，您的恐吓很有威慑力——这样可以了吗？您该说明来意了吧？"

"有人托我带句话给费总，"司机十分紧绷地说，"他说您见过他，这次很遗憾不能亲自过来……"

费渡轻轻一挑眉："我见过他？"

司机并不回答，只是尽职尽责地做一个传话筒："有些事看起来扑朔迷离，是因为那个人太过狡猾，但是天网恢恢，疏而不漏，世界上没有不透风

黙读
大结局

的墙，沾过血的手永远也洗不干净，'他'现在应该已经黔驴技穷了——有一条重要的线索，您应该知道。"

费渡听着这句莫名其妙的传话，皱起眉反问："我应该知道什么？"

"那我就不知道了——他还说，希望这桩案子办得公开、透明、严格合规，不要再留下任何疑点，最后能给出一个毫无瑕疵的交代。"司机缓缓地问，"费总，我可以走了吗？"

费渡的目光扫过他绷紧的肩膀："刀？麻醉剂？电击棒？还是……枪？我第一次碰见手握凶器，向我请示自己能不能走的。"

随后，不等司机说话，他就兀自哂笑一声，从钱包里摸出一张一百的现钞扔在座位上，直接推开车门下了车："发票不需要，零钱不用找了。"

说完，他双手插在外衣兜里，头也不回地走向马路对面的别墅区。

司机一后背冷汗，一回头，发现之前停在对面的SUV上竟然下来个怒气冲冲的年轻女孩，抢起手包愤愤地砸了一下后视镜，跳着脚骂了一句什么，随后一个男的急急忙忙地从驾驶座上跳下来，车也不锁，拉拉扯扯地追着那女孩解释着什么。

司机重重地吐出口气，没料到让自己忌惮了半天的车上居然是一对不相干的路人，小情侣半路吵起来才在路边停车的，他被费渡带到沟里了！

再一看，费渡的身影已经不见了。

司机意识到自己上当，拍了一下方向盘，怒气冲冲地重新挂挡，踩下油门开车离开……没注意到身后一辆低调的豪华小轿车从别墅区里滑了出来，不远不近地跟上了他。

别墅是自供暖，温度高低自己斟酌，费渡入冬之后就回来过一趟，还是捉卢国盛的时候在地下室审蜂巢的司机，因此供暖没有开过。

外面冷，屋里也冷，外面是寒风呼啸、毫无遮拦的冷，屋里是一片寂静、森然入骨的冷。

费渡进门的时候，大门"吱呀"一声响，屋里的陈设好像被惊动的标本，飘起细细的尘埃，他把手指上沾的灰尘在手心擦了擦，还带着冷意的目光扫过玄关上"枯死"的假花。耳机里一直跟他连着线的人汇报说："费总，方才那辆出租我们已经盯上了，你放心——你的车真不错。"

埃德蒙·唐泰斯

"完事以后你开走。"费渡说，又嘱咐了一句"小心"，这才挂上电话。

他每次到这儿来，心情都不太愉悦，总觉得房子这东西虽然是死物，也能各自凝聚起特殊的气息——譬如家有精致女主人的房子里，会沾着香水的气息，主人勤快的房子里充斥着窗明几净的阳光气息，而骆闻舟家里则是一股特殊的、顶级红酒的香，虽然万年锁着的酒柜里装的都是便宜货，可就是让人一扎进去，就想醉死在里面。

而这里是臭味，像中世纪那些不洗澡的古堡贵族，成吨的香料也遮不住它的腐臭味。

费渡无声地呵出一口凉气，很快结出肉眼可见的白霜，他想起方才路上那串没完没了试图中途插进来的未接来电，漫不经心地低头一翻。只看了一眼，费渡就沉默了，把盯梢的坏人吓得要拔刀的费总嘴角一抽，第一反应是飞快地把手机塞回外衣兜里，假装什么事都没发生。

不料那一头的骆闻舟仿佛长了千里眼，趁他手机还热乎着，再一次见缝插针地拨了过来。

费渡手一哆嗦，在冷森森的别墅客厅里，他背后几乎冒了一点热汗，他深吸了一口气才接起来："喂……"

电话那头略微顿了一下，随即，骆闻舟沉声说："你刚才电话占线至少二十五分钟。"

费渡干咳一声："我……"

"你是把电话打到探月卫星上去了吧？"

不等费渡说话，骆闻舟就好像通过某种神奇的直觉，感觉到他这边发生了什么事："你在哪儿？"

费渡干巴巴地交代："……别墅那边。"

"你自己一个人跑那边干什么去？"骆闻舟不知联想起了什么，声音陡然变了调，"在那儿等着我！"

费渡还没来得及答话，骆闻舟已经气急败坏地把电话挂了。费渡蹭了蹭自己凉飕飕的鼻尖，感觉屋里那股如影随形的腐臭味被骆闻舟一通嚷嚷吹走了，倒是屋里长久不通风，有点憋闷，他打开空调和空气净化器，略微暖和过来之后，直接走进了地下室。

楼梯两侧的蟠龙图案和他梦里那阴森恐怖的图腾有细微的差别，大概是人长高了，视角变化的缘故。倘若要仔细看，那些龙脸都是鼓眼泡，腮帮子吉祥如意地炸起来，两条鲤鱼似的胡须姿态各异地飘着，头上顶着一对短犄角，还有那么点憨态可掬的意思，并没有他梦里那么阴森恐怖。

费渡跟憨态可掬的蟠龙大眼瞪小眼片刻，轻车熟路地走到地下室，开了门。

密码已经换成了他自己的，陈列经过了乾坤大挪移，被骆闻舟用大绒布盖住的电击椅和家庭影院占据了地下室的半壁江山，跟费承宇曾经用过的那个没有一点相似之处。

费渡漫无目的地在地下室里溜达了三圈，没能唤起一点记忆，只好回到客厅坐下来，有一下没一下地掐着自己的眉心，心里隐约觉得，这件事可能需要一个催眠师来解决。可惜催眠不是万能的，因为有一些人可能终生无法进入催眠状态，费渡也不觉得自己能在别人面前放松下来……除非催眠师长得比骆闻舟还帅。

这时，不知从哪儿刮来一阵妖风，高处的窗棂簌簌作响，门口一棵枯死的大树被西北风刮得东倒西歪，挂着败叶的枯枝不住地打在二楼走廊的玻璃窗上，看起来一副群魔乱舞的景象。费渡被那动静惊动，抬头看了一眼，脑子里忽然有什么东西飞快地划过。

他的脑中突然有什么闪过，倏地站起身，随手从桌上拿起了一个装饰用的水晶球，又不知从哪儿摸出一条领带，蒙上自己的眼睛，重新走到地下室的楼梯口，打算重现当年两次刺探地下室的场景。

又一阵风吹过来的时候，费渡轻轻地松了手，让水晶球顺着楼梯滚了下去，沉闷的滚球声混杂着树枝拍打窗棂的声音，"当"一下撞在地下室的门上，蒙着眼的费渡缓缓地深呼吸几次，抬手摸上了楼梯间冰冷的墙壁。

他记得……自己第一次偷偷溜进费承宇地下室那天，也是这么一个天气，滚下去的小球应和着呼啸的北风，而空气中有一股……一股什么样的味道？

有点刺激，有点香……

对了，是清洁剂。

浓重的清洁剂气味，通常意味着费承宇这一段时间都在家，所以他才会对下楼捡东西这么一个简单的动作也充满恐惧。但是费承宇当时不知因为什么凸去了，费渡站在楼梯间，迟疑了好一会儿，还是忍不住抬脚往下走去。

迈开第一步的时候，某种奇怪的感觉忽然闪电似的击中了他，费渡一愣，下意识地回头往楼上某个方向"望"去，觉得那里好像有什么人在看着他，随后，他耳边仿佛响起了一声幻觉似的门响。

费渡一把扯下眼前的领带，发现自己抬头面向的方向正是二楼卧室——也就是他母亲活着的时候住过的那一间。

费渡缓缓皱起眉，心想：她曾经在那里看着我吗？

可是寂静的房门不会回答他，而费渡突然发现，除了彻底想不起来的部分，他那些模棱两可的记忆好像都和他妈妈有关。他继续往下走去，捡起自己丢下来的水晶小球，重新蒙上眼睛，摸索着去推那半开的密码门。

冰冷的水晶球硌着掌心，费渡记得，自己那时对着这"禁地"站了好一会儿，到底没有忍住"蓝胡子的诱惑"，鬼使神差地走了进去。

这间地下室属于费承宇的时候，里面的陈设要更满、更考究，似乎也是到处飘着那股清洁剂味。当年地下室中间铺着厚厚的地毯，两侧是一圈沙发，现在费渡用来摆家庭影院屏幕的那面墙当时有一排书柜，角落里有一个镶嵌到墙里的密室型的保险柜，费承宇用一幅画挡着，据说能抵抗八级以上的地震。

书柜前则是一张红木的大书桌，费渡循着记忆，走到那并不存在的"书桌"前，虚空中伸出双手——他当时是在这张桌子上看到了"画册计划"的细节：

张春久，代理队长，春来集团大股东的弟弟；陆有良，张的副手，未婚妻在第九中学高中部当老师；潘云腾，父母住在某事业单位家属院；杨正锋，女儿上小学，班级是……

被领带遮挡住视觉之后，思维仿佛更敏锐了，当年他曾经在这张桌子上看见过的信息事无巨细地在费渡大脑中回放着，他心里突然一动——对了，那份"画册计划"的参与人员名单，它实在是太齐全了，里面包含了所有人的身份、亲属信息，只有可能是当时身处市局的内鬼提供的……那么，按照常理来看，内鬼本人似乎应该是这份资料之外的人，否则他在和费承宇暗通款曲的时候，有必要画蛇添足地把自己的资料也混在其中吗？

可是这份名单几乎涵盖了当年市局所有的一线刑警，如果是这份名单以外的人，关系还未免太远，能叫"内鬼"吗？

好像又有些说不通。

那么……

费渡倏地抬起头——那么，就只剩下一种可能了，害死顾钊的"内鬼"在这些人当中，但费承宇并不知道他是哪一个！

就在这时，急促的脚步声突然从外面传来，蒙着眼睛的费渡还沉浸在那份"画册计划"的名单中，一时没回过神来，脚步声一下和他年幼时的记忆重合了——费渡狠狠地一激灵，他当时也是惊疑不定地翻看了一半，突然听见了费承宇回来的脚步声，像现在一样靠近着地下室。

他一边走，一边还在打电话，语气冷静而残酷。

时隔十三年，费渡的脉搏和血压对此做出了精准的反应，他整个人皮肤发冷，心里却被某种陌生古怪的情绪笼罩着，他的四肢仿佛被灌了冰，手心沁出细汗，呼吸不由自主地加速。

地下室只有一扇门，一个出口，这时候逃出去无疑会让费承宇堵个正着！

费渡记得，他当时再要躲已经来不及了，情急之下，他迅速把桌上被自己翻乱的文件凭着自己的记忆归位，然后仗着人小个矮，钻进了大书柜下面的小橱里。

脚步声越来越逼近，仿佛已经到了门口，被领带蒙着眼睛的费渡下意识地往他记忆里书柜的方向后退了几步，可是那里已经没有书柜了，他结结实实地撞在那家庭影院屏幕旁边的小柜橱上，柜橱往一侧倒去，里面催吐、镇定的药物稀里哗啦地撒了一地，与此同时，有人一脚踹开了他没关上的密码门。

一瞬间，费渡脑子里好像有一根弦，被人重重地勾起来拨动了一下，铮一声回响，惊天动地在他太阳穴附近炸开，一块记忆的碎片子弹一般从他颅骨间穿过——小橱倒下的动静和记忆里的某种声音重合了。

闯进来的骆闻舟一眼看见脚下摔得满地滚的药瓶子，联想起费渡的不良前科，当场吓了个魂飞魄散。骆闻舟冲过来，一把抱住费渡："怎么了？怎么了？你又碰那些药了是不是？费渡？费渡，给我说句话！"

骆闻舟强势打断了他的回忆，费渡一时还有些茫然，苍白的嘴唇略微颤抖，随即，他眼睛上的领带被人一把拉扯下来，骆闻舟好似怕他丢了似的，手臂箍得他有点疼。

骆闻舟几乎是连拖带拽地把他拉出了地下室，按在太阳光最足的沙发

埃德蒙·唐泰斯

上。费渡抬手遮了一下光，脸上的血色好像被那间妖异的地下室一口吸了。骆闻舟拽下他的手腕，钳着他的下巴掰过来面向着自己，一脸阴沉："我说没说过，让你不要乱跑？"

费渡眼睛里陈年的惊惧还未退散，一言不发。

原本气急败坏的骆闻舟在看清他眼神的瞬间，忽然不忍心再逼迫，站起来去找热水。别墅里的矿泉水都过期了，两个人只好找了个水壶自己烧开，费渡不知从哪儿翻出一块陈年的普洱茶饼，用锥子敲下几块泡来喝。

骆闻舟："你刚才在干什么？"

"试着还原图景，回忆。"费渡缓过来，又恢复了那种懒洋洋的游刃有余，动作熟练地洗了茶，泡了第一水，浓郁的茶汤很快散出味来，他兜起茶叶的过滤网，给自己和骆闻舟一人倒了一杯，"刚想起来，第一次我无意中钻进费承宇的地下室，中间他正好回来，我钻进了书柜下面的小橱里，但他当时其实没有进来，因为他好像刚走到门口，楼上我妈就犯了病，狂躁地不知道打烂了什么，费承宇骂了一句，匆忙出去了。我趁机跑了。"

骆闻舟："你妈妈呢？"

费渡沉默了一会儿，手指转着滚烫的茶杯："不知道，我躲进房间了——你不是去接陆局了吗，怎么样？"

一提起这事，骆闻舟就是一脑门的一言难尽，他仰头往后一靠，好一会儿才有气无力地把这颠覆三观的一天说了："现在不清楚，有事陶然会给我发信，没有消息就是最好的消息。"

"朗诵者……"费渡若有所思地晃了晃茶杯，"这么说，方才来找我的，应该就是他们的人了。"

骆闻舟差点儿从沙发上弹起来："什么？"

费渡琢磨自己的事，没注意到骆闻舟的脸色，有些心不在焉地说："方才出门的时候遇到个出租车司机，应该是专门在那儿等着我……呃……"

骆闻舟一把揪住他的领子，从头到脚把他检查了一个遍，发现连一个多余的线头也没有飞出来，松了口气的同时，骆闻舟一把火从脚心烧到了头顶："我让你小心一点儿，你他妈的当我说话是耳旁风！费渡我告诉你，你要是……你……"

他气得语无伦次之余，竟然忘了词。

费渡一愣之下眨眨眼，随即，桃花眼十分无赖地一弯："师兄，我爱你。"

骆闻舟怒：每次都来这套，连花样都懒得换！

费渡趁机躲开他的手："冷静冷静——我出门都有人跟着，不过那个司机跟我说，我曾经见过他的'老师'。"

"我来找你的路上得到一个消息，"骆闻舟皱起眉，"张局说，第二次'画册计划'不是他命名的，现在调查组的视线转移到了燕公大上，特别是……"

"我那个暴脾气的导师？"费渡问。

"你记得我跟你说过陈振的举报信吗？"骆闻舟说，"能直接递到上面的，肯定有话语渠道，潘老师曾经当过刑警，后来又成了业内权威，人脉颇广，他有这个渠道——而且他对范思远留下来的一些课题表现出了非同寻常的兴趣，甚至写到过内部教材里……"

骆闻舟略微一顿，摇摇头："说你见过那个人，会不会就是他？"

"不，应该不是。"费渡想了想，随即，他好像下定了什么决心似的，抬起头，"老骆，我可能需要你帮我个忙。"

第十四章

燕城周围也有被大城市吸干了骨髓和劳动力、二十年如一日不肯发展的小村镇，肖海洋自己开车过来，因为眼神不好，有坑就掉，把自己颠了个面无人色。一下车还被地上的碎冰碴滑了个跟头，一瘸一拐地被一条很没素质的大黄狗尾随了半个村，终于见到了事先联系过的当地民警。

民警赶走了学瘸子走路的大黄狗："当年那个事情我记得，老孙家有俩儿子，老二家生的是个丫头，就老大家里这么一个宝贝孙子，独苗，惯得不像话。那年，那浑小子为着修房子的事，觉得自己是正根，全家的东西都该是他的，可能是嫌他二叔不愿意给钱，反正一帮亲戚过年也闹得挺不痛快，没两天，老二家那女孩儿就掉进冰窟窿里淹死了，才三岁，捞出来都没有人样了。"

民警把肖海洋领到了一个小派出所，管户籍的没有单独办公室，就在旁边隔出一个小房间，挂了个牌，里面有个女警正在值班，她对面坐着个老头，不知是来开什么证明。

民警打了个招呼，直接进去，翻出已经准备好的档案，指着其中一张照片说："这个就是意外死亡的女孩她爸，孙家老二，叫孙健。"

肖海洋顾不上流出来的鼻涕，用力吸了一口，仔细看了看，找出龙韵城那个假保安"王健"的照片："您给我看看，这是一个人吗？"

假保安"王健"老了恐怕不止十岁，整个人暮气沉沉的，两颊的骨头变了形状，脸上的肉缺乏支撑，一起垮了下来，鼻梁则高得不甚自然，凸起的软骨几乎要破皮而出，显得眼窝越发深陷，有些阴鸷。

肖海洋去咨询过专业人士，假保安"王健"这张脸应该是动过刀。

一个是气质阴沉、一看就不好惹的中年保安，一个是温文尔雅的年轻父亲，乍一看，万万不会有人把他们联系到一起。

民警瞪着眼盯着瞧了半响："有点像，特别是下巴上这颗痣……哎，可这变样变得也太多了，不敢说。"

肖海洋又问："有DNA和指纹记录吗？"

"哎哟，这个真没有，"民警摇摇头，"太久远了，那时候也没那么多讲究。虽然女孩父母一口咬定就是侄子干的，但是没人看见，没有证据，他自己又死不承认，我们也没办法——那么小的娃，路都走不稳，按理说不会自己跑到冰天雪地里，确实死得蹊跷，可那也不能说是谁就是谁啊。最后查了半天，只好不了了之……哦，对了，当时他做完笔录签过字，应该还留着，这个您有用吗？"

这个人本名叫"孙健"，假冒的保安名叫"王健"，中间有个一模一样的字，保安在龙韵城值班的时候是要每天签字的，肖海洋精神一振："给我看看！"

民警很快找到了当年的签字文件给他，肖海洋凭借自己的肉眼判断，认为这两个签名应该是出自同一个人笔下："我需要找笔迹鉴定专家出一份专业意见，谢谢。"

民警十分热情地送他出门："应该的，有什么问题您随时来问。"

这时，正在开证明的老人忽然转过头来，睁着浑浊的双眼看向肖海洋："当年孙家的小王八蛋把三岁大的女娃娃扔进冰窟窿里活活淹死，你们也不管，还放了他，后来怎么样？那小子自己也摔进冰河里淹死了，报应，嘿！"

民警苦着一张脸去给老头宣传法制教育，肖海洋却愣了愣，一时不知该怎么回答，这时，他的电话响了，他回过神来，匆匆走出小派出所。

郎乔在电话那边飞快地说："你怎么样了？我这边找到了那个假前台服务员的线索，本人真名应该是叫'王若冰'，有个姐姐，十几年前有一起补习班老师猥亵女学生案，当时那事闹得挺大，但是受害人都不愿意站出来，证据不足，只能把人放了。王若冰的姐姐是受害人之一，因为这事自杀了。"

"我找到了假保安。"肖海洋吃力地伸出冻僵的手，翻开档案袋，"原名可能叫'孙健'，女儿三岁的时候被人推下冰窟，案发地点比较偏远，但是当年是燕城辖区，曾经被市局调过档……假赵玉龙不用看了，未结案之一受害人的丈夫，认尸的时候签过字，他应该也整过容，我找专家看了，除了下颌骨、鼻梁和额头，其他面部特征基本都对得上。"

"假快递员和假巡逻员都只有假证上的小照片，尤其假巡逻员，那张假证还是老大拿手机在夜间模式下拍的，辨认有难度，"郎乔说，"但是我去翻了剩下那几桩未结案，发现有几个受害人的近亲属疑似对得上……哎，小眼镜，那咱们现在是不是基本可以确定了，一直在中间穿针引线、当搅屎棍子的这帮人，就是当时'画册计划'收录的未结案件的受害者的亲属？"

肖海洋脑子里还回忆着方才那老人咬牙切齿的"报应"，心不在焉地应了一声。

郎乔问："他们这是要干吗，替天行道？"

肖海洋沉默了一会儿："你等等，我联系骆队。"

然而骆闻舟却没联系上，他的手机正静着音躺在外衣兜里。

骆闻舟抱着双臂站在一边，看着费渡在纸上写写画画，迟疑着说："据说记忆唤起这种事，还是要找专门的催眠师，我感觉在这方面我可能没什么用，毕竟看见我这种活泼温暖的美青年，更容易让人珍惜当下、展望未来。"

"我不需要催眠师，也不需要记忆唤醒，我需要推导出一个真相。"费渡头也不抬地说，"大脑有时候会自动制造一些骗人的记忆，但编造的记忆会模糊细节，试图混淆事件的固有逻辑，我需要你从旁观者的角度提出问题，帮我找到被记忆掩盖的东西。"

骆闻舟皱起眉："你相信那个司机说的？"

"他们自称'朗诵者'，"费渡把指尖的笔往桌上一扔，顿了顿，"说实话，师兄，你不觉得这个朗诵者和我很像吗？"

骆闻舟脸色一冷，生硬地说："完全不觉得。"

费渡笑了一下，没往心里去，继续说："我一直以为我收集受害人，利用他们在物质或者感情上的弱势来为我办事的这一套是跟'他们'学的，但是现在我觉得，我做的事反而更像'朗诵者'——如果两件事、两个人之间看起来仿佛有什么联系，那它们很可能就是有某种联系。"

骆闻舟皱起眉。

"那个司机对我说，朗诵者的头儿，也就是他们口中的这个'老师'，现在不能来见我——这有两种可能：第一，担心我的人会立刻把他出卖给警察；第二，字面意思，就是他本人'不能'来见我，可能是人身不自由，也可能是出于健康原因。司机转述的时候，用的字眼是'很遗憾不能亲自过来'，所以我更倾向于后者。"

骆闻舟踱了两步："潘老师现在被列为重点调查对象，家都不能回，他是人身不自由，还有师……师娘，她在住院，是健康原因，你怀疑他们俩中的谁？"

"他们两个人都有个问题。"

骆闻舟："什么？"

"钱。"费渡说，"制造假身份也好，养活手下这一大帮人也好，窃听、跟踪、购买非法武器——每一桩计划、每一次行动，都需要资金，不比养通缉犯便宜到哪儿去，要么他自己有钱，要么是有人资助，这一条就可以把嫌疑人范围缩到很小，如果是燕城范围内的话，一双手能数过来，我算一个。"

"费渡，有事说事，"骆闻舟回过头来，严厉地看着他，"我不喜欢你这个语气。"

他平时骂骂咧咧的时候，自己都未必往心里去，动了真火，神色反而越发平静冰冷。

费渡没回应，略微避开他的目光，继续说："……费承宇也算一个，如果他没有躺下。"

骆闻舟用不大愉悦的目光低头盯着他的鬓角看了片刻："疑神疑鬼地

想，如果能收买护工，伪装成植物人也不是没有可操作性。"

费渡笑了一下："可能性不大——费承宇在医院抢救的时候，我派人二十四小时跟踪过他的主治医生，护工每周换一个，每一个靠近他的人，从出生开始的所有简历我那里都有，一直到院方通知我，他的大脑受到了不可逆转的伤害，我以寻找新的治疗方案为由，给他转了几次院，确定得到了相同的诊断结果，才把他移到疗养院。即使这样，我还是找人盯了他一年多，直到基本掌握了他的集团。"

骆闻舟匪夷所思："……你怎么没干脆拿被子闷死他？"

"考虑过，不过后来想了想，闷死他，除了提前暴露我自己之外没别的用，"费渡说，"我要揪出的是他背后的影子，给他留一口气，正好也让对方如鲠在喉。"

骆闻舟在他对面坐下。

"我第一次闯进地下室，侥幸没被发现，"费渡平铺直叙地说，"半年后再次潜入，但是这次运气不太好，被抓住了，之后费承宇就把他的地下室搬空了……大致是这个过程，但当时我是怎么进去的、被抓住之后又发生了什么事，印象一直很模糊。"

骆闻舟想了想，说："就从你是怎么进去的开始吧——你当时手里有几组准备去试错的密码？"

费渡："可能性最大的备选答案是三组，其他的不能排除。"

"你家地下室的密码输错一次就会报警，也就是说，你成功的概率小于百分之三十，"骆闻舟说，"如果是我，我可能会去试，大不了被我爸抽一顿——但是以我对你的了解，你应该会更谨慎一点。"

即便费渡先天不是个谨慎的人，后天的成长环境也注定了，他会比别人更谨小慎微，毕竟被费承宇逮住，不是抽一顿、蹲在门口写篇检查的问题。

费渡缓缓地点点头。

"除非有人给过你提示，这个人不大像是费承宇，不可能是你家走马灯似的保姆，其他的外人……我觉得你也不会轻易相信，排除法看，假如真有人给过你提示，那只能是你妈，"骆闻舟说，"跟你那天梦里梦见的事对得上。"

费渡："嗯。"

"那第二个问题，你方才说，你第一次进入地下室的时候，就感觉她在看着你，之后还掩护你跑出来，那第二次，她提示了你密码，更应该知道你偷溜进地下室了，为什么这次她没来得及掩护你？"

费渡双肘撑在膝盖上，指尖抵着下巴，不由自主地皱起眉——这里他的记忆越发模糊，实在想不起来。

"好吧，"骆闻舟等了片刻，"你被费承宇发现之前，在干什么？最后看见的东西是什么？"

"……电脑？"费渡思量良久，"应该是，他的电脑密码和地下室一样。"

骆闻舟："是在你翻看他电脑的时候，费承宇突然进来的吗？"

费渡的眉头拧得更紧，好一会儿，他才惜字如金地说："……应该不是。"

应该不是——这个场景，光是听描述就已经让他觉得毛骨悚然，如果真是这样，那费渡觉得自己以后打开型号类似的笔记本电脑时，都肯定会有所反应。

"肯定不是，"费渡顺着这个思路想了想，"我觉得那之前我可能听见了什么，躲到哪儿去了。"

骆闻舟毕竟不是专业的，不知道这时候应该说什么才能提示他，卡了一下壳，只好静静地等着费渡慢慢想，他突然觉得费渡回忆费承宇的时候，不像是男孩畏惧父亲，甚至不像是在回忆一个家暴的人渣，他简直是在回忆一个怪物——噩梦里那种磨牙吮血的可怕怪物。

为什么？

费承宇真的从未对他这个"继承人"做过什么吗？

骆闻舟忽然捏紧了茶杯，茶杯底磕在桌上，发出几声轻响。

这时，费渡倏地盯住了他的茶杯："瓷器……我听见杯盘瓷器碰撞声，费承宇说了句话……"

费承宇说了什么？

费渡太阳穴上好像有根刺，没完没了，越跳越快，简直快要炸开。

"'不用'。"费渡呓语似的低声说，"他说……'我们不用'。"

"他说'我们不用'，"骆闻舟立刻追问，"也就是说他带了客人？不用什么，是不是你妈给他们端了茶？客人是谁？"

费渡脑子里隐约出现了一个模模糊糊的影子，可是那人是谁，他就是想不起来，好像考试时候碰到的似是而非的知识点——分明看过，分明周围的每字每句都记得，就是当中那一点想不起来。

他不由得有点胸闷，喘不过气来似的呛咳起来。又是这个反应，费渡刚出院，他没有咽炎，骆闻舟很清楚，但是他发现，每每费渡回忆起和费承宇有关的一些事时，都会不由自主地咳嗽。

骆闻舟瞳孔一缩，沉声问："费承宇对你做过什么？"

费渡没回答。

骆闻舟一把握住他的肩："费渡，我是外行，但你是专业的，你告诉我'创伤后应激障碍'是什么概念，会有什么症状？"

费渡好不容易喘过一口气来："我没有……"

"没有什么？"

"创伤，"费渡察觉到了自己声音嘶哑，用力清了清嗓子，他说，"费承宇真的没有打过我，也没有对我造成过人身伤害，否则事后我不得去医院吗？如果真的这么兴师动众过，我总不会连这个也不记得。"

骆闻舟一时有些诧异地看向费渡："什么时候'创伤'特指身体创伤了？费渡同学，你给我说实话，期末考试及格了吗——没事，补考我也不笑话你。"

"我不存在精神创伤的问题，"费渡没理会这句玩笑，他略微往后一靠，带着几分轻慢说，"你应该感觉得到，我的共情能力很差，同理心和同情心几乎没有，缺乏羞惭感，恐惧感也比一般人迟钝，和焦虑有关的自主神经反应活动微弱——如果再加上高攻击性，那基本和费承宇没什么区别了，我并不太想像他，所以后来借助电击手段，把攻击性强行矫正了。"

骆闻舟感觉自己终于碰到了他的核心问题，一时有些目瞪口呆地看着对面眉目清秀的青年。在此以前，他一直觉得费渡偶尔对自己的"恶劣评价"是怄气、是找碴儿，甚至是心情不良时找不痛快的一种方式，可他没想到，原来在费渡这里，他说过的这些话并不是"恶劣评价"，而是仿佛陈述自己"姓名、性别、年龄、民族"一样的客观说法。

"……不，"骆闻舟有些艰涩地说，"我没感觉到。"

费渡碰到他的目光，突然不知为什么，后悔起让骆闻舟帮他回忆这件事了，费渡倏地站起来："实在想不起来就算了，我去问问他们追到那个司机没有，朗诵者既然已经浮出水面，总有迹可循，通过其他方式也是一……"

骆闻舟一把拉住他，与此同时，费渡的手机响了起来。

费渡："等……"

骆闻舟把他扯了个趔趄，按住他准备去接电话的手："你说你第一次闯进费承宇地下室的时候，是你妈妈吸引了他的注意力，你趁机逃出去以后，为什么不敢看他是怎么对待她的？"

费渡的手指不由自主地一颤。

骆闻舟抬手按住他的胸口："你没有救她，心里愧疚吗？难受吗？你一直难受到现在，对吗？所以从来不去想，几乎以为自己忘了。费渡，你是真忘了吗？"

费渡勉强笑了一下，下意识地一挣："我对她没有……"

"你不是说费承宇虐待她的时候曾经让你旁观过吗？"骆闻舟低低地在他耳边说，"你关上门，也知道她会遭遇什么，对不对？告诉我——"

费渡电话铃的歌声仿佛走了调，像那个周末，他从学校回家，看见她冰凉的尸体时听见的一样走调。一瞬间，他想起一个仿佛重复过很多次的梦境：女人一张窒息的脸，面色铁青地趴在地上，质问他："你为什么不救我？"

窒息的脸……

窒息。

费渡无意识地剧烈挣扎起来，碰倒了茶几上的茶具，小瓷杯滚落在坚硬的地板上，连同热水一起碎了满地，那粉身碎骨的声音和他的记忆重合在了一起：

他被从书柜下面的小橱子里一把拽了出来，然后听见了女人的尖叫声，昂贵的瓷器碎了一地，费承宇揪着她的头发，从满地的碎片中直接擦着地面拖过来，旁边有一个人漠然地看着这场闹剧。

小小的费渡下意识地把那个高大的客人当成一个掩体，往他身后躲去，那人低下头，居高临下地冲他笑了一下，甚至轻柔地摸了摸他的头发，说："男孩子，光是躲可不行啊。"

费承宇仿佛注意到了他，充血的眼睛向他看过来，费渡觉得心跳仿佛中断了一下。

熟悉的窒息感涌上来，费承宇在他脖子上套上了那个金属环。

而这一次，另一端却不是他平时"训练"用的小猫小狗，而是……

自欺欺人的重重迷雾之后，母亲那张窒息的脸，终于无遮无拦地露出了尘封的真相。

那一次，费承宇把金属环的另一端扣在女人消瘦的脖子上，蹲下来，非常轻柔地问他："宝贝儿，密码是谁给你的？"

男孩惨白的面色就像是鬼气森森的陶瓷娃娃，好像失去了说话的能力。

是啊，他曾经那么懦弱，那么无力，四肢全是摆设，他抓不住自己的命运，也走不出别人的囚牢。

"你听见什么了？"费承宇带着腥味的手穿过男孩的头发，"好孩子不应该偷听大人说话，我知道你不是故意的——你不是故意的对不对？"

费渡记得那个愚蠢的男孩下意识地摇了头。

为什么要摇头呢？费渡想，如果人能回溯光阴，能和过去的自己面对面，那他第一件要做的事，就是去把那个男孩愚蠢的头拧下来。

世界上一切深沉的负面感情中，对懦弱无能的自己的憎恨，永远是最激烈、最刻骨的，以至于人们常常无法承受，因此总要拐弯抹角地转而去埋怨其他的人与事。

费承宇看见他这轻微的摇头，然后笑了，指着地上滚了一身玻璃碴的女人说："孩子都不是故意犯错的，如果犯了错，肯定就是不怀好意的大人引诱的，那我们来惩罚她好不好？"

费渡本不敢看她的眼睛，可他还是被迫看见了，她的眼神如往常一样黯淡、麻木，像一具死气沉沉的尸体，那天步履轻快地亲吻他的，仿佛只是他的幻觉。

费承宇冲他招手，可是费渡不住地往后退，退得那男人不耐烦了，他就直接合上了套在男孩脖子上的金属环——两个环扣，扣在两个脖子上，一端紧了，一端才能松一点儿，而控制权，就在小费渡苍白无力的手上。

他只要攥紧拳头，就可以从难以承受的窒息感里解脱出来，而这个动作，在无数次的反复加强和训练中，几乎已经成了他的条件反射。

为什么他会忘记自己是怎么进入地下室的？

为什么他要模糊和他妈妈有关的一切记忆？

为什么他梦里的女人总是充满怨恨？

为什么那张窒息的脸可以安插在任何人身上，随时搅扰他的睡眠？

"费渡，费渡！"

费渡的身体抖得不成样子，被骆闻舟猛地摇了摇，费渡倏地回过神来，随即好像有人掐着他的脖子，他呛咳得喘不上气来。

骆闻舟没想到自己两句问话居然问出了这么大的反应，一时被他吓住了，听这个撕心裂肺的声音，骆闻舟怀疑他要把肺也咳出来，忍不住去摸他的喉咙，谁知才伸手轻轻一碰，费渡就激灵一下，猛地推开他，脚下踉跄两步，狼狈地跪在碎了一地的茶杯中。

有那么一瞬间，骆闻舟觉得他那双颜色略浅的眼珠里闪过了近乎激烈的阴影，像是被封印了很多年的妖怪，见血而出。

骆闻舟屏住呼吸，小心地跟着费渡蹲了下来，心惊胆战地冲他伸出一只手，在他眼前晃了晃："是我。"

费渡眼尾的睫毛比其他地方要长一些，略微被冷汗打湿，把那眼角描绘得格外漆黑修长，像是刀尖刻成的。那眼神也像刀尖刻的，定定地在骆闻舟靠近的手上停顿片刻，费渡的魂魄好似方才归位，他略微垂下目光，任凭骆闻舟的手放在他的肩头。

骆闻舟轻轻地捋着他的手臂，感觉平时抬都懒得抬的手臂肌肉绷得厉害："跟我说句话。"

费渡张了张嘴，嗓子里泛起一阵血腥气，没能出声。

"我……"骆闻舟有些不知所措，他看着费渡的眼睛，那瞳孔似乎微微放大，随即仿佛是认出他，很快又挣扎着强行平静下来。费渡合上眼，把急促的呼吸压得极低、极缓，他习惯于这样，永远内敛，永远克制，永远并不关心自己有什么感受，而是通过别人的反应来判断自己应该怎样。

他甚至试着向骆闻舟笑了一下，笑得骆闻舟更加心惊胆战。

"费……喀，费承宇带来一个人，进门后直奔地下室，来得太快了，我妈试着拦了一下，但是没成功。"费渡声音沙哑地说，"我听见动静，听见他们说话，又一次迅速把所有东西归位，躲进了那个橱子里，以为这回也能混过去，但是疏忽了一点。"

"什么？"

"我碰过他的电脑，费承宇伸手摸，发现他的笔记本电脑是热的。"

骆闻舟心说这怎么跟谍战片似的，他摩挲着费渡的手腕，轻声问："你想起来了？"

"我只有十岁，费承宇不相信密码是我弄到的，那天我妈又试着在地下室外拦了他一次，所以费承宇认为，是她撺掇我去翻地下室的，她不再'听话'了。"费渡按住自己的喉咙，似乎又想咳嗽，随后强行忍回去了，"当着外人的面，自己养的宠物居然造反，那天费承宇很生气，差点儿杀了她。"

"当着外人……和你的面？"骆闻舟轻声问，"你是因为这个，才忘了那一段记忆的？"

费渡不想骗他，但是也不想对人提起，因此没接话，生硬地扭转了话题，他说："费承宇带回家的人很高——费承宇身高超过一米八，那个人比他还要高小半头，三四十岁，我不确定，他戴着一副眼镜，眼角有一颗泪痣，我只见过这个人一次。"

骆闻舟心里堵塞着一千个问题，听了这话也只好先让它们一边排队去："戴眼镜，眼角有一颗痣，你确定？"

他说着，匆忙摸出自己的手机，没顾上看那一堆未接来电，调出一张手机拍的档案，放大了上面模糊不清的一寸照片："是这个人吗？"

费渡看见照片旁边的简历上标得清清楚楚的"范思远"三个字。

"我在档案里就翻到这一张带照片的，偷拍下来了，"骆闻舟略微一顿，"等等——你不是见过参与'画册计划'的人员名单和详细资料吗？连老杨女儿上哪个小学都知道，你没见过范思远的照片？"

"没有，"费渡缓缓摇头，心里却飞快地转过无数念头，"没有——那份资料里有张局大哥的详细信息，陆局未婚妻的工作单位，甚至潘老师父母的住址……但是没有范思远，这个名字好像只在介绍'画册计划'牵头人的地方提到了一笔。"

也就是说，当年的内鬼给费承宇提供的材料里，只有关于范思远的部分是一切从简的！

"你说那是冬天，"骆闻舟追问，"你确定是这个季节吗？"

"确定，我放寒假。"费渡抬起头，"范思远什么时候'跳海'的？"

"阳历年前，"骆闻舟干脆坐在了地板上，"也就是说，范思远当年真的没死，还和费承宇有联系！"

那个组织搜集了无数像卢国盛一样穷凶极恶的在逃通缉犯，而范思远当

The light
in
the night

埃德蒙·唐泰斯

- 137

时也是在逃通缉的嫌疑人！

"他们当时在地下室说了什么？"

费渡闭上眼。

"想完全掌握他们也不难。"戴眼镜的男人慢条斯理地说，"知道熬鹰吗？要想让它驯服，就是要先削弱它，不要心疼，适当饿一饿是有必要的。"

费承宇问："饿一饿？"

"你把它喂得太饱了，费总，久而久之，它会贪得无厌的，工具不听话，就好好打磨，哪有磨刀人怕把刀磨断的道理？"那个男人笑声冰冷，"你知道我手上有些人手，但是不多，如果你要让我帮你办这件事，得给我更多的支持才行。"

费承宇笑了起来："你的人手……怎么说？你行侠仗义的时候，'拯救'的那些人？"

"费总别寒碜我，"男人笑了起来，"但是没错，他们管用，而且听话。仇恨、创伤，都是很好的资源，能让人变得知恩图报，看你怎么利用。"

"费承宇应该是发现他的杀手们有其他资助人，心生不满，想要完全控制'他们'。"费渡低声说，"范思远是他的'顾问'。"

骆闻舟的大脑高速转着："他们搜集走投无路的在逃通缉犯，其中包括了范思远这个缜密又了解警察的连环杀手，但其实范思远和费承宇事先有联系，他为费承宇做事，潜入其中，到处安插自己的人……"

费渡接上他的话音："成立'朗诵者'这个复仇联盟，利用他们把除了费承宇以外的其他资助人都坑进去，让组织伤筋动骨、走投无路，最后收归费承宇一个人控制。"

费渡所有的想法甚至他自己的一些做法，全都不是无中生有自己发明的，那些念头的种子都在他意识深处。

还有钱——推行这个计划需要大量的资金和精力，一下都有了来源——只不过这个来源不在现在，而在十几年前，这个计划比想象中耗时还要长，而"朗诵者"既是独立在外的第三方势力，又在十几年的经营中混进了组织内部。

滨海埋尸地、周氏、魏展鸿、蜂巢……这些巢穴和资金来源像当年费承宇希望的那样，一个一个被挖出来斩断，如果不是费承宇已经没有了意识，那他就要如愿以偿了。

"等等，"骆闻舟一摆手，"等会儿，你不是跟我说，你确定费承宇已经在三年前变成植物人了吗？一个植物人是幕后黑手？"

费渡静静地看着他。

骆闻舟一瞬间仿佛感觉到了他要说什么，猛地站了起来。

费渡一字一顿地说："费承宇已经变成植物人了，但我还活着。"

骆闻舟暴躁起来："闭嘴！"

"谁告诉你费承宇已经变成植物人的？"费渡不理会他，也毫不在意被茶水浸湿的外衣下摆，"是我。"

骆闻舟："费渡！"

"我和警方交往密切，我还用尽手段加入了第二次'画册计划'，能实时监控每一起案件的进展，帮你们得到'理想'的结案报告。"费渡说，"我还有自己的人，和范思远的思路如出一辙——也许费承宇根本是假装的，我是他的帮凶，也许我是直接弑父，成了他的唯一继承人……"

骆闻舟直接把他从地上拽了起来："我说过我不喜欢你这个……"

"师兄，"费渡叹了口气，拍了拍他的手背，"我只是说现在看来最合理的可能性，又没说真是我干的，骗财不骗色，是一个有素质的坏人的基本操守，我接近你如果有目的，就不会欺骗你的感情。"

骆闻舟："……"

"那太下作了，不符合审美。"费渡把自己的领子从骆闻舟手里拉出来，伸手抹平衣襟上的褶皱，同时拿起自己的手机，未接来电上显示的是"滨海疗养院"，费渡看了骆闻舟一眼，当着他的面按下免提，拨了回去。

电话刚通，那边就急急忙忙地接了起来："费总，费总！喂！我给您打了三个电话您都没接，急死我了——您父亲失踪了！"

费渡不慌不忙地问："失踪了是什么意思？"

"不……不知道，监控被人剪掉了，昨天晚上查房的时候还好好的，一早就没了！"

费渡挂断电话："看来他们选的剧本比较温和，没让我'弑父'。"

第二医院里，陆有良不知看见了谁，突然站了起来，陶然行动不便，一时转不过身去，只能听见一串匆忙的脚步声正在靠近。

陆有良："诸位，这是……"

"陆局，"来人开口说，"我们刚刚得知，刑侦队正在追缉两辆可疑车辆，其中一辆车上有一个名叫杨欣的人，其母傅佳慧疑似参与非法窃听和泄密，我们认为她是谋杀尹平一案的嫌疑人。"

陶然总算用一条勉强能动的胳膊把轮椅转了回去，看见医院来了一水儿的调查员，小武好像做错了事似的，惶惶不安地跟在调查员身后。

"陶副队，"小武小声说，"他们……这些领导突然问我，我我我没……没敢隐瞒……"

与此同时，暂时没能联系上骆闻舟的郎乔刚刚回到市局，就看见两个调查员正好带走了曾主任。

"主任，"郎乔瞪大了眼睛，"这是什么情况？"

曾广陵面色凝重地冲她摇了摇头。

"协助调查，"其中一个调查员十分温和地冲郎乔一点头，"这位同志，也请你们暂时把手头的工作进展写成报告，提交上来，谢谢配合。"

郎乔："哎……"

一个同事从旁边拉了她一把，等曾主任他们走远，他才小声对郎乔说："你知道咱们有几个监控有问题吧？"

郎乔莫名其妙地看着他。

"因为这个，老张局都退居二线了还被带走调查，但是安装和维修厂家因为费用比较低，按规定最后签批不用走到大领导那里，当时的行政工作正好是曾主任在管，听说厂家那边有点猫腻。"

别墅里，费渡刚刚挂断和滨海疗养院的电话，苗助理就立刻打了进来，有些慌乱："费总……你现在能回公司一趟吗？"

费渡不怎么意外地问："怎么？"

"有人自称是警察，要查咱们公司当年的一笔投资。"

"现在是什么情况？"骆闻舟后背上突然冒出一层冷汗，"等等——你干什么去？"

"换身衣服。"费渡转身走上二楼。

骆闻舟被他这四个字里的信息量砸得眼前一黑，没来得及追上去，方才一直被他忽视的静音手机就变本加厉地闪烁起来。

"闻舟，是我，"最先把电话打进来的是陶然，陶然飞快地说，"师娘还没抢救完，但是调查组的人已经来了，到底怎么回事？杨欣怎么样了，你那边有消息吗？"

"我……"骆闻舟刚一开口，手机就提示另一个电话要接入，他一看来电显示的"郎乔"，只好转头对陶然说，"你先等一下——小乔？"

"谢天谢地你接电话了，"郎乔有点哆嗦，"小眼镜刚才一直联系不上你，老大，几件特别重要的事——那一串假冒伪劣人身份基本能确定了，就是当年'画册计划'中未结案的受害人家属。还……还有，刚才曾主任被带走了，那几个疑似泄密的监控镜头厂家有问题，他们说是他签批的……还让我写报告说明现阶段调查情况，老大，我怎么写啊？"

"没事别慌，"骆闻舟缓了口气，"报告等我回去，我告诉你怎么……"

骆闻舟的话音第二次被插进来的来电提示打断，他长出了一口气，发现这个电话也不能不接，顿时觉得"头到用时方恨少"，没有个三头六臂还分配不开了！

"闻舟，"第三个来电的正是那天带他进去旁听讯问张局全过程的调查员，因为他爸的关系，勉强称得上和骆闻舟有一点私交，私交不多，只值一通电话，"有个事我得问问你，你和那个费渡是什么关系？"

骆闻舟抬头看了一眼寂静的二楼卧室，喉咙动了动："怎么？"

调查员叹了口气："这个人现在被列入重点调查范围，如果你和他私交过密，那多余的话我就不说了，你准备把手头的事移交一下，避嫌吧。"

骆闻舟强行把冲到嘴边的一句"你们不用连我一起查吗"给咽了回去——他毕竟已经不是当年在大街上骂老太太扔工作证的中二病患了。

"应该的，"他把一口气沉下去，客客气气地说，"我服从安排，就算帮不上忙，我也尽量不给您找事——只是……您能不能跟我稍微透个风，让我心里也有点底？"

对方有些迟疑。

"是和十五年前的事有关系吗？"骆闻舟尽量放缓了声调，"不可能吧？十五年前他才七八岁，还不懂事呢，这事和他能有……"

"我知道，我们就是请费总来配合一下调查，咨询他几个问题。"调查员略微停顿一下，到底还是补充了一句，"我们现在有证据表明，'画册计划'、你们市局的泄密，背后很可能都和同一个犯罪团伙有关，'画册计划'十几年前被叫停，现在又有人旧事重提，是什么居心？我不方便说太细，但是可以告诉你，这个人是燕公大的，和费渡有密切联系，同时，涉嫌泄密的监控系统维修厂家也和费氏集团有关……就算以上都是巧合吧，他也是重要关系人，希望你理解。"

骆闻舟飞快地从这段话里提取了两个信息：

第一，燕公大和费渡有密切关系的，只能是他的导师潘云腾，调查员在暗示，第二次'画册计划'重启表面是张局牵头，其实是潘云腾暗地里推动的，为什么？他也和"朗诵者"有关吗？

第二，市局那边泄密的监控系统竟然拐弯抹角地和费家扯上了关系！这到底是费承宇没处理干净的历史遗留问题，还是什么人做的局？

"老骆的人品和家风我是相信的，只是你们现在的年轻人和我们那时候不一样，新潮的想法和乱七八糟的事太多了，外界诱惑也太多。"调查员十分隐晦地说，"你刚才叫我一声叔，我这话就说得有点多了——闻舟，不小了，心里要有数啊。"

中年人对着晚辈多半持重，即便是提点，也要说话委婉、不出恶言，保持东方式的礼貌，然而即便只是这样礼貌委婉地意有所指，骆闻舟还是觉得刺耳，觉得耳膜好像被千刀万剐了一通。

费渡像一棵有毒的植物，根系已经在他心尖扎进了三尺，稍有风吹草动，就会撕扯他那连着血肉的逆鳞，骆闻舟很想冲着电话吼一句"你他妈的放屁，你当他是什么人"。

可是愤怒解决不了任何事，咆哮和拳头也同样——这是无数前辈用血泪乃至生命教会他的。

骆闻舟把岩浆似的怒火压在了坚硬的躯壳下，语气平淡地道谢，挂电话，然后他看见费渡从二楼走了下来。

费渡深灰色的大衣线条利落而刻薄，泛着隐隐的流光，他把柔软的围巾换成了精钢外壳的手表，无框的眼镜重新挡住了视线，他好像不是换下了一身沾着水渍的衣服，而是镀了一层傲慢冰冷的镶边。

费渡冲他一点头："那我过去一趟。"

骆闻舟一言不发地攥住他的手腕。

"不用紧张，比我预料的好多了——费承宇和死人只差一口气，我百分之一百二确定，他绝不可能是自己跑的，现在他失踪对我来说是好事，这是有人在保护我。"费渡说，"否则如果费承宇确实是无行为能力人，那我现在就是唯一的嫌疑人，但是他行踪不明，所以我才只是自己过去配合调查，而不是等人上门来抓。"

骆闻舟用充血的目光看着他。

"十三年前，费承宇和范思远联手，促成了现在的局面，费承宇已经躺下了，而范思远不知出于什么原因，独自推动了这个计划，逼迫那个组织先后放弃了郑凯风和魏展鸿，郑凯风和魏展鸿就像是他们赖以生存的两道铠甲，组织现在恐怕已经是尴尬的'裸奔'状态，再下一刀，就要砍肉了，他们不可能不反击，除了反击，他们还需要一个可以最后一次金蝉脱壳的挡箭牌。看来这个挡箭牌就是我。"

骆闻舟声音艰涩地说："费承宇三年前出了事故，之后老杨又死得非常蹊跷，所以三年前，有可能……有可能是潜伏在组织内部的'朗诵者'暴露了？"

"但是'朗诵者'的人根扎得太深，已经很难拔出来。"费渡的目光透过镜片和他对视了一眼，"他们双方的争斗从三年前就开始了。"

"朗诵者"在布置，组织也不可能坐以待毙，如果第二次"画册计划"，有问题的监控系统，甚至眼下这个局面都是那时候就开始布的局呢？

能做到这一点的只有……

骆闻舟抽了口气。

费渡从兜里掏出手机递给他："我的人借给你用，陆嘉你认识，需要谁做什么，你可以让他代为传达，他虽然嘴上没说，但一直很感激你，你开口，他不会推托。"

"陆嘉现在在哪儿？"

"在周怀瑾身边。周怀瑾很关键，周家和费承宇、魏展鸿不一样，他们的大本营在国外，郑凯风和周峻茂虽然都已经死了，但是出了国门，不管是警察还是'他们'，都鞭长莫及，谁也不知道周氏里会不会存着对'他

埃德蒙·唐泰斯

们'不利的蛛丝马迹，而周怀瑾是唯一的继承人，因为弟弟的死，他会无条件配合警方，所以如果我是'他们'，我会很想要他的命，"费渡说，"千万千万保护好他，绝对不能让他出意外。"

骆闻舟连他的手和手机一起紧紧地捏在手里。

"那个司机说我这里有重要线索，我猜他所谓的'线索'，应该指的不是费承宇和范思远狼狈为奸这件事，方才我又把范思远和费承宇当时的对话仔细回忆了一遍。如果我没记错，费承宇当时说过一句很蹊跷的话。"

"什么？"

"他对范思远说，'你那六起替天行道的案子做得真是漂亮，我都不得不服'。"

骆闻舟勉强按捺住急躁的心绪："这句话有什么问题？"

"问题是'六起'，"费渡说，"你那天偷偷拿回来的资料中，范思远涉嫌的总共有七起案件——你猜是费承宇不识数的可能性大，还是这七起案件中有疑问的可能性大？"

"但当年的确是七起案子，"骆闻舟沉声说，"这一点我问过陆局。"

"我方才想了想，这七起案子里，有一起有点问题，"费渡缓缓地说，"师兄，'画册计划'的初衷是为了深入研究犯罪心理画像技术，通过把现有案件建档备查，也为没有突破口的未结案寻找新思路——既然这样，为什么其中会有这起精神病杀人的案子？这案子证据确凿，凶手归案，并不属于未结案，而且作案人无行为能力，也不具备普遍研究价值，为什么它会被收入'画册计划'？"

骆闻舟愣了愣。

"这是一点疑问，"费渡挣开他的手，一边往外走，一边想着自己还有没有什么遗漏，随后他说，"对了，忘了告诉你，我手机的锁屏密码是……"

"我知道，"骆闻舟心不在焉地说，"和地下室一样吧，那天的日期……你发现你妈妈自杀那天。"

费渡的脚步停在几步以外："不对。"

骆闻舟有些意外地抬起头。

费渡看着他，突然露出一点不太明显的笑意，只是背着光，看不分明。

他说："是我遇到你的那天。"

第十五章

张春久被请进去的时候算不上客气，出来时候待遇倒是好了许多，起码有人送。

"张局，非常时期，希望您能谅解，我们需要您配合保持通讯通畅，还有，最近请不要离开本市。"

这些都是惯例，张春久很明白地点点头。

这时，一辆车停在门口，张春久的目光跟过去，看见车上下来个有些眼熟的年轻人，藏在镜片后面的目光看不分明，仿佛瞥了他一眼，那年轻人嘴角勾起一个意味不明的笑意，与他擦肩而过。

"张局？张局，您这边请，需要我们派车送您回去吗？"

"啊？"张春久回过神来，连忙收回目光，客客气气地说，"哦，不用了，我家里人来接了。"

送他出来的调查员抬头看了一眼，见马路对面果然停了一辆小轿车，吸取了教训，这回开出来的车倒不是很张扬，没有配专门的司机，一个看起来上了点年纪的男人亲自从驾驶座里出来，冲他们招招手。

那男人六十来岁，两鬓花白，看起来颇为眼熟，他衣着相当考究，举手投足都能看得出非富即贵，脸上挂着得体得有些虚假的笑容，好像等着拍照上杂志封面。

张春久说："那就是我大哥。"

调查员"啊"了一声，恍然想起来，这位春来集团的大股东确实多次上过各种财经杂志，只不过可能是打光和化妆的缘故，本人比照片看起来更年长、更深沉一些，兄弟俩长得不怎么像，如果不是这回出事，外人也很难把清瘦的张局和这位挺着将军肚的大老板联系在一起。

张春久礼数周全地和调查员握手告别，把张春龄换下来，自己当了司机。

车开出老远，张春久才看了一眼后视镜，与坐在后座上的大哥对视了一眼。

"没事了，"张春久说，"只说这段时间不让我离开本地，保持通讯随时备查——这些都是惯例，一般不会再查了，如果不是确定我没有问题，他们也不会这么客气地把我放出来。"

埃德蒙·唐泰斯

张春龄惜字如金地一点头："嗯。"

张春久："我刚才看见……那个小年轻，是费家人吗？"

张春龄："费承宇的儿子。"

"我以为你会……"张春久说到这里，眼睛往下一瞥，略带杀意地眯了一下眼。

"本来是这么打算的，杀了他，把事情往他头上一推，"张春龄说，"但那小子太狡猾，从别墅出来，我的人就跟错了车，发现的时候他已经和警察在一起了，再动手就太明显了。不过费承宇现在下落不明，这小崽子是死是活不重要。"

"费承宇？"张春久骤然变色，"不可能，我确定他已经……"

"我也确定，"张春龄脸色有些阴沉地打断他，"可现在人呢？"

车里的暖气蒸着人脸，烤得人心浮气躁，张春久沉默片刻："我确定我那边没有出纰漏，一步一步都是按着计划走的。哥，范思远的人既然已经露了头，他这回绝对跑不了，他跑不了，费承宇当然也是秋后的蚂蚱，管他是真植物还是假植物？"

张春龄往后一仰，仿佛是因为身体太过硕大，他呼吸有些不畅快："最后一次了。"

"总有这么一天，"张春久轻声说，"哥，这不是能传家的买卖，后继也无人，你年纪大了，我也快退休了，现在不比以前，往后会越来越难，咱们别等着混到周峻茂那一步吧。要不是姓范的，恐怕我们要抽身也没那么容易——说起来倒应该感谢他，家里都安排好了？"

张春龄"嗯"了一声："等风头过去就送他们出国。"

张春久："我们兄弟俩，这么多年，总还是有点运气的。"

"运气？"张春龄无声地笑了起来，露出森冷的牙，像一只刚吃过人的鲨鱼，"我从出生开始就一无所有，从来不知道运气是什么，不过那又怎么样？我走到今天这一步，不是靠运气的。"

顿了一下，张春龄又说："周家那个成事不足败事有余的小子入境了，知道他躲在哪儿了吗？"

"大概有数，"张春久说，"之前他露过一面。"

"保险起见，处理掉。"

张春久应了一声，穿过凛冽的北风，驾车离去。

临近年底，骆诚反而忙了起来，穆小青出差讲课去了，剩下他一个人，自己吃饭颇没意思，于是他干脆整天在单位食堂混饭吃。

司机把他送回家时，已经快九点了。

然后他在门口捡了个儿子。

骆闻舟不知在门口等了多久，也不嫌冷，傻小子睡凉炕，他全凭火力壮。身上一件羽绒大衣不知怎么让他穿得窝窝囊囊，好像是怀里塞着个大靠枕，正坐在楼梯上低头玩手机，头发有一阵子没修剪过，略显凌乱，脚底下还戳着个逃荒式的大背包。

骆诚背着手端详了他一下，感觉这个形象实在不堪入目，于是上前轻轻踹了踹他："哎，你上别的地方要去吧，我这儿今天也没饭。"

骆闻舟一抬头，冲他发出"喵"的一声，喵得骆诚起了一身鸡皮疙瘩，再仔细一看，才发现骆闻舟怀里窝的"靠枕"是个活物。

骆诚问："你在这儿等多长时间了，怎么也不知道打电话叫个人？"

"还行，"骆闻舟不大在意地说，"冻一会儿有助于感悟人生。"

骆诚无意中瞟了一眼他手里方才摆弄的手机，发现此人"感悟人生"的材料，居然是他自己各个角度的照片，顿觉消化不良，感觉骆闻舟是越来越不要脸了。

五分钟以后，骆诚把捡来的儿子和亲生的猫一起放进屋，并且亲自挽起袖子，戴上老花镜，对着说明书给骆一锅装猫爬架。

骆闻舟在旁边嘱咐他："罐头和零食我都没拿过来，您给它吃点猫粮就行了，别给它买那些乱七八糟的，这胖子该减肥了，把我羽绒服拉锁都坠坏了。"

骆一锅到了陌生地方有点认生，趴在骆闻舟一只穿过的拖鞋上，团成了一只十五斤六两的大毛球，警惕地左看右看。

骆诚从老花镜的镜片上面射出目光："猫放我这儿，不怕领不回去了？"

骆闻舟："您快别吹牛了，我妈要是同意，您早把家里变成动物园了，还用蹭我的猫？"

说完，骆闻舟不客气地从冰箱里扒拉出一碗剩的炒米饭，随手倒进锅里翻炒两下，端出来吞了。他说："宠物店寄养年底涨价，还得跟别的猫打架抢地盘，关键这厮货又打不过人家，我觉得钱包和猫都很容易受到伤害。"

骆诚想了想："那我给你养到开春，再长你妈就该不干了。"

骆闻舟顿了顿，总觉得囫囵吞下去的剩饭噎在胸口，无论如何也顺不下去，只好端起茶杯灌了一口凉水，灌得自己狠狠地哆嗦了一下，他说："不用，春节我们过来给您拜年，顺便接走。"

骆诚听了，没问他为什么要寄养猫，也没问费渡为什么春节才能来，理所当然地，他好像什么都知道，只是说："除了养猫，你还有什么事求我？"

骆闻舟坐了片刻，终究是咬紧了牙关，一声没吭，然后他站起来把碗洗了。

骆诚也不催他，原本只是一堆零件的猫爬架很快像模像样地成了形，骆一锅按捺不住好奇，终于小心翼翼地抛弃了拖鞋，踮着脚溜达过来，在架子底下打着转到处闻味。

"爸，"骆闻舟忽然说，"我有时候是不是挺给您招流言蜚语的？"

骆诚稀奇地看了他一眼："吃错药啦，跑我这儿忏悔来了？"

骆闻舟有些沉闷地在他旁边坐下："您从来也没说过我什么。"

骆诚："我说你就听吗？"

骆闻舟想了想："……哦，那倒也是。"

骆诚被他噎了一下，就在骆闻舟以为老头要发脾气的时候，骆诚却笑了："你又不是吃奶长这么大的，都这把年纪了，什么都用我批准指示，你活着还有什么劲？别人愿意说什么，反正也不敢当着我的面说，也可能他们要求特别高——不过我觉得你……"

骆诚一顿，骆闻舟无端紧张了起来。

花镜把老头的眼睛放得格外大，破坏了平时的严肃感，骆诚用不太严肃的目光看了看他，一撇嘴："就算还行吧，勉强长得像个人样。"

骆闻舟从青春期开始，就不断地往长辈、往大众不赞同的路上走，走得孤注一掷，因此尽管嘴硬，也仍会自我怀疑，怀疑自己揽了事，却并没有想象中的天资和能力，怀疑自己离开长辈的庇佑，也许会一事无成。

十几年、几十年，无数前辈倒下的地方，如今要他来收这个尾，他能圆满地收住吗？

骆闻舟回家收拾猫把它送过来的时候，觉得两只脚陷在泥里，冰冷的泥水黏糊糊地裹着他的脚，步履维艰，可是父亲这一句几乎不能算什么好话的评价落在他耳朵里，却好像是快速烘干机，顷刻驱散了那种狼狈的战栗。

骆闻舟愣了半晌，突然蹭了蹭鼻子，站起来说："那我走了。"

骆诚："等等，你真没有……"

"真没有，"骆闻舟换上鞋，弯腰系鞋带，"当年我非要报警校的时候您不就说过吗，自己选的路自己爬，以后有什么事您也不会管，现在怎么？老了，心软了？"

骆诚骂他："兔崽子，滚，你才老！"

骆闻舟站起来跳了两下，举起那个让他爸看了颇为不适的手机，凑在嘴边轻轻亲了一下："我又不是吃奶长这么大的。"

说完，他扣上大衣的帽子，带着风走了出去。

当年，老杨嫌他不能扛事，到死也没和他透露过一星半点儿，甚至死后仍然留下遗书逼迫师娘缄口不言。如果他能早几年"懂事"，早几年接过长辈们肩上的担子，师娘是不是也不用走到这一步？

可是事已至此，追究这些已经没有意义了。

至少他还有费渡，还有兄弟们，还有上一代人没能解决的沉冤。既然连老头都说他"像个人样"，他好歹得做一点有人样的事。

"是我。"骆闻舟拨通电话，打给了陆嘉，"你们费总把你交给我了，你们现在在什么地方？"

陆嘉带着周怀瑾来到了一处花园小区。

"就是这儿，"周怀瑾看了看手里的地址，"杨波他们母子当年住的就是这里！"

陆嘉把车停好，探头看了看，小区保安立刻警惕地张望过来，直到看见陆嘉开来的车，神色又和缓下来——对于有钱人，社会总是先假设他们都是好人。

陆嘉笑了笑，走进门口一家便利店，随便买了些鸡零狗碎，跟收银的聊了起来："那是什么小区？看着还挺不错，私密性也好。"

收银员顺着他手指的方向看了一眼："哦，银河城。银河城私密性当然好了——您要买房还是怎样？不过要是买房，我劝您别买那儿。"

埃德蒙·唐泰斯

陆嘉奇怪地问："那为什么？"

"产权不是住宅嘛，才五十年呢。另外您看，他们这二十四小时保安、院门、楼门、楼道三道门禁，进进出出的都是好车，你要是开个普通一点的车，保安得拦下盘问半天，明白吧？"收银员用十分暧昧的目光冲陆嘉一挤眼睛，"这地方又叫'二奶楼'，风气不好，不过您要是不想自己住，租出去也还可以。"

陆嘉问："这么说租金挺高？"

"物业费也高，十年前就五块一平方米了，租金当然更高，"收银员找了零钱，嗤笑一声，"手里没钱的人也不会搞这些幺蛾子。"

陆嘉和周怀瑾对视一眼，杨波的母亲搬到燕城之后，就没有固定工作，过着几乎是"大隐隐于市"的生活，她靠什么能租得起这里的房子？

"据说她在这里开了一家私房菜馆，"周怀瑾说，"自己家里做，每次只摆一张桌子，要提前预约的那种，一个月也开不了两次张。我弟弟和杨波关系最紧张的时候，曾经想来调查，结果根本约不上，人家不接待他，郑凯风倒似乎是常客，不过，嘶……"

周怀瑾低头看着手机里女人的照片——杨波母亲的长相虽说不上丑陋，但也和"美丽"不搭边，年轻时候是个路人，后来则是个普通到容易让人忽略性别的中年妇女，连周怀瑾看了，都觉得她着实不是郑凯风的口味。

"她是病死的，死亡时间很微妙，"陆嘉示意周怀瑾上车，"正好是董乾开始和假快递员接触、预谋要杀周峻茂前后……如果杨波不是郑凯风的私生子，那我倒是觉得有一种可能性。"

周怀瑾："什么？"

"联络人。"陆嘉启动了车子，"郑凯风和魏展鸿不一样，他的根基不在国内。如果像费总猜测的那样，他最早是通过苏慧和国内这伙专职谋财害命的人搭上线，那之后维系关系、委托业务，都需要一个靠得住的联络人——苏慧早年糟蹋自己，十几年前身体就不行了，死得也早，所以这个联络人有没有可能是杨波的母亲？"

周怀瑾："你是说，郑凯风和周峻茂把她的儿子养在身边，是一个为了防着她不老实的人质！"

"如果真是那样，她为郑凯风服务了十几年，很可能留了一手，所以即使她死了，周和郑也不敢慢待杨波，甚至默认了'私生子'谣言。"陆嘉说，"她死后，假快递员乘虚而入，充当她的接班人作为郑凯风的联络人，在郑凯风身上做手脚……但问题是，郑凯风为什么用她？她到底有什么特殊的……"

陆嘉话说了一半，突然不吭声了。

周怀瑾等了半天等不到下文，不由得疑惑地看了陆嘉一眼。

"周先生，"陆嘉低声说，"先前给你准备的防弹衣穿好了吗？"

周怀瑾激灵一下，慌里慌张地四下张望："怎……怎么了？怎么了？这可是国内，他们难道还敢……"

"别到处张望了，就是后面跟着的那辆黑色轿车——他们什么都敢。"陆嘉截口打断他，把自己所处的位置发给了同伴和骆闻舟，同时猛地一打方向盘，毫无征兆地拐出路口，"不甩开他，我不敢送你回酒店——周先生，系好安全带，你不晕车吧？"

周怀瑾还没来得及答话，后面跟着的黑色轿车从被跟踪人的反应中判断出自己被发现了，非但没有收敛，反而凶猛地加起了速，穷追不舍。

临近春节的夜里，燕城大街空旷得好像澳大利亚小乡村，陆嘉毫不吝惜地把座下的豪车当成了F1，车轮拐弯时发出巨大的摩擦声，周怀瑾一把抓住扶手，怀疑车要翻。就在这时，迎面又驶来一辆白色的SUV，突然打开远光灯，强光乍起，晃得人睁不开眼，同时那白车速度丁点儿也不减，直冲着他们撞了过来！

陆嘉目不斜视地把油门踩到底，打算跟对方同归于尽似的呼啸而去。周怀瑾下意识地闭上了眼，只听耳畔一声巨响，随即是后视镜剐在墙上时让人牙酸的摩擦声，周怀瑾这才发现，陆嘉方才在千钧一发间拐进了一条极其逼仄的小胡同，胡同口的自行车直接被他撞上了天，他在高速下强行拐弯，把车硬塞进了不够宽的小路里！

方才对面的白车反应不及，司机急刹车，大灯来不及收，追着陆嘉他们的那辆黑车花了眼，两辆车迎头撞在了一起，爆起来的火花点燃了夜色！

周怀瑾蓦地回过头去看陆嘉，硬是从那一团胖子的躯体里看出了个电影里特工式的型男："你……你……"

陆嘉一耸肩，点了根烟叼在嘴里："幸亏修车的钱有费总报销——周先生，这才刚开始，你还吃得消吗？"

周怀瑾喘了几口粗气，一手抹去额头上的冷汗，在这么个凶险时刻，他居然说："这么说我是个很关键的人物了？看来我查到的那些……苏慧、郑凯风之类狗皮倒灶的事都是重要线索！"

陆嘉诧异地看了他一眼。

只见那文质彬彬的周氏继承人竟然笑了："那我就放心了！"

第十六章

说话间，陆嘉已经冲出了小胡同，一头扎进另一条路上——高速发展的城市一般都有这样的问题，建设初期没考虑到停车位，很多地方车位都非常紧张，没地方停的私家车就贴个联系方式非法放在路边，夜里与节假日往往能自发排成整齐的队列，是燕城一大特色。

此时，一侧路边的车静静地沐浴在萎靡的路灯光下，车顶结着细细的白霜，好像已经沉睡多时。

周怀瑾探头看了一眼被生生蹭掉的后视镜："甩掉了吧？"

陆嘉没吭声，周怀瑾一口气还没松到底，就见那胖子突然不知有什么毛病，好好的路走了一半，他再次毫无预兆地一个大转弯，车轮碾过碎冰碴，略微打了个滑，后备箱在老旧的路灯杆上重重地撞了一下，陆嘉看也不看，把油门踩得"呜"一声尖叫，再次拐进细窄的小胡同，让这辆车强行瘦身，把另一边的后视镜也蹭掉了！

周怀瑾被安全带勒得生疼，回头望去，只见一辆原本在路口停靠的轿车诈尸一样地启动了，只比陆嘉慢了一步，这里竟然还有埋伏！

周怀瑾骇然："你怎么知道的？"

"直觉。"陆嘉很没素质地把烟头弹进了墙角的雪堆里，"挨打挨多了，你就知道套麻袋的喜欢选在什么地方下手。"

周怀瑾单知道这个人是费渡派来照顾他的，以为大约是个助理之类的人物，闻听此言，终于忍不住问："你到底是干什么的？"

"大混混。"陆嘉先是随口说，随后感觉这个回答有些给费渡掉脸面，连忙又改口说，"不对……我应该算那个、那个什么玩意儿基金的行政总监……"

周怀瑾追问："什么基金？"

陆嘉愣住，名片印出来就没仔细看过，想不起来了。

俩人相对无言片刻，忽然，陆嘉脸色一变，骂了一声。

穿过小胡同，前方却并没有豁然开朗，而是一堆更加错综复杂的小路，叫人一看就晕，陆嘉不知从哪儿摸出了一面小镜子，拉下车窗手工代替后视镜，只见身后车灯凶狠地交错而来，几辆摩托从左边的小巷里追了出来。

周怀瑾这才反应过来陆嘉骂街不是因为想不起自己的职位，连忙往副驾驶那一侧看："这边也有！"

"看来他们选在这地方动手是有原因的，"陆嘉沉声说，"事先想到我们会来查杨波，特意围追堵截地把我们赶进来，这是要'打狼'……你干什么？"

周怀瑾拿出手机："喂，110，有一伙歹徒一直在追我们！"

陆嘉默叹：周先生真是个遵纪守法的文明公民。

可惜警察并没有任意门，不能立刻响应召唤从天而降，连陆嘉他们自己的人都来不了这么快。等周怀瑾在刺耳的引擎声和撞击声中，好不容易跟接线员把自己的位置说明白时，他们俩已经被完完全全地堵在了一条小路的中间。

周围没有路灯，交织的车灯却晃得人睁不开眼。

周怀瑾从来没经历过这种阵仗，往左右一阵乱摸："怎么办，要动手吗？有武器吗？"

"后座底下有……"陆嘉先是说了几个字，随后快速评估了一下周少爷的软硬件，"唉，你还是算了，别给人家送菜了，自己藏起来。"

"藏……藏起来？"周怀瑾目光一扫这杀气腾腾的包围圈，"不……先谈判不行吗？"

他话音没落，围追堵截的那伙人已经争分夺秒地扑上来砸车了，陆嘉从车座底下捞出一个头盔扔给周怀瑾："自己戴上，找机会跑。"

周怀瑾在一片嘈杂里什么也没听清，只得大喊："你——说——什——么？"

陆嘉一把扯下了身上的外套，他里面竟然只穿了一件紧身的T恤，随后，他将凹陷的车门掀开，靠手劲撞飞了一个人，直接拎着铁棍横扫出去，铁棍砸在人肉体上的声音让人心颤。

周怀瑾本意是想帮忙，但是事到临头，完全不知道从何帮起，他才刚把自己斯文柔弱的脑袋塞进头盔，身边的车窗玻璃就被人砸了个稀碎，碎玻璃碴如雨下。时间好像忽然被拉得无比漫长，周怀瑾看见砸车的人鼻子里喷出白气，面部表情近乎狰狞，野兽似的朝他扑过来。他的四肢不经意识调动，已经手脚并用地动了起来，慌不择路地钻向后座。

冷风呼啸着灌进来，两把砍刀从凌乱的车门中直戳向他后背。这个时候，周怀瑾突然发现自己是不害怕的——顾不上，他只是一边努力地蜷缩起身体，一边思考："防弹衣能防刀子吗？是一个原理吗？"

紧接着，车身巨震一下，更多的碎玻璃片劈头盖脸地掉下来，刀子划破了周怀瑾的小腿，与此同时，那几个持刀行凶者被身后的偷袭拍在车身上，一股难以言喻的馊味四下弥漫开。

周怀瑾定睛一看，只见原本在路边好好站着的大垃圾桶居然也无端加入了战局，被力大无穷的陆嘉横着砸了过来。这一片疏于管理，铁皮的垃圾桶挺着个半饱的肚子，里面装的大约还是陈年的旧垃圾，在孤独的岁月里彼此发生了奇妙的反应，气味堪比大规模杀伤性武器！

这么片刻的工夫，陆嘉身上已经沾满了血迹，不知道是别人的还是他自己的，他揪起周怀瑾，一把将他拽下了车，抬起比腿还粗壮的胳膊勾住他的脖子："跑！"

周怀瑾的头盔被碰歪了，厚重地挡住了一半视线，他感觉自己成了一只东倒西歪的大头蘑菇，完全被陆嘉扯着走。

突然，他的头盔好像被什么东西撞了一下，仿佛是个崩起的小石子，"当"一下，声音很大，周怀瑾正五迷三道，按在他脖子上的那只手陡然下压，生生把他按矮了半尺，以浓缩状态冲进了一条小巷。

周怀瑾伸手乱摸，摸了一手的冰冷黏腻，陆嘉的呼吸粗重极了，他连忙将偏移的头盔扒拉回原位，这才发现，头盔右侧竟然布满扎手的裂痕，而陆嘉方才搭着他脖子的那条胳膊血肉模糊。

周怀瑾脸色骤变："他们怎么还有枪？"

陆嘉没吭声，沉重的呼吸里带着痛苦的颤音，他一手摸进腰间，皮带上挂着一把三棱尖刀，冰冷的刀柄硌在手心，陆嘉身上蒸出了带着血腥气的汗。然而他只是摸了一下，下一刻，他就猛地把周怀瑾往后推去，重新拎起了那根已经砸弯的铁棍——刀是好刀、好凶器，以他的身手，冲出去捅死几个人没问题。

他有这个本事，也有足够的愤怒和血气。

可是不能，因为他是那个……什么玩意儿基金的"行政总监"。

虽然基金的名字硬是没记住，但他知道里面周转的钱是干什么用的——那是给那些伤痕累累、求告无门的人买面包的，虽然无法治愈精神上永无止境的创伤，至少让他们物质上不至于走投无路。

所以哪怕他胸中有万古长刀，他也不能代表费渡去砍人，更不能代表那些认识或不认识的可怜人去砍人。

"跑。"陆嘉抽了口凉气，对周怀瑾说，"我给你挡着，跑出去找警察，找骆闻舟！"

周怀瑾心说这不是扯淡吗，一伙拿刀拿枪的歹徒在前面索命，这位陆先生提着一根砸弯的铁棍就打算要抵挡千军万马？

"我不……"

陆嘉不由分说，回手推了他一个趔趄，紧接着一棒子挥出去，把一个追上来的歹徒撞了出去，与此同时，他一冒头，旁边的墙上就响起一阵"噗噗"声，子弹在墙上弹得乱蹦，尘土飞扬。陆嘉被迫缩回矮墙后，正这时，引擎声乍起，一辆摩托车横冲直撞地向他藏身的地方撞了过来！

陆嘉为了躲子弹，正好贴着墙角，眼看无处退避，要被那摩托车挤死在那儿，忽然，黑暗中有个什么东西横空砸了过来，正好砸中了摩托车的前轮，高速的两轮车平衡顿失，一个前滚翻扑了出去。

陆嘉蓦地回头，只见方才跑开的周怀瑾居然又去而复返，还不知从哪儿弄来了几块板砖，扔出去一块，手里还拎着两块！

陆嘉气结："我不是让你……"

"我知道的事都告诉费渡了，"周怀瑾举着傍身的两块板砖，大声说，"就算我死了，他们也能继续查，也能猜得出他们为什么要杀我！我怕谁？"

周怀瑾，金玉其表，败絮其中。

他懦弱无能，前半生都在惶惶不可终日里徘徊着瑟瑟发抖。

"真是窝囊啊。"他想，"我他妈的谁都不怕！"

陆嘉的神色有些难以言喻，但此时已经来不及再说什么，更大的引擎声随即响起，其他的摩托车也跟着效仿，周怀瑾故技重施，可惜到底不是专业选手，两块飞天板砖连失准头，已经无计可施。

周怀瑾本能地抬手挡住刺眼的车灯，被一腔热血冲得头重脚轻之余，又有些难过——陆嘉本来想让他老老实实地在酒店里待着，是他放不下谜一样的杨波母子，非要自不量力地出来查访。他总觉着怀信的事还没完，他还没有得到最后的交代。

结果自投罗网，恐怕还连累了别人。

怀信还在天上看着吗？周怀瑾想，如果还在看着，能不能借一点运气给你没用的大哥？

大哥这辈子别无所长，大约也只能靠运气翻盘了。

就在这时，一声尖锐而短促的警笛声凭空响起，周怀瑾一呆，还以为是幻听。

随后，那警笛声大喘气似的续上了，红蓝相间的光在夜空中大起大落，直奔着他们的位置迫近过来。

周怀信的画在他店里挂着，周怀信的名字摆在他心里的神龛之上，应了他绝境下、走投无路的祈祷。

小骷髅专业户活着的时候，只是个半吊子画手，一死之后，反倒是成了一个人的信仰。

只可惜警察虽然赶到，警车却不便像陆嘉那样从窄缝里强挤，一时进不来这"风水宝地"，一个骑摩托车的人发出一声尖锐的呼哨，手起刀落，迅速解决了倒地不起的同伴，不留一个活口，剩下的迅速沿着预先算计好的小路逃窜而去——往来路径掐算得十分精确，如果不是陆嘉意料之外地扎手，警察又跟开了挂一样来得太快，简直是一次完美又从容的刺杀！

陆嘉晃了晃，周怀瑾本来想拉他，也不知是自己手太软还是陆先生超重，没拉住，俩人同甘共苦地一起坐在了地上，急促的脚步声涌上来，一个熟悉的声音问："没事吧，人呢？"

"我一猜就是你。"陆嘉攥住不停流血的胳膊，勉强冲匆匆赶来的骆闻舟笑了一下，"等接线员通知再调度出警，估计我俩尸骨都凉了。"

"费渡手机上有你俩的精准定位，"骆闻舟皱着眉仔细看了看陆嘉的伤口，"别废话了，先去医院。"

"老大，"郎乔带着几个刑警在旁边把尸体翻动了一圈，说，"留下的这几个都没气了。"

"带走，核对DNA和指纹。"骆闻舟沉声说，随即他不知想起了什么，深深地看了陆嘉一眼。

"正当防卫，刀都没动，"陆嘉一眼看出他在担心什么，老神在在地笑了，"我还怕你自己一个人过来呢，没想到你这个大英雄除了会背后偷袭，也不太孤胆——怎么，费总出事，你没被停职？"

"我又不傻，"骆闻舟一弯腰，跟周怀瑾一起把陆嘉架了起来，"停职归停职，我的人还是我的人，我说话还算数，是吧，孩儿们？"

郎乔、肖海洋、小武，还有一大帮市局刑侦队的精英，值班的、休假的，全被他调动出来了，还有个身不能至的陶然，在通讯器里跟众人同在。

陶然说："毕竟都是被你喂到这么大的。"

郎乔大言不惭："反正我是心腹。"

肖海洋板着脸："反正我信不过别人。"

"噫，老脸都让你们说红了，"骆闻舟面不改色地一摆手，"先确定死者身份，可能都是有案底的，然后接着追，以市局名义，紧急向各区分局、派出所请求支援协助，就说有一伙持枪劫匪在流窜——眼镜和二郎等会儿，先跟我一起把伤员送医院，谋杀未遂，我怕他们会有别的异动，速度！"

他一声令下，封现场的封现场，叫支援的叫支援，所有人都有条不紊地行动了起来。

费渡不知道外面这一段惊心动魄，他正态度良好地"配合调查"。

"你不知道你父亲在哪儿？"

"我过来之前刚接到疗养院电话，"费渡无所谓地一耸肩，"还没来得及确认，怎么，看来是真的了？"

调查员仔细观察着这个费渡——他年轻，好看，从头发丝到手指甲无不讲究，袖口透出一股扁柏、乌木和雪松混杂的香水味，整个人就是个大写的"纨绔子弟"。调查员忍不住低头扫了一眼费渡的基本资料，太年轻了点，还是个学生："你一点儿也不担心他？"

"担心什么？费承宇被人绑架吗？"费渡笑了起来，笑容却没有上升到颧骨以上，"他这三年多一直靠机械维持基本生存需求，大脑已经没有恢复的可能，您说他是人也行，说他是一团泥也没什么不对。前些年公司里的老人们不服我，有这么个将死没死的'太上皇'镇着他们挺好，现在费承宇就没什么用了，一个累赘，绑就绑了吧，最好撕票。"

调查员盯着他的眼睛："你说费承宇的大脑已经没有恢复的可能性，这是谁告诉你的？"

费渡一脸莫名其妙地挑挑眉："医院啊，这还能是我编的吗？二院、五院、北苑脑外——还有滨海疗养院，您可以挨个问……不是，您不会觉得，是我为了家产对他做了什么手脚吧？"

调查员神色凝重。

费渡"哈"地一笑，是一脸不屑解释的样子——不管怎么说，费承宇出事的时候他才十八岁，十八岁的独生子富二代弑父谋夺家产，怎么听怎么像是匪夷所思的小说情节。

调查员发现，费渡好像一点儿也没有意识到，如果费承宇真是植物人，那他自己就是第一嫌疑人，他好像甚至不知道自己是因为什么而被叫到这里来的。这什么都不知道的态度好似倒为他无意中撇清了关系，如果这也是装的，那这年轻人的城府未免太深。

调查员清了清嗓子："几年前——也就是你父亲车祸前不久，贵司旗下一家融资租赁公司曾经有一笔业务往来，合作方是'泰华数字技术有限公司'，你知道这笔业务吗？"

"不知道，"费渡平静地回忆片刻，眼神波动都没有，"我爸没出车祸之前，我就是个要钱花的，没掺和过他的工作。"

"那你接手后呢？这应该是你接手之前不久的事。"

费渡看了看他，忽然笑了。

"您说的那家融资租赁公司，表面上我们占股45%，是第一大股东，但实际控制人不是我，如果您仔细查过就知道，剩下三个平分股权的小股东实际上是一致行动人，"费渡仿佛为了给对方解释清楚似的，又十分耐心地换了一种说法，"也就是说三个小股东其实是一家精分出来的，我这个名义上的大股东说话不算数。"

黙读
大结局

"为什么会出现这种情况？"

费渡略微调整坐姿，轻轻地靠在椅背上，显出一点青涩与世故并存的特殊气质："公司挂在集团名下，实际控制公司的小股东本身也是集团内部的高层，背靠大树，出去揽业务会有很多便利，等于是用集团的资源给他们自己的私人资产搭便车——不过话说回来，也是笼络老人的好办法，让他们把自己的身家挂在我这儿，大家一荣俱荣、一损俱损，利益总能换成忠诚。这个事是费承宇默许的，水至清则无鱼，我没必要一上台就砸人饭碗。"

"负责人是谁？"

"苏程，集团的几个副总之一。"费渡说，"至于您说的那个什么数字技术……"

"泰华数字技术。"调查员连他脸上的一丝表情也不放过。

"我没听说过，"费渡说，"可能规模不大吧，几千万的小钱不用过董事会和股东会，也不会特意拿出来跟我汇报。怎么了？他们是偷税漏税，还是碰了政策红线？"

调查员目光一沉，刚要说什么，就听费渡又开了口："应该不至于，每年都年审，就算有人作妖也得披着合法合规的皮打擦边球，没那么容易被查出问题，所以到底有什么问题？您可真是让我有点找不着北。"

调查员方才打算出口的问题被费渡自己说了，后面的话没接上，一时有些哑然。这个年轻人，要么是真诚地实话实说，要么就是太缜密了，无论哪一种情况，都不适合继续兜圈子。

调查员干脆突如其来地来了个"单刀直入"，直接问："费总，你家生意做这么大，你又是好不容易站稳脚跟的，为什么忽然放下家业，跑去燕公大念这么一个对你来说毫无用处的研究生？"

费渡毫不犹豫地说："我要找一个叫'范思远'的人。"

调查员已经准备好要听一堆搪塞和借口，没料到对方直接说了实话，顿时好像一脚踏空，下一句几乎是下意识地问："范思远，你知道范思远是谁？"

"大致知道，他曾经是燕公大的老师，"费渡坦然说，"但更具体的事，我找人查了很久，一直没有结果，只好自己去找答案。"

"那你为什么要找范思远？"

费渡长长地吁了口气："那这事可是小孩没娘，说来话长了——您确定想听？"

一个小时以后，调查员接到同事电话，他看了一眼在自己对面摆弄茶杯的费渡，感觉方才接受的信息有些难以消化——费渡花了一个钟头，给他讲了一个匪夷所思的故事。

范思远在理论上已经"跳海身亡"之后不久，居然又和费承宇一起出现在费家，冷眼旁观虐待狂费承宇用匪夷所思的手段家暴妻儿，甚至提出了应该怎么彻底"驯化"一个人，"驯化"这个词，是几年后导致费渡母亲自杀的罪魁祸首。

他说的到底是真的还是假的？

调查员阅人无数，他觉得费渡在回忆那件事时，压抑的是真情实感，那种感情，装或者演，是表达不出来的。

可如果是这样，费家父子的关系一定相当紧张，毫无信任感，费承宇真的敢在这么憎恨自己的儿子面前假装无行为能力人吗？他图什么，就不怕弄假成真吗？要是费承宇真如费渡所说，是个活死人，那到底是谁悄无声息地绑架了他？

绑架费承宇，从费渡这里肯定是讨不到一分钱的，那么……如果不是费渡这个人谋财弑父，接管了费承宇的一切，还装作一脸无辜，就是有人刻意栽赃误导，拿费承宇当挡箭牌。

调查员一边在心里估量着，一边接起同事电话："喂？"

"费渡这一点应该没说谎，给那家和窃听有关的可疑厂家投钱的融资租赁公司，实际控制人确实不是他，是一个叫'苏程'的高管。我们查过了，苏程原来只占20%的股份，在费承宇刚出车祸的时候乘虚而入，当年集团的总经理办公会上，费渡还曾经要求他做过解释，但是'皇帝驾崩，太子年幼，摄政王一手遮天'，苏程联合了一帮跟着费承宇的老人，差点儿'逼宫'成功，弄得继承人十分狼狈，这件事后来也不了了之。"

调查员看了费渡一眼，沉声说："把苏程叫过来配合调查。"

"我正要告诉你这个，苏程跑了。"

"什么？"

"他夫人说他今天接了个电话，就匆匆忙忙地收拾了行李，只说要出差，可是护照都带走了。公司那边说他的日程里没有出差安排，也没有人给他安排机票，连同苏程一起失踪的还有他身边一个女助理，公寓里已经人去楼空，物业说不止一次看见过苏程出入这个助理的公寓，怀疑苏程和这个助理可能有不正当关系，可能还有财产转移问题，要进一步调查。"

转移财产，连夜跑路，把老婆扔下带走小情人……

"排查机场、火车站，务必把人抓回来！"

费渡虽然听不见电话里的人说了什么，却能从对面调查员的反应里判断一二，他默不作声地端起茶杯，借着造型质朴的杯子挡住自己略微提起来的嘴角。

在他们抓卢国盛的时候，市局里暴露出了泄密问题，隐藏得那么深的内鬼，会那样轻易地暴露出他在监控上做的手脚吗？当时费渡就觉得有点不自然，现在看来，这只是一步把替罪羊推出来的暗棋而已。

曾主任是一个替罪羊，这位被强行推到管理岗位上的技术专家在人情世故上确实少根筋，这些年张春久一直重点培养他，显然并不是看中他的专业。曾主任曾经一度不停地轮岗，表面上看，是为了让他尽快成为一个能面面俱到的全能管理人员，其实是让他在根本来不及弄清楚一件事里有什么猫腻的时候，就被庞杂无序的杂务狂轰滥炸，稀里糊涂地不知跳了多少坑。

另一个替罪羊，现在看来就是费家了，警方只要查出监控厂家有问题，循着线索找到费家只是时间问题，早年间费承宇当金主的时候，一部分资金曾经从集团走过，至今仍然留有蛛丝马迹，费渡自己都查得到的事，经侦科的警察当然更能一目了然。而费承宇已经是植物人了，只要再让费渡随便出个意外，死无对证，这案子就有结论了，那些人大概连结案报告都替警察想好了：

出卖顾钊的是刚工作的小法医曾广陵，因为他不在刑侦队，工作资历又浅，所以无论是顾钊，还是之后或明或暗对顾钊案有所怀疑的老刑警们，都没有怀疑到他头上。而除了郑凯风、魏展鸿之外，最后一个幕后黑手就是费承宇，身份、动机、财力、死因蹊跷的妻子和岳父……费承宇怎么看都是个"黑手"的好材料。

可惜，费渡并不肯老老实实地出意外。

"这个苏程今天下午还在费氏集团出现过，咱们联系费渡的时候，苏程就在旁边，当时没人注意到他，也不知道他是干什么的，我记得去接费渡的车也是他张罗安排的，我们刚才得知，那辆车在回来路上中途抛锚，据司机说，还差点儿追尾。"调查员听着电话里的同事说，顿时一身冷汗——费渡"年轻人沉不住气"，接到消息以后没等人去接，自己急急忙忙地先赶过来了，如果他当时真坐了那辆车，是否就不是"差点儿追尾"的问题了？

调查员心有余悸地看向费渡，却见那年轻人正一脸挑剔地喝他们提供的红茶，眼角眉梢都挂着"我是在捏着鼻子喝泔水"的欠揍样，完全不知道自己刚和死神擦肩而过。

"去问他夫人，"调查员没顾上管这个"命大"的小青年，站起来往外走去，"他在外面养情人，夫人一点儿也不知道吗？我不相信……"

后面的话听不见了，有个工作人员客客气气地请费渡去休息，他虽然暂时被限制了自由，但待遇还不错。费渡好整以暇地冲带路的工作人员一笑："可以借我一点能打发时间的东西吗？小说，不联网的游戏机，都可以。"

调查员们短时间内大概是没精力管他了，因为他们很快会发现，苏程的夫人一直在找私家侦探偷拍苏程出轨的证据，这个"私家侦探"虽然职业不十分合法，却也十分敬业，除了交给苏夫人的照片之外，他还顺便保存了苏程近期的所有行程。

所有和苏程有过接触的人都会被列入调查名录。

费渡当年把费承宇的爪牙卸了个干净，唯独留下苏程这么个志大才疏的蠢货，甚至睁一只眼闭一只眼地任他侵吞了一小部分资产，也就是为了今天。

费承宇被自己养大的怪物反噬，费渡预备着与虎谋皮，当然得事先找几个替死鬼，苏程就是一个饵，是"网开一面"里的"一面"，是留给对方的一个"靶子"，知道他们往苏程身边安插人的时候，费渡就知道他们咬钩了——那些人得意太久，也太傲慢了，总觉得自己能控制一切。

有陆嘉和骆闻舟在，他们想动周怀瑾没那么容易——现在费承宇失踪，苏程失手后潜逃，一切都在失控，那些人打算怎么做呢？

希望他们做事谨慎一点儿，别在苏程那里留下没割干净的小尾巴。

否则，很快就有人需要畏罪潜逃了。

第十七章

"他说了什么？"

"他说……人是一种很奇特的动物，比如锻炼身体，高强度的剧烈无氧运动和长时间低消耗的走路结合，比一直保持中等强度的慢跑效果好得多，锻炼精神的时候道理也是一样，只是一成不变地打骂，他会适应、麻木，甚至会打擦边球，试着造反，所以关键是你平时要塑造一个规矩和氛围，要赏罚分明，他做得好的时候，你要适当给他奖励，触犯规则的时候，就要给他最严厉的惩罚，方才这个强度就可以，你要一下击溃他……"

调查员暂停了公放的录音笔，抬头看向对面的男人。

潘云腾已经被轮番审问了半个礼拜，堪堪保持着镇定，眼睛里却已经冒出了血丝，他表情本来有些木然，可这木然的表情却在录音听了一半的时候就裂开了，他难以置信地抬起头看了看调查员，又紧紧地盯着那小小的录音笔，仿佛里面会蹦出个妖怪来："他……是这么说的？"

"费渡交代的，这是范思远的原话，证词上有费渡的确认签名，"调查员说，"你需要看看吗？"

费渡和潘云腾完全是两个极端，一个是有问必答，一个是嘴如河蚌。张春久说出"画册计划"不是他命名的，把潘云腾推上了风口浪尖，然而他除了承认第二次"画册计划"是自己命名的以外，始终一言不发。

"你知道范思远没死，"调查员盯着他的眼睛，"所以命名了第二次'画册计划'。"

潘云腾的坐姿有些僵硬。

"你匿名举报花市区分局王洪亮参与贩毒，利用你的职位，走的是特殊渠道，那封举报信的后半段，你影射老局长张春久玩忽职守，甚至有意包庇，还质疑了他在任期间刑事犯罪率低得有问题。由于后半段的质疑毫无根据，被截取扣留了——举报材料是谁给你的？"

"我作为一个公民，有匿名举报不法分子的权利，也有保证自己的人身安全和自由不因此受到威胁的权利！"潘云腾咬着牙说，"谁给你们的权力强制我说出消息来源？"

调查员板着脸："匿名举报可以，但没说你可以匿名诬陷、匿名信口开河。"

"王洪亮证据确凿，这是诬陷吗？"

"那针对张春久的指控呢？也有证据吗？如果有，请拿出来。"

潘云腾微微一哽。

"全凭猜测，"调查员看了他一眼，伸手拍了拍旁边的录音笔，"潘教授，那你猜出范思远是这种人了吗？"

潘云腾目光略微一闪，盯着那录音笔一言不发。

调查员："你为什么会允许一个刚入学的学生加入'画册计划'？"

潘云腾两颊一紧。

"因为你看了他的作业，他提交过关于'恶性刑事案件中受害者'和'群体性犯罪'的论文，那正是范思远当年走火入魔之前的研究领域！"调查员一拍桌子，"你以为他是范思远派来的，你以为他加入'画册计划'的目的和你一样！你没想到他是这些论文的受害人。潘教授，你是业内前辈，现在又为人师表、广受敬重，你就跟这种人同流合污？"

潘云腾一时说不出话来："我……"

"抓捕卢国盛的时候，你旁听了审讯，"调查员冷冷地说，"那我不知道你听到那一段没有——冯斌被杀案中，有一神秘的'向沙托夫问好'，还有一个代号'A13'的人物，是他们让卢国盛一步一步暴露，也是他们眼睁睁地看着他分尸了一个孩子！我再告诉你，关于这点，陆局亲口质询过傅佳慧，她没有否认。他们拿无辜的未成年人当道具、当祭品，潘教授，这件事你一点儿也不知情吗？"

潘云腾忍无可忍地摘下眼镜，手肘撑在桌上，双手用力搓揉着憔悴的脸颊。

"教授，你的良心呢？"

"别说了！"潘云腾低吼了一声，好一会儿，他声音沙哑地开了口，"王洪亮的举报材料……是嫂……傅佳慧拿给我的。"

听他终于开了口，调查员暗地里长吁了口气，示意旁边的工作人员记录。

"我看完以后很震惊，问她这东西是哪里来的，她说是其中一个受害人的弟弟，叫陈振，辗转求到了她一个老朋友那里。我不敢轻信，暗地里见了陈振一面，还想办法回顾了陈媛案的细节，发现那女孩确实死得很蹊跷，如果这件事属实，那我知道了就肯定不能不管。可是有一点很奇怪，我问傅佳慧，我早就离开市局了，为什么她会来找我，为什么不直接把这些东西交给张春久。就算经过我，我也是就近找老张解决，我不可能越过他，把这件事捅到上面去，这让老张怎么办，不是陷他于不义吗？没有这么办事的。"潘云腾缓缓地抬起头，"傅佳慧说……她说，'谁不知道这件事归他管？你觉得他会管吗？你还不知道顾钊和老杨是怎么死的，对吧'。然后她拿出了老杨的遗书给我看，我才知道，原来三年前他殉职的时候，正在私下里重新调查当年顾钊的案子，我看了他偷拍的照片，只差一点就要找到这些通缉犯的聚集窝点，这时候他一个人的力量已经不够了，必须要找人协助，他犯了和顾钊一样的错，信了不该信的人。"

"你们认为，这个'不该信的人'，指的是张春久。"

"我想不出还有谁。"潘云腾低声说，"我逼问她，她所谓的'老朋友'究竟是谁，才知道他……范思远居然没死。"

调查员追问："你和范思远接触过吗？你亲眼见过他本人吗？"

"……嗯。"

虽然早有预料，但是乍一听他确定了那个人的死而复生，调查员还是倒抽了一口凉气："什么时候？"

"今年夏天，七月底，我想想……应该是七月的最后一天。那天老陆家里人不在，就他自己，来我家吃饭，我妻子算是他远房表妹，当年我俩认识还是老陆介绍的，两家人关系一直不错。饭还没吃完，他就接了个电话，我听见他叫了声'嫂子'，就知道是傅佳慧找他，当时我心里咯噔一下，隐约觉得有什么事，傅佳慧在电话里说，杨欣学校里有个什么事，她出差了，想求他帮忙，老陆一听，饭都没吃完就急急忙忙走了，他刚走不到五分钟，我家门铃响了。"

"范思远去过你家？"调查员坐直了，语速不由自主地快了几分，"一个死而复生的连环杀手站在你面前，你居然没报警？"

"因为傅佳慧和他在一起。"潘云腾沉沉地吐出一口气，"他坐在轮椅上，老了，老得不像样，如果不是那个神态没变，我差点儿没认出他来，他进来的时候，第一句话就是，'好久不见了，小潘，你想不想知道出卖兄弟的人到底是谁'。"

"他让你干什么？"

"他没让我干什么，"潘云腾的目光有些放空，苦笑了一下，"举报材料我已经提交了，第二次'画册计划'我也启动了，没什么事用得着我，他说他只是来告别的。让我借着第二次'画册计划'好好看看，一切都快结束了。"

一切都快结束了。

腊月二十七，春运已经如火如荼。

不到凌晨五点，周怀瑾被一阵嘹亮的《五环之歌》吵醒。

出于对自己人身安全的考虑，周怀瑾没再回酒店，他的临时住所是骆闻舟家的客厅——几个房间都让给伤员和女孩住了，其他老爷们儿横七竖八地随便找个地方一窝一躺，一人滚了一身猫毛。

周怀瑾迷迷糊糊地把眼睛睁开一条缝，看见骆闻舟接起了电话。

骆闻舟坐在阳台的小藤椅上，面前的烟灰缸满得要爆，也不知道他抽了多少根，天还没亮，他衣装整齐，眼神清醒，不知是早起了，还是压根儿没睡。

"喂，陶然？"

陶然坐在轮椅上，医院走廊两侧睡满了舍不得出去住宾馆的外地病人家属，人虽然多，却没几个醒着的，只有两个调查组的人在重症病房门口跟医生交流着什么，显得有些寂寥。

陶然半天没吭声，骆闻舟看了一眼表，忽然有点不祥的预感。

"闻舟，师娘没了。"

骆闻舟一愣，心里一时说不出是什么滋味。

傅佳慧生前和他关系并不好，那天在病房外面听见她和陆局的对话，他更是一时没理清该怎么面对她，现在倒是省了。"我们是故事的朗诵人"，倒成了她的遗言。

有几个没睡实的，跟周怀瑾一样被他欢快的电话铃声惊动，眼见骆闻舟表情不对，都默默地坐起来看着他。电话信号从呼啸的北风中穿过，其中载着的声音都带上了几分严寒意味，陶然问："杨欣……杨欣还没找到吗？"

这时，陆嘉吊着受伤的手，从卧室里出来，骆闻舟最宽松的外套他都系不上扣，只能局促地披在身上，脸上还有那天晚上半夜惊魂留下的划伤和淤青，走到哪儿都极有存在感。

陆嘉说："骆队，那天有人冒充出租车司机，把费总送到别墅，之后我们想办法跟上了他们，发现他们径直出城了，到了临近滨海的L市，现在正在附近一个名叫西二条的县城落脚。"

肖海洋把擦完的眼镜戴上，带着点鼻音说："我知道那儿，小商品批发市场，附近开网店的都去那儿拿货，人流量大，鱼龙混杂，很容易藏身。"

"对，他们在那儿租了个很偏僻的小仓库，车位不止一个，看着像个据点，我们的人没打草惊蛇，在旁边蹲了两天点，刚刚看见有一辆陌生的车开进去了，"陆嘉把几张传过来的手机照片递给骆闻舟，"你们通缉的是这辆车吗？"

骆闻舟第一眼没看车牌号，只看见了一个穿白羽绒服的年轻女孩侧影，一眼就认出这是杨欣。

"老大，"小武那天没抓到那帮穷凶极恶的摩托车队，一听又有消息，连忙摩拳擦掌地凑过来，"怎么办，抓吗？"

电话里的陶然也沉默地等着他的回音。

骆闻舟仔细把传回来的照片从头翻到尾："小武，你带几个人，租一辆货车去西二条，叫特警支援，务必一个不剩地把人抓回来。"

小武活鱼似的，一跃而起。

陆嘉一点头："我叫我的人配合。"

"等等！"骆闻舟又叫住他。

"老大，还干什么？"

骆闻舟犹豫片刻："小心……小心点，我们的目标是他们背后的人，抓回来要审的，尽量别伤他们。"

小武愣了愣，明白了他的意思，"哎"了一声，带人走了。

方才人满为患的客厅空了一半，肖海洋洗了把脸："骆队，我们下一步怎么办？"

"杨波他妈查得怎么样了，你给我说说。"

"她叫卓迎春，十八个月以前因病去世，死的时候五十三岁，户籍和籍贯都是H市，但出生地不详。"肖海洋说，"我问过了，人家说这个身份信息不一定是真的，这个年纪的人不是一出生就有身份证的，很多信息都是后来自己报的，有些可能连年纪都不对。她登记的亲属信息里只有婚后杨家人的部分，自己的父母兄弟不详。管户籍的民警说，这种情况，她可能是孤儿，也可能被人拐卖过，几十年前的事，都说不准，可能要到当地问一问。"

"走，"骆闻舟站起来，"都别睡了，解决了这事，回来再好好补觉。"

第十八章

深冬时节，天很晚才亮，未央的长夜让人和动物都懒洋洋的，也有人在颠沛流离。

一辆低调的家用轿车混在被返乡大军堵成一团的高速路上，缓缓地靠近收费口，苏程握在方向盘上的手心里布满了冷汗。

"为什么这么堵？"

"师傅我问一下，您这排队有一个小时了吗？"

"一个小时？快半辈子了！听说是前面在安检。"

"进城安检，出城也要安检，有病吧？高速堵成停车场能多收停车费吗？"

被堵在高速公路收费站口的司机们纷纷下车观望，怨声载道。

"前面在抽查身份证和驾照。"副驾驶上的女人压低声音说。

苏程沉沉地嗯了一声，双手在方向盘上轻轻滑动，蹭掉了掌心的汗，他戴了假发和帽子，粘起了眼角，弄了一圈假胡子，怎么看怎么像个邋邋遢遢的猥琐老男人，他自信这身行头与平时颇为讲究的"苏总"毫无相像之处，没那么容易被人认出来，混出城应该不难。

只可惜时间仓促，身份证没来得及造假，偏偏就撞在枪口上了。

大半个燕城的人都集中在这几天离开，市区成了空荡荡的鬼城，出城的高速公路却堵成了一锅粥，苏程一开始以为只是人多造成的拥堵，等弄明白前方有安检的时候，再想掉头逃跑是不可能了，前后左右的车都几乎是摩肩接踵，司机们全都虎视眈眈地提防着别人插队，除非弃车，否则插翅难飞。苏程从来养尊处优，平时多走几步路都担心磨坏了脚底，眼见周围大大小小的监控、警察遍布，他低头看了一眼自己装饰用的两条腿，实在没有勇气推开车门。

"没事，"苏程强行冲他的小情人笑了笑，自我安慰似的说，"这种安检一般都只查货车和大客，私家车很快就让过去，你放心吧。"

女人斜了他一眼，老男人形容猥琐，已经是面目可憎，如果再加上愚蠢，简直讨嫌得让人恨不能将他就地人道毁灭——安检一般只查进城，出城这么严格，显然是不正常。女人抓住苏程的手臂："走，我们下车。"

"下……下车？"苏程左右观望一下，这时，前面的车蜗牛似的往前走了几米，他一时犹豫，没有立刻跟上去，眼看旁边的车要插队，后面鸣笛声连成了一片，苏程活像个烂泥扶不上墙的阿斗，瞻前顾后片刻，又慢吞吞地踩油门跟了上去。

"不行啊，"他自以为有理有据地说，"那也太明显了，万一被人拦下怎么办？再说把车扔在这儿，咱们还怎么走？"

女人在墨镜底下翻了个白眼，随后，她把墨镜摘下来塞进包里，抽出一张卸妆湿巾，飞快地把脸上的口红和眼妆卸干净，两把绾起长发，又探身从后座捞个抱枕，用围巾裹成一团，塞进衣服里，在苏程目瞪口呆的注视下，眨眼间就从光鲜亮丽的大美人，变成了一个灰头土脸的"孕妇"。

"安检也许就是为了堵你的，"女人咬住舌尖，堪堪把"蠢货"俩字咽了下去，一把拽上苏程，"跟我走！"

苏程全无主意，只好茫然地做了她的跟屁虫。

大家一起排队往前蹭，蹭得好好的，突然有人中途弃车离开，后面的司机气得一蹦三尺高，忍无可忍地按了喇叭预备开骂，谁知还没来得及开口，就看清下车的两人中有一位是孕妇。"孕妇"一脸苍白，很抱歉地冲他笑，像是有什么不适，司机只好把涌到嘴边的脏话咽了回去，愤怒地砸了一下喇叭。

苏程的后背已经被冷汗浸透了，汗津津的手抓着女人的手腕，让她有点恶心。

也许是这老男人不积德，运气实在不怎么样，他才刚下车，前面的路居然莫名顺畅了，原本瘫痪在地的前车一下开出了十几米，旁边车道的车辆立刻毫不犹豫地加塞，排在苏程后面的车主们恨不能直接把这碍事的玩意儿撞出大气层，此起彼伏的喇叭声响彻云天。

这动静吸引了安检员的注意。

苏程太犹豫不决，一直拖延症似的下不了决心，被女人强行拽下车的时候，离收费站已经非常近了，一个刚被同事换下来休息的安检员被此起彼伏的汽车鸣笛声惊动，抬头看了一眼，正看见一个"老人"拉着一个"孕妇"，跌跌撞撞地从车流中穿过。

行驶缓慢的车流也是车流，也有安全隐患，怎么能随便下车走？

安检员为了负责，立刻追上去问："怎么突然下车了，有什么需要帮忙的吗？"

苏程被突然拦路的安检员吓得一激灵，全身的毛孔瞬间打开，三魂七魄险些也跟着蒸发出去，脊柱僵成了一块石头，女人却急中生智地突然抱着肚子蹲了下去，一脸可以以假乱真的痛苦，她也不说话，就是哀哀地哼哼。

苏程这才慢半拍地回过神来："对不起，警察同志，我老婆刚才在车上突然说肚子疼，我们没想到堵这么长时间……实在没办法，能不能麻烦您……"

安检员吓了一跳："那也别让她蹲在路上啊，多危险！你快把她抱起来，我给你们叫救护车。"

他说完，撒腿就跑，原本蹲在地上的女人一把拉起苏程，连拖带拽地扯着他跑，到了这步田地，苏程也顾不上"身娇体贵"了，健步如飞地迈开大步，一口气跟着女人冲到了道边，两人直接翻栏杆下了高速，一头扎进绿化带中的小树林里。

匆忙叫来同事帮忙抬人的安检员很快回到原地，意外地发现人没了，他叫来的老前辈听完前因后果，神色忽然一凛，片刻后，一个小小的高速公路安检处竟然开出了一堆警车，往四面八方地毯式地搜查起来。

人声、车声，甚至还有搜查追踪的警犬叫声，不断逼近，四面楚歌一般，苏程实在跑不动了，跟跟跄跄地松开了女人的手，短促又焦躁地说："我就说不应该跑！开车过去又不一定会被抽查，现在怎么样，我们暴露了，连个代步工具都没有，你想累死我吗？"

女人无暇理会他。

苏程一把抓住她的肩膀："现在怎么办，啊？你告诉我怎么……"

就在这时，突然有人在他身后说："是苏先生吗？"

苏程哆嗦了一下，惊疑不定地回过头去，一个穿着收费站工作服的男人站在他身后，笑容可掬地看着他："我们老板知道您遇到了麻烦，他不是故意不接您电话的，只是担心您已经被警方监听了，谨慎起见，只能这样，他叫我来帮您一把，务必保证您的安全，请跟我来。"

黔谍
大结局

苏程呆了呆，随即面露喜色，拨开身后女人拉着他的手，见了亲人似的一步上前："对对，我打了好多电话，一直打不通，你们怎么找到我的？听我说，我被警察发现了，现在……"

男人温文尔雅地看着他微笑，工作服袖口中伸出了一双戴着手套的手，搭上了苏程的肩膀。

女人瞳孔一缩，不动声色地小声叫道："苏总！"

苏程不耐烦道："干什么？"

就在这时，他眼角余光瞥见寒光一闪，那戴着手套的男人手里不知什么时候举起一把弹簧刀，在苏程毫无戒心的时候，直冲他胸口扎了过来！

与此同时，T省小城H市。

此地距离燕城有五个小时车程，不算太远，不过由于出城堵车，骆闻舟他们还是足足走了一天，凌晨出发，抵达时已经是金乌西沉。

这地方临海依山，冬暖夏凉，山上还有丰沛的温泉资源，冬天尤其热闹。近些年因为旅游业的发展，一下从一个名不见经传的小地方改头换面，充满了现代气息。宾馆未经预定，实在是紧张，幸亏随身携带着周怀瑾——虽然周家算是家道中落了，那毕竟也是瘦死的骆驼比马大，周少爷做东，骆闻舟带着几个刑警，连同陆嘉一起，入住了一处温泉别墅，包下了一个独栋小别墅暂时落脚。

"杨波他们家那一片过去是个村，就叫杨庄子，在山脚下，据说还挺闭塞，后来开发山上的温泉就成了度假区，村民也都拆迁走了。"被派出去联络本地公安的肖海洋带着一堆旧资料的复印件赶回来，一口咬去了半个包子，"但是杨庄子里的村民本来就不多，当年大部分人都要钱，不知搬到什么地方去了，只有很少的一部分村民接受了安置，搬到了城西区，我把这些人的地址和联系方式都要来了。"

骆闻舟当机立断："走。"

一行人从凌晨开始就没闲着，基本是轮流开车、轮流休息，到T市，三两口吃了一顿简餐，又马不停蹄地出发，可结果却并不尽如人意。

十几年过去，物是人非，肖海洋找到的几个地址中，要么是人早已搬走，要么是老人过世，年轻的一问三不知，连小时候在村里生活的记忆都模

- 171

糊了。

一圈走访下来，一无所获，周怀瑾觉得匆忙吃下去的晚饭堵在胃里，沉甸甸地下不去，有些吃不消，忍不住冲骆闻舟苦笑："我以为你们平时的工作就是举着枪，冲歹徒大喊'不许动'呢，怎么净是没有结果的跑腿？"

"谁说我们净是跑腿？我们还得没完没了地开会写报告呢。"骆闻舟在寒风凛冽中，把烟头拧在垃圾桶上，他表面不动声色，心里也是焦躁，忍不住又拿出烟盒。

"哎，"陆嘉忍不住叫住他，"骆兄，差不多得了，你这'七窍生烟'的排量快赶上喷气飞机了。"

骆闻舟懒洋洋地一笑，不搭腔，又叼起一根，心想：关你什么事？

陆嘉说："费总最烦有人在他面前抽烟，你平时在他面前也这么没完没了地抽，他没说过什么？"

骆闻舟一顿，面无表情地把烟塞了回去，一摆手："走，最后一家。"

最后一家从当年杨庄子迁来的居民家里，应门的是个二十来岁的年轻男人，肖海洋核对了一下地址信息："请问杨耀宗家，是住这儿吗？"

"是，那是我爸。"男人疑惑地看着他，"请问你们是……"

"警察，"肖海洋徒劳无功了一整晚，总算看见点希望，当下眼睛一亮，连忙出示证件，"我们调查一起案子，其中一个当事人当年在杨庄子住过，想找人打听一下，请问您父亲……"

"那可能够呛，我爸爸这两年得病，这——"男人指了指自己的太阳穴，"有点痴呆。"

等进去一看，几个人才知道老头不是"有点痴呆"。

干瘦的老头坐在沙发上，正从一个一两岁的小孩手里抢橘子，小孩话说不清楚，老人话也说不清楚，片刻后，小孩没抢过，"哦"一嗓子哭了，老头闻声不肯认输，也咧开嘴，真情实感地跟着学，一老一小各自占据沙发一角，比着号丧，闹得震天响，旁边大约是儿媳妇的年轻女人习以为常，眼皮也不抬地给客人拿小板凳。

几个人只觉得一盆凉水迎面浇来。

骆闻舟转头问老人的儿子："请问一下，您记得当时杨庄子里住的，有卓迎春这么个人吗？"

男人想了想，十分爱莫能助地摇摇头："好像没怎么听过。"

依他的年纪，十几年前的事不记得才比较正常，骆闻舟也并不意外，只是十分失望。离开燕城一天，不一定又发生什么变故，而离除夕又近了一天，他眼前依然是茫然一片，毫无线索。

肖海洋："骆队？"

"走吧，"骆闻舟摇摇头，"再去找找其他……"

就在这时，原本和孩子比着号的傻老头突然冒出一句："小花袄！"

"爸，您说什么？"

傻老头鼻涕眼泪还没干，又张开缺牙短齿的嘴，停不下来似的自己乐了起来，流着哈喇子含糊不清地说："卓……小花袄！"

儿子一愣："他们说的这人是小花袄啊！"

骆闻舟脚步倏地一顿。

"原来你们打听的是'小花袄'，"那儿子颇为意外地说，"不好意思，我不知道她大名叫什么——有个儿子跟我差不多大，是不是？"

"对，"肖海洋说，"叫杨波！"

"我不知道他叫什么，"男人说，"我们小时候都不叫大名——'小花袄'那会儿还挺有名的，外地人，早年咱们这儿不发达，还有买卖人口的，她就是买来的，刚开始给一个瘫子当媳妇，刚嫁过来没几天，瘫子就死了，她成了寡妇，他们家觉得钱不能白花，就让老人做主，又把她嫁给了瘫子的一个堂兄弟。我记得她后来嫁的那人是最早一批开车拉货的，不爱说话，就知道闷头干活赚钱，家里挺宽裕，'小花袄'长年打扮得鲜亮，村里很多人都爱背后说她闲话，还给她起了这么个外号——后来她第二个男人也死了，拆迁闹的，事儿还挺大，那会儿都说她克夫，再后来，也不知道带着儿子搬哪儿去了。"

肖海洋忙问："知道她是从哪儿被拐来的吗？"

"不是拐的，"男人说，"就是买来的，我小时候听老人说，是人贩子有门路，从城里找来的孤儿，没根没底，长得也一般，少一个也没人找，但是人肯定干净……不过这都是几十年前的陋习，现在肯定早没有了，您可别误会。"

"知道是哪儿来的孤儿吗？"

"那我怎么知道？"男人笑了起来，"都是听说，不过我记得'小花袄'当年普通话说得很好，跟本地人都不一样，有谣言说她是燕城那边长大的。"

　　孤儿、买卖人口、被贩卖到国外的少女苏慧……还有，为什么接头人选杨波的母亲卓迎春这么个普通女人？

　　一瞬间好像有一条线索连了起来！

第十九章

　　"恒安福利院原址就在燕城市郊，不过年代太久远，那边早就改成滑雪场了，"临时落脚的度假别墅里，周怀瑾把从他家老菲佣那里拿到的东西展示给众人看，"这个人——这个女孩叫苏慧，费总跟我说过，这是个很重要的人物，她就曾经是恒安福利院收养的女孩之一。"

　　在座的一圈都沉默，因为除了周怀瑾，没有人不知道苏慧，不用他特意介绍。

　　苏慧出卖亲生女儿换钱，继而犯罪又升级，利用自己的女儿拐卖其他女孩，拐、卖、杀一个全套，还把这一套传了三代人。老照片上的少女天生眉清目秀，稍作打扮，能算得上一道赏心悦目的人间风景，谁能看出她手上的血债累累呢？甚至直到她死后十几年，罪行才大白于天下。

　　令人如鲠在喉的是，在这起持续二十多年、耸人听闻的犯罪里，三个罪魁祸首的结局都不能尽如人意——苏落盏未满十四周岁，免予刑事处罚，而苏筱岚和苏慧都已经寿终正寝，她们躺在女孩们的尸体上醉生梦死，最后，除了虚无缥缈的丁点儿恶声名，终生没有为此付出过任何代价。

　　"民办福利院的收支平衡一直是个问题，一般最后就是两条路，要么想办法'民转公'，要么找到固定的长期捐助，早年间有一些海外华侨华人投建捐助的福利院，恒安就是其中一家，后来大概是因为捐助人意外身亡，这家福利院无以为继，也就不了了之。"周怀瑾顿了顿，"它的捐助人就是周雅厚——方才我就在想，杨波的母亲和苏慧都是孤儿，又都来自燕城，那个年代城市又没有扩建，燕城能有多少人口，能有几家福利院？她们有没有可能来自同一家福利院？"

"长得漂亮的被高价卖到国外，挑剩下的，就和人贩子接头，流入人口买卖市场。"骆闻舟想了想，略微一点头，"这个想法有一定道理，但也有个小问题——照他们这个'养孩子卖孩子'的做法，恒安福利院不但有收入来源，还应该很有赚头才对。就算没有周雅厚这个捐助人，应该也不至于倒闭吧？"

肖海洋说："那也可能是东窗事发，被查封了？"

"福利院因为贩卖人口被查封，这种事就算没能轰动一时，肯定也会留下记录。"骆闻舟摇摇头，"不会消失得这么无影无踪。"

众人此时已累瘫，全无思路，一时间没人吭声，安静了下来。

好半天后，周怀瑾忽然清了清嗓子，打破沉寂："我想……我打算马上回周家老宅一趟。"

见众人都把目光集中到了他身上，周怀瑾又说："我顺着我母亲的指引，随便找了个度假的借口，离开周氏总部，找到那个老菲佣以后，从她嘴里听到了这些骇人听闻的事，之后我就直接回国找费总了，没来得及也没想到要去仔细调查周雅厚——如果所有的事真的和他当年捐助的福利院脱不开关系，我觉得，只要是人做过的事，就不可能完全没有痕迹，一定有线索。"

"要真是这样，那我现在倒是能理解，他们为什么要穷凶极恶地追杀你了。"骆闻舟缓缓地说，"周先生，你一个人出国恐怕不安全，要不等两天，我想办法找人……"

"我可以陪同，"陆嘉在旁边插话说，"我可以多带几个兄弟，陪着周总一起去，放心吧，花钱请的私人保镖团也不会比我们更稳妥。"

"出国又不是随便飞一趟海南岛，"骆闻舟皱了皱眉，"你们现在临时办签证恐怕不太方便。"

"签证办好了，都是现成的，"陆嘉一笑就见牙不见眼，看着格外招财，"费总之前说，今年的员工福利就是让我们集体出国玩一圈，本来还以为白办了，现在看倒是正好。"

骆闻舟一愣："什么时候的事？"

陆嘉："去年秋天，他刚出院那会儿张罗的。"

周怀瑾忍不住睁大了眼睛——费渡曾经约他在医院见面，给他细数了郑凯风谋杀周峻茂一案中的可疑细节，还提示他回去查看他母亲的遗言，自己走后没多久，费渡又立刻着手让陆嘉他们准备出国……世界上那么多国家、那么多景点，为什么他偏偏把度假目的地安排在那里？

他是从那时候就开始布置了吗？

这个费渡，手段藏得有多深？

周怀瑾都听得出来，一个比一个敏感的刑警们当然更明白，陆嘉十分泰然地接受着众人的注目礼，并不解释，只是意味深长地一笑："我这就去订行程。"

"那就这么定了，明天一早分头行动，"骆闻舟第一个收回目光，"你们去查周家老宅，我们这边去找找有没有恒安福利院的蛛丝马迹，随时保持联系，千万注意安全——现在什么都别想，抓紧时间休息，养精蓄锐。"

众人习惯于听他发号施令，齐刷刷地站了起来，各自回房，打算借着难得一住的六星豪宅，把头天晚上睡猫窝的委屈补回来，肖海洋的脚步却是一顿，看向光动嘴没动地方的骆闻舟："骆队，你还不睡？"

"小武那边还没消息，我有点不放心，再等一等。"骆闻舟摆摆手，"你先去。"

肖海洋"哦"了一声，被他糊弄走了。

偌大的客厅里很快只剩下骆闻舟一个人，他站在落地窗边，一抬头，正看见悬在中天之上的猎户座。并列的三颗大星星勾勒出光芒璀璨的"猎户腰带"，缓缓地横陈在如洗的夜空之中。

骆闻舟原本拿出了烟盒，捏在手里看了看，不知想起什么，又给塞回到兜里，他推开窗户，借着冬夜的寒风醒神。

方才的只言片语，让骆闻舟难以抑制地想念费渡，虽然分开的时间还不如出趟短差长，他却有点一辈子都没见过费渡了的错觉。费渡刚出院的时候……那时候他们俩关系很微妙，费渡油嘴滑舌，没一句实话，而他一方面告诫自己不能操之过急，一方面又恨不能马上把这个人拴在眼皮底下。

骆闻舟记得费渡那时精神很差，好像随时随地都能靠在哪儿睡过去，连骆一锅都不怎么搭理，偶尔能看见他坐在阳台上发呆，一声不吭，就是若有所思的样子。

那时他心里都在想什么？

这时，有人在他身后突兀地出声："费总说，所有的事都应该有个源

默读
大结局

头，那些看起来匪夷所思的人，往往也有匪夷所思的过去，追溯到那个源头，有些事能简单很多。"

骆闻舟一回头，看见陆嘉吊着胳膊溜达过来，胳膊上的枪伤对他来说就好像擦破点油皮，毫无影响，陆嘉随手从付费的小冰箱里拿出了一大盒坚果，开了盖递给骆闻舟："你吃不吃？"

"……不吃，"骆闻舟看了看陆嘉手背上的小坑，"把八块腹肌吃没了，以后我拿什么施展美男计？"

陆嘉被骆闻舟人模狗样下的厚颜无耻吓得一哆嗦，连忙又开了一瓶可乐，给自己压惊。

"你在想什么？"陆嘉问，"想费总为什么能事先做这么多安排吗？"

"周峻茂和郑凯风为了谋夺周家家产，联手杀了周雅厚，十几年后，他们公司还没在国内站稳脚跟，先找人撞死了绊脚石，杀周雅厚是谋财害命，撞死竞争对手是买凶杀人，虽然手法不太一样，但其实两起案子有相似之处——都是协作犯罪，都需要合谋共犯之间有某种程度的信任，都是伪装成意外的谋杀，"骆闻舟低声说，"周峻茂和郑凯风两个人会像'狗拉三摊屎'一样，每次都换人合作，把自己的把柄丢得满世界都是吗？所以两起案子之间一定有某种程度上的关联，这是合理推测。费渡就此事先做了安排也不奇怪，他只是比别人想得早些而已。"

陆嘉穿着短袖，就着窗外的寒风嘬冰可乐，寒暑不侵似的，他静静地看了骆闻舟一眼，没吭声。

骆闻舟顿了顿："怎么，你怕我会觉得他心机太深，未卜先知得太可疑吗？"

陆嘉不置可否地一耸肩："不是所有人都能接受我们这种……揣着秘密和创伤，跟别人隔着一层什么的人。"

骆闻舟："费渡对你们很好。"

陆嘉："对你不好吗？"

"一般吧，就嘴甜，师兄长师兄短的，在家从来不主动干活，支一支动一动，拨一拨才转一转，没事还老气我，"骆闻舟面无表情地说，"很欠教育。"

陆嘉无言以对，给了他一脸唾弃。

骆闻舟又绷不住笑了："你刚说的'创伤'是什么意思？"

"不知道，他从来没提过。"陆嘉犹豫了一下，说，"就是一种感觉，那种不信任外人、朝不保夕的感觉。有时候你觉得离他很近，触手可及似的，他一抬眼看过来，忽然就又远了。"

骆闻舟一顿。

费渡一度模糊的记忆，停不下来的咳嗽，奇怪的应激反应，地下室前紧绷的身体……这是典型的创伤后应激障碍。可是，那天费渡到底也什么都没说，又给他混过去了。

那一段曾经被他遗忘的记忆里究竟发生过什么？

这么长时间的软磨硬泡，骆闻舟觉得自己每天都忙着把费渡罩在身上的画皮往下撕，撕完一张又一张，跟俄罗斯套娃似的，直到这时，他终于觉得，自己距离最后的核心只差薄如蝉翼的那么一层了……

这时，骆闻舟电话响了，他低头一看来电显示是"小武"，赶紧清扫了万千思绪，接起来。

"老大，"小武在那边压低声音说，"我们找到他们当作据点的仓库了，这些人警惕性很高，杨欣又认识我们，一直不敢靠太近，兄弟们都在这儿埋伏一天了，正好现在外面人少，准备马上实施逮捕。"

"嗯，"骆闻舟点点头，"小心。"

"除了杨欣，"还有一个人，小武用头颈夹着电话，手里举着望远镜，对骆闻舟说，"好像是你们说的那个朱凤，就是男人被精神病捅死的那个女的，她是傍晚七点左右，跟另一拨人来的。"

骆闻舟深深地皱起眉，想起费渡临走时匆忙对他说过的话：

"画册计划"归纳整理犯罪心理特征，没有必要把无行为能力人冲动杀人也列入研究计划中，范思远又说过，他只做过六起案子……那么，有没有一种可能，这起精神病杀人案，根本不是范思远当年列入"画册计划"的案件之一？出于某种原因，某个人偷偷把它混进来，之后以模仿犯的手法，模仿范思远的"私刑处决"，杀了那个精神病凶手。

这样一来，范思远失踪后，这起案件自然而然会被栽在他头上，不会引人注意！

可是这里面有些问题：首先，必须确保范思远死亡或者失踪，否则一旦他被逮捕，他做了什么、没做什么，很快就能审出来，到时候非但不能达到掩人耳目的效果，反而会吸引别人的注意——这倒是容易解释，范思远杀人后潜逃，虽然没有正式发布通缉令，也是潜在的通缉犯之一，通缉犯是"那些人"的收藏品，范思远这样坏出了专业的人物更应该是"收藏品"中的极品，够得上放进玻璃罩子里的级别，所以应该是很快就被保护起来了，那个警方的内鬼知道他绝不会落在警察手里。

但是，这个内鬼为什么要费尽心机地杀一个精神病人？

"收到，"骆闻舟对小武说，"朱凤是重要证人，一定抓活的回来。"

小武挂上电话，冲旁边的同事打了个手势，借着夜色掩映，狙击手迅速到位，特警训练有素地从三面逼近仓库，刑警们分头把外围和附近的无关人士疏散，一触即发。

突然，仓库里走出了一个男人，大约是守夜巡逻的，他太敏锐了，一步刚迈出来，立刻嗅出了空气中味道不对，不远处的一个特警反应极快，一颗麻醉子弹"咻"地飞了出去，不偏不倚地击中了那人，男人立刻往后倒去，倒下去的一瞬间，他伸长的胳膊拨动了什么，尖锐的警报器声顿时"叽嘤"乱叫起来，仓库里的灯全亮了！

"直接冲进去！堵住后门！"

"快快快！"

幢幢的人影飞快地掠过，紧接着，让人心头发紧的枪声响起了！

小武头皮一炸——骆闻舟事先嘱咐过，这里面有重要证人，杨欣又和他们在一起，所以尽可能不要伤害他们，警方不会先开枪，那么……

如果说杨欣之前只是知情不报，只是跑，甚至她出于某种目的，故意让肖海洋发现医院的杀手等，这都不是什么原则性的大问题，如果她事后配合，加之是烈士家属，甚至可以免予处罚，可是现在公然拒捕、非法持枪，还跟警方对峙，这性质就不一样了！

小武狠狠地一咬牙，套上防弹衣就冲了出去。

仓库里的人虽然有武器，但真动起手来，属于乌合之众水平——尤其他们还把车停在了一起，代步工具被控制住，外围特警们打出了灯火通明的包围圈，警笛四下乱响，完全是被堵在了仓库里。

狙击手一枪一个，放倒了守在门口的两个人，子弹全打在大腿上，连位置都基本一样，那两人来不及反应，就被破窗而入的警察控制住了，小武带人冲了进去，在仓库外围逮住了三四个人，随后，他看见一个白色羽绒服一闪，往仓库后面的小楼方向去了。

小武转身就追。

零星的枪声在夜色中分外刺耳，凛冽的空气中飘来硝烟的味道，涌进肺里，火辣辣地呛人。

小武咆哮起来："杨欣！你给我出来！"

随着他闯进那小楼里，远处一颗子弹也跟着打进来，"哗啦"一声脆响，原本躲在玻璃窗后面的人影飞快地闪开，小武肝胆俱裂地冲着对讲机喊："他妈的谁打的？说了别开枪！"

他一边骂，一边追了出去，想起刚上班的时候第一次去老杨家，快要高考的女孩做不出题目，赌气不肯吃饭，一圈号称"大学毕业"的大人们被老杨逼着给小师妹辅导，结果发现这群废物点心早把"元素周期表"还给了中学老师，几个人互相嘲讽了一顿饭……

方才躲在窗户后面的似乎不是杨欣，也是女的，有点瘦小，似乎上了些年纪，小武越追越近，认出这好像是朱凤。他不管三七二十一地扑了上去，朱凤后背的衣服被他扯住，回手把什么东西向他砸过来，小武敏捷地避开，用力一掰那女人手腕，朱凤"啊"一声，手里的凶器落了地。

小武气喘吁吁地铐住她："杨欣在哪儿？你们还有……"

身后突然一声枪响。

小武整个人僵住了。

那一瞬间，他没觉出疼，只是感觉整个人被用力推了一把，脑子里"嗡"一声。

一颗子弹穿过了他的脖子，穿白羽绒服的女孩双手颤抖，自己也难以置信地睁大眼睛。

小武侧身倒下，无法控制地往墙角滚去，浑身抽搐着，对上杨欣呆呆的目光。

"你……"他努力做了个口型，却没能说出声音来。

你妈妈刚刚抢救无效，在医院里……

小武想。

你怎么还不回去？

你怎么那么不懂事啊?

他准备了一肚子的教训,没料到都是徒劳。

第二十章

燕城市中心,承光公馆。

这地方刚开张的时候也讲究过格调,弄得到处都是亭台楼阁,好像走进去都得轻声细语才行。可惜地灵人不杰,架不住"谈笑无鸿儒,往来皆纨绔",到如今,承光公馆已经被打回了原形——依然是一座酒池肉林。

年根底下,此地宾客颇多,车子来来往往,载着一批又一批醉醺醺的寻欢客,浮夸的灯光对着夜空一通乱喷,喷得星与月一并落魄地黯淡在人间烟火之下。街角一辆不起眼的小车里,郎乔困得有点睁不开眼,晃了一下神,额头就磕到了方向盘上。郎乔激灵一下坐直了,赶紧摸出望远镜看了一眼,见她盯着的车还在,这才吁了口气,从兜里摸出几颗薄荷糖提神。

人在差点儿睡着而被惊醒的瞬间,心跳会加速,郎乔揉着眼,把薄荷糖嚼碎了,感觉自己这一波失序的心跳时间有点长,那心跳快得她噎得慌。冥冥中,好像发生了什么事一样。电话一振,郎乔的目光没离开她奉命追踪的车,随手接起来。

"喂,老大……嗯,张婷这一阵子好像在请病假,一直在家休养,张东来现在还在承光公馆里……放心,我盯着他呢——"她话说了一半,又被自己的一个哈欠打断,"话说回来,我干吗非得盯着他啊?老大,你要还怀疑张局,让我过去盯着正主不行吗?也显得我有点事干。"

骆闻舟沉默了一会儿,声音有些勉强:"不行,太危险了,也容易打草惊蛇。"

郎乔唇齿生风地吸了口薄荷味的凉气:"老大,你真的认为老张局有问题吗?"

骆闻舟那边不出声了,郎乔觉得有点奇怪,因为骆闻舟给她打电话一定是有事,三句话鲜少交代不完:"喂?喂?还听得见吗,咱俩谁信号不好?"

这时,一阵嘻嘻哈哈的声音从承光公馆的方向传来,郎乔连忙望过去,

埃德蒙·唐泰斯

看见张东来左拥右抱地被一大帮花里胡哨的大姑娘簇拥在中间，两条腿随时要编成一条麻花辫，走得颇有东北大秧歌的架势。

"张东来这孙子终于出来了，"郎乔立刻警醒起来，一边启动车，一边低声对骆闻舟说，"老大，还在吗——对了，小武他们那边顺利吗？杨欣逮回来了没有？"

骆闻舟说了句什么，声音淹没在引擎里，下一刻，郎乔的车突兀地往前蹿了一下，前轮直接冲上了马路牙子，她一脚急刹车停了下来，整个人被安全带狠狠地拍在座椅靠背上。

郎乔一只手举着电话，另一只手攥着方向盘，目光仍然跟着承光公馆门口的张东来。

张东来跟几个大姑娘十分有伤风化地黏糊了一会儿，把她们都打发走了，自己四仰八叉地坐在旁边的小石凳上醒酒等代驾，往夜空中喷完整的烟圈玩。

而百米外的郎乔忽然细细地发起抖来。

"你说什么……"她听见自己的声音好像是从别的地方发出来的，出口的瞬间就破了音，"老大，你说什么呢？你再说一遍，我没听清楚……"

"郎乔。"骆闻舟沉声叫她。

骆闻舟平时对她的称呼不是"郎二""郎大眼"，就是"二乔"，总是每每有大事发生时，才会正经八百地叫她的大名，久而久之，几乎给她养成了条件反射，一听自己的全名从骆闻舟嘴里出来，她就想哭。

"可是为什么？为什么啊！"

悲剧常常让人觉得不真实，继而又让人忍不住想刨根问底，求个"所以然"来，不管是自己的悲剧，还是别人的。好似这样一来，就能通过前车之鉴获取豁免坏事的经验教训似的。

可是天要下雨，娘要嫁人，大水冲垮了蚂蚁窝——哪有那么多为什么呢？

远处一辆车开过来，停在张东来对面，车里下来两个人，这有点奇怪，因为代驾是不会开着自己的车出来揽活的。张东来仿佛也十分意外，他在东倒西歪中分出了一点神志，艰难地撑着坐了起来，一脸茫然地跟对方说了句什么。

来人点点头，然后两人一起，十分恭敬地把他架了起来，塞进车里。

"有人……有人来接张东来了，"郎乔强行把注意力拉回到眼前，视线一转移，眼泪却掉了下来，糊着她的眼，擦了一层又满，"来了俩人，开一辆黑色SUV，车牌号是'燕B××××'，其中一个人开着来时的车原路返回，另一个下来给张东来当、当司机。"

骆闻舟："什么样的人？"

郎乔哽咽得喘不上气来，她忍无可忍地低下头，尖尖的下巴几乎点到胸口，艰难地说："男的，身高……身高目测都在一米七五以上，体格健壮，警惕性很高，像保镖一类的人——他们要走了。"

"别追！"骆闻舟立刻说，"你在张东来车上放好窃听和定位了吗？"

"放了，可是……"郎乔的话被浓重的鼻音挤得只余一线，"放得太仓促，我不知道他们会不会发现。"

骆闻舟又问："张东来去承光公馆的时候，也是前呼后拥吗？"

"没有，他自己开车带着几个姑娘，除了我，没人跟着他。"

"那就是晚上发生了什么事，让他们紧张了。"骆闻舟沉吟片刻，低声说，"听话，你先撤，随时汇报跟踪信息，杨欣……嫌疑人杨欣他们已经抓捕，正在押送回市局的路上，到时候市局见。"

"老大，"郎乔轻轻地说，"回市局也见不到小武了，是吗？"

骆闻舟无言以对。

"我知道了，我会……我会处理好。"

郎乔一边哭，一边掉转车头，挂断电话，打开定位，她看着那个代表张东来的小光点正在不断地前进，传回来的杂音表明窃听器还在行驶中的车辆上，车载音乐空灵而遥远，尽管没人吱声，她还是按下了录音。

窃听器里传来的歌声应该是某个交通频道，音乐断断续续，时而又被小广告和报时打断，郎乔挂着耳机，穿过路况顺畅的街道，想起她刚到市局工作的时候，人人都是前辈，谁都比她大。她每天来上班，从大门口走到办公室，要叫一路的哥和姐，好不容易盼来了比她还晚一年入职的小武，她几乎感觉自己长了个辈分，按着小武的头逼他叫姐，后来无意中看了他的身份证才知道，原来小武比她还大两个月，是个年长的"小弟"。

只是年长的小弟和他们缘分不深，来也匆匆，去也匆匆。

这时，窃听器里终于有人开口说了第一句话，开口的大概是司机，他对

The light
in
the night

埃德蒙·唐泰斯

张东来说："张经理，醒醒吧，快到家了。"

张东来哼唧了一声，含含糊糊地说："嗯？这是哪儿？哪个家？"

司机回答："张董那边，张局也在。"

张东来猛地坐直了："谁让你把我拉到老头子那儿了？不是……你直接把我拉回家也不跟我商量商量，大哥，行行好，你喝成这德行的时候敢回家见你爸吗？"

司机十分耐心地说："这是老张董吩咐的，说好久没见，有些想您了，正好家里有点事，他知道您今天在承光公馆，应酬少不了烟酒，这不是特意派我去接您了吗？"

张东来方才起来猛了，一阵头晕眼花，还有点想吐，愣愣地问："家里？家里能有什么事？"

司机客气又敷衍地冲他一笑："那我就不知道了，您可以自己回去问问——到了。"

窃听器里的对话戛然而止。

郎乔偏头看了一眼张东来那辆车的定位信息，发现地址正好是调查组把他们老张局请出来的那处豪宅，立刻把信息转给骆闻舟。

张家门口，张东来臊眉耷眼地进了家门，先在门口往手心呵了口气，感觉散了一路，酒气不算太熏人了，这才磨磨蹭蹭地往里走。一进门，他就是一愣，因为看见张婷正在客厅里玩手机，脚底下都是行李箱。

"你要出去玩？"张东来问，"跟谁去，去哪儿啊？"

张婷也是一愣："不是跟你一起走吗？"

张东来："啊？"

"去留学，我前一阵子不想上班的时候，爸就跟我说好了，语言学校都联系好了，他还说让我把你一起领走。"

张东来有点晕，一手扶住门框，觉得自己果然是喝醉了，听不懂张婷在说什么，他在原地愣了片刻，一头雾水地捏着鼻梁，困惑地问自己："我要出国？"

他自觉只喝了八成醉，这会儿却突然有种自己喝断片了的感觉。

下一刻，张东来回过味来了："我就算出国也不能为了留学啊，这么多年我从学校里混毕业容易吗？好不容易'刑满释放'了，谁都别想再把我塞回去！"

"爸呢？"不等张婷回答，张东来猛地站起来，去拍反锁的门，"爸，我跟你说句话，你凭什么又要把我充军发配啊？我最近干什么了我？"

书房里，张春久和张春龄相对而坐，张春龄听着外面儿子的叫嚣，长长地叹了口气，他自己年幼时吃苦太多，到了自己的后代，总想加倍地补偿："我从来不让他们沾这些东西，总想着我这一辈子恩恩仇仇、九死一生的日子过够了，下一辈人应该变一变，过上无忧无虑的正常生活，我是不是错了？"

张春久没有回答，面色凝重地放下电话。

张春龄抬头问："怎么？"

"跟在苏程身边的'钉子'出了问题，他的踪迹丢了。"张春久压低声音说。

张春龄神色难看起来："钉子又出问题，是谁？"

"一个女的，原名叫'卫兰'，底下人从别的地方收上来的，据说是杀过人，长得倒是还行……"

"又是那个人，"张春龄从牙缝里挤出一句话，"我不是跟你说小心他钻空子，尽量用知根知底的人吗？"

张春久没法接话，他们走到今天这一步，长成了一只盘踞在黑暗里的庞然大物，又不是三五个人的小团体，哪能谁都知根知底？再说什么叫知根知底？

范思远蛰伏了将近十年之久，谁知道他渗透了多深。

张春久话音一转："从苏程离开住所开始，就把我的人甩开了两次，幸亏提前找人盯上了租车的地方，没想到他们在收费站口遇上安检，又弃车跑了。"

张春龄冷冷地问："我不是让你尽快处理他吗？"

"是，我知道，之前他跑太快，没来得及，最后连派去处理他的人也一并失联了——大哥，苏程不可能有这样的警惕心，就算有，他也没这种本事，我没想到灯下还有这么块黑斑，那个卫兰……"

张春龄打断他："不是说这些的时候，别慌，你我谁也没有亲自接触过苏程，一直是手底下人披着壳公司和他打交道，接触过他的人呢？"

"都集中转移了，"张春久沉声说，"还有那个卫兰的上下线。"

张春龄站起来走了两圈："没事，别自己吓唬自己。"

埃
德
蒙
·
唐
泰
斯

"昨天晚上派人去解决周怀瑾，也不顺得很，警察们来得太快了，我这一阵子不敢朝那边伸手，根本是两眼一抹黑，"张春久叹了口气，"大哥，我有种不好的预感。"

两人对视了一眼，这时，书房的门再一次被人敲响了，这回是个十分冷静克制的声音："张董，是我。"

张东来在书房门口撒泼打滚没人搭理，此时却震惊地看见那个把他拉回来的司机轻轻一敲，门就开了。

张东来："爸！二叔！什么情况啊！我……"

张春龄冷冷地瞪着他，张东来顿时叫嚣不下去了，偃旗息鼓地嗫嚅两下，小声说："不是，怎么都没人跟我商量一声啊，我没事出国干什么，我那儿还有……"

"工作"俩字没说完，张春龄就面无表情地把司机放进屋，重新把熊儿子拍在了门外。张东来抬起手又要砸门，想起张春龄方才那个眼神，又没敢。

张婷却不知什么时候来到他身后，小声说："哥，咱家是不是出什么事了？"

纯洁无辜的兄妹两人面面相觑。

书房里，司机从兜里摸出一个挑断了电池的窃听器："张董，这是从少爷车上发现的。"

张春久只扫了一眼，就看出了那小窃听器的来源："警用的。"

张春龄脸色倏地一沉："有人跟踪你们都不知道？"

司机连忙说："张董，绝对没有，开车的时候被人跟踪，我不会发现不了！"

"楼底下那帮人都干什么吃的，给我在周围搜。"张春龄又皱眉看向张春久，"怎么回事，你不是说对你的调查告一段落了吗？"

"不应该是调查组的人，"张春久沉吟片刻，"调查组的人要窃听也是直接窃听我，不会摸到东来那儿，除非——"

除非对方知道他张春久是个极端危险的人物，窃听手段一旦放上立刻就会打草惊蛇，弄不好还要赔了夫人又折兵，所以才迂回到张东来身上！因为后代儿孙都是软肋，一旦他们有风吹草动，必然先会安排好张东来兄妹。

电光石火间，张春久和张春龄对视了一眼。

张春久："可能是骆闻舟的人，别拖了，大哥，今天晚上就把联系过苏程的人和东来他们一起送走，另外，那个周怀瑾虽然昨天逃过一劫，我估计他很快就不敢在国内待着了，在那边解决他也一样。"

张春龄意味深长地对张春久说："我们俩也做好最坏的准备。"

"放心，先看情况，不要不打自招。"张春久一点头，"脱身的路线安排好了，随时可以走！"

漫长的冬日长夜里，有人痛哭，有人潜逃，有人前途未卜。

破晓的晨光刚露出头来的时候，一夜未成眠的周怀瑾和被一杯饮料放倒的张东来已经从不同的地方出发，前往同一个国度。

同时，杨欣、朱凤等嫌疑犯十四人从西二条被逮捕，押解回市局，和他们同时抵达燕城的，是眼睛没来得及闭上的小武。

费渡的生物钟在清晨六点的时候准时把他叫醒，他有条不紊地把自己收拾干净，丝毫看不出被软禁在这里接受调查的狼狈，并且在早餐后等来了自己关机数天的手机。一个调查员对他说："费先生，你可以先回家，近期注意保持通讯畅通，我们会随时和你联系，不要离开本地。"

费渡两个手机，一个比较干净，除了没事保存一点私人摄影作品外，剩下都是接打电话，联系的也都是重要的人，临走时交给了骆闻舟。

另一个随身带着的，就乱七八糟什么都有了，一开机，呼啸而来的广告、狐朋狗友的问候，还有软件自带的更新提示差点儿把手机卡死。费渡并没有因为听说自己能出去露出多少喜色："我这就能出去了？你们审过苏程了吗，他到底有什么毛病？"

调查员被他这突如其来的问题噎住了，因为他们根本没找到苏程。

燕北高速路口收费站附近找到了一辆被遗弃的租车，方向盘上有苏程的指纹，那是他最后留下的痕迹，之后他就好像从人间蒸发了，逃得无影无踪……不，真逃了还是好事，最坏的结局是，也许他已经被人灭口了。

不过这些调查细节不方便对费渡提起，因此调查员只是避重就轻地说："关于贵司旗下可疑资产和苏程的问题，我们目前还在调查中，在案情没有水落石出之前，费总你的嫌疑也不小，所以即便是把你放回去，我们可能也要对你进行一些后续的调查，到时候还请谅解。"

费渡抬起眼，那藏在镜片后面的视线莫名让调查员浑身不舒服，一时间，他甚至觉得费渡虹膜的颜色有些妖异，他甚至分不清费渡只是随口问，还是这个待查的可疑人物在反过来试探自己。

调查员的语气不由自主地冷下来："需要我们派车送你回去吗？"

费渡镜片上流光一闪，打断了方才的视线，他就地摇身一变，又成了那个有点小聪明，但没经过事的年轻人："我听上一个调查员大哥说，公司本来派去接我的那辆车，半路上出了车祸——是不是有人要杀我？"

调查员说："我们可以派人护送，竭力保障费总你的人身安全。"

费渡懒洋洋地说："就算路上没事，他们万一给我来个入室抢劫，那我也受不了啊，弄不好还得连累邻居。这几天都在放假，雇个钟点工都雇不着，保镖更不用想了——要不然这样吧，您看，我能不能在这儿等一会儿，找人过来接一趟？"

调查员挑不出什么毛病来："倒不是不行，只是你等归等，可不能到处乱逛。"

"我就在这儿，哪儿都不去，"费渡冲他举起手机，"只要你们借我一个充电器。"

调查员看了他一眼，依然觉得费渡身上有几分违和的地方——整个调查组对费渡的看法是两极分化，一些人觉得他就是个二十啷当岁的小青年，无辜又无关，要不是命大，没准就直接被苏程陷害死了。另一些人却觉得他没那么简单，大过年前，被封闭调查好几天，对于任何人来说都是无妄之灾，可是细想起来，整个过程中费渡都是"积极配合，毫不慌张"，问什么说什么，一点对抗情绪都没有。

紧张的应激状态下，脾气再温和的人也会有一定的攻击性和抵抗性，被关小黑屋调查而不打算认罪的人，通常要么是大声大气地不断强调自己无辜，要么就是会像强迫症一样不停地询问"你们到底觉得我干了什么"，因为焦虑，当事人一旦提出了这个问题，就会反复不停地问。

费渡却只在一开始的时候，态度良好地问了一次，之后就不再提起了。

就好像……就好像他对自己被调查这件事一点儿也不焦虑，好像他心里知道，某个时机一到，他就一定会平安无事地被放出去，他说的话，都只是为了符合眼前的场景角色背的应景台词。

离开的调查员并没有放心，默默打开了监控，看着费渡。

费渡就着一个非常放松的坐姿，大剌剌地靠坐在那儿玩手机，理都不理头顶的镜头，透过镜头，监控前的人甚至能看见他屏幕上的字。

费渡就跟普通的年轻人一样，手机功能过多，繁忙得不行——他发朋友圈、回复关机几天接到的留言，其间又有好几个人得知他在线后开始给他发私信，费渡同一时间跟五六个人同步交流，一会儿报平安，一会儿让人给他从国外带东西，一会儿又很不安分地东撩西逗，居然这样都没聊串线，可见花花公子技能专业八级。

调查员听了几句——不知谁把费渡哄高兴了，他笑眯眯地对电话那边的人来了一句语音："真的吗？我没去你们这么遗憾啊？那可怎么好，要不给你们每个人的旅费报销额度再提两万好了，不走公司账，我请客，都玩开心一点。"

这听起来好像是公司组织员工旅游，按照这个额度看，恐怕还是国外豪华游，调查员漫不经心地想，有点心酸——他们报销个餐费都得跑一堆手续，少爷上嘴唇一碰下嘴唇，报销额度就一人涨了两万。

又过了一会儿，从监控里可以看见，费渡手机上有个备注为"哲学家"的好友给他发了一条微信："费爷！你偷税漏税了多少钱啊！怎么关进去这么长时间！"

费渡被带走调查的时候，对外宣称的理由就是配合调查旗下一家子公司的经济问题，并没有提别的。费渡还没回，那个"哲学家"又连续发了好几条："你都没见到兄弟我最后一面！我被我爸发配到蛮夷之地了！"

此人大概只会用感叹号一个标点，一直在咆哮。

费渡看完一脸幸灾乐祸，给人发语音说："你爸终于受不了你这败家子了？"

调查员叹了口气，看来这是费渡某个狐朋狗友，被父母教训了来诉苦。他切了监控屏幕——感觉再听下去也没什么意义，费渡纯属打发时间。也是，他又不瞎，当然知道有监控在拍他，想来也不会蠢得自己交代什么。

监控器下，费渡拿起手机，听"哲学家"发的语音信息。

男人的声音仿佛从一个十分嘈杂的环境里传来，说话跟打字一样，自带感叹号："你猜怎么着，我居然在家被一杯水放倒了，今天一睁眼，还他妈以为是自己喝断片了，结果起来一看，这是哪儿？我居然到了大洋彼岸你知道吗！跟张婷一起，连夜走的！你说我爸是不是更年期？是不是有病！我现

埃德蒙·唐泰斯

在手机连信号都没有，在一家饭店厕所里，蹭人家店里的Wi-Fi用！"

费渡问："你在厕所蹭Wi-Fi，味道怎么样？"

"哲学家"说："滚！我爸派人盯着我，走哪儿盯哪儿，根本不让我跟别人联系，还不给我换电话卡，逼得我只能钻厕所！"

费渡笑了起来。

"我今天是专门给你当消遣来的是吧——费爷，说真的，我现在就是担心我们家是不是出什么事了，你听见过风声吗？"

费渡面不改色："没听说，能有什么事？我看有事的是你吧，你最近是不是又惹什么事了？"

"没有啊！"

费渡嗤笑："就你那德性，惹完自己也不知道。"

"这倒是。""哲学家"居然自己还承认了，随后他哀叫一声，"可是死也让我死个明白啊——就算让我卷铺盖滚蛋，也总得给我留点时间和兄弟们告个别吧？你也是，大半年也不知道上哪个妖精的盘丝洞里乐不思蜀了，人影都捞不着！"

费渡听了"盘丝洞"这个形容，不知想起什么，忍俊不禁地笑了好一会儿，随后他说："对了，你现在在哪儿？"

"哲学家"报了个国家和地名。

"这么巧？"费渡的"惊讶"十分逼真，"我手下一帮人正好在那边休年假，应该是跟你前后脚到的，你要是实在闷得慌，就找他们玩几天去，权当我亲自送你了。"

"哲学家"听完，顿时骂了一句："不早说，快给我个联系方式，苗苗也来了吗——你丫个色胚，招个助理都是大美女，天天环肥燕瘦围着你一个人，太他妈混账了！"

一觉醒来发现自己已经在异国他乡的张东来捏着鼻子，在厕所等了片刻，费渡很快传给他一张微信名片，只说这是领队，张东来兴冲冲地去加，对方很快通过了验证，并且十分客气地给他发了个打招呼的笑脸："张总您好，费总说让我照顾好您，有什么事您吩咐。"

对方的头像是个头戴蝴蝶结的小兔子，虽然没有发语音，但说话的语气一看就是活泼可爱的年轻女孩，张东来一边流着哈喇子猜这是费渡公司里的哪个美女，一边兴致勃勃地跟人撩起骚来，连费渡也不愿意搭理了。

正在这时，门口传来敲门声，一个跟着张东来的人可能是觉得他在里面待的时间太长了，特意过来敲门："张经理，您好了吗？"

"干什么！"张东来不胜其烦地冲他嚷，"拉屎也催，有完没完？"

这时，手机振了一下，张东来低头一看，对方发来了一张合影，几个颇为眼熟的漂亮女孩嘻嘻哈哈地搂成一团，冲着镜头笑靥如花，简直好像一道光，照亮了张东来苦闷的心。

蝴蝶结兔子说："我们把酒店的游泳池包下来了，打算开个泳衣趴（party），你来吗？"

张东来脑子一热："砸锅卖铁也去！"

费渡的朋友圈里提示信息更新，他翻开看了一眼，一个蝴蝶结兔子头像的好友发了一条状态："美人们好好打扮，晚上有神秘嘉宾哟！"

费渡低头的时候，脸上的笑意就好像潮水似的退去，他关上页面，看见手机上的日历，腊月二十八。

他轻轻地闭了一下眼，无声叹了口气。

市局审讯室里，杨欣已经一言不发地枯坐了一整天，油盐不进、软硬不吃，任凭别人劝她、骂她，甚至有情绪失控的刑警红着眼跳起来想揍她。

忽然，审讯室的门再一次打开，杨欣神色阴郁地抬起眼，跟进来的郎乔对视了一眼——郎乔就是差点儿动手打她的那位，中途被同事拉住了。郎乔面无表情地看了她一眼，却没进来，她先是回手别住门，对身后的人说："慢点儿，这门有点窄，你当心。"

接着，窸窸窣窣的声音传来，杨欣看清了她身后的人，僵硬的脸上终于露出掩不住的错愕——轮椅在郎乔的帮助下吃力地把自己塞进门里，本该在医院躺着的陶然居然带伤回来了！

住院的滋味显然不怎么好受，陶然瘦了不少，两颊凹陷下去，这让他柔和的面部线条多了几分凌厉。

"欣欣，"陶然看了她一会儿，开口说了第一句话，"打死我都没想到，有一天我会在这儿跟你说话。"

杨欣本以为自己是铁石心肠，然而看见陶然的一瞬间，她的人心就不

- 191

合时宜地露了面，顷刻间叫她溃不成军。这么多年，不管她妈怎么冷面以对，陶然永远不计较什么，他像个脾气好过了头的大哥哥，温暖细心到有些琐碎，有时候她在学校里，随手在网上发几句牢骚，往往隔天就会有包裹寄来——抢不到的门票、遍寻不着的绝版书、想吃又没地方买的小零食……陶然被借调，到她学校所在的城市出差，办完公事以后第一时间就带着大包小包的东西去学校看她。

甚至有同学开玩笑说她有个异地恋的模范男朋友，杨欣也不知出于什么心态，并没有反驳。

陶然低头看了一眼自己吊着石膏的手臂："那天如果是我，你也会开枪打我吗？"

杨欣的眼圈倏地红了，张了张嘴，下意识地摇头。

"我宁可你打的是我，"陶然轻轻地说，"师父走的这些年，我本来应该照顾好你们，可是我居然一直不知道你心里有多少委屈，我做得不到位，对不起你，也对不起师父，活该吃颗枪子。"

杨欣的眼泪决堤似的滚下来："陶然哥……"

陶然抿了一下嘴唇："可是小武没有对不起你的地方，他妈和他姐姐都来了，现在就在楼下，我老远看见，赶紧让小乔推着我走侧门，躲开她们……"

杨欣颤抖地吸了口气，双手抱住头，手铐哗啦作响。

陶然喉咙微动："因为我不知道该怎么跟她们说。"

"我不是故意的。"杨欣崩溃似的号啕大哭起来，"我不是故意的……"

骆闻舟把车停在路边，等着费渡出来，同时听见电话里郎乔跟他汇报："杨欣说那个仓库是他们一处据点，他们本打算在那儿逗留一天，去见'老师'的。那天他们反应那么激烈，是因为之前接到了一个自己人的电话，说仓库地点已经被叛徒出卖。"

骆闻舟眼角余光瞥见费渡走了出来，一边推开车门下了车，一边对郎乔说："她说没说为什么要激烈拒捕？"

"说了，她说张局……张春久，就是害死老杨和顾钊的人，警察队伍里都是他的人，一定会利用警察替他灭口，往'老师'身上泼脏水。她还说不是想伤害小武，当时只是想吓唬他，让他放开朱凤……她没碰过枪，没想到后坐力那么大，子弹跑了……"

这时，几个调查员护送费渡出来，费渡一拢大衣，突然叫住他们："其实我还想问一下，潘老师到底怎么样了？"

调查员脚步一顿。

费渡说："不好意思，有点多嘴了——虽然我就上了一个学期的课，他也毕竟是我老师，潘老师的夫人对我也一直很好，您要是不方便说就算了，因为您问过我七月三十一号那天发生过什么，我突然想起来，那天我车祸之前本来是打算去见他夫人的……"

调查员神色一闪，若有所思片刻，盯着费渡说："你没去成的那次，有一个至今没找到的重大嫌疑人上门见过他。"

费渡先是一愣，随后，调查员发现，这个颇为宠辱不惊的年轻人不知想到了什么，脸色突然变了。

"不可能。"费渡很快在调查员面前收敛了失控的表情。

调查员不错眼珠地观察着他。

"不可能，"费渡又重复了一遍，"潘老师的夫人曾经为我做过多年的心理辅导，他们夫妻两个都是很正派的人。"

调查员心里一动，有意想让他多说一点儿："也许是你知人知面不知心呢。"

"如果他当年和出卖同事的人有关系，他就不会辞职去学校里教书，以潘老师的资历，留在市局，现在职位不会低，任何信息都能第一时间拿到。他在学校里能接触到什么？任何材料，在我们提出调阅申请之后，都必须走齐手续才能拿到，至少需要五个人签名批准，最高到陆局那里，这未免也太麻烦了。"

"但这是潘云腾亲口承认过的，不用质疑，"调查员又试探了一句，"也许他是在离开市局之后才和嫌疑人联系上的，也许他是被人蒙蔽了。"

费渡皱起眉："您的意思是说，真正的罪魁祸首把他做过的事栽赃给别人，骗潘老师相信他，再利用潘老师达到自己的目的？"

调查员没有正面回答费渡的问题，只是淡淡地说："这些都有可能。"

总体而言，目前的证据还是指向范思远，毕竟他当年杀人潜逃是不争的事实，而费渡和潘云腾也同时证实了范思远并没有死的事实。可是对于调查组来说，苏程和费承宇的失踪，让这些事越发迷雾重重了起来。

"潘老师是当过刑警的，刑警最讲证据，而且会对逻辑的严密性吹毛求疵，"费渡说，"他不会那么容易被人蒙蔽的。"

调查员原本指望再从费渡嘴里听见点有价值的信息，听到最后，发现他的依据全都是自己的揣测，不由得有些失望，于是敷衍地冲他笑了一下："你可能没有那么了解他——费总，接你的车来了。"

"他吹毛求疵这一点我还是了解的，不瞒您说，我刚开机，就有不少师兄跟我打听潘老师的情况，有因为一篇论文被他折磨了好几个学期的，好不容易快有成绩了，又出这事。"费渡冲他笑了一下，"不好意思，耽误您时间。"

他说着，十分彬彬有礼地倒退了几步，这才转身走向骆闻舟。

调查员目送他上车，心里忽然闪过一个念头，他想：费渡方才和别人交流过潘云腾的事吗？他们说什么了？

回去或许应该把费渡这大半天玩手机的监控调出来好好梳理一下。

骆闻舟见费渡和调查员站在门口说话，就没过去，面色沉静地在车门前等着，大概是接连几天颠沛流离休息不好，他这会儿忽然有点恍惚，好像视野不断收窄，再收窄，最后只剩下一人高一人宽——约莫能严丝合缝地装一个费渡。

骆闻舟当然也不是自己一个人来的——陆嘉临走的时候把费渡手下一帮人的联系方式给了他，此时街角、马路对面、附近停车场，甚至匆匆骑着电动三轮从旁边过去的"小贩"都是自己人。骆闻舟克制地拉开车门，轻轻地扶了一下费渡的肩，手落在那人身上，他悬了多日的心扑通一声落回胸口，骆闻舟不动声色地吐出口气。

费渡的目光跟他那布满血丝的眼睛一碰，低声说："我来开车。"

骆闻舟没吭声，一言不发地点点头，没看见费渡本人的时候，他好像一台高速运转的机器，尼古丁和焦虑就是他的兴奋剂，让他能在同一时间处理无数信息，能不眠不休、不分晨昏昼夜地到处奔波。

可是这时，连日来压抑的悲愤与无边的疲惫忽然一股脑地涌上来，把他淹没在里面。骆闻舟脑子里一片空白，被费渡塞进副驾驶后，他低声说："昨天找到了他们的一处据点，抓住了朱凤和杨欣，还有那个接触过你的司机。那些人拒捕，小武……小武……"

说到这儿，他好像忘了词似的重复了几遍。

创意涂鸦

笔记本

the light in the night

备注：

备注：

备注：

备注：

备注：

星期五　星期六　星期七

备注:

备注：

年　　月　　日

年　　　月　　　日

年　　　月　　　日

年　　　　月　　　　日

-
-
-
-
-
-
-
-

归根到底，命运才是那个行凶的贱人啊。

屋里暖气融融，迎面就是厨房飘来的肉香，一股家的味道不由分说地缠上了冰天雪地中归来的人，好像能把人融化在里头似的。

往后看不到头的一生中，能有一点回忆已经弥足珍贵。

那么浅的胸口，那么深的心。

十之八九的不如意，根本原因就两个，
一个是吃不饱，一个是睡不好。

神明和恶鬼都是不会失态的，只有人才会。

Q 版手绘

●

十夜 ShiY

LOFTER：http://qiguanjun.lofter.com/ ●LOFTER

●

千饮

微博：@-千饮-

后坐力那么大，子弹跑了……"

这时，几个调查员护送费渡出来，费渡一拢大衣，突然叫住他们："其实我还想问一下，潘老师到底怎么样了？"

调查员脚步一顿。

费渡说："不好意思，有点多嘴了——虽然我就上了一个学期的课，他也毕竟是我老师，潘老师的夫人对我也一直很好，您要是不方便说就算了，因为您问过我七月三十一号那天发生过什么，我突然想起来，那天我车祸之前本来是打算去见他夫人的……"

调查员神色一闪，若有所思片刻，盯着费渡说："你没去成的那次，有一个至今没找到的重大嫌疑人上门见过他。"

费渡先是一愣，随后，调查员发现，这个颇为宠辱不惊的年轻人不知想到了什么，脸色突然变了。

"不可能。"费渡很快在调查员面前收敛了失控的表情。

调查员不错眼珠地观察着他。

"不可能，"费渡又重复了一遍，"潘老师的夫人曾经为我做过多年的心理辅导，他们夫妻两个都是很正派的人。"

调查员心里一动，有意想让他多说一点儿："也许是你知人知面不知心呢。"

"如果他当年和出卖同事的人有关系，他就不会辞职去学校里教书，以潘老师的资历，留在市局，现在职位不会低，任何信息都能第一时间拿到。他在学校里能接触到什么？任何材料，在我们提出调阅申请之后，都必须走齐手续才能拿到，至少需要五个人签名批准，最高到陆局那里，这未免也太麻烦了。"

"但这是潘云腾亲口承认过的，不用质疑，"调查员又试探了一句，"也许他是在离开市局之后才和嫌疑人联系上的，也许他是被人蒙蔽了。"

费渡皱起眉："您的意思是说，真正的罪魁祸首把他做过的事栽赃给别人，骗潘老师相信他，再利用潘老师达到自己的目的？"

调查员没有正面回答费渡的问题，只是淡淡地说："这些都有可能。"

总体而言，目前的证据还是指向范思远，毕竟他当年杀人潜逃是不争的事实，而费渡和潘云腾也同时证实了范思远并没有死的事实。可是对于调查组来说，苏程和费承宇的失踪，让这些事越发迷雾重重了起来。

"潘老师是当过刑警的，刑警最讲证据，而且会对逻辑的严密性吹毛求疵，"费渡说，"他不会那么容易被人蒙蔽的。"

调查员原本指望再从费渡嘴里听见点有价值的信息，听到最后，发现他的依据全都是自己的揣测，不由得有些失望，于是敷衍地冲他笑了一下："你可能没有那么了解他——费总，接你的车来了。"

"他吹毛求疵这一点我还是了解的，不瞒您说，我刚开机，就有不少师兄跟我打听潘老师的情况，有因为一篇论文被他折磨了好几个学期的，好不容易快有成绩了，又出这事。"费渡冲他笑了一下，"不好意思，耽误您时间。"

他说着，十分彬彬有礼地倒退了几步，这才转身走向骆闻舟。

调查员目送他上车，心里忽然闪过一个念头，他想：费渡方才和别人交流过潘云腾的事吗？他们说什么了？

回去或许应该把费渡这大半天玩手机的监控调出来好好梳理一下。

骆闻舟见费渡和调查员站在门口说话，就没过去，面色沉静地在车门前等着，大概是接连几天颠沛流离休息不好，他这会儿忽然有点恍惚，好像视野不断收窄，再收窄，最后只剩下一人高一人宽——约莫能严丝合缝地装一个费渡。

骆闻舟当然也不是自己一个人来的——陆嘉临走的时候把费渡手下一帮人的联系方式给了他，此时街角、马路对面、附近停车场，甚至匆匆骑着电动三轮从旁边过去的"小贩"都是自己人。骆闻舟克制地拉开车门，轻轻地扶了一下费渡的肩，手落在那人身上，他悬了多日的心扑通一声落回胸口，骆闻舟不动声色地吐出口气。

费渡的目光跟他那布满血丝的眼睛一碰，低声说："我来开车。"

骆闻舟没吭声，一言不发地点点头，没看见费渡本人的时候，他好像一台高速运转的机器，尼古丁和焦虑就是他的兴奋剂，让他能在同一时间处理无数信息，能不眠不休、不分晨昏昼夜地到处奔波。

可是这时，连日来压抑的悲愤与无边的疲惫忽然一股脑地涌上来，把他淹没在里面。骆闻舟脑子里一片空白，被费渡塞进副驾驶后，他低声说："昨天找到了他们的一处据点，抓住了朱凤和杨欣，还有那个接触过你的司机。那些人拒捕，小武……小武……"

说到这儿，他好像忘了词似的重复了几遍。

费渡一顿，立刻明白了什么，伸手盖住他的眼睛："辛苦了。"

骆闻舟一言不发地靠在椅背上，盖在他眼睛上的手随即离开，他心里立刻又十分不踏实起来，不依不饶地伸长胳膊，搭在费渡身上。

他不知是什么时候迷糊过去的，随即又被自己的电话铃声叫了起来。

骆闻舟惊醒的瞬间，感觉好像从高处一脚踩空，他激灵一下，近乎惊慌失措地伸手抓了一把，挺括的毛呢外套被他一把攥成了一团。费渡轻轻地捏住他的腕骨，用指腹蹭了几下。骆闻舟偏头看见他，差点儿飞到头顶的三魂七魄这才响应万有引力，重新归位，他按了自己的太阳穴，按下电话免提："嗯，我在。"

"我们刚才审过了朱凤，"郎乔说，"朱凤承认她假扮校工、尾随王潇并且放录音误导她的事，她说这是为了让恶有恶报、是'老师'大计划的一环。朱凤态度非常不好，防备心很重，对咱们没有一点信任——另外方才她透露出一个信息，我觉得需要赶紧让你知道。"

骆闻舟："什么？"

"朱凤的丈夫在外出途中被人杀害，事后凶手被捕，但审讯过程中发现凶手是无行为能力人，最后这件事以凶手被关进精神病院告终——朱凤坚持说这里面有黑幕，犯人被调过包。"

骆闻舟："犯人被调过包是什么意思？"

"朱凤一直接受不了凶手不用偿命的判决结果，曾经试图潜入精神病医院刺杀那个凶手，精神病医院管理有漏洞，其实她当时已经混进去了，之所以没动手，是因为她发现关在精神病院里的男人根本不是杀她丈夫的那个人。朱凤认为这个凶手一口气买通了整个公检法，精神病证明就是假的，之后又找了个长得很像的人替他顶包住院，自己逍遥法外。所以警察和法院都是一丘之貉，没一个好东西。"

骆闻舟被这个阴谋论的大气魄镇住了："一口气买通整个公检法系统？"

"别看我，"费渡插话说，"我也买不起。"

"不……等等，"骆闻舟想了想，"朱凤说当年警察找了个'很像'的人做替身……这是什么情节？双胞胎？整容？再说既然很像，她怎么知道犯人被调过包？体貌特征的微小改变很可能是住院和用药造成的，换一个环境，有的人可是会大变样的。"

"老大，你等会儿。"郎乔道。过了一会儿后，她给骆闻舟发了一段录音。

费渡把车停在了骆闻舟家楼下的车位，将手伸出窗外打了个手势，方才一路暗中跟着护送他们的车子各自原地散开，在附近随时待命。骆闻舟打开了那段音频，里面是低哑的女声。

"我老公叫余斌，'文武'斌，是个教美术的老师……人很老实，脾气也好，教过的学生没有不说他好的。他只教课，不坐班，时间比较富裕，所以家里买菜做饭都是他。那天早晨，我们是一起出的门，他要买菜，我上班顺路。才刚分开，我发现自己没带钥匙，想起他晚上有课，又折回来找他，老远就听见有人嚷嚷什么，我凑上去，人群突然骚乱起来，有大人叫、孩子哭……然后一个浑身是血的男人提着刀就向我冲过来了！我当时蒙了，就记得那个人挺高，块头挺大，一身一脸的黑泥，披头散发的，那头发跟墩布条似的，打着绺，就像是天桥洞底下的那些流浪汉……我不知道他身上的血是我们家大斌的，不然我……我……

"我脑子一空，听人喊'快跑，神经病杀人了'，当时根本来不及反应，看他冲我扑过来，吓得把手里的自行车冲他推过去，那车正好撞在他身上，车把把那个人的袖子掀起来，我看见他胳膊上有一道很长的伤疤，蜈蚣似的。"

录音里有个警察问："这个信息旧卷宗上没有，你没和警察说过？"

"因为没人问过我，大庭广众下杀人，大伙都看见了，当时有人叫了附近的保安，警察、保安，还有几个胆子大又热心肠的过路人一起帮着追，那人很快就被抓住了，刀在他手里，血溅在他身上，这案子根本没什么好查的。可是我没想到，这样的案子也能让人做手脚，精神病院里的那个男的什么都不知道，人话都听不懂，乍一看就是杀我男人的凶手，可是他胳膊上没有那道疤！"

第二十一章

"第一次'画册计划'中，六宗未结案，再加上一个凶手是无行为能力人，一共七桩'不圆满'的案件，最大嫌疑人先后离奇死亡。其中第七桩案子，也就是朱凤丈夫余斌被杀一案有点特殊。"骆闻舟接过肖海洋递过来的一份旧卷宗，在茶几上打开，展示给众人看，他家里早就成了市局以外的据点，到处都是烟头和喝得剩下一半的易拉罐饮料瓶，"朱凤坚持认为，被关进精神病院的男人是被顶包的，因为身体特征和她在案发现场撞见的凶手不符。"

"这个当街杀人的凶手大名叫钱程，住在案发地附近，周围的街坊邻居都知道他，因为精神障碍，钱程不具备独立生活能力，四十来岁仍然跟着老父亲过，父亲去世以后把他托付给了一个亲戚，亲戚收了钱，但照顾得很不精心，一个礼拜才去看他一次，任凭他到处游荡，饿了就掏垃圾吃。不过疯归疯，邻居都说他不主动招惹别人，脾气也比较温和，没有攻击性，一开始听说他杀了人，大家都不敢相信——照片上的这个人就是凶手钱程。"肖海洋说着，伸手点了点旧卷宗里的照片，一张是刚抓回来时候的照片，人和破衣烂衫黑成一团，完全没有人样，像一条会走路的拖把；第二张照片则清爽多了，已经拾掇干净、剃了头、换了囚服，这回能看出本来面貌，他似乎是个颇为平头正脸的中年男子，就是眼神和表情有点怪，看着就不像个清醒的正常人。

"司法鉴定精神障碍者为无行为能力人有严格的流程，就算十几年前，这块管理还没那么完善，造假也没有外人想象的那么容易，而且如果有人不同意鉴定结论，还可以当庭申请由其他机构再出具一份意见。"骆闻舟说，"钱程在当地有名有姓，周围的人都知道他，也都知道他有病，不大可能是假的。"

"而且这人是个掏垃圾吃的精神病人，没钱没背景，连亲戚都不管，说句不好听的，他就是个累赘，"另外一个刑警说，"谁会为了他大费周章地担这么大风险造假？我觉得朱凤不可信。"

费渡一目十行地扫过卷宗中的案情描述：

凶手行凶后逃逸……火速出警……在热心群众的帮助下……堵在小巷……凶器……血迹……

他眉间一挑，忽然看向肖海洋方才拿出来的两张照片。

"说得对，亲戚把他当累赘，平时眼不见心不烦，恨不得他消失，丢了也不会有人找。"费渡低声说，"当时案发地点附近的地图有吗？"

"有！"肖海洋办事十分仔细，闻言立刻拿出一份标注得密密麻麻的旧地图。

"案发地点在一处自发形成的小商贩一条街上，我整理了一下目击者证词，当时死者余斌应该是在这儿——路口处一个卖肉的摊位前和凶手发生口角，随后冲突升级，凶手突然拿起肉摊上的刀，捅死了死者，然后朝路口对面的马路逃窜。并且在马路边上撞到了赶回来取钥匙的朱凤，爬起来以后，他挥舞着带血的凶器继续跑，穿过马路，几分钟以后，警察和保安赶到，又有一些胆子大的群众指路帮忙搜索。过了十几分钟吧——这是目击者证词上记载的，可能有误差——警察在一条小巷里抓住了钱程。"

费渡问："抓捕地点大概在什么地方？"

肖海洋仔细看了看，在地图上画了个圈："应该是这儿，马路对面是一片待拆的棚户区。"

骆闻舟："怎么，有什么问题？"

"我觉得有两种比较靠谱的猜测，"费渡说，"第一，凶手被冒名顶替的事是子虚乌有，朱凤自己胡说八道的。第二，凶手确实被调包了，但不是在逮捕审判的过程中，而在他被抓捕以前。"

骆闻舟一愣，随后立刻反应过来："你是说，当街杀人的这个凶手和当时警方在现场逮住的钱程不是一个人？"

"凶手杀人以及钱程被捕的时候，都是满身污垢、典型的流浪汉打扮，五官根本分辨不清，只要体貌特征相似，在那种突然情况下，除非是熟人，否则那些路人看不出区别很正常。"

肖海洋："钱程是个没人管的精神障碍者，恐怕没有熟人。"

费渡继续说："而当时除了目击证人以外，决定性证据就是血衣和凶器。如果像海洋说的那样，凶手逃窜和最终逮捕有一定时间差，那么在其中做手脚不难——他首先需要在待拆迁的棚户区里找个地方落脚，把替罪羊钱程绑走，杀人后趁乱脱离众人视野，逃进棚户区，抹去自己的指纹，把血衣和凶器塞给钱程。"

"穿着血衣、拿着凶器的流浪汉一出现，如果这时有人大叫一声'凶手在那儿'，追捕搜索凶手的人会立刻下意识地追，并且以为自己抓住了凶手。反正这疯子连话也不会说，根本弄不清发生了什么事，更别提为自己辩解了。"费渡一顿，"大庭广众之下无痕杀人，只要撤退路线计算得当，不出意外，可操作性比买下公检法大多了。"

肖海洋被他说得生生打了个冷战。

"钱程的邻居们都说这个人虽然不正常，但性格温和，朱凤又供述余斌是个不喜欢和人发生冲突的性格，这两个人都不像是为了一点鸡毛蒜皮的事在街上大打出手的，"费渡低声说，"这是蓄意谋杀。"

"可是……为什么要杀一个普通的美术老师？"

"这个问题很关键，"费渡抬起眼看着骆闻舟，"还有，后来被刺死在精神病院的又是谁？是真凶，还是那个倒霉的替罪羊钱程？"

"是钱程，"肖海洋说，"钱程的基本信息在被捕的时候就登记过，确认尸体身份当然也要经过法医尸检，中途换人肯定早就东窗事发了。而且朱凤也说，杀她丈夫的凶手仍然逍遥法外，她不承认死在精神病院里的是杀余斌的真凶——这说明什么问题？"

费渡："如果以上推测是对的，钱程应该不是'朗诵者'杀的，因为他是无辜的。"

"你觉得朗诵者不杀无辜的人？"骆闻舟神色有些阴沉，"那陈振、冯斌，还有小……"

"不，"费渡打断他，"'朗诵者'不会用这种带有仪式性色彩的手法杀无辜的人。"

他说着，站了起来，走到与客厅连作一体的阳台上。远处响起零星的鞭炮声，今年市区管得不严，不少人提前偷偷放炮，把才透亮了没几天的天空又放得烟雾缭绕起来。

"我现在大概可以给'朗诵者'做一个简单的心理画像。"费渡略微闭上眼，多年前那个仿佛幽灵一样出现在费承宇地下室里的男人在他的记忆深处露出诡秘的笑容，他身材高大，眼窝很深，眼睛里是浓重得化不开的阴影，又折射出近乎刺眼的光……尖锐、冰冷，又仿佛是仇恨，"'朗诵者'是一个由曾经的受害人组成的互助组织，长时间得不到正确纾解的创伤会伤害人的信任感，有时会伴有过度警觉、攻击性强的症状，会改变一个人的人格，使自己异化、孤僻，与社会上其他人的隔阂感不断增加，只有面对同等遭遇的人群时，才能产生归属感——这是互助组织之所以有益的原因。

"但正常的互助组织，是让受创伤者在一个相对舒适、有归属感的环境里，由专业人士引导，在彼此正向反馈中疏导压力，接受事实，慢慢走出小圈子，回到正常的生活里，而不是让他们互相沉浸于对方的负面反馈，加重

埃德蒙·唐泰斯

和外界的隔阂，最后发展成一个封闭、孤立、抹杀了独立意识的小团体。

"关于群体性心理研究的文献很多，著名的巴黎九月惨案、卢旺达大屠杀都是典型案例，而'朗诵者'的发起人是这个领域的专家，他成功地构建了这样一个团体——他们认为自己是被迫害的、正义的，创伤性的过度警觉被不断加强，最初对于加害者的仇恨，会像一碗加满的水，溢出后，扩散到外界所有人身上——他们感觉到的不公平，都是社会的错，是这个社会上每一个人的错，至于本该主持正义的警察，更是渎职无能，罪无可恕。

"最后，小团体以外的人被物化，可以轻易成为复仇的工具，即使伤及无辜，也被视作是复仇和正义之路上必要的牺牲，"费渡的目光扫向所有隐含愤怒的刑警，"但是'复仇工具'和'复仇对象'是不一样的，为了增加团体的凝聚力，他们必然存在一定的信仰，培养这种信仰则需要仪式感——例如对犯罪者'以牙还牙'，死于他犯下的罪行。"

骆闻舟插了句话："你的意思是，'朗诵者'的发起人范思远，从他在第一次'画册计划'时杀第一个人开始，就设计了这个团体。杀人是他计划的一部分，而不是什么'凝视深渊'式的走火入魔。"

"不是，"费渡说，"这个团体构造稳定，成员精简，凝聚性强，非常忠诚，是范思远有意识地设计培养出来的，他最早当'义务警察'，谋杀没有得到惩罚的嫌疑人，并不是出于义愤，如果范思远早接触过朱凤，应该意识到了精神病院里关着的那个人不是真凶，杀他是没有意义的。"

"朱凤闯进精神病院的时间和钱程最终被杀的时间很接近，"骆闻舟沉吟片刻，说，"有没有可能是这样，真凶听见朱凤的控诉，意识到自己换人的事并没有那么天衣无缝，正好当时'画册计划'出事，所以他把这件案子浑水摸鱼进去——给人一种无意识的印象，钱程是被报复的对象，所以他就是真凶，后来的人们会先入为主，不会再仔细追究。"

肖海洋倏地跳了起来："所以朱凤丈夫余斌的谋杀案，是当年市局的内鬼安排的！"

骆闻舟："去查余斌生前和哪些人接触过，学校的同事、教过的学生，去过哪儿。"

肖海洋一跃而起。

这时，另一个刑警问："骆队，当年的内鬼是不是有怀疑对象了？我们要不要去盯着？"

骆闻舟还没来得及说话，费渡却看了一眼表。

"暂时不用，"费渡说，"时间差不多了，有人会去的。"

负责费渡的调查员送走人以后，忍不住回去仔细翻看费渡的监控记录——时间很长，好几个小时和不同人闲聊，信息庞杂无序，他先是找到了和潘云腾有关的，从头到尾顺了一遍，果然如费渡所说，都是学生们好奇的打听和问候，没什么有价值的东西。调查员有些失望，正打算放弃，却隐约觉得有什么地方让他如鲠在喉。

再一次从头到尾梳理信息的时候，他忽然注意到了什么，按下暂停回放。屏幕上，费渡脸上闪过一丝有些微妙的神色，随后好像故作镇定似的发语音信息："没听说，能有什么事？"

调查员愣了愣，随即他把费渡和这个"哲学家"的对话从头到尾重新放了一遍，然后叫来了技术人员——费渡没插耳机，听语音信息的时候也没把听筒紧贴在耳朵上，窃听器里直接能听见手机听筒里隐约的男声，通过技术手段放大后，"哲学家"发过来的语音信息十分清楚。

"张婷"这个关键词让调查员一激灵。

第二十二章

悄然回到周家老宅的周怀瑾毕竟是周家仅存的继承人，效率很高，很快拿到了三十八年前周雅厚曾经的助理的下落。

"周雅厚的助理是周家一个旁支的，中文名字叫周超，周峻茂上台后，这个人就因为挪用公款被捕入狱了，"周怀瑾一边看着地图一边说，"后来因为在狱中伤人，又一再试图越狱，他的刑期不断被延长，我辗转托人找到了一点线索，据说这人还活着，已经七十多了，出狱以后隐姓埋名，躲在C省的一个小镇上。说来也巧，他出狱的时间正好是郑凯风把假DNA结果交给周峻茂的那年，你说会不会也是我妈……"

陆嘉举着个冰激凌，正若有所思地往四周看，闻言一笑："很可能，你妈也误以为你不是周峻茂亲生的，为了保护你，当妈的什么都干得出来，这个周超一直没被找到，弄不好就是她藏起来的。"

经过在燕城的生死时速，陆嘉那大脑袋警觉地一转，周怀瑾心里就紧张，连忙也跟着往四周乱看："怎么，不会又有人跟着我们吧？"

陆嘉眯细了眼睛笑起来："你才发现吗？估计你一回老宅，就被人盯上了。"

周怀瑾："什么？！"

头天晚上，陆嘉以"人太多，不要添麻烦"为由，没和周怀瑾回周家老宅住，只是派了两个保镖陪着他，剩下的人去了事先订好的酒店。周怀瑾当时也没在意，因为好不容易回到自己熟悉的地方，他不由自主地放松睡了个安稳觉，万万没想到那些要杀他的人居然阴魂不散地跟到了这里。

周怀瑾蓦地扭头看向陆嘉："你早知道……"

"放心，他们昨天不会动你，"陆嘉围着冰激凌舔了一圈，他那舌头就跟有倒刺似的，一口下去，冰激凌消失了一半，"他们在这边人路没你广，首先要弄清楚你要去找谁，才好以逸待劳，把你们一网打尽。"

然而，周怀瑾并没有听出哪里值得放心。

陆嘉稀里哗啦地舔着冰激凌，抬手搭上周怀瑾的肩膀，不让他左右乱看，推着他往前走："你没发现我的人也没来齐吗？走吧，信不过我，你还信不过费总吗？"

曾经跟在周雅厚身边的这位老人，住在一个破破烂烂的小院子里，地段很偏僻，家里没什么装饰。院门口是刚扫过的，倒也还算干净，陆嘉冲跟着自己的一个小兄弟使了个眼色，几个人立刻机灵地四下散开，在后院埋伏好。

周怀瑾这才走过去敲门，片刻后，里面有个女老外通过门口的对讲机应声，询问是谁。

周怀瑾看了陆嘉一眼，陆嘉点点头，示意他实话实说。于是他清了清嗓子，报出了周超的化名："请问他是生在这里吗？我姓周，是他老朋友的儿子。"

屋里沉默了一会儿，一个东南亚裔模样的中年女人探出头来，紧张地看了看他们这一伙不速之客，十分勉强地笑着说："我想你们说的可能是以前住在这里的人，我们是上个月刚搬过来的。"

周怀瑾皱了皱眉，从兜里摸出一张老人的照片："那请问之前的住户您见过吗，是这个人吗？"

女人犹豫了一下，磨磨蹭蹬地把照片接过去，不知她是脸盲症还是什么毛病，翻来覆去地看了半天，才吞吞吐吐地说："我不是很确定……"

就在这时，后院传来一声暴喝："站住！"

女人手一哆嗦，脸上的惊慌神色再也藏不住，照片掉在了地上——原来她一直在拖延时间！

陆嘉好整以暇地望过去，只见一个满头花白头发的老头飞檐走壁地翻过了后院的篱笆，趁着保姆在门口吸引不速之客的注意力，他老人家撒腿就跑，一看就没有风湿骨病，腿脚利索得活能去参加跑酷。

陆嘉伸长了脖子，感叹道："嚯，老当益壮！"

周超没想到来找他的人早有准备，一见他露面，埋伏在后院守株待兔的人立刻一拥而上，三下五除二地把动如脱兔的老头逮回来了。陆嘉弯腰捡起女人失手掉落的照片，本想说句什么，搜肠刮肚好一会儿，发现当年在学校里学过的外语就剩下了"谢谢""再见"和"早上好"，只好大仙似的闭了嘴，露出了一个高深莫测的微笑。

这一幕被人拍了下来。

陆嘉他们身后不远处，一个不起眼的白色商务车里，有个全副武装的男人放下望远镜，调整了一下狙击枪的角度，同时把周怀瑾、陆嘉，还有被一群人按着的老人照片发了出去，询问雇主："确认吗？我们要动手了。"

与C省小镇相隔十几个钟头时差的中国燕城，此时已经是夜幕低垂。

张春久拿起电话，一言不发地听了片刻，突然抬起头，沉声对张春龄说："有人去了东来公司找他。"

为了掩人耳目，他们在秘密送走张东来兄妹之后，张春久找人假扮张东来，照常在公司出没——这几天公司里人不多，也没什么事，假张东来戴好口罩墨镜，只要避免和值班员工说太多话，混过去不成问题，能给人造成一种春来集团里一切照旧的假象……只要没人去特意找他。

调查组为什么突然要找张东来？到底是谁走漏了风声？

兄弟两人对视片刻，张春久拉开窗帘，往外望去，城市里华灯初上，透过朦胧的雾气，喜气洋洋地弥漫开来，是一片宁静祥和的样子。

宁静得让他心生不祥的预感。

这时，有人轻轻地敲了敲门，沉声说："张董，我们已经锁定周怀瑾了，他找到了一个叫周超的老人，想向您请示，立刻动手吗？"

张春龄从他手里接过手机，看见手机里传过来的照片十分清晰，老华人正一脸惊惧地看着周怀瑾，他满脸沧桑、面如土色，可是时隔多年，张春龄还是一眼认出了他："是周雅厚身边的人，到恒安来过。"

张春久一把抢过手机："为什么他还活着？周峻茂和郑凯风这么多年一直在干什么？"

"我倒不觉得奇怪，郑凯风贪财好色，周峻茂优柔寡断，俩人亲如兄弟又貌合神离，中间还夹着个周雅厚的女人，出纰漏也实属正常——少安毋躁，正好趁这次斩草除根，让他们动手吧。"张春龄不慌不忙地说，"没关系，我不相信他们能有什么证据，我也不相信四十年前的事，他们还能挖出什么蛛丝马迹来，东来不在又怎么样？送儿子出国犯了哪条国法？"

张春久定了定神："大哥，你还是先避一避吧。"

张春龄不置可否："你呢？"

"我的调查还没结束，这么走了反而是不打自招，我留下处理后续的事。"张春久说，"你放心，我能脱身。"

张春龄深深地看了他一眼。

"大哥，"张春久突然变了语调，"我记得那年也是冬天，你把我……你把我藏在放煤块的竹筐里，都是灰，我蹭得一身一脸黑乎乎的，从竹筐缝里往外看……"

张春龄脸色一变，打断了他："行了，说这些干什么？"

张春久一低头，五十多年的风霜在他身上铸成了铜皮铁骨，他翻云覆雨，无坚不摧，眉心那道总也打不开似的褶皱短暂地展开了片刻，他从衣架上摘下外衣，恭恭敬敬地披在张春龄肩上，又把围巾递给他，说："也是，我说这些干什么？大哥，一路小心。"

张春龄迟疑了一下，接过围巾，冲身边跟着的男人打了个手势，几个人跟在他身后，悄无声息地鱼贯而出。

郎乔的手机振动起来，她低头看了一眼，是她爸问她这个漫长的班什么时候能加完，春节有没有时间去跟父母走亲戚，她没来得及回复，就看见老教导主任拿着一串钥匙出来，冲她招了招手。

"不好意思，老师。"郎乔连忙把私人手机揣回兜里，"这大过年的，麻烦您半夜三更跑这儿一趟。"

根据朱凤的证词，郎乔找到了被杀的美术老师余斌生前任教的第四中学。

"没事，孩子们旅游去了，就我们老两口，就当吃完饭活动活动。"老主任说，"唉，算来也十多年了，我没想到还有人来查当年余老师的案子。太惨了，多好的一个小伙子，提起来就伤心——喏，到了。"

郎乔一抬头，看见门上写着美术教室。

"这些年都追求升学率，体育有加试，还算凑合，音乐和美术课基本都是摆设，"老主任说，"余老师在的那会儿，学校还有美术特长生，后来政策改了，咱们学校不招'美特'了，美术教室也就成了参观用的……我看看是不是这把钥匙。"

说着，门咔嗒一声打开了，一股缺少人气的气息扑面而来。老主任打开灯，指着墙上的一幅人物肖像的油画说："你看，那就是余老师画的。"

郎乔愣了愣，她是外行人，看不出画得好与不好，只觉得那人物肖像很逼真，逼真到她一眼就看出来，画上笑靥如花的年轻女孩长着和朱凤一模一样的凤眼和酒窝，她穿着一条裙子，眼角弯弯地冲着画外人笑，叫人一看就心生好感。

油画下面贴着标签，写着题目、作者和日期——余斌画于十五年前，画作名叫《梦中情人》。

到如今，画中仙笑靥依旧，画外人却成了个满心怨毒、面目可憎的女人。

"在这儿呢，"教导主任打开一个展示柜，对郎乔说，"姑娘，你过来看看——这是不是就是你要找的东西？"

郎乔连忙凑过去，主任把一个奖状展示给她看："余老师出事前，带着学生们去写生，其中一个学生用当时的作业参加了一个比赛，还得了奖，奖状有作者一份，指导老师一份……可惜余老师回来之后不久就出事了，都没来得及看见这份奖状。当时余老师的爱人精神不太好，看见他的东西就伤心，这东西也就留在了学校。"

郎乔接过来，奖状上附有获奖作品的影印图，是一幅非常美的海边风景，奖状里面夹着一张泛黄的纸条，一打开就掉了出来。

"这是学生写的，他跟余老师感情很好。"

郎乔戴上手套，小心地展开那张纸条，只见上面写着："面朝大海，春暖花开，纪念最后一次和余老师的滨海之行。"

余斌死前曾经去过滨海！

郎乔瞳孔轻轻一缩："老师，您能帮我联系到这个学生吗？"

找一个毕业了十几年的学生没那么容易，教导主任戴着老花镜，翻学生名册就翻了半天。当年教过这个学生的老师现在退休的退休、离职的离职，只能拐弯抹角地到处打听，足足打了一个多小时的电话，终于联系上当年这个美术生本人的时候，已经临近午夜了。

当时美术生正在机场，准备跟家人一起出行旅游，据说是夜里的航班。

郎乔和肖海洋飞车赶过去，一头冲进跟人事先约好的麦当劳。

零点以后的快餐店里挤满了疲惫的旅客，十分安静，有人枕着自己的包闭目养神，还清醒的也大多不怎么彼此交谈，各自摆弄着手机电脑，放眼一看，这里就像个静止的空间。肖海洋被郎乔拖着一路狂奔，喘成了病狗，踩在地上的每一步都沉重如打夯，惊动了好几个浅眠的背包客，被人愤怒地目送了一路，总算在角落里找到了余斌的学生。

十几年前的高中男生已经是个大人了，年过而立，嘴唇上留了一圈小胡子，从穿着用度上看得出，他经济条件还不错。

"可以看一下证件吗？"男人态度温文有礼，但十分谨慎，先把郎乔和肖海洋的证件要过来，对着光仔细核对了防伪标识，这才略带歉意地把两张工作证还回去，"不好意思。"

"没事，公民权利。"郎乔从包里取出她从学校拿到的画作奖状和字条，"这两样东西是你的吗？"

"得奖的画是我画的，"男人低下头，略带怀念地翻了翻，对着奖状上的影印画端详片刻，他苦笑着说，"这是学生时代不成熟的作品，但当时的灵感真是充沛……滨海那个地方非常特别，大海那么开阔，却不知道为什么，让人觉得荒凉又空旷，尤其是傍晚起风，灌进礁石缝里，就跟周围一直有人哭似的，又阴森又寂寞。"

肖海洋和郎乔这两个唯物主义者知道滨海的底细，听完他这番十分文艺的描述，齐齐打了个寒战。

"我当时已经快上高三了，按理说应该全神贯注准备专业课高考，那次到滨海去，其实就是为了跟同学们一起玩两天，随便画点东西练练手，也没打算比什么赛。不过画完以后，效果意外地好，余老师很喜欢，强烈推荐我去报名，本来也没想拿什么名次，没想到无心插柳……字条也是我把奖领回来以后夹进去的。"男人说到这里，沉默了一会儿，神色有些暗淡地摇摇头，"其实这些年我有时候会想，滨海那个地方……会不会像民间说的那样，有点邪呢？我不是迷信，只是有时候看见这张画，总觉得里面有种不祥的气息。"

郎乔摸出笔记本："请问你还记得，当时你们是多少人一起去的？在滨海逗留了多久？"

"唔……四五个人，我，老师，还有几个高一的小孩，都是'美特'。"男人说，"时间应该是周末，那会儿上学挺紧的，除了周末也没别的时间，我记得我们在那儿待了两个晚上……应该是周五去，周日返回的。"

"住在滨海吗？"

"没有，那边当时连人都没有，根本没地方投宿，我们住在附近的一个农家乐里——就算是附近吧，其实开车过去也差不多得半个多钟头，我们在那边租了辆车，白天取景，晚上回农家乐里休息。"

郎乔连忙追问："你们在滨海画画的时候，有没有碰见过奇怪的人或者奇怪的事？"

男人抬头看了她一眼，一开口，却是答非所问："郎警官，其实我今天之所以答应在这儿等着见你们，是因为以前有人问过我同样的问题。"

郎乔和肖海洋同时一愣。

"不好意思，之前仔细核对你们的证件也是因为这个，"男人说，"余老师出事之后，一年多吧，应该是我读大一的时候，有个人来找过我。男的，很高，中年人，自称是处理余老师一案的警察——我不知道该怎么形容，就是莫名觉得有点怕他，你们可能看出来了，我这人有点敏感，反正我当时不太敢看他的眼睛。"

"他和你聊了什么？"

"他当时说要问我几个和余老师被杀案有关的事。我就很奇怪，杀余老师的凶手不都被抓住了吗，还问什么？但那个人说，有些事不像表面上看起来那么简单，他怀疑余老师被杀有隐情，而且和我们之前去过的滨海有关。"

肖海洋问："这个警察叫什么名字？"

"叫顾钊。"

埃德蒙·唐泰斯

肖海洋手肘一哆嗦，碰翻了桌上一个可乐杯，碎冰块撒了一桌子，他的表情十分难以言喻："你说什么？"

"顾钊——'金刀'钊，我没记错的话，应该是叫这个名字，怎么了？"

肖海洋的手指无意识地颤抖："能不能……能不能麻烦你再仔细形容一下，他长什么样？是不是三十五六岁，有点瘦，一米七五左右……"

"年纪看不大出来，不过我觉得应该更年长一点儿，身高可不止一米七五，"男人仔细回忆了片刻，"我大学入学体检量的是一米七九，那人比我高出半头，站在我面前的时候让我很有压迫感，方脸，长得挺有轮廓的。怎么，您认识？所以他到底是不是假警察？"

随着他的形容，肖海洋神色几变，先是茫然，随后升起隐隐的怒火——这不是顾钊，余斌被杀后一年多，按时间推算，顾钊已经蒙冤而死，竟然有人胆敢冒充他的身份出去招摇撞骗！

肖海洋一瞬间觉得好像心里最干净的地方被人玷污了似的，如果他身上有毛，此时可能已经炸成了一个毛球，他握紧的拳头嘎啦一声，冷冷地说："不，他就是假的，他都问了什么？"

"像你们一样，他也很详细地问了我当时滨海一行都谁去了，行程是怎么安排的，路上有没有碰到什么人，有没有发生什么特别的事。我说我不记得。那个男的想了想，又问我，'你们余斌老师当时有没有单独出去过'。"

肖海洋和郎乔对视了一眼——对了，如果余斌被杀，真的和他去过滨海有关，那么为什么跟他在一起的学生们都毫发无伤？犯罪分子可没有不杀未成年的原则底线，所以很可能是他单独行动时遇到了什么事。

"他这么一说，我倒是想起来了，确实有。我们准备离开的头天晚上，因为商量好了，第二天一早就出发回程，晚饭后，余老师特意嘱咐大家收拾好东西，这时，有个女生突然说找不着相机了。我们帮着她仔细回忆了一下，觉得她可能是落在取景的地方了。相机在学生手里算是贵重物品，余老师一听，就立刻替她回去找。因为当时天太晚了，他没带学生，自己开车去的，路上跟人蹭了车，我是第二天看他去给租车结账的时候才知道。那个自称顾钊的……"

肖海洋陡然打断他："别用这个名字叫他。"

男人和郎乔都是一愣，肖海洋回过神来，略低了头："对不起，但是他不是顾钊，请别用这个名字叫他。"

尽管他尽量礼貌了，话说得却还是很生硬，郎乔正想试着打个圆场，那男人却十分善解人意，了然地说："哦，知道了，所以他冒充的是一位德高望重的警察吧？那我说'假警察'好了。"

肖海洋听见"德高望重"这个词，一时不知是什么滋味。

"那个假警察追问我，说老师撞了谁。我也不知道啊，我又没在现场，只是听老师说当时天黑，他又有点走神，经过海边的山坡上时，林子里突然冲出来一辆车，他当时没反应过来，一不小心剐蹭了人家的车门。不过对方应该素质挺高，没说什么，反倒是老师自己过意不去，非要追上去给了对方联系方式，让人到时候把修车补漆的单据寄给他。就这一点事，事故是和平解决的，余老师不是不讲理的人。"

肖海洋和郎乔对视了一眼。

肖海洋问："对方的车牌号记得吗？"

男人一摊手："余老师或许记得，但也不会特意跟我说啊。"

这确实也是，肖海洋不由得有些失落，郎乔却说："你怎么知道当时找你问话的这个人是假警察呢？"

"因为我临走的时候，又想起一件事，本想回去跟他说，可是一回头，发现那个男的脸色阴沉得可怕，和方才的和蔼可亲完全不一样，当时学校正在进行防诈骗宣传，我突然有点不放心，就跟他要了工作证——不过那会儿我也没什么常识，看不出证件真假，回去偷偷翻了翻手机上思政老师发的防诈骗贴士，看见第一条就是'警察取证一般是两人以上一起行动，碰上单枪匹马的要多留心'。"

郎乔忙问："你本来想告诉他什么？"

"画。"男人说，"余老师是个很用功的人，速写本不离身，看到什么有触动都会随手画下来，那次去滨海他的速写本正好用完了，有几幅画画在了纸上……勾勒的农家乐小院什么的，临走的时候我给讨来了，结果发现里面有一张人物素描，画了一男一女。我没见过这两个人，我猜也许是他那天晚上出去撞上的人。"

肖海洋一愣："画你还留着吗？"

"余老师的遗物，当然还保存着。"

骆闻舟接到肖海洋的电话时，"小眼镜"简直有点语无伦次，乱七八糟地把事情说了一遍，肖海洋冲他耳朵喊："我们到他家楼下了，现在就去取证！"

骆闻舟叹了口气："大过年的，你俩谢谢人家了吗？"

肖海洋这才想起来，余斌的这个学生本来是打算坐夜航离开燕城的，连忙回过头去对一身行李的男人说："这……不会误你的飞机吗？"

"我的飞机已经起飞了。"男人一耸肩，"我爱人陪着我们俩的父母先过去了。"

"那……"

"没事，我看看能不能改签，机票紧张的话就算了，出去玩而已，少去一趟又不会死，但是余老师的案子如果真有别的隐情，你们结案以后，可不可以给我打个电话，告诉我一声？"当年的美术生说，"余老师对我们很好，能为他做一点事，不管有没有用，我都觉得心安，我觉得他应该长命百岁。"

骆闻舟转头去看审讯室的监控，一个刑警正在审问朱凤关于育奋中学的案子。

骆闻舟转头去看审讯室的监控，一个刑警正在审问朱凤关于育奋中学的案子。

"你假扮校工，用录音误导王潇，是谁指使的？你知道你在干什么吗？"

朱凤不回答，只是冷笑。

"你说你们的目的是揪出卢国盛和他藏身的地方，好，"审讯的刑警说，"但是你知道这件事导致一个男孩死亡吗？他不但死了，还死无全尸！"

朱凤面无表情地看着他，两条法令纹将她的嘴角拉得很低。

"你既然跟踪王潇，不知道那孩子在校园暴力里经历过什么吗？你不但冷眼旁观，还利用她？"

朱凤拉平了自己的嘴角，冷冷地说："她这不是没死吗？"

"你说什么？"

"十几刀，大斌被捅了十几刀……都不成人样，你们不都是冷眼旁观吗？"朱凤声音沙哑，"她又没死，矫情什么？"

骆闻舟不知为什么，被这话堵得如鲠在喉，他吐出口浊气，叼起烟走出了监控室，浑身上下一摸，发现打火机忘了揣出来。

这时，旁边咔嗒一声，一簇小小的火焰冒出来，递到他面前。

骆闻舟一偏头，费渡不知从哪儿摸出一个打火机，问他："点吗？"

- 210

骆闻舟噎了片刻，想起陆嘉说费渡其实最讨厌别人抽烟，默默地一摆手，又把烟放回去了。这时，他手机一振，肖海洋发了一张图给他，骆闻舟打开一看，发现那是一张铅笔的素描画，纸张已经泛黄了，画夹在塑料夹子里，保存得还不错。上面画着一个男人和一个女人，角落里是日期和余斌的签名。

画得十分传神，骆闻舟看完以后长叹了口气："苏慧，还有……"

"春来集团的那位掌门人。"费渡探头看了一眼。

十几年前，张春龄和苏慧半夜三更前往滨海时，被回去给学生找东西的美术老师余斌撞见。

他们去做什么？后备箱里有女孩的尸体吗？

苏慧是不是一直充当郑凯风与张春龄的联络人，被余斌撞见他和张春龄在一起后，为了保险起见，郑凯风的联络人才换成了杨波的母亲卓迎春？

骆闻舟用拳头重重地敲了一下墙："一幅画……这太荒谬了，况且我们连这幅画是不是余斌本人画的、是在什么场合画的都证明不了。就算法院、检察院都是我亲爸开的，他也不可能凭这东西给我开拘捕证……费爷，这有什么好笑的？"

"我这里或许有你能用得上的东西。"费渡说。

第二十三章

M国C省小镇。

埋伏的狙击枪口依次扫过陆嘉、周怀瑾，最后先对准了被推回小院的老人周超——狙击手冲一车的同伴使了个眼色——先打死那个早该死的老东西，再干掉定时炸弹周怀瑾，剩下的分拨解决。

小院里的周超正充满恐惧地叫喊着什么，陆嘉一脸茫然，问周怀瑾："这假洋鬼子嚷嚷什么呢？"

周怀瑾矜持地回答："夸你是强盗。"

"哎哟，是吗？"陆嘉闻声，整了整自己的衣领，立正站好，"这么夸我还怪不好意思的——老周先生，你要是非不配合也行，不过……"

他说到这儿，目光一凝，看见周超脸上闪过了一个小红点。

陆嘉："闪开！"

按着周超的青年早有准备，反应极快，一把压下了那老头的脑袋，扯着他躲开。紧接着，打着旋儿的子弹擦着老头花白的头发，呼啸着击碎了他身后的玻璃窗，东南亚保姆放声尖叫，和"吱哇"乱喊的周超构成了男女二重唱。

"他娘的，连个预告也没有，这帮人一出国就无法无天了！"陆嘉一手拎起周怀瑾，一手拎起东南亚小保姆，用无影脚踹开门，强行闯进了周超家里。

周怀瑾身不由己地被他拖着走，同时不合时宜地想起了一句歌词——左手一只鸡，右手一只鸭。

这时，后院传来三下车喇叭鸣笛声，陆嘉吹了一声口哨，打着呼哨说"走着"，拖家带口地借着周超的房子掩护，带人穿了过去，一辆带货厢的大车已经等在后边接应："老陆！"

陆嘉叹了口气："不好意思，计算失误，还得麻烦老爷子再跳一次篱笆。"

他话音没落，周超、周怀瑾和小保姆这三位同时惊叫，已经给一起扔过了篱笆，那伙持枪歹徒第一波突袭失手后，立刻围追堵截过来，堪称密集的枪声不断逼近。这下连周超也别无选择，只能连滚带爬地上了陆嘉的贼车。

"大招呢？"陆嘉断后，一把甩上货厢门，子弹险而又险地打在铁门上，凹进去一块，他不知冲谁吼了一嗓子，"还藏着掖着干什么！再磨蹭，我们都要被打成筛子了！"

话音没落，机动车的引擎声从四面八方涌过来，几辆穷追不舍的车已经绕过周超的小院。大货车看着十分敦实，其实不太灵活，顿时进退维谷。对方大概是看出陆嘉早有准备，为求速战速决，越发丧心病狂，两辆小型SUV一前一后地夹过来，车上都有枪，货车司机在乱飞的子弹中急打方向盘，货厢里的人顿时活像进了滚筒洗衣机，稀里哗啦地滚作一团。

外面枪声、车轮刮地声、碰撞声，再加上货厢里的尖叫和闷哼……不用睁眼看，就能想象出的惊心动魄。货车躲开了前面的强敌，却没躲过后面的追兵，累累赘赘的大货厢被人追尾，"咣"一声巨震，周超那老东西吓得一把抱住自己的头，直接尿了裤子。

周怀瑾也被震得直想吐，五指痉挛似的扣住货厢壁，咬牙撑起了两条胳膊，摆出一个从电视节目学来的拳击防御动作，可能是打算表演徒手击飞子弹。

然而他的心吊到了嗓子眼，预想中的第二次追尾却没来，货车被人一撞之后毫不停留，反而借力往前，强行突围，而外面磕磕绊绊地乱响了一阵，竟然就这么消停了！

好一会儿，货厢里都只能听见粗重的喘息声和周超带着哭腔的哼唧，没人说话，随后不知是谁打开了货厢里的灯。周怀瑾抹了一把额角的冷汗，和一群劫后余生的同伴面面相觑。

陆嘉倒是镇定非常，一点儿也不慌，好整以暇地看了看周怀瑾："你还行吗？"

"挺行的，"周怀瑾苦笑，"我觉得我就快习惯了……现在又是什么情况？"

"安全了，放心，他们应该不敢追了。"陆嘉满不在乎地挽起袖子，嫌弃地把周超拎了起来，"大爷，您身体不错，心理素质可不行啊。"

"不敢追？为什么？"货厢里是封闭的，看不见外面的情况，周怀瑾联想起陆嘉方才那呼唤的"大招"，不由得对驾驶员展开了丰富的想象，"你们昨天晚上在酒店里准备了什么？司机那里是有什么杀伤性的武器吗？"

大炮筒？火箭弹？还是生化炸药包？

周怀瑾想到这儿，不由得十分忧心忡忡："不会太招摇吧？惊动这边的警察可就麻烦了。"

"没那么洋气，"陆嘉朝他摆摆手，谦逊道、"用的土办法。"

周怀瑾求知欲旺盛："什么土办法？"

"你在国内没接过那种神秘的骚扰电话吗？"陆嘉冲他笑了一下，"你额已在我叟丧（你儿子在我手上）。"

张东来兄妹落脚的别墅里，张婷正对着窗外发呆，她此时依然觉得十分不真实，隐约还有点不安，一想起自己离家万里，连个说话的人都没有，又忍不住惆怅起来。

这时，门外忽然传来急促的脚步声，她的房门被人敲了两下，还不等张婷回话，外面的人就近乎失礼地直接推开门，张婷诧异地回过头去，见那位一路陪同照顾他们的管家大哥脸色铁青，问她："张小姐，知道你哥去哪儿了吗？"

张东来的房间拉着窗帘，从昨天晚上开始就房门紧闭，他进屋之前还拿走了两瓶酒，一副打算醉生梦死、连睡二十四个小时倒时差的架势。作为燕城知名纨绔，张东来是什么德行，大家都心知肚明，知道他非得睡到日上三竿不可，上午也没人敢去打扰他，结果居然谁都不知道他是什么时候溜走的！

这地方安保一流，神不知鬼不觉地溜进来，还偷走张东来这么个大小伙子，这事难度系数太高——只能是他自己跑的。

"他能去哪儿？他会联系谁？"

张东来在这里人生地不熟，外语不要提，字母表能背全已经算对得起九年义务教育，让他独自出去买包烟他都买不利索，还能跑哪儿去？

张东来兄妹之所以被送到国外，就是为了他俩的安全，没想到他俩在风起云涌的国内都全须全尾，刚到了"安全"的地方，反而马失前蹄，直接丢了一个！

张婷吓得不敢吭声。

奉命照顾他们俩的管家低头看了一眼手机，刚才有人给他发来一张照片，照片上张东来蜷缩着躺在那儿，身边还放了一瓶他昨天拿走的酒，闭着眼，也不知是睡着了还是……照片底下附赠了一句话："再追，我们可就只能把人化整为零地还给您了。"

管家手有点哆嗦，张春龄就这么一个宝贝儿子，视作命根似的，来之前上面特意嘱咐过，别的不管，一切以他们兄妹俩为先，万一在他手里出点什么事……

"东来认识周怀瑾吗？"

"谁？"张婷先是有点蒙，好一会儿才想起来，"没……没听说过，姓周的他好像就认识一个，就是前一阵子出事的那个，而且以前来往也不是很多，我哥说那人是个傻……傻那什么。"

当年周氏的中国区负责人是郑凯风，周怀瑾不像没心没肺的周怀信，不到万不得已，他不会在郑凯风的地盘上露面，基本不回国，而且此人是名校出身的精英，跟张东来他们这些纨绔子弟是两个世界的物种，尿不到一个壶里，也没有交集，管家实在想象不出姓周的到底是怎么把张东来弄走的。

"怎么了？"张婷无意中扫到他手机上的照片，一把抓住管家的胳膊，"我哥是不是出什么事了？他……他昨天还好好的呀，是被人绑架了吗？"

管家被她晃得冷汗都下来了。

张婷慌张地说："可是……可是我就在隔壁，没听见什么动静啊。再说咱们这么多人……早知道国外治安这么差，我就不闹着要出国了，叔叔，现在怎么办？他们要多少钱啊？我要给爸爸打电话。"

"不，等等！"管家被她最后一句话说得一哆嗦，连忙挤出了一个笑容，"哪来那么多绑票的？你哥可能就是被朋友叫出去了，他又爱玩，没事，他身上有定位的东西，你放……"

管家话音没落，又一张照片传来，管家勉强挤出来的笑容再也维持不下去了——张东来身上那个不能用的手机、衣扣、皮带里的追踪器，一个不差，全被搜出来排在了一起，对方还留言说："要来找我们吗？"

管家神色阴鸷，手直哆嗦，再也无暇理会张婷，连忙把信息回了过去："你到底要什么？"

"叮"一声，信息回得相当快，一张一寸照片发了过来，管家一愣，缓缓地抬起头，众人的目光一时都随着他集中在别墅里的一个人身上。神秘信息说："我要这个人来换。"

管家心里一凛，这人是这一次张春龄特意交代，和张东来兄妹一起送出国躲避调查的，是和苏程接头的人！

神秘信息随后发过来一个时间和地址："要活的，规定的时间送不到，就在小少爷身上割点什么送给你，别要花样，小少爷可比这些垃圾值钱。"

管家在张婷含泪的目光注视下，愤怒地摔了手机。

燕城。

调查组再次秘密将调查重点转向张春久的时候，骆闻舟回到了群龙无首的市局。

"你有什么？"骆闻舟奇怪地问费渡。

"这个。"费渡摸出自己那个鸡零狗碎的手机，刷出一条朋友圈给骆闻舟看，一个备注名是"哲学家"的好友发了两张照片，取名叫"无聊"，一张是自拍，另一张则是一个客厅的场景，一群人带着一堆行李箱，好像正在七手八脚地整理行李，打算要长住的样子。

"这是张东来？"骆闻舟一愣，扫了一圈，没从照片里看出什么来，"他这时候发的什么照片？这照片怎么了？"

“你当然不认识，但是苏程肯定有认识的，不但认识，交往应该还颇为密切，毕竟他们曾经合谋，打算在我回公司接受调查的路上撞死我……”

骆闻舟变了调子：“什么！”

“嘘——”费渡朝他伸出一根手指。

骆闻舟一巴掌拍上了他的后脑勺，冷酷无情地打断了费渡装神。

一丝不乱头发被骆闻舟糊成了一把，费总脸上带着几分诡秘的笑容顿时开裂。

骆闻舟冲着他的耳朵咆哮：“费渡你个孙子，你当时不是信誓旦旦地跟我说没事吗？我他妈的居然还以为你靠谱！”

“本来就没事，”费渡默默后退两步，预防骆闻舟再动手动脚，“苏程心大胆小，感觉到我防着他就知道事情败露，肯定会立刻逃跑。像他这种没用的东西，除了灭口没别的用途。可是苏程中途离奇失踪，根据张春龄以前的处事风格，这个时候，他应该立刻做出反应，并且给自己安排后路。接触过苏程的人不可能是他豢养的那些通缉犯，我猜这种时候，他不会贸然处置自己的心腹，最大的可能性是把接触过苏程的人送走，和他自己的软肋一起送到一个他自以为安全的地方。”

骆闻舟揪着他的领子，把人拽回到自己跟前：“张东来这爹坑得也太凑巧了。”

“不凑巧，他信任我。”费渡说，不知道为什么，这回他没有笑，也没有用方才那种向喜欢的人显摆什么的语气，只是平铺直叙地说，“张东来是个耐不住寂寞也沉不住气的人，突然到了陌生的地方，会在第一时间跟他认为靠谱的人诉苦，是我把他骗出来的，照片是我让人假装美女，忽悠他拍的。”

“你什么时候安排的？”

“去公司接受调查的路上。”费渡说，“苏程是我故意留下的饵，他身边有我的人盯着。”

骆闻舟：“那苏程现在在什么地方？”

费渡从骆闻舟上衣胸口内袋里摸出自己放在他那儿的手机，拨通了一个号码，对方好像一直在等他，电话才刚拨出去就接通了。

“卫卫，”费渡用十分轻柔的声音说，“是我。”

“费总，天哪，我等您电话等好久了！”少女的声音从免提听筒里传出来，语速快得有些语无伦次，"担心死我了，陆大哥他们顺利吗？您又一直不联系我……我都不知道该怎么办了！"

费渡笑了一下："马上就结束了——姐姐在吗？"

"在的，稍等。"

片刻后，电话那边传来一个有些低沉的女声："我是卫兰。"

卫卫亲生父亲早亡，母亲是个不负责任的酒鬼，在当地名声很差，小时候别的孩子欺负她，都说她是"野鸡的崽子"，她有个年长七岁的姐姐，从小护着她，桀骜不驯，早早辍学出走，想要闯出一番天地来，带着小妹摆脱这个见鬼的家，可是天地如囹圄，哪有那么好闯呢？

姐姐离开以后，年幼的卫卫随母亲改嫁，然而生活却并没有好转，反而因为所托非人而雪上加霜。禽兽般的继父给年幼的女孩造成了终生难忘的噩梦，直到她终于鼓起勇气逃出可怕的"家"，被费渡的基金会救助。

刚开始，基金会一边帮她寻找离家多年的姐姐，一边想办法替她讨回公道，但是在证据确凿、警察上门逮人的时候，卫卫的继父畏罪潜逃。随后，他的尸体被人在离家三公里左右的小池塘里发现，死于刀伤，浑身赤裸，身上多个器官被切除，头朝下浸泡在淤泥里。凶手处理完尸体以后，十分镇定地带着血迹离开，途中遇到了一个路过的目击证人，居然还冲目击证人笑了一下，而凶器就插在尸体心口上，上面大剌剌地沾着凶手的指纹。

当地警方通过目击证人的画像还原与凶器上的指纹判断，认为卫卫离乡多年的姐姐卫兰有重大作案嫌疑，并在当地发布了通缉令。这些年，基金会和警察都在找她，卫兰却凭空消失，成了被豢养的通缉犯中的一员，直到费渡放在苏程身边监视那蠢货的人回报，说苏程招了一个身份不明的女助理。

"我现在可以把这老货出手了，是吧？"卫兰轻轻笑了一声。

费渡沉声嘱咐："你要小心。"

卫兰漫不经心地哼了一声："用你多嘴？小宝贝，老娘动刀砍人的时候，你还在家吃奶呢。"

费渡没在意她出言不逊，只是问："你想好了吗？"

她毕竟杀过人，毕竟是通缉犯，这次一暴露，下半辈子都会在监狱里蹉跎。

"那就不用你操心了，"卫兰说，"费渡，记得你答应过我的事。"

骆闻舟不用去查，单从卫兰这种无法无天的语气里，就大概推断出她

埃德蒙·唐泰斯

是个什么人，看着费渡的视线越发山雨欲来，他没发作，一直等卫兰挂了电话，才沉声问："你答应了她什么？"

"照顾卫卫。"

骆闻舟紧接着又问："你什么时候联系上她的？"

费渡目光一闪，这个事情要说起来，那可是小孩没娘，说来话长了。

骆闻舟："嗯？"

"我刚出院的时候，"费渡惜字如金地回答，随后不知是睫毛又把眼镜片刮花了还是怎样，他认认真真地擦起了眼镜，并干脆利落地转移了话题，"有苏程自首做证、有张东来发的照片，幸运的话，也许还能把跟苏程接过头的人引渡回国，你觉得以这些条件来看，申请逮捕张春龄可以吗？"

骆闻舟面无表情地瞪着他。

费渡并不接招，抬手把他敞穿的外衣扣子系上一颗："张东来那条状态更新时间是五分钟以前，我能看见，张春龄兄弟也会看见，再不快点儿，可就来不及了。"

"等我回来再找你算账！"骆闻舟抄起电话，转身就跑。

他只是听了个冰山一角，就知道费渡隐瞒的事不止这些，骆闻舟心里隐约觉得不对，然而此时迫在眉睫，已经无暇仔细追究。

费渡一直目送骆闻舟的背影离开，然后他双手撑在旁边的窗台上，长长地吐出口气。

过了午夜，就到了农历年的最后一天。

生肖即将交替、爆竹解禁。

调查组在从费渡那里"意外"得知张东来兄妹秘密出国后，立刻加强了对春来集团和张家兄弟的监控，二十四小时不间断地盯着张家，每一辆进出车辆都要仔细排查，确保张春久和张春龄兄弟在调查组视野中。

东八区时间凌晨一点半。

一声巨响惊醒了夜色，风平浪静的张家好像什么东西炸了，窗户碎成了渣，舌头似的火苗紧接着奔涌而出，奉命紧盯张家的"眼睛"惊呆了，然而还不等他反应过来上报，就先收到了配合逮捕张氏兄弟的命令。

燕城这种地方，再低密度的小区也有近邻，偏巧有风，干涩的风推着诡异的大火到处乱窜，眨眼间已经一发不可收拾起来，呼救声和着尖锐的火警警报声音此起彼伏，警察与同步赶到的调查组把现场围了个水泄不通。

火场里有助燃物，越是压制，气焰就越高，热浪几乎驱散了冬夜的寒意，消防队不断叫增援，使尽了浑身解数。

片刻后，一辆足能以假乱真的消防车悄无声息地停在外围，全副武装的"消防员"们进进出出，没有人知道它又是什么时候开走的。

足足半个多小时，火势才算控制住，警方迫不及待地冲进去搜查，只看见一片狼藉、人去楼空！至此，被要求保持通讯畅通的张春久失去了联系，确定已经潜逃。

呼啸的警车奔驰而过。机场、火车站、交通路网，乃至周边省市全部接到逮捕张春久和张春龄的协查通知。

与此同时，已经金蝉脱壳的张春龄瞪着"张东来发的照片"，神色极其阴沉地联系上跟那倒霉儿子身边的人："张东来那混账……你说什么！"

张东来失踪的消息也终于纸里包不住火，从大洋彼岸传了回来。

凌晨两点一刻，东坝河附近发现了一辆被遗弃的消防车，通过遍布各处的天网系统，终于在附近找到了一点蛛丝马迹——监控中显示，一辆黑色商务轿车里有疑似张春久和张春龄兄弟的人，越过东坝后，正在往东南出城方向行驶。

路障、无人机紧急出动。

与此同时，监控着春来集团的调查组发现，春来集团一个留守值班的高管无声无息地换了衣服，扮成一个送外卖的，背着个外卖人员常见的大包乘车离开，也是往东南出城方向！

调查组立刻派出跟踪人员，缀上了那个自以为隐蔽的人。

"追！立刻追！"

"等等！"带人赶到的骆闻舟只听了一耳朵就觉得不对——没什么根据，只是以张春久的经验和反侦查能力，不该被人这么快发现踪迹，"等一下，我建议再仔细排查一下近几天张家附近的监控……"

"骆队，那辆消防车里扫到了张春久的指纹。"

"骆队，你看看这个。这是附近一辆私家车的车载监控。"

警方地毯式排查了那辆被遗弃的消防车周围，其中一辆私家车的车载监控角度正好，拍到了假消防车上的人弃车潜逃的一幕，其中一个男人一边走，一边把身上的伪装往下剥，那人走路的姿势、细微的小动作……

他突然若有所觉地转过脸来四下看了一眼，监控拍到了正脸，正是张春久！

"这是张春久吗？是吗？"一个调查员冲骆闻舟嚷嚷，"你们在市局待了这么多年，不会认错吧？不惜代价把他追回来！"

天罗地网似的追捕在寂静的东南城区铺开，等着一头撞上去的毒虫。

费渡开着窗户等待夜风，忽然旁边轮椅的声音吱吱呀呀地传来，他头也没回，说："伤员怎么也不好好休息？"

"睡不着。"陶然不熟练地推着轮椅，磨磨蹭蹭挪到他身边。

费渡扶住轮椅，回手关上窗户，又温柔地脱下外套搭在他身上。陶然作为一个脆弱的"木乃伊"，没有拒绝他的照顾，在光线晦暗的楼道里发了好一会儿呆。

"师娘把师父的遗物给我的时候，我也没睡着觉。那封遗书我每一个标点符号都能背下来，我觉得它比什么穷凶极恶的歹徒都可怕。我对着那封遗嘱看了一宿，第二天自以为已经做好了准备……"陶然低头苦笑了一声，"没想到准备的方向不对。"

老杨说"有些人已经变了"，说来真是讽刺，因为现在看来，罪魁祸首恐怕并不像他们最初揣测的那样，被什么金钱权力腐蚀，人家是坚如磐石、从一而终地坏，反倒是保存这封遗书的人，被风刀霜剑削成了另一种形状。

陶然哑声问："张局到底为什么？他缺钱吗？缺权力吗？"

"我想可能是因为这个。"费渡摸出手机，把一张黑白的旧照片递给陶然看。

那是一张合影，相当有年头了，照片上有十几个孩子，几岁到十几岁不等，全体面无表情，站成两排，簇拥着两个男人，那两个男人一个西装笔挺、抬着下巴，另一个满脸油光，还谢了顶，一人捏着一角，共同捧着一张纸板，上面写着"爱国华商周氏集团捐赠"。神气活现的中年男人们和周围死气沉沉的孩子们对比鲜明，仔细一看，几乎能让人看出些许恐惧的意味来。

照片一角写着"燕城市恒安福利院"，日期大约是四十多年前。

"这是陆嘉刚刚发过来的，他们找到了周雅厚当年的助理。"

老东西周超一开始不配合，后来被追杀者吓破了胆子，得知自己行踪已经败露，不配合唯有死路一条，他年纪虽大，却依然怕死，二话不说就全交代了——照片上那个代表周氏集团送捐款的就是周超。

"恒安福利院，"陶然借着灯光仔细看了看，"是……苏慧曾经住过的那家？哦，我好像看见哪个是她了。"

"你再仔细看看，上面还有熟人。"费渡说，"缩在角落里的小男孩，还有站在福利院院长旁边的少年。"

小男孩五六岁的样子，瘦得像个小萝卜头，紧紧地攥着那少年的衣角，阴郁的目光从画面上射出来，垂在身侧的小拳头是攥紧的。陶然乍一看觉得男孩有些眼熟，皱起眉仔细辨认了好一会儿，他突然从这张经年日久的黑白照片上看出些许端倪。

陶然难以置信地抬头看向费渡："这……这是……"

男孩那没有巴掌大的脸上好像只能装下一双眼睛，几十年锦衣玉食的生活也没能将年幼时长在骨子里的瘦削带走，眉目间依稀能看出长大后的影子，陶然睁大了眼睛："这不可能是张局吧？"

"春来集团的大老板不爱露面，但公共场合下的照片也有，"费渡用手机搜罗了片刻，在网上找到了一张张春龄年轻些的照片，放在院长旁边的少年身边，"像吗？"

"张局……张春久和张春龄是恒安福利院里出来的？孤儿？"陶然艰难地调整了一下坐姿，"不，等等，我记得你们说这个福利院是个贩卖人口的窝点，那……"

"陆嘉说，当年那个接受捐赠的院长名叫郝振华，燕城人，出生于19××年5月，有名有姓有籍贯和出生年月，能查到他的下落吗？"

"你等等。"陶然一扫方才的颓废，示意费渡把他推进办公室，开始打电话查。

有了具体信息，查起来方便得多，陶然一边道歉，一边叫醒了一串昏昏欲睡的值班人员，片刻后，居然真的打探到了一个年龄与姓名对得上的。

"是有这么个案子——死者郝振华，男，当年死于刀伤，死的时候四十六岁，凶手敲开他家门后，冲受害人胸腹部连捅三刀，受害人内脏大出血，随后往屋里躲闪逃命，血迹从门口一直延伸到卧室，凶手追了进去，又持死者家里的铜花瓶，猛烈击打死者头部，连续多次，直至其死亡……现场狼藉一片，据说尸体的头被砸得像个烂西瓜。家里所有贵重物品和现金被扫荡一空，当时警方判定为入室抢劫。"

"后来呢？"费渡不知从哪儿摸出一包速溶的奶粉，用热水泡了，又额外加了糖，放在陶然身边，问，"这起入室抢劫谋杀案是什么时候的事？"

"后来不了了之，市里集中组织了几次打黑行动，打掉了几个暴力犯罪团伙，有那些穷凶极恶的，可能自己也不知道做了多少案子，稀里糊涂一并认下了。"陶然顺手接过牛奶喝了一口，差点儿没喷出来，他怀疑费渡是手一哆嗦，把整个糖罐子都倒进去了，简直甜到发苦，"谋杀案发生在周雅厚死后第二年，骆队他们那天说得有道理，这个恒安福利院并不是因为周雅厚的死才关门的……费渡同志，腌果脯也用不着这个吨位的糖啊。"

"太甜了？"费渡不在意地一扬眉，冲他伸手说，"那给我喝吧，再给你冲一杯。"

依陶然的教养，是不会把自己碰过的食物给别人的，他连忙摆摆手，仿佛为了表示自己也能凑合，他又灌了一大口，喝掉了大半杯："也就是说，福利院院长很可能是第一个受害人，当年的孤儿们策划了报仇，伪装成入室抢劫谋杀了院长，当年刑侦手段不发达，事后死者家属没有不依不饶，所以就这么稀里糊涂地结案了。"

"院长郝振华的家属大概也知道他做的是什么买卖，"费渡说，"就算知道凶手是谁，他们也未必敢追究，死于入室抢劫还能博取同情，说出真相闹不好就身败名裂了……至于那些孤儿，大概从此尝到了暴力的甜头，开始走上这条路——哥，你困了吗？"

也许是室内暖气太充足，也许是费渡低沉和缓的声音太催眠，陶然觉得自己乍听见这么让人震撼的内情，神经应该兴奋才是，可是这会儿却莫名觉得眼皮有点沉。

"没有，"陶然含糊地揉了揉眼，"你继续说。"

费渡调大了手机的音量，放出陆嘉的语音。

陆嘉说："当时福利院里收养的大部分是女孩，每年圣诞节，周雅厚投建的几家福利院都会把12～15岁女孩的照片送来，由他去挑，挑中的送出国，按人数计费，以捐款的形式支付给福利院，送过来的女孩平时养在周雅厚的别墅里，有时候也招待跟他一样人渣的朋友。挑剩下的女孩也好不到哪儿去，养大了就卖给人贩子。至于男孩——那时候男孩更容易被人领养，所以福利院里剩下的健全男孩不多，就那么几个。"

"女孩们要留着给金主们，看着好歹要有个人样，福利院平时不会对她们太过分，所以金主们不要的男孩，就会遭到变本加厉的虐待，只要路能走稳当，就不能闲着，过了七八岁，每个月要向福利院交自己的口粮费，当童工也好，偷和抢也好，交不够下场会很惨，打骂是家常便饭，而且……"

陆嘉的语音信息中断了一下，似乎是手一滑，没说完就不小心发出来了。

过了一会儿，陆嘉后面的语音才传到："而且那些等着被拿去卖的女孩必须'完整'，剩下的不存在这个问题，所以……费总，你懂的。"

陶然听着陆嘉长篇大论的汇报，头却越来越沉，视线也越来越模糊，轮椅上好像生出了某种古怪的力量，不断将他往下拉，在他面前踱来踱去的费渡有了双影，鬼魅似的。陶然终于意识到这不是正常的生理反应，此时，他的视线已经模糊得难以聚焦了，他吃力地伸出手，抓住了费渡的衣角。

费渡略一低头，那镜片反着光，陶然看不清他近在咫尺的目光。

陶然嘴唇微动："费……"

费渡把手机放在旁边，把陶然的手从自己身上摘了下去。

陶然拼命想睁大眼，终于无力抵抗，无边的疲惫淹没了他："你……"

电光石火间，方才那杯甜过了头的牛奶在他舌尖泛起古怪的味道，随即，一个念头掠过陶然心头——为什么费渡允许张东来公开发那两张照片……甚至，也许那就是费渡自己让人发的？既然张东来已经在他手上，如果只是作为证据，把那部手机里的照片直接交给警方不行吗？

费渡，你到底想干什么？

陶然的意识发出最后一声听不见的呓语，随后就溃不成军地消散了。

费渡把椅子拼起来，细心地铺了一层棉大衣，又随手捡了一件不知谁脱下来的外套，卷成个枕头，避开陶然身上的伤，小心地把他抱到长椅上安放好。

他打量了一下陶然不甘不愿的睡颜，给自己泡了一杯咖啡，戴上耳机，用陶然的权限和通讯设备围观起警方追捕张春久兄弟的进程。

凌晨两点四十分，张春久等人逃窜到了燕海高速附近，一个未知号码打到了费渡手机上。

费渡："你好。"

电话那头沉默片刻："没想到黄雀会是你。"

"张董，"费渡无声地一笑，"我方才还在想，您什么时候才会给我打这通电话呢。您可真沉得住气啊。"

跨国绑架，警察办不出来，如果真有对他不利的证据，早就带着拘捕令上门找他了。

周怀瑾……周家人没有这个手段。

张东来身边都是张春龄信得过的老人，知根知底，有一些甚至是恒安时期就跟在他们身边的，范思远的手要真伸得了那么长，他不必等到现在。

张东来绝对不是被强行绑架的，他趁夜自己溜出去，换了衣服、带了酒，还是一副打算跟狐朋狗友鬼混的装束，显然是某个他信任的熟人把他骗走的，凡此种种，再想不到是费渡，张春龄大概也可以去倒一倒脑子里的水了。

而对方在绑了张东来之后，开出的条件是索要一个人，要的正好是苏程的接头人，那么失踪的苏程究竟落到了谁的手里，这事也不言而喻。

张春龄沉声说："苏程是你的饵，从你躲过暗杀开始，我就应该觉出不对劲来——那不是巧合，也不是你命大。"

"我这个人，运气一向不怎么样，不敢赌。大概是看我乖乖被调查组关小黑屋问话，还沾了一身莫名其妙的官司，所以张董把我忽略了，没拿我当个人看。"费渡手肘撑着椅子扶手，两根手指抵着自己的太阳穴，好整以暇地在转椅上转了半个圈，"苏程失踪，您以为他落到了范思远手上，为了以防万一，妥帖地把儿女送到安全的地方……拳拳父母心啊张董。"

"没想到是送到了你手里。"张春龄冷冷地说，"费总，你可真是青出于蓝。"

"好说，"费渡有些轻佻地说，"糊弄了苏程身边的一个傻丫头而已，没什么技术含量，让张董见笑了。"

张春龄大概非得在费渡脑袋上开一枪才能解恨，他一字一顿地说："废话不要讲了，你到底想要什么？"

"我想要什么？"费渡像是十分玩味地反问了一句，"张董，这话听起来就不太友好了，我一个奉公守法的好公民，一直在协助警方破案……"

"靠绑架协助警方破案？"张春龄冷哼一声，"你特意把我的人引到国外，是为了协助中国警察破案？费总，我这个人性格比较直接，不喜欢兜圈子扯淡，咱们明人不说暗话，一个儿子，再想要，我也不是生不出来，你最好别把他当多大的筹码。"

费渡不言语，摘下一侧的耳机，把手机听筒贴在耳机上。

耳机里杂乱的人声立刻穿透话筒，顺着信号传到了张春龄的耳朵里。

"各部门注意，已经锁定嫌疑人位置！"

"一共五辆车，车牌号分别是……"

"注意，嫌疑人手上可能有武器。"

"突击队已经就位——"

张春龄的呼吸一滞。

"张局居然不惜亲自替您引开警察，啧，我听说你们是福利院长大的，年纪又差这么多，这样看来，张局大概不是您亲弟弟了。"费渡重新拿起手机，虚情假意地感慨一句，"不是亲生的还这么有情有义，真是不容易，怪不得，您一直放心让他来当这个关键位置上的关键人物。"

电话的另一边一片寂静，费渡闭上眼，几乎能想象出对方愤怒扭曲的脸。

"张董，就算您今天跑了，以后恐怕也是全球通缉犯，您这辈子都得东躲西藏，搞不好哪天就会被引渡回来吃'黑枣'，混到这一步不容易吧，这下场您甘心吗？"费渡压低声音说，"我给您指一条明路怎么样？"

张春龄依然不吭声，却也没挂电话。

"您方才听见了——以前张局能拿到的警察内部消息，我也拿得到，我比他有人脉，比他有手段，比他有钱，跟令公子私交也不错。我还很大方，不会像费承宇一样计较那么多，连块荒地也不肯赞助，我是不是一个很理想的合作伙伴？"费渡慢条斯理地说，"我要求也不高，只要您一点忠诚，不要朝三暮四，勾搭那么多姓周姓郑的……跟那些废物在一起，除了引火烧身还能有什么好处？张董，这一点，您现在应该深有体会了吧？"

张春龄终于开了口，他咬着牙说："费渡，你还真是费承宇的儿子，一脉相承的贪婪恶毒。"

"哎，不敢当，不过我比费承宇那个废物是要强一点，"费渡的声音低低的，语气近乎于温柔，不知道的恐怕还以为他正在电话里哄小情人，而不是对一个卖相不佳的中老年男子威逼利诱，他说，"我猜费承宇到死，也只是找到了魏展鸿之流的蛛丝马迹，并不知道张董您的身份吧？放心，我不是费承宇，张董您也不是三年前的您，我们合作会愉快的。"

张春龄冷冷地说："我倒不知道自己有什么变化。"

"恕我直言，三年前，您是隐在幕后稳操胜券，现在嘛……"费渡无声地笑了，"您是一条走投无路的丧家之犬。"

手机里能听见张春龄抽了口气。

"金主、兄弟、名誉、地位、权力——眨眼都没了，张董，您好好想想，您是愿意从此孑然一身、孤家寡人地东躲西藏呢，还是听我的安排，让我照顾您和您手下那些……有本事的人呢？"费渡声音里带着笑意，"我是很愿意的，毕竟东来跟我也很投缘，我不大愿意看见他伤心。"

张春龄沉默良久，终于硬邦邦地说："我怎么知道你没有耍诈？"

他这句话一出口，就算是认输了。

"张董，"费渡叹了口气，耐心十足，"要我解释多少遍呢，您已经没有让我耍诈的价值了，张东来在我手上，我要是真打算把您卖给警察，就不会让张东来发那条状态，不会打草惊蛇，那样您现在说不定和张局一样，正在被警察满大街围追堵截，哪还有空跟我讨价还价？我以为我作为甲方的诚意已经够了，您觉得呢？"

张春龄被他噎得好一会儿说不出话来，他不得不承认费渡说得有道理，终于妥协："让张东来跟我说句话，我把见面地点发给你，费总，你可别不敢来。"

说完，他那头直接挂了电话。

费渡站起来，悄无声息地给陶然搭上一条毯子，拎起外套走了出去。

路过楼道角落的时候，有个人低声问他："你确定这样能把范思远引出来吗？"

费渡一边走一边披外套，头也不抬地说："我们都'图穷匕见'，他再不露面就算认输了，对他来说，逮一个张春久没有任何意义，必须得把这个庞然大物连根拔起才行，除非范思远死了，否则一定不会坐视张春龄借我的手死而复生。"

那人又问："为什么不告诉闻舟他们？"

费渡："逼真呗。"

那人并没有接受这个敷衍的解释："太逼真了，逼真到几乎就像真的——我能信你吗，费渡？”

费渡脚步不停，只是不甚明显地提了一下嘴角。

“陆局，”他有一点欠揍地说，“心诚则灵啊。”

第二十四章

东南出城路段已经被封堵得严严实实，警笛声震天，路灯忽长忽短的光扫到张春久身上，他面如磐石。一队警车突然从前方路口冲出来，亮相的瞬间闪起了红蓝车灯，晃得人根本看不清对面来了多少车。

被围堵的司机明显有些慌乱：“张局！”

“往东拐，直接冲下去。”张春久面不改色地吩咐。

“张局，再往东就是体育公园和东森滑雪场了，那边可……”

“我知道。”张春久不轻不重地打断他，“开，别废话。”

体育公园和巨大的滑雪场将燕城城里与东森郊区一分为二，它身处夹缝，颇有点三不管的意思，除了依靠体育公园建起的小小商圈，周围尽是前不着村后不着店的城乡接合部，路灯稀少、常年堵车。

然而除夕的凌晨，这里却是难得的寂静一片，五辆被警方锁定的车直接撞出两侧护栏，四轮离地，顺着大斜坡惊悚地冲了下去。

张春久镇定地说：“给那些没完没了的狗皮膏药来点颜色。”

穷追不舍的警车已经逼近，张春久他们最后一辆断后的车突然打开窗户，有人往外扔了什么东西，黑灯瞎火间，一马当先的几辆警车没看清那是什么，感觉到不对劲的时候，已经来不及了。

车里丢出来的东西触地立刻爆炸，一声巨响后，车载警报器疯狂地尖叫起来，几辆警车几乎同时被掀翻，大火顿起，原地起了一片火墙。

与此同时，五辆装着亡命徒的车里同时架起枪，在大火和爆炸的掩护下，弹雨倾盆而下。寂静的清晨好像从高处落下的瓷瓶，刺耳地炸裂，交火来得猝不及防。

“救护车跟上，防爆车走前面，分两路围堵，一定要把他们摁住——地图给我，留心附近老百姓的聚居区……”骆闻舟的话音在他看清地图的瞬间，忽然一顿。

"骆队，这边的几个城中村都主要集中在道西，不是这个方向，你放心，再往前只有东森体育公园和滑雪场，滑雪场从前天开始停业到初三，这几天不会有人，在那儿堵住他们没问题！"

周怀瑾提到过——恒安福利院原址就在燕城市郊，那边早就改成滑雪场了。

东森……滑雪场。

骆闻舟一抬头："二支队跟上我，其他人原路继续追！"

那里会是恒安福利院的原址所在地吗？

会是一切开始、一切结束的地方吗？

骆闻舟后脊一凉，突然有种无来由的不祥预感。

费渡来到事先约定的街心公园，往周围一扫，也没看见张春龄的踪迹，他倒是不意外，静静地坐在车里等。*You raise me up* 的歌声不断单曲循环，他用手指轻轻地敲着方向盘打拍子。

突然，一颗子弹擦着他的车身打过来，正打在前轮旁边的石头上，回弹的子弹崩起老高，磕在了防弹玻璃上，吓人地响了一声。

费渡瞥见后视镜里暗中跟着他的几辆车按捺不住动了。

这时，车载电话响了起来，铃声和他正在循环的单曲一模一样，两相叠加，副歌部分叠出了意外好听的效果。费渡忍不住多听了一会儿，才伸手接起电话："张董，我是来救你的，你给我一枪，这算什么？我不是非你不可，既然你也不是非得想要自由和你儿子的命，那咱们就有缘再见……"

"慢着，"张春龄打断他，"把你的人甩开。"

费渡一皱眉。

"把你的人甩——开——"张春龄强硬地说，"我说过了，你自己单独过来。"

费渡沉默下来，两人无声地僵持片刻。

张春龄："费总，你不敢吗？"

费渡缓缓拉下车窗，朝身后打了个手势。

"从公园后门走，我告诉你去哪儿。"

张春龄让他在街心公园附近来来回回绕了好几圈，大概是确定他甩开了身边的人，这才说："往前开两百米，路边停，备了车接您，费总请。"

费渡踩下刹车，果然看见不远处停着一辆小车，忍不住刺了张春龄一句："你我现在利益一致，又是合作关系，张董，你明知道我只会护着你，防备心还这么重……生意人，该大方的时候得大方啊。"

"大方的人死得都早。"张春龄冷冷地说，随即挂了电话。

费渡知道对方是什么意思，干脆把随身的手机、钱包和钥匙全扔在了车里，空手而去。等在那儿的小车里立刻下来两个人，虎视眈眈地瞪着费渡，不客气地拿着检测的仪器在他身上乱搜一通，恨不能将他扒皮三寸。

"幸亏没做过心脏支架，"费渡挖苦说，"不然还得劳驾你们二位掏心了。"

搜身的两个人并不答话，其中一个抬起头，阴郁地看了他一眼，拉开车门，示意费渡上去。

"张董，"张春龄手下一个人说，"有几辆车五分钟以后跟上来，现在一伙人聚在费渡丢下的车附近，从他车里拿出一部手机，估计那部手机上装了定位，那些人现在好像有点气急败坏，正在四下搜索他的踪迹。"

张春龄并不意外——要是费渡一点儿小手段也不使，他反倒会觉得奇怪："知道了，按着把他带过来，小心点。"

费渡先后换了三辆车，每换一辆车就要被搜一次身，换到最后，他好像也没脾气了，只是略带嘲讽地看着对方，这时，其中一个司机模样的人突然一反常态地开了口："费总与虎谋皮，胆子不小。"

"怎么，我看起来像很怕死的人吗？"费渡一耸肩，随后他看了一眼表，"快四点了，我提醒诸位一声，如果我失去联系太久，照顾张少爷的人可能会很不安，到时候也许会发生一些大家都不愿意看见的事。"

那司机说："那看来我们剩下的时间不多了。"

"一个小时，"费渡的神色也冷了下来，"我耐心也有限，至多再容忍你们老板无聊地猜忌一个小时，请转告他，想不想要儿子，让他自己看着办。"

那司机好似十分尽忠职守，立刻转身汇报了什么。就在费渡准备上第三辆车，转身的瞬间，耳畔突然传来古怪的动静，随后，有什么温热的东西飞溅到他裸露的后颈上。费渡猝然回头，只见方才搜身的人直挺挺地冲他砸了下来，半个脖子几乎被一刀斩断，颈动脉的血喷了他一身，费渡下意识地伸

埃德蒙·唐泰斯

手挡了一下，几乎被尸体压在下面，挺括的大衣被血染了一大片，下一刻，一只手抓住他，狠狠地勒住他的脖子！

浓重的血腥味扑面而来，费渡呛得喘不过气来，这场面对于晕血的人来说冲击力太强，他几乎是眼前一黑。

随后，压在他身上的尸体被踹到一边，掐住他脖子的人强行把费渡往车里塞，费渡的后背撞在冰冷的车门上。那只手冰冷而坚硬，仿佛带着某种金属的味道，费渡几乎产生了幻觉，觉得一股属于地下室的潮气伴着血腥味压住了他的气管，一瞬间甚至击败了他的晕血，让他剧烈地挣扎起来。

对方不耐烦地一拳撞在他胸腹间没有肋骨保护的胃部，费渡呼吸一滞，足有那么几分钟，他疼得没了知觉，被囫囵绑起来扔进了后座。

张春龄派来的每辆车上都是两个人，一个开车，一个搜身。而这辆车上的司机在和他说了两句话之后，竟然毫无预兆地发难，一刀宰了他没有防备的同伴。那司机拽着车门，居高临下地看了看一身是血的费渡，突然冷笑一声，伸手捋过费渡血色褪尽的脸，把他鼻梁上的眼镜扯了下来，"咔吧"一声，精致的镜框在那男人手里折成了两截，露出镜腿里藏的跟踪定位器。

费渡早料到张春龄必然对他不放心，搜身是免不了的，与此同时，张东来在他手上，他说不定又是他们那些人未来的金主和饭票，因此张春龄搜归搜，但多少会有顾忌，不会没礼貌地碰他的头，自然也就把他常年架在鼻梁上的眼镜忽略了。

不料横生枝节，功败垂成。

司机面无表情地把费渡的眼镜踩碎在地上："垃圾。"

然后他侧身上车，一脚踩下油门，往另一个方向飞驰而去。

同一时间，正等着费渡的张春龄意识到事情有变，他派出去接费渡的最后一辆车失去联系了！

张春龄第一反应是费渡要诈，可是他随后又想，姓费的前前后后折腾了这么一溜够，都还没来得及抵达自己这临时藏身的地方，他有必要在这个前不着村、后不着店的地方要诈吗？

劫走一个司机、一个跑腿的有什么用？连警察都不缺人证。

张春龄忽地站了起来，后脊冒出一层冷汗。

这时，那辆神秘失控车辆的车载电话居然打了回来，张春龄一把拨开手下人，亲自接了起来："喂！"

电话里没人出声，响着细微的白噪音，随后，有人放了一段录音：

"……如果我失去联系太久，照顾张少爷的人可能会很不安……"

"那看来我们剩下的时间也不多了。"

"……至多再容忍你们老板无聊地猜忌一个小时……"

张春龄的冷汗争先恐后地从毛孔里往外冒："你是谁？"

录音回放的沙沙声充斥着他的耳膜，对方一声不吭。

"姓范的，你他妈……"

"咔嗒"一声，电话挂了，只给他留下一片忙音，张春龄一拳砸在桌面上。

街心公园附近，陆有良亲自到了现场，只不过坐在车里没露面。

一个伪装成费渡手下的便衣把费渡留下的车搜了个遍，拿起费渡留下的手机和钱包："陆局，除了这两样东西，他没留下别的。这手机锁着，钱包里也查过了，除一些现金和卡之外，没有多余的东西。"

陆有良皱了皱眉，跟费渡的锁屏画面大眼瞪小眼片刻，不知碰到了哪里，一个指纹锁提示突然跳出来。

陆有良一愣："这是什么？"

"就是除了密码以外，用机主的指纹也可以开锁，"便衣耐心地给跟不上时代的老头子讲解，"就是要费渡本人按在……"

他话音没落，就看见陆有良在兜里掏了掏，掏出了一个指纹膜。然后陆有良在便衣的目瞪口呆下，将指纹膜放在指纹采集处："是这么开吗？"

屏幕一下滑开了，草稿箱豁然摊开在手机桌面。

只见那草稿箱里的文档中第一句就是："如果我身上定位信号消失，就是已经到了'朗诵者'手里……"

陆有良悚然一惊，还没等他反应过来这话里巨大的信息量，就听见旁边有人喊："陆局，不好，费渡身上那定位器的信号突然消失了！"

费渡的草稿箱里又写道："如果我没猜错，当年顾钊调查过的罗浮宫，背后投钱的老板应该是费承宇，'朗诵者'认为犯过罪的人必须得到一模一样的报应，这是他们的信仰和仪式，所以让顾钊背负污名的张春久必须公开公正地被捕，身败名裂后把清白还回去，罗浮宫的主使者也必须认领自己那份命运——张春龄是一个，'继承了费承宇衣钵'的我是一个，所以我猜，开始的地方就是结束的地方。"

"如果我猜错了……"

后面的内容戛然而止，陆有良差点儿没被他这断句断出心梗来。

"开始的地方就是结束的地方"，可能生命对于有些人来说，就像是一个兜兜转转的圆环，从这一头走到那一头，终生都被困在里面，永远也无法挣脱。

张春久一行五辆车，被特警从燕海高速路口一路堵到了体育公园。

体育公园占地面积很大，天气好的时候，经常有业余运动员在这儿练马拉松，当初的设计理念是"城市氧吧"，因此不要命地往里堆各种植被，密集得好似原始森林。五辆车进了"人造原始森林"，简直像耗子钻进了古董仓库，东跑西颠形迹难觅不说——天干物燥，他们在林间随便丢炸弹可不是好玩的。

整片区域戒严，警方一再调集增援，将体育公园里三层外三层地围住，一水的消防车严阵以待，而此时，对张春久的搜捕已经过去两个小时了。

通缉犯手里也要弹尽粮绝了，五辆车已经折进去三辆，公园里所有广播都在异口同声地催他们放弃抵抗束手就擒，张春久充耳不闻："就给我停在这儿，前面有个湖，把车开进水里，让警察们去搜。"

他说话的地方是一座体育公园深处的小山包附近——小山似乎是公园建成之前就有的，还没开发好，好像正在施工中，挡着"游人止步"的牌子和锁链。

张春久带着假扮张春龄的胖子和几个手下人穿过防护栏，轻车熟路地往那荒凉的小山上走去。

一伙通缉犯被警察逼得走投无路，眼看他态度笃定，仿佛大有后招的样子，连忙跟上。他们在没有人工痕迹的密林里大约穿梭了十分钟，全是一头雾水，随后竟发现自己不知怎么出了体育公园，神不知鬼不觉地离开了警察的包围圈！

"张局，"假扮张春龄的胖子谄媚地开口说，"您对这边的路挺熟啊。"

张春久没有回答。

树长高了、路变窄了，曾经荒无人烟的地方居然也成了一片景区，从高处往下望去，晨曦未至，灯火万千，是一片物是人非的繁华。他曾经无数次跑上这座小山，甚至在同样的黑夜里瑟瑟发抖地在这里过过夜，最后还是被人逮回去。

张春久蓦地抬头望向黑影幢幢的山坡，总觉得自己仿佛听见了迫近的脚步声。

他下意识地握住了兜里的手枪——曾经软弱无依的男孩变成了无坚不摧的男人，那时的恐惧却好像仍然刻在他骨头里……即使他亲手在那人身上捅了十三刀。

"张局，东森滑雪场在那边！"

张春久回过神来，一言不发地往滑雪场的方向走去——宽阔平整的道路，造型独特的滑雪场，周遭种种……在他眼里都齐齐扭曲变形，恢复到四十年前的"原形"。

高端大气的体育公园和建筑物一个个崩塌，变回荒山和相貌丑陋的恒安福利院，公路在他眼中分崩离析，退化成一片芦苇和高粱丛生的荒地。那片荒地恐怖极了，人走在其中露不出头，随意走两步就是一脚泥泞，雨后还有小蜥蜴和癞蛤蟆来回穿梭，里面传出不知是谁的惨叫，伴着福利院凶狠的狗叫声……

张春久狠狠地激灵一下，凛冽的北风里，他额头上挂满了细汗。

他记得福利院门口有个爱心标志，日久年深，掉了一角，高高地悬挂在破败的小院门前，两侧都是笼子似的铁栅栏，总是有孩子扒着铁栏杆往外张望。

"苏慧，苏慧快跑！快跑！"

那年苏慧才七岁，像一朵发育不良的小花，然而那些人已经迫不及待地想要"收割"她。周雅厚本来不喜欢这种没有进入青春期的"小鸡仔"，可她长得实在太扎眼了，上面看了她的照片，想提前把她带走，哪怕当作礼物送出去也是好的。

他记得那天是圣诞节，恒安福利院这个有洋血统的地方应景地挂满了红彤彤的装饰品，喇叭里放着缥缈的圣歌，偶尔走音，透着一股阴森诡异的气息。

女孩蓬头垢面，一身污泥。年幼的男孩太小，不知天高地厚，拉着小姐姐的手。他们顶着巨大的恐惧往那片大野地里冲去，狗们露出獠牙，放声咆哮，其中一只竟没有被拴起来，在两个孩子快要碰到那大铁门的时候，猛地蹿了出来，一口咬住女孩的小腿。

"小兔崽子们在那儿呢！"

攀在铁栅栏上的小男孩吓得快晕过去了，巨大的绝望涌上来，他眼睁睁地看着那畜生撕咬着女孩的身体，被群狗引来的人不断逼近……

这时，一个人影突然冲过来，一把将男孩从栅栏上抱下来。

那是他的大哥，他不知道自己父母是谁，也不知道自己姓甚名谁，有记忆开始，就是大哥照顾他，是大哥给了他名和姓。大哥把他塞进了一个装煤的竹筐里，里三层外三层地用竹筐盖住，拎起一条木棒试图驱赶咬住女孩的大狗，那畜生流着涎水，放开浑身是血的女孩，阴森森地盯住那少年。

竹筐里的小男孩看着大狗把瘦弱的少年扑到一边，那些人赶过来，骂骂咧咧地拎走了晕过去的女孩，他们以为是大哥要把苏慧偷走，怒不可遏，命令大狼狗咬他，用皮鞭抽他，寒冬腊月天里往他身上浇带冰碴的凉水，甚至撕开他的衣服，把他踩在地上，露出男人们肮脏的身体……

竹筐上沾满了煤灰，在张春久的记忆里，那个圣诞节也泛着煤灰似的颜色，他懦弱地蜷缩在竹筐里，在一团灰烬里看着。

一直看着。

"有车有车！"手下人激动的叫声抹去了张春久眼前的煤灰，阴惨惨的旧福利院灰飞烟灭。

三辆事先准备在那里的车排成一排，恭恭敬敬地等在那儿，里面甚至备好了武器，司机们战战兢兢地等了不知多久："张局，都准备好了。"

"张局，警察现在都在体育公园，咱们赶紧……"

就在这时，体育场上面的大灯突然亮了，晃得人睁不开眼，尖锐的警笛声响起来，几杆枪对准了张春久等人，随即，五六辆警车从四面八方围堵过来，包围了他们。

骆闻舟默不作声地下车，站在几步之外，神色复杂地看着过去的老上司，似乎是已经恭候多时。

"骆闻舟。"张春久忽然轻轻地叹了口气。

骆闻舟神色微变，老张局在位的时候，待小辈人没有陆局那么随和，往往是连名带姓地把底下的小青年们呼来喝去，骆闻舟是被他呼喝最多的，这名字无数次从张春久嘴里吐出来，有时候叫他去干活，有时候叫他去挨训。

"找骆闻舟，让他带人亲自跑一趟。"

"叫刑侦队的骆闻舟开会。"

"让骆闻舟滚到我办公室来！"

"骆闻舟呢……什么，还在值班室睡觉？几点了还睡，他哪来那么多觉！"

骆闻舟从没想到过，有朝一日，老张局再次开口叫他，会是这种情况。

警察手里有枪，犯罪分子手里也有枪，双方谁也不肯先放下，互相指着，一时僵持在那儿。

张春久回头看了一眼伪装成张春龄的人，那人的体态、身形、打扮，包括被一帮人簇拥在中间的架势都足以乱真，除非是熟人凑近了仔细看，否则很难看出破绽……如果警察能凑近了仔细看，说明他们这里已经尘埃落定，大哥大概早就安全离开了吧。

张春久放了心，转向骆闻舟："能追到这儿来，你还有点能耐。暗地里救走周怀瑾、跟踪东来的，看来也都是你了。"

骆闻舟没有回答这种废话，无视双方的枪口，径直往前走了几步："张局，我想向您请教一件事。"

张春久面不改色地看着他。

"三年前，老杨休年假期间，途经一个地下通道，为了保护市民被一个通缉犯刺杀——老杨膝盖不好，他没有理由放着人行道不走，走地下通道，这个疑点我打过很多次报告，都被您摁下了，您能给我解释一下吗？"

"这有什么好解释的，他那天不是出去买菜的，是收到线报，去追查一个可疑人物，拎着菜是掩人耳目，一路跟到了地下通道。"张春久淡淡地说，"人没追到，遇见在那儿等候已久的通缉犯。"

"目击证人说狗突然发疯，不巧激怒了通缉犯，"骆闻舟沉声说，"其实因果关系反了，是狗先察觉到通缉犯的恶意才叫起来的，因为他本来就打算靠袭击路人或者逃跑引出老杨。"

杨正锋，一个快退休的老不死，走个地下通道都不敢一步跨两个台阶，又是痛风又是骨刺，逞什么英雄呢？他居然还以为自己是能空手夺白刃的小伙子，随便劫持个路人都能引他现身。算计他太容易，简直都不值一提。

"但是老杨临终前没有提到过他本来正在追踪的人，而是告诉陶然一个不知所谓的电台名——"骆闻舟说到这里，话音突然顿住，因为看见张春久笑了，他愣了片刻，反应过来了什么，自言自语似的低声说，"他这话不是留给陶然的，是留给你的，他还剩最后一口气，没有提到逃跑的可疑人物，是因为他觉得那个人一定能被追回来……当时他身边一定有个搭档，附近监控没有拍到，是因为两个人没有一起行动，而是一个追、一个绕路到前面去堵，这种不用口头沟通的默契，非得老伙计才有——那个人是你！"

"刚开始，有人匿名给他寄了一些东西，指纹和DNA的对比，还有一沓照片，指纹和DNA信息都是通缉犯的，照片是告诉他指纹采集地点。杨正锋没有上报。"

"因为这些让他想起了顾钊？"

"不，因为给他东西的人，不但是个杀人凶手，还是个'死人'。"

骆闻舟低声说："范思远。"

张春久嗤笑一声："我不知道范思远给他灌了什么迷魂汤，让杨正锋选择把这件事瞒下来，自己偷偷去查。那个电台的'朗诵者'投稿，就是范思远在暗示他，告诉他哪些案子看起来意外，其实是有隐情的——杨正锋也真护着那个神经病，直到死前才把范思远的真面目告诉我。范思远当年连杀六个人，被警察追得跳海，是我爱惜他有才华，派人救了他，没想到救的是条中山狼。"

"你没有亲自接触过范思远。"

"我和我大哥不直接见人，包括郑凯风他们。一般联系客户、跑腿办事，都是用身边信得过的人。"

"老杨在调查过程中，难免会用自己的权限查一些旧档案，被你发现了不奇怪。"骆闻舟说，"可他查的是内鬼，你是怎么取得他信任的？"

"你说反了，"张春久古怪地笑了一下，"是他怎么取得我的信任。"

骆闻舟一愣。

"想得到一个人信任的最好办法，不是拼命向他证明你和他是一边的，而是反过来，让他意识到自己才是被防备的人，你要引他来想方设法博取你的信任。"张春久说，"我假装自己也在暗中查顾钊的案子，而且查得十分谨慎，一边查一边掩盖痕迹，只是'不经意'间被他发现了一些蛛丝马迹，我让他意识到，我不仅在调查，而且出于某种原因，正在怀疑他，我耐心地陪他玩了大半年'试探'和'反试探'的游戏——最后是杨正锋终于让我'相信'，他不是内鬼。"

张春久说到这里，看着骆闻舟，话音突然一转："听起来很不可思议？

费渡不就是这么对付你的吗？先处心积虑地接近你，再不小心露出防备，让你晕头转向、全力以赴地追着他跑，挖空心思地向他自证，博取他的信任，等你完全陷进他的圈套里，还要为自己千辛万苦拿下了'高地'而沾沾自喜——你真以为他是什么好东西？骆闻舟，你和你师父一样自以为是。"

骆闻舟叹了口气："张局，到这步田地了，您就别操心别人的事了。"

"当然，负负得正，"张春久冲他摊开手，露出一个说不清是什么意味的表情，"我这么一个罪大恶极的人说他不是好东西，也许恰恰说明他人品还不错，这都不一定，看你怎么想，也许他是出淤泥而不染呢。费家最早做的就不是什么正经生意，后来费承宇谋财害命，买凶杀他岳父，通过这一单生意才渐渐跟我们关系紧密起来，那个人——费承宇，贪婪得真像个披着人皮的怪物。是他先算计我们的，十三年前，就是他和范思远密谋，一点一点渗透进来，再利用警察，把我们其他的大客户一个一个斩掉，让我们只能像丧家之犬一样地依附他，成为他手里的刀。"

骆闻舟："所以他们俩第一步就是利用顾钊案中的疑点，引老杨去查几个窝藏通缉犯的据点——那几个据点是谁的？"

"大部分根基浅的是魏展鸿出钱建的，魏展鸿年轻，野心勃勃，确实是有一点丧心病狂，他的活动太扎眼了，费承宇和范思远他们打算先拿他开刀。"张春久摇摇头，"不过那两个人实在是太把人当傻子了。"

"你利用老杨，反而把他们揪了出来，"骆闻舟沉声说，"费承宇的车祸也是你策划的。"

张春久勾了勾嘴角，默认了这项罪名。

"但是范思远跑了，你知道这个人还没完，你也知道你们一手建的'帝国'里被他掺进了清除不干净的病毒，所以你防患于未然地做了准备。你先是趁着费承宇车祸，费家乱套，浑水摸鱼地把苏程骗上你的贼船，然后故意在局里的监控设备上做手脚——这样即便你退休或者调任，也能随时得到你想要的消息，而万一东窗事发，曾主任就稀里糊涂地成了你的替罪羊，苏程和费家就是现成的'幕后黑手'。"

张春久不点头也不摇头。

"你还故意重提'画册'——对，'画册计划'是潘老师命名的，但是这个和当年那个'画册'几乎一模一样的项目策划是你提起的。"

张春久一挑眉。

"因为第一次'画册计划'里，你借了范思远的掩盖自己杀了个人。"

"我为什么要这么做？"张春久说，"巴不得别人查到我吗？"

"因为你比范思远更知道那个倒霉的美术老师和疯子为什么要死，你知道那件案子就算查个底朝天，也查不出和你有半点儿干系。一般人会觉得，如果是真凶，一定恨不能把这件事从世界上抹去，绝对不会主动提起——老杨一死，范思远很可能会通过蛛丝马迹盯上你，你想用这种方式打消他的怀疑。你甚至在调查组调查到你头上的时候，利用这个伏笔把范思远和潘老师一起咬了进来，真是神来之笔。"

"别恶心我了，效果一点儿也不理想，"张春久颇为无所谓地说，"范思远那条疯狗不吃迷雾弹，就认定了是我——不知道为什么，大概是因为我不是他们燕公大那一派出身吧。"

骆闻舟半晌说不出话来。

"张局，"他略微低了一下头，十分艰难地续上自己的话音，"送……送老杨那天，你亲自过来嘱咐我们每个人都穿好制服，亲自领着我们去参加葬礼，你当时心里在想什么？"

有那么一瞬间，张春久脸上的表情发生了细微的变化，他薄如一线的嘴角抿了起来，下颌绷成一线。

"老杨和你二十年的交情，托妻托孤的生死之交，没有对不起你的地方，顾警官跟你同一年进市局，拿你当老大哥，他们俩在最危险的时候都相信了你，把后背交给你，你一刀一个捅死他们的时候，心里痛快吗？笑话他们傻吗？"

张春久沉默良久，勉强笑了一下："……你说这些，是想让我良心发现吗？"

骆闻舟指着他身后那个藏在人群里的胖子说："张春龄是你兄弟，老杨和顾警官就不是你兄弟了吗？"

不知为什么，听见"张春龄"三个字，张春久脸上细微的动摇蓦地荡然无存，他好像一条乍暖还寒时刻的河，人性像是春风般掠过，短暂地融化了他那皮囊下厚重的冰层，然而很快，更严酷的冷意席卷而来，再次将他的心肠凝固成铁石。

"骆队！"

张春久毫无预兆地将插在外衣兜里手掏出来，对着骆闻舟直接开了一枪。

可惜骆闻舟虽然嘴上格外真情实感，却并没有放松警惕，张春久肩头一动，他就心生警觉，同时，旁边一个全副武装的特警推了他一把，子弹撞在防爆盾上，骆闻舟立刻就地滚开。和平对话到此为止，张春久朝他连开三枪："愣着干什么，还不……"

他忽地一怔，因为原本来接应他们的几个人脖子上挂着冲锋枪，全体保持着这个炫酷的造型举起了双手。

张春久一瞬间明白了什么，猛地看向骆闻舟。

骆闻舟弹了弹身上的土："我知道这就是恒安福利院的旧址。"

张春久的脸色骤然变了。

"不好意思，张局，查到了一些您不想让人知道的事，所以早到一步，在这儿等着您了，"骆闻舟低声说，"张局，把你自己经历过的痛苦发泄到别人身上，这么多年，管用吗？"

"你明知道郑凯风和周雅厚是一路货色，还跟他们同流合污，"骆闻舟继续道，"你做噩梦吗？你梦见过小时候伤害过你的怪物吗？你是不是这么多年一直都在害怕，觉得自己根本战胜不了它们，根本无法面对，所以只好也变成它们的同类……"

"闭嘴！"

"你知道张春龄根本控制不住自己，他甚至去过苏慧那儿，像周雅厚、像那些脑满肠肥的王八蛋一样，苏筱岚的日记上写过，她当时还是个才上小学的女孩——张春龄把她当成了谁？当年在恒安福利院里那个一般大的小苏慧吗？"

张春久瞋目欲裂："你懂个屁！"

骆闻舟的目光与张春久在半空中相遇，他看见那男人眼睛里布满血丝，像一头被逼到绝境的困兽。

张春久突然低低地笑了一声，缓缓地按住自己的胸口："你懂个屁——骆闻舟，骆少爷……你挨过打吗？挨过饿吗？知道什么叫惶惶不可终日吗？"

他一边说，一边缓缓地把自己的手从胸前的内袋里掏出来，警察们七八条枪口同一时间锁定了他——张春久手里拿着一个小小的引爆器！

"你什么都不知道啊，不要站着说话不腰疼。"张春久一字一顿地说，"我再告诉你一个秘密……"

埃德蒙·唐泰斯

就在这时，骆闻舟的耳机里接进了一个电话。

骆闻舟本来无暇分神，却听见那边传来快要续不上似的喘息声，陶然用沙哑得不像话的声音挣扎着吐出两个字：

"费渡……"

"费渡是个好孩子啊。"张春久诡异地压低了声音，和耳机里陶然那声"费渡"正好重合在了一起，骆闻舟瞳孔倏地一缩。

张春久毫无预兆地按下了引爆器。

第二十五章

可是预想中的爆炸并没有响。

"地下埋着炸弹，在恒安福利院旧址上，从当年的建筑物一直埋到后院，"骆闻舟说，"我们已经拆除了——张局，福利院也已经拆除好多年了，不管你当年有多恨它，这地方都变成这样了，还有什么意义呢？"

张春久缓缓地放下举着引爆器的手。

骆闻舟一手按住耳机，尽管他现在恨不能顺着手机钻过去，却仍要先分心应付眼前的人："都结束了，张局。"

张春久嘴角带上了一点微笑："哦，是吗？"

骆闻舟惊觉不对，下一刻，一股热浪"轰"一下炸开，巨响让他短暂失聪，有什么东西撞在防弹衣上，他好像被人猛推了一把，瞳孔在强光的刺激下急剧收缩——张春久身后那个藏在人群里的"张春龄"炸了！

大火中飞起了分辨不出本来面貌的血肉，人体炸弹旁边正好站着个举手投降的人，他举起的两条胳膊中有一条不翼而飞，小半张脸皮都被燎除下去，不知是吓呆了还是怎样，他竟然站在原地也不会动，扯着嗓子惨叫起来。

所有的防爆盾同一时间举起，训练有素的特警们立刻分开寻找掩体，张春久整个人往前扑去，重重地栽倒在地上，他后背仿佛是着火了，火辣辣地疼，攘起的土石劈头盖脸地喷溅在他身上，他看见警察们乱成了一团，耳朵里轰鸣一片，什么都听不见，只能从大地的震颤里感觉到优美的爆炸。

血与硝烟的味道浓得呛人，唯一美中不足，是修整过多次的地面变了，变成了沥青、水泥、橡胶交杂的东西……不再是当年那泛着腥气的泥土地了。

张春久做梦都能闻到那股泥土的腥气，因为年幼时的头颅不止一次被踩进其中，刻骨铭心的憎恨随之而下，毒素似的渗透进泥土里，到如今，辗转多年，毒液终于井喷似的爆发了出来。

除去假扮张春龄的胖子，他总共带来了五个人，每个人身上都有个加了密的小保险箱，张春久告诉他们，那里面是应急用的现金和金条，让人分头拿着，贴身保管，假扮张春龄的人不必亲自拎包，因此炸弹藏在他小腹上的假填充物里。

他做了两手准备，万一地下的炸弹无法引爆，五个人体炸弹也足够把这块地方炸上天了——在场的警察们都是垫背的，到时候面对着一堆尸体碎块，法医们恐怕得加班到元宵节才能把混在一起的血肉分开，张春龄早就脱身了。

一切他都计划得很好。

最重要的是，这样一来，他就可以痛痛快快地一了百了，不必落在警察手里，遭到他们的盘问和审讯。

他们没有资格——这个世界上没人有资格判他的罪。

张春久伏在地上，略微偏过头去，望向体育场的方向，防护栏隔出的小练习场幽静而沉默地与他对视。随后练习场渐渐融化，化成了铁栅栏围起的旧院墙，那些孩子默默地、死气沉沉地注视着他，就像一排阴森的小鬼。

他冲他们笑了起来。

就在这时，张春久胸口一空，旧院墙和小鬼们的幻觉倏地消散，他整个人被粗暴地从地上拎了起来，张春久眼还是花的，一时没弄清怎么回事，手腕就被扣上了什么东西，骆闻舟揪着他的领子吼了句什么，张春龄蓦地睁大眼，随即意识到不对。

震颤的地面消停了！

张春久不知哪里来的力气，一时竟然从骆闻舟手里挣脱出来，猝然转身——除了那假扮张春龄的胖子外，其他五颗"炸弹"竟然全哑了！那几个懦夫瑟瑟发抖地东躲西藏成一团，也顾不上身上的皮箱，其中一个皮箱摔开，里面掉出来一堆废纸和石头，原本的炸弹不翼而飞！

皮箱里塞的旧报纸大多已经被火燎着，其中有一角轻飘飘地飞到张春久面前，上面还有一些字迹依稀可辨，日期是十四年前，报道的是罗浮宫大火。

张春久嘶声咆哮起来，被冲上来的警察们七手八脚地按在了地上。

骆闻舟铐上张春久，立刻把他丢给同事，抬手抹去额头上蹭出的一条小口，他把方才不知怎么断了的电话回拨了过去，没通，陶然关机了！

陶然花了不知多久才挣脱了梦魇，醒来一看外面还是漆黑一片，他不知道自己昏迷了多长时间，整个人又慌又蒙，第一反应就是抓起电话打给骆闻舟，谁知道刚接通还没来得及说话，电话那头突然一声巨响，陶然吓得手一哆嗦，直接从椅子上滚了下来，把手机电池给摔掉了。作为一个半身不遂的伤患，陶然要使出吃奶的劲，才把自己翻过身来，连忙满地爬地到处摸索手机零件。

骆闻舟一个电话打了六遍都不通，再想起陶然方才那声没有下文的"费渡"，心口都快炸了，一时间，脑子里一片空白。这时，旁边同事已经迅速排查了嫌疑人身上的其他易燃易爆物，一个警察跑过来："骆队，一死一重伤，死的人好像是张春龄，爆炸物很可能是他贴身装着的。"

骆闻舟的手指几乎是下意识地重新挂断拨号："不可能，张春龄不可能自己当第一个人体炸弹，而且刚才后面那胖子方才一句话都没说，也不像张春龄的风格，应该是个幌子。"

"啊？幌子？"同事听懂了，目光有些复杂地望向不远处被塞进警车里的张春久，"你是说张局……不是，张……那个谁，他亲自把我们引开，是为了掩护张春龄？那张春龄去哪儿了？"

骆闻舟没顾上回答——第七遍电话通了！

陶然瘫在地上，觉得自己简直没有人样，气喘吁吁地对骆闻舟说："费渡……费渡给我下了药，我……我现在不知道他去哪儿了……"

陶然说着，回头看了一眼，他用来查郝振华信息的那台电脑开着，屏幕下是对讲机和他的另一部手机——不少警察平时都用两部手机，自己的私人手机，还有一个是单位统一配的，一般是办公专用。

"他走之前动过我的电脑、对讲机和办公手机，"陶然艰难地拖着打满石膏的腿动了一下，挪到椅子旁边，打开电脑，"方才……方才他跟踪过你们追捕张局的情况，还有张东来发的那条朋友圈……嘶，这个兔崽子！"

陶然试图爬上椅子，没成功，实在没忍住，爆出一句二十年也难得一见的粗话："张东来发的照片很不对劲，他不是发给我们看的，是……"

骆闻舟方才神经一直绷紧在张春久身上，没来得及细想，此时听了陶然一个话头，就已经回过味来。他倏地抬起头，望向张春久，张春久双耳流下的血迹已经干涸，透过车窗，正冷冷地注视着他。

张春久方才故意提起费渡，应该是为了让他分神，好顺利引爆炸弹……但为什么偏偏说起费渡？

费渡用张东来的账号发了那两张照片是给谁看的？张春龄在哪里？

还有……张春久准备了那么长时间的大戏，绝不应该只是一死一重伤的效果，其他的炸弹在哪儿，为什么没炸？

几个紧急处理现场的警察正在东跑西颠地收集皮箱里漏出来的碎报纸，骆闻舟扫了一眼，一瞬间明白了什么，不等陶然说什么，他就直接挂了电话，咬牙切齿地拨了另一个号："陆局，你好啊。"

费渡是被晃醒的，意识刚恢复一点儿，他就被人一把揪起来扔下了车，四下一片昏暗，他脚下还是软的，沾地就趔趄了一下，绑在身后的双手无法保持平衡，有些狼狈地摔在地上。沾在身上的血气熏得他想吐，费渡也懒得挣扎，他干脆就着倒在地上的姿势随便翻了个身，笑了起来。

抓他的司机见不得他这么嚣张，一脚踹在他的胸口上："笑什么！"

费渡实在不是个体力型的选手，整个人顺着对方的无影脚贴着地飞了一段，登时呛咳不止，沾着血的长发垂下来，盖住他一边的眼睛，好一会儿，他一口卡住的气才上来，低低地感叹了一声："真野蛮啊，范老师，你手下的这位朋友一路上都对我动手动脚的，反智，实在太没有品位了。"

"野蛮人"听了这番厥词，立刻上前一步，打算让他知道什么是真正的动手动脚，就在这时，不远处传来一个男人的声音，那声音听起来气血不足似的："行了，别让人笑话。"

绑票的野蛮司机听了这话，眨眼就从磨牙吮血的野兽变成了驯养的家畜，乖乖地应了一声，退后几步。

费渡吃力地偏过头去，看见一个女人推着轮椅走了过来——如果是骆闻舟在这儿，大概立刻就能认出来，推轮椅的女人正是当年鸿福大观里给他塞纸条的那个前台小姐。

轮椅上坐着个男人，固有的骨架勉强撑着他人高马大的皮囊，人却已经

埃德蒙·唐泰斯

是瘦得脱了相，他头上戴着一顶朴素的毛线帽，脖子有气无力地垂在一边，正似笑非笑地注视着费渡。

即便这个人曾在他的意识深处留下过浓墨重彩的一刀，费渡也几乎没认出来，这就是当年和费承宇一起的那个范思远。

费渡愣了一瞬后就回过神来，他略低了一下头，把沾满了血迹的长发从眼前晃开，冲来人一点头："您这是身体抱恙？"

轮椅上的男人用饶有趣味的目光看了费渡一眼，示意身后的女人推着他靠近，野蛮的司机立刻走过去，严防死守在他旁边，像条尽忠职守的大狗，虎视眈眈地瞪着费渡——费渡只好十分无奈地冲他笑了一下，表示自己只是个能被人一脚端上天的病秧子，并没有能力在这种情况下暴起咬人。

这是一处废弃许久的地下停车场，也许是烂尾楼，也许是个弃之不用的工厂之类的地方，费渡视角有限，看不大出来。周遭洋灰水泥的地面和吊顶都未经修饰，上面沾着经年累月的灰尘，几根不知从哪儿接过来的电线险险地吊在那儿，铜丝下拎着三两只灯泡，亮度勉强够用，只是稍有风吹草动，灯泡就会跟着摇晃，看久了让人头晕眼花。

幢幢的人影在乱晃的灯光下若隐若现，四面八方的角落里不知躲着多少人，脚步的回声此起彼伏，这其中大概有龙韵城的假保安王健、和董乾接触过的假快递员等，他们平时隐藏在别人不注意的角落里，像不言不语的人形道具，谁也不知道扒开他们的心口，里面有多少装不下的仇恨。

费渡几乎能感觉到那些人看他的目光，冰冷——是那种带着审判意味的冰冷，如果不是他还有用，他们大概很想支个草台子，效仿焚烧女巫的中世纪人民，把他现场烤成串。

"范老师，"费渡对那男人说，"十三年前，我在家里见过您一次，只是时间太久远，有点认不好了，没认错人吧？"

"你比费承宇冷静，比他隐忍，比他沉得住气，也比他更会伪装自己，"轮椅上的男人开了口，他说话很慢，声音也不大，气力不济似的，充满了病弱感，"你还这么年轻，真是太可怕了。"

费渡听了这么高的赞誉，似乎有点惊奇，他试着动了一下，肋下一阵剧痛，怀疑是方才那位司机一脚踢裂了他的肋骨。费渡尽量把呼吸放得和缓了些，给自己找了个舒服的姿势："我一个阶下囚，哪里可怕？"

范思远招了招手，几个人推着一张病床过来，病床上有一些维持生命的简单设备，上面是个躺了三年的老男人，正是从疗养院神秘失踪的费承宇。

　　费承宇一动不动，肌肉早已经萎缩，皮包骨似的胳膊垂在身侧，惨白的皮肤十分松弛，质感像泡糟了的发面饼。费渡漫不经心地看了他一眼，很快收回视线，对于费承宇会出现在这里一点儿也不觉得意外。

　　"你晕了一路，现在大概不知道这是什么地方，身上的定位器全部被拿掉了，孤身一人，落在我手里，但是你不慌，也不怕。"范思远淡淡地看着他，指了指费承宇，"这个人，他和你有最紧密的血缘关系，曾经用虐待的方式塑造你、禁锢你，可是你看他的眼神没多少憎恨，甚至说毫无波动，就像看一堆过期的肉。你不知道恐惧、不知道痛苦，所以能精确又残忍，费承宇一辈子狗屁也不是，但培养出一个你，大概也有点可取之处，你可真是个理想的怪物。"

　　费渡无声地笑了一下，矜持地表示自己接受了这个赞扬。

　　"我们还要再等一等，"范思远说，"有个关键人物还没有来，我可以和你聊几句，你有什么想说的吗？"

　　费渡立刻毫不客气地问："这是什么地方？"

　　范思远笑而不语。

　　"哦，明白了，也不是什么都可以说。"费渡想了想，又客气地问，"我看您身体好像不太舒服，是怎么回事？"

　　"肿瘤，一开始是肺癌。现在已经转移了，没别的办法，只能化疗。化疗很痛苦啊，我这把年纪了，也不打算再继续折腾自己。"范思远坦然回答，"给你个老年人的忠告，吸烟有害健康。"

　　"我倒是没有这方面的不良嗜好，如果范老师手下的这些朋友也能像您本人一样文明，也许我还能再健康一点儿。"费渡客客气气地说，随即他颇为惆怅地叹了口气，"张春龄真是个废物，自己还没死，就先手忙脚乱起来，居然让人钻了这么大个空子。"

　　范思远注视着他："如果不是这样，我怎么会知道'无辜的'费总你才是那只收网的黄雀呢？我们这么多老家伙，都把你当棋子，结果被你耍得团团转，年轻人，心机太深容易早逝，但是话说回来，我倒也不意外，你毕竟是费承宇的儿子，一生下来，骨肉里就带着毒。"

"范老师，你这个说法就很不公平了，如果不是我掺和了一脚，让张家兄弟彻底变成走投无路的亡命徒，您的人能这么顺利地打入敌人内部吗？我们俩本来是天然的同盟，您非要用这种方法叫我来，太不友好了。"

"闭嘴！"范思远还没说什么，旁边站岗的司机先怒了，"谁和你同盟！垃圾！罪人！"

费渡耸耸肩，笑容里透着说不出的狡猾："您十几年前就跟我父亲合作，现在我们总算拿下了张春龄那一伙人……当然，这里头我只出了一点力，还是您居功至伟。范老师，您是长辈，只要说一声，张春龄这条老狗我当然双手奉上，何必这样？"

司机听他这坐地分赃的语气，怒不可遏，大概觉得他在这出气都是污染空气，急赤白脸地说："老师那是为了……"

范思远一摆手打断手下人的话："我对掌控谁不感兴趣，也不想让张春龄成为我的狗，我从一开始，就只是想毁掉他们而已。"

费渡故作惊诧地挑起眉："范老师，您不会打算告诉我，您是警察混进去的卧底吧？要连杀六个人才能混进去，这卧底门槛也太高了。"

"那些人渣罪有应得！"不知从哪个信徒嘴里冒出这么一句，"罪有应得"四个字在空荡荡的地下室里来回飘荡，阴森森的。

"我虽然不是警察，但当年科班出身的大多是我的学生，我了解他们，"范思远缓缓地说，"警察从某种意义上来说，只是机械的工具，遵循固定的制度，服从固定的流程。而他们中的很大一部分人也只是靠这份工作养家糊口而已，非常无力。公平，正义？这种东西……"

范思远说到这里，冷笑了一声，他身后所有的信徒都跟着千人一面地义愤填膺，义愤得异常虔诚，费渡觉得自己简直像是误入了某个邪教窝点。

"我当年看不到这只庞然大物到底在哪儿，也无从查起，市局里有他们的眼睛，这些人无处不在，稍微碰到它的边缘，就会像……"范思远的话音停顿了一下，后面的话消失了，好一会儿，他才接着说，"就会像无数倒在它脚下的受害者一样，至死都稀里糊涂。没有办法，想靠近它，就必须自己沉入黑暗、沉入深渊，和它们融为一体……我没有办法。这期间，我突然觉得，对于世界上的恶毒来说，毁掉一个人、一个家庭，实在太容易了，事后，你觉得那些充满恶意的垃圾该死，他们却往往能逍遥法外，即使受害人够走运，让恶魔伏法，那又怎么样？杀人的大部分不必偿命，该杀的大部分只要在监狱里白吃白喝几年，他们付出的代价根本不足以赎罪。"

费渡这回不用装，自然而然就流露出一个"你是不是有病"的眼神："唔……您这是不拿工资的义务法官？"

范思远没理他，那老人的目光越过他的头顶，透过水泥的墙壁和吊顶，好像落到了很远的地方："很多时候，研究犯罪心理是一件让人很不愉快的事，因为你越是了解，就越明白，那些人——特别是罪大恶极、最丧心病狂的那些人，即便被缉拿归案，也根本不知道什么叫后悔，有些人甚至会沾沾自喜于自己掌控别人的生命，就像你一样，费总。"

费渡感觉自己这时候最好闭嘴，于是只好微笑。

"这些东西，越了解你就会越失望，但偶尔也会有那么一些人给你慰藉，让人觉得这个世界还是有希望的，这个系统里还有让你留恋的东西，你做一点事，不是完全徒劳无功。"

费渡："您说的不会是顾……"

一颗子弹倏地与他擦肩而过，范思远一掀眼皮："我不大想从你嘴里听见他的名字。"

费渡吊儿郎当地耸耸肩，很有眼色地闭了嘴。

范思远："十四年前那场大火之后，我这辈子仅剩的意义，就是让该死的人都得到自己应有的下场。"

费渡好像默默消化了一会儿："张春龄他们收容通缉犯，所以你把自己变成通缉犯，成功打入到他们内部。但进去以后，发现这个组织比你想象中还要庞大，你还是个边缘人物，所以你和费承宇各自心怀鬼胎，一拍即合，互相利用——他想削弱组织，自己掌控，你想让他们全部去死，对吗？天……范老师，我真是欣赏您这种自然不做作的丧心病狂。"

"老师，"推着轮椅的女人用憎恨的目光看着费渡，"这种垃圾不值得您费神。"

费渡略带轻佻地朝她扬起眉："哎，姑娘，我得罪过你吗？"

推轮椅的女人目光如刀，顷刻间在费渡身上戳出了一堆窟窿："你这种欠债的人渣应该被判刑！"

"欠债？我欠谁了？"费渡看着她笑了起来，桃花眼一弯，眼睑下自然而然地浮起一对轻飘飘的卧蚕，"我从来不欠漂亮姑娘的债，除非是……"

费渡话没说完，一颗子弹突然从高处打了下来，直接贯穿了他的脚踝。

尖锐的疼痛将他整个人都折了起来，费渡闷哼一声，全身的血好似化成冷汗，从他身上漏了出去，他的双腿痛苦地收缩回来，地面上立刻留下了一道长长的血痕，变了调子的喘息又加剧了他肋下的伤，费渡再也保持不住坐姿，瘫在地上

范思远抬起头，只见高处一个长相近乎憨厚的男人手里拿着枪："老师，您看见了，这种人根本不见棺材不落泪！"

他这句话几乎带起了"民愤"，四面八方传来七嘴八舌的声音：

"他们根本不知道愧疚！"

"法律算什么狗屁东西？根本分不清善恶，这种人说不定交点罚款就能无事一身轻，照样有权有势，继续害人。"

"他根本不能算人！"

"呸！"

"一枪打死他太便宜他了，应该凌迟！"

费渡没想到自己有一天居然能面对这种千夫所指的局面，最初的剧痛忍过去以后，他觉出了新鲜，于是上气不接下气地笑了起来："不见棺材不落泪……噗……哈哈哈，女士们先生们，不瞒诸位，我就算见了棺材也不会落泪的。"

范思远的信徒们一个个已经成了人形的"以牙还牙"，脑子里基本装不下别的东西，听他这种时候还敢大放厥词，简直怒不可遏，打算群起而上，在他身上踏上一万只脚。

"范老师，"费渡在众怒中翻了个身，把受伤的脚踝随意地戳在一边，自己放松身体躺在地上，闲散地半闭上眼，在一片要把他扒皮抽筋的声浪中不慌不忙地说，"麻烦您也管一管，我可是很容易死的，再碰我一下，我可就撑不到诸位审我的罪了。"

这话一出，周遭顿时一静。

"你们每天意淫自己是正义法官，高潮就是别人在你们面前痛哭流涕，跪在地上忏悔，绝望又后悔地等着诸位冷酷无情不原谅的宣判——对不对？罪人怎么能寿终正寝呢？怎么能从容赴死呢？怎么能不经你们审判定罪，就

轻易地私自去死呢？死人反正什么都感觉不到。"费渡满不在乎地侧头吐出一口方才自己咬出来的血沫，嘴角的笑意越发明显，"只有虐待狂才能知道虐待狂在想什么，怎么样，我了解你们吧？"

范思远面无表情地看着他。

就在这时，急促的脚步声突然打破了无声的对峙，一个中年人冲进来，弯腰对范思远说了句什么，下一刻，外面响起了枪声。

费渡扬起眉："哦，久等的客人到了——你说这位张先生是想先毙了你，还是先毙了我？"

两个人一左一右地走过来，粗暴地将他拖了起来。

燕城市区。

呼啸的警笛包围了罗浮宫旧址，那里几经转手重修，已经成了个集电影院、大超市、吃喝玩乐于一体的城市综合体。

陆有良一看这地方就觉得不对劲。

值班负责人战战兢兢地跟在警察后面，一脸莫名其妙："警官，我们这儿十点才营业，没人来呢，守夜的保安就这么几个，都在这儿了，您要找什么？"

"监控，周围所有监控！"

商场、地下停车场，乃至于方圆一公里之内所有交通路网和天网的监控全都被调出来，所有人捏着把汗紧急排查——可是，什么都没有。

夜色平静如水，快进的监控记录被来回翻了多少次……

范思远他们根本不在这儿！

陆有良头皮直发麻，他听说费渡是个十分靠谱的人，接触起来也一直觉得他除了心机深以外没别的毛病，稳重得不像个会关键时刻掉链子的小青年，没料到自己成了第一个被他坑的！

第二十六章

骆闻舟一字一顿地问："你说什么？"

他声音不大，仅就字面上看，说的基本也是句人话，陆局却一时有点不知如何作答，将心比心地想一想，他总觉得电话那头的骆闻舟下一刻会爆出阻塞电话信号的粗话——当然，即便骆闻舟真的出言不逊，陆局除了包容，也别无办法。

然而两人隔着电话互相沉默了五秒，骆闻舟却并没有火山爆发，他思量片刻，近乎平静地说："费渡留言说，'开始的地方就是结束的地方'，但是你们去了罗浮宫旧址后，发现那边没人。"

陆有良沉声说："张春久出卖顾钊，让他背负污名、含冤而死，而罗浮宫是费承宇出钱、张春龄建的，他们俩应该算是害死顾钊的罪魁祸首。'朗诵者'的仪式就是类似'以牙还牙'式的私刑审判，所以张春久这个栽赃陷害的人，必须要把他栽在顾钊身上的罪名拿回来——那要是我没理解错的话，张春龄这个凶手就应该被烧死在罗浮宫旧址里，可他们怎么会不在这里？"

骆闻舟挂着耳机，实在按捺不住心里的焦躁，他在疾驰的路上把车窗打开了，凛冽的寒风在速度的加持下劈头盖脸地卷进来，开车的同事被寒风扫得一激灵，然而悄悄扫了一眼骆闻舟的脸色，没敢吱声。

骆闻舟闭上眼，无意识地捏着自己的手指关节："费渡不会故意误导我们，没这个必要，他也不想自杀。"

陆有良："我不明白，他既然有预感定位器会被人拿下来，为什么不能给我一个确准的地点……"

"因为他也不确定，"骆闻舟缓缓吐出一口白汽，"他又不是'朗诵者'——那个范思远肚子里的蛔虫，就算知道对方的大概想法，也做不到精准读心。所以才会模糊地址，给我们留下他的思路，我觉得这个大方向肯定没错，但所谓'开始的地方'，范思远想的和我们认为的恐怕不是一个地方……罗浮宫旧址是顾钊冤案发生的地方，滑雪场以前是恒安福利院，也是张春久他们兄弟出身的地方——如果这两处都不对，还能是哪里？"

还有哪里？

时间过了凌晨四点半，天还没有一点儿要亮的意思，启明星正不慌不忙地往上爬。

"费渡那个人胆大包天，什么都敢干，但是不莽撞，心很细，如果他给你留的暗示指向罗浮宫旧址，说明他觉得范思远有八成的可能会去那里，值得赌一赌，但剩下的小概率可能性，他也可能会有意无意地提几句，陆叔，求求你帮我……帮我想一想……"骆闻舟的话开始还十分有条理，说到最后，却不知怎么破了音，他接连用力清了两次嗓子，喉咙却依旧堵得厉害，愣是没能憋出下文来。

陆有良站在寒风中，转头去看身后的建筑——那高高的、样式古怪的房顶处应该就是电影院了，据说年初二之前的票都已经订不上了，近年来大家不知怎么流行起到外面去吃年夜饭，十几个小时后，这里想必应该是灯火通明、人声鼎沸的场景。

十四年过去了，他还记得那刻骨铭心的火场废墟，还记得自己乍一听说顾钊出事时的五雷轰顶。

陆有良深吸了一口气："陶然——对！我想起来了，他临走之前，当着陶然的面联系了正在国外的朋友，据说是跟周怀瑾他们一起找到了一个以前在周家工作过的人，他们提到了恒安福利院，然后他还让陶然根据这个人的口述，追踪到了恒安福利院院长被杀的卷宗！"

费渡给陶然下了安眠药，剂量本来就不大，这种时候更应该哄他早点儿睡，而不是跟他讲这么提神醒脑的旧案……所以说，他当时是想到了什么？

"郝振华是恒安福利院的院长，开门时被人捅了三刀，之后又被凶手以钝器连续击打头部至死，断气后，凶手仍不满意，又在死者身上捅了足足有十刀，这桩罪名被安在了入室抢劫团伙的头上，"陶然半身不遂地夹着电话，"案发时，死者郝振华独自一人在他远郊的住所——不，不是别墅，当时没有所谓别墅的概念，是他不知通过什么手段在老家弄来了一块宅基地，自己盖的房子，专门用来收藏贵重物品的，相当于一个秘密金库——地址有，我发给你了，可是那边二十年前就因为修路而整体动迁了，我刚才在电脑上定位了一下，应该正好是燕海高速穿过的地方，'朗诵者'无论如何也不可能到高速公路上去吧？"

骆闻舟没顾上回答，迅速调出地图——燕海高速从燕城东南方接出来，连通燕城和接壤的滨海地区，高速入口就在东森滑雪场那里，张春久他们就是在那儿冲下主路，拐进体育公园的。

滑雪场也就是恒安福利院所在地，当年的王八蛋院长通过福利院疯狂敛财，不便明目张胆地拿出来摆在家里，于是都送到了乡下的小金库，这个小金库所在地点十分微妙，属于燕城辖区，却是在燕城和滨海地区接壤处。

埃德蒙·唐泰斯

燕海高速……滨海地区……

陶然继续说："这个院长郝振华是在周雅厚死后第二年遇害的，大约是三十七年前，推算下来，张春久那时正好处在青春期，张春龄二十五岁上下。这桩案子的杀人手法相当血腥，凌虐尸体和过度砍杀行为说明动手的人情绪很不稳定，现场显得暴躁又无序，死者开门时没什么戒心，一方面可能是认识凶手，另一方面也可能是他认为凶手没什么危险性——综合以上种种，我猜当时捅刀的人很可能是才十几岁的张春久，而事后卷走财物，冷静地收拾现场，就应该有成年人协助了。这起谋杀案后来机缘巧合被安在了抢劫团伙头上，我和费渡分析，认为这可能是他们做的第一起案子，后来他们作案的思路和方法，很可能都从这一次逍遥法外里借鉴了经验。"

"卷走了财物？"骆闻舟立刻追问，"凶手从死者家里拿走了多少东西？"

"不详，"陶然说，"现场几个大立柜都被人翻得乱七八糟，基本是空的，如果里面的东西都被拿走了，恐怕数量很可观，但是受害人家属为了掩盖真相，坚持说那几个大立柜本来就是空的，这案子当时结得稀里糊涂，没仔细追究。"

潜伏、杀人、伪装现场，携带大量财物出逃……如果只是现金还好说，但如果是其他东西——能装满几个立柜的财物，他们在附近至少要有个据点。

那个据点很可能是张春龄兄弟开始犯罪的源头！

可它会在哪儿？

对了，还有苏慧的滨海抛尸地——早年间燕城周边，像滨海地区一样定位不明、等待开发的郊区撂荒土地非常多，都不值什么钱，哪个不比滨海这种已经离开同一个行政区的地方便捷？

为什么张春龄他们会选择滨海？

美术老师余斌曾经在滨海偶遇了张春龄和苏慧，并因此被灭口。那是十四年前的事，当时组织已经成形，以张春龄的势力和谨慎，他会亲自陪苏慧到那鬼地方抛尸吗？

这不合常理。

可如果他不是抛尸，那他去那里干什么？

有没有可能张春久他们最初的据点就在……

"停车！"骆闻舟突然说，"我有话要问张春久！"

默读
大结局

骆闻舟不等车停稳就冲了下去，一把将张春久从押送的警车里拽了出来："你们当年谋杀了恒安福利院的院长郝振华，跟踪和分赃的据点就在滨海，对不对？在什么地方？"

张春久一时没弄明白他问这些是什么意思，愣了一下，然而他的阴谋破产，此时实在恨透了骆闻舟，因此只是一言不发。

如果可以，骆闻舟简直想把张春久头冲下地倒过来，把他肚子里藏的话一口气倒出来。张春久被他跟跟跄跄地提起来，一口气卡在喉咙里，憋得脸发紫，他的视线对上骆闻舟充血的眼睛，露出了一个冷笑。

"你说不说！"

这时，耳机里传来陆有良的声音："闻舟，你让我跟他说句话。"

骆闻舟勉强压着自己胸口里不断喷发的岩浆，拔下耳机线，把手机贴在不住呛咳的张春久耳边。

"老张，是我。"

张春久目光微微一闪——陆局和他毕竟有二十多年的交情。

然而陆有良并没有煽情叙旧："你听我说一句话，你大哥张春龄和'朗诵者'——也就是范思远他们那伙人，现在应该都在那边，范思远用你侄子的命把他引过去的，他想干什么，应该不用我说。"

张春久的脸色终于变了。

"我们逮住张春龄，肯定是按程序审完再上交检察院，就算最高法给他核一个死刑立即执行，那也能死得舒坦有尊严，你也还有机会再见他，可是落在范思远手上……你自己看着办——"

费渡站不起来，完全是被人拖着走，听着外面枪声不断逼近，一时觉得啼笑皆非。

张春龄，一个丧心病狂、罪大恶极，能在春节期间霸占各大社交网站头条的跨时代大坏蛋，此时正在一边咬牙切齿地恨不能把自己大卸八块，一边掐着钟点、捏着鼻子，拼死拼活地要在天亮之前把他活着救出去。

费渡苦中作乐，感觉自己像是召唤了地狱恶魔的人类法师，张东来同志就是那一纸不可忤逆的契约书——酒糟味，人形的。

"这种时候还笑得出来，我现在相信你是见了棺材也不落泪了。"范思远在他耳边低低地叹了口气，"我第一次见你的时候，亲眼看着费承宇把你从柜橱里拽出来，虐打你母亲，把那个二选一的金属环套在你和她的脖子上，她当场崩溃，你却始终一声不吭，一滴眼泪也没有……当时我就觉得很好奇，这么漂亮可爱的小男孩身体里究竟住了个什么东西？"

费渡嗤笑一声："超级英雄范老师，孤儿寡母在你面前受这种折磨，你怎么不来拯救我们？"

"你母亲为了费承宇，害死了自己的父亲，而你是他肮脏血脉的延续，你们母子两个都是费承宇的一部分，装什么可怜？我看你的眼神就知道，等你羽翼丰满，一定会反噬费承宇，父子相残，我巴不得见识他的下场，为什么要阻止？可惜时不我待，我没等到看好戏，先等来了肿瘤，只好自己先动手。"

说话间，外面的枪战已经越发不像话，张春龄手下的亡命徒们显然更胜一筹，很快冲了进来，范思远坐在轮椅上的画风实在和周遭格格不入，扎眼得要命，对方一冲进来就看见了他们，二话不说，一梭子子弹朝范思远打了过来。

范思远丝毫不慌张，他面前的水泥地板突然凭空竖了起来，挡住呼啸而来的子弹的同时，露出一个地下通道来，女人推他飞快地钻了进去，费渡被人拽起来，整个扛在了肩上，胸口被对方硬邦邦的肩头一卡，他眼前险些一黑。

肖海洋和郎乔将美术生送回家以后，带着那张余斌用命留下的素描画，循着美术生的描述，去寻访当时的案发地，刚大致摸到地点，正好接到一个调度电话。

"注意——东海岸石头山后往西二十公里附近，有个废弃的机动车租赁中心，定位已经发给诸位了，有一伙歹徒挟持人质，对方手里有武器，注意安全，再重复一遍，对方手里有武器……"

肖海洋和郎乔对视一眼。

"废弃的机动车租赁中心？"肖海洋沉吟片刻，"余斌的学生是不是说过，当年他们从住的地方到景区是租车过来的？"

郎乔迅速瞄了一眼地图："不远，走！"

第二十七章

"我们抓到了嫌疑人张春久，据他供述，张春龄早年曾在滨海一个私人作坊式的小木材厂里打黑工，供他们几个年纪小一点的读书。不过木材厂经营不善，没多长时间就倒闭了，老板卷款逃走后，他们就把荒凉的木材厂当成了据点，通过种种非法手段——包括抢劫、谋杀，攒了一部分财产。因为当时这地方远离人群，背靠山林，相对比较隐蔽，所以发展成了第一个犯罪分子的藏匿窝点，老大就是张春龄，应该算是春来集团这个有黑社会性质的组织的前身。后来旅游业兴起，滨海地区眼看着不像以前那么荒凉了，他们就把这个窝点改造扩容，同时对外做一点汽车租赁生意，一来是为了隐藏自己，二来这样消息会比较灵通。不过好景不长，滨海这块地方不知道是不是尸体埋多了，邪得很，什么生意都做不起来，旅游业最后也是半死不活，人气没聚集起来。随着春来集团做大，他们就慢慢转移了，租车行现在已经完全废弃。"

"我的天，"郎乔听得叹为观止，"这么一点时间，你们居然挖了这么深！"

陶然叹了口气："被逼无奈，因为现在情况不太好，'朗诵者'把潜逃的张春龄引到了那边……"

郎乔和肖海洋异口同声："什么！"

话音没落，距离他们不远处突然传来一串枪响。

郎乔激灵一下，觉得自己浑身的汗毛都竖起来了，转头把眼睛瞪大了两圈："真枪，还是有人放炮玩？"

肖海洋无论是放枪还是放炮的经验都很有限，只好跟她大眼瞪小眼。

郎乔把手按进腰间："眼镜，告诉我你的持枪证不是买的。"

"擦边过的，但是别问我怎么过的，"肖海洋回答，"他们都说是因为我考前丢了五百块钱，一次性攒够了人品。"

"怎么回事？"陶然从免提电话里听见了背景音，"等等，你俩现在具体在什么位置？"

"陶副队，"肖海洋沉声说，"十几年前，在这种地方做汽车租赁生意的不会很多，你想……美术老师余斌和他的学生们当年租的车，会不会正好就是那些人的？"

陶然此时无心与他讨论旧案，难得语气强硬地打断他："先不管那个，你们俩靠太近了，立刻停下原地待命，骆队他们马上就到！"

郎乔："哎，可是……"

肖海洋一脚踩下刹车，同时伸手挂断了郎乔的电话。

郎乔："你干吗？"

肖海洋摸了一把腰间的配枪，这还是张春龄他们派人追杀周怀瑾的时候，队里统一申请的，肖海洋到现在还没能跟它混熟，总觉得插在腰间有点硌得慌，他突然把车门一松，对郎乔说："你下车，在这儿等骆队。"

郎乔："不是……你要干什么？"

肖海洋把嘴唇抿成一条缝，不远处的枪声一嗓子吼破夜空之后，仗着这里荒无人烟，越发嚣张地密集起来，那"小眼镜"见她不动，突然一言不发地拉开车门，自己直接冲了出去。

郎乔骂了一句，赶忙追出去。她一把扣住肖海洋的肩头，摁住了他："你出过外勤吗？开过枪吗？你是能打还是能跑啊，我的少爷！我可真服了！"

肖海洋的脸色发青，因为郎乔说得对，连她这么一个看起来有些纤细的女孩都能轻而易举地按住他，可是，可是……

肖海洋："最早接到的通知里说，歹徒手里控制了人质。如果现在是春来集团和'朗诵者'在交火，人质怎么办？"

尽管这时陶然还没来得及告诉他们所谓的"人质"是谁，郎乔还是皱了皱眉。

"当然，这是我的借口。"肖海洋叹了口气，随即也不管郎乔听得懂听不懂，兀自低声说，"这么多年，我一直想知道到底为什么……为什么世界上会有卢国盛他们那样的人，为什么还会有人把他们当成宝贝一样收藏，带着更大的恶意，利用他们干更多的坏事，我做梦都想亲手抓住他……"

肖海洋说着，用力一挣……依然没能挣开郎乔扣住他的擒拿手，倒是挣扎的时候把她外衣兜里没放好的手机震了下来，也不知怎么那么寸，手机屏幕向下拍在了地上，又被尖锐的石子弹起来，顿时碎成了蜘蛛网。

"放开我，放开我！"肖海洋声音压得很低，几乎是低声下气地央求她，"十几年了，我这十几年没有一天不想了结这件事，我活到这么大，文不成武不就，没有别的愿望……就算跟他们同归于尽地死在这儿，我也心甘情愿，你不明白，放开！"

肖海洋理解的喜怒哀乐，永远和别人的喜怒哀乐有点偏差，这导致他跟人沟通的时候总好像隔着一层，像个不通人情的怪人。郎乔从未在他身上见过这样质感深沉的悲怆和孤注一掷，这让她下意识地松了手。

肖海洋惯性所致，踉跄着往后退了一步，定定地和郎乔对视片刻，随后，他好像无师自通地突然学会了说人话，撂下一句"你自己注意安全"，然后转身就要走。

"等等！"郎乔弯腰捡起自己摔得稀碎的手机，心疼得嘬了一下牙花子——这可不是市局统一配的那个破玩意儿，是她自己的手机，几乎花了一个月工资，没来得及贴膜就殉了职，她把碎屏的手机贴身放好，"你知道吗，我高考之前也摔过一部新手机，结果那次数学居然过百了，是不是跟你考持枪证的原理有点像？"

肖海洋无语。

"你相信玄学吗？"郎乔一把拉开车门，"上来！"

两人合谋抗命，不顾陶然三令五申，自作主张地靠近了废弃的车场——作为曾经的木材厂，这里十分空旷，背后是一片坡度平缓的小山，山上有成片的树林，严冬中草木虽然已经凋零大半，但枯枝败叶和长青树木勉强能够藏身。

郎乔麻利地把车藏好，简单视察了一下周边环境，冲肖海洋招手："跟上。"

肖海洋表情有些复杂："你其实没必要……"

"别废话——嘶……陶副队可没说这地方这么大！"郎乔敏捷地顺着树林蹿上旧厂房后山的小树林，探头往下看了一眼，先抽了口凉气。木材厂也好，租车行也好，现在都已经破败不堪，周遭长满了杂草。占地面积却叫人叹为观止，足有一个学校那么大，外面围了一圈车，密集的枪声在里面响起，郎乔一眼看见一串刺眼的血迹。

"明面上是租车停车的地方，实际藏匿着通缉犯，里面构造可能更复杂，我想想，我们从哪儿开始……"郎乔话没说完，肖海洋突然一把按下她的头。

郎乔骤然被打断，先是一愣，随即，她听到了窸窸窣窣的脚步声。

两人大气也不敢出地躲在几棵并排而生的大树后面，听着那匆忙的脚步声由远及近，几乎跟他们擦肩而过后，又往另一个方向跑了。好一会儿，郎乔才小心地往她藏车的地方看了一眼，伸手压下肖海洋哆哆嗦嗦的枪口——幸亏这小子一紧张忘了开保险栓，不然当场走火就好玩了。

她不知从哪儿摸出一个小望远镜，见那伙人大概有十几个，个个拎着武器，步履飞快，往厂房背山的那一边跑去。

"这些人干吗的？"

"我觉得是张春龄的手下，"肖海洋的声音低到几不可闻，"你看，他们好像特别熟悉地形。"

"等等，我记得陶副好像是说……是那个'朗诵者'把张春龄引过来的？可是这里不是春来集团的老巢吗？在别人的地盘上动手，那个什么'朗诵者'的头头脑子没毛病吧？"

"张家兄弟一直藏在幕后，应该是很谨慎很怕死的人，陌生地方，他们不见得敢来这么快。可能'朗诵者'的目的就是让他们无所顾忌。"肖海洋顿了顿，说，"小乔姐，那我们现在怎么办？"

满心疑虑的郎乔被他这声"小乔姐"叫得一愣，心口毫无预兆地咯噔一下，不合时宜的记忆好像一根小针，不轻不重地刺了她一下。

小乔姐……小武刚来市局的时候，也这样叫过她。

"走，"她的眼神锋利起来，"跟着他们。"

郎乔猜得没错，废弃的车场地下构造确实比外面看起来的还要复杂，堪比蚁穴。仓库、细窄的通道互相交叠，到处都是假墙和密道，完美地把对外做生意的伪装和藏污纳垢的地方分开了。

费渡大致扫了一眼，已经隐约猜出来了——这里很可能是"罗浮宫"和"蜂巢"的前身。

范思远不知事先来调查过多少次，十分轻车熟路，在张春龄猛烈的火力围攻下，他带着一帮人飞快地撤到地下。

地下有一个四面都是厚重水泥墙围出的空间，仿造防空洞建的，入口处是一道厚重的保险门，可以严丝合缝地关上，保险门刷着与周围墙壁一模一样的灰色，不凑近仔细看，几乎察觉不到这里还别有洞天。

门上留着观察镜和留给子弹飞的小孔，可以架十多条枪，简直像个堡垒。

费渡被人粗暴地扔在水泥地面上，偏头一看，这么混乱的情况下，范思远他们那一伙人居然还把费承宇这累赘也带过来了。不知是不是失血的缘故，费渡眼前有点发暗，他用力闭了一会儿眼睛，喃喃自语似的低声说："我猜这里应该离苏慧抛尸的地方不远，对不对，范老师？"

封闭空间里说话有回音，他一出声，周围几个范思远的信徒立刻很不友好地用枪口对准了他。

费渡浑不在意："你是跟着许文超和苏落盏找到这里的吗？怪不得……"

范思远："怪不得什么？"

"怪不得苏落盏会知道二十多年前苏筱岚作案的细节。"费渡说，"苏落盏是个嫉妒成性的小变态，折磨人是她的乐趣，如果她'机缘巧合'知道了苏筱岚当年发明的骚扰电话，一定会忍不住模仿——真是四两拨千斤的高明手法。"

"你闭嘴！"一直给范思远推轮椅的女人突然出了声。

费渡在光线晦暗的地方看了她一眼，似笑非笑地说："这个过程中，你们一定多次目睹过小女孩们的尸体被运送到这里吧？真是可怜，那么多、那么小的女孩，花骨朵都还没打开，就被人凌辱至死，成了冷冰冰的尸体……"

女人忍无可忍，大步向他走过去，一把揪起了费渡的领子。

费渡叹了口气："范老师，重要道具爱惜一点儿好不好？"

范思远喝止了自己手下的人："若冰。"

女人双手颤抖，抬起来的巴掌停在半空。费渡惊讶地发现，她眼睛里居然有眼泪。

那些死去的女孩触动过她吗？他们这些人，也还有人性吗？

范思远沉声说："我们或许可以阻止一两起案子，救下几个女孩，但那又怎么样？抓一个许文超和一个苏落盏并不能改变什么，许文超只是个变态的傀儡，什么都不知道，苏家第三代的小怪物根本连承担刑事责任的年纪都还没到。他们背后的春来集团才是罪魁祸首，剁它一根触须根本不痛不痒，因小失大，只会让更多的人遭受痛苦——若冰，一些牺牲是必要的。"

"我知道，"女人小声说，"老师，我明白。"

费渡眉心一动："哦，是吗？可是据我所知，你们不光是见死不救啊。杀何忠义的赵浩昌确实是个人渣，但人渣动手杀人也是有成本的，不到万不得已，谁会用这手段？是谁让他坚定地认为何忠义是个寄生虫一样的瘾君子的？那条暗指'金三角空地'的短信又是谁发的？我有缘跟何忠义说过几句话，他又内向又胆小，这么长时间我一直想不通，他当时是怎么鼓足勇气，去'纠缠'张婷这个陌生的大姑娘的？"

"还有董晓晴，郑凯风的第二任联络人卓迎春去世后，你们的人乘虚而入，成了新的联络人，也知道郑凯风打算和周峻茂窝里反，所以替他安排了董乾这个完美的凶手——像安排卢国盛刺杀冯斌一样——之后骗了董晓晴那个傻丫头……"

"我们没有骗她！"女人大声反驳，"我们只是告诉她真相！她难道没有权利知道自己父母的真实死因吗？"

"何止是她父母的真实死因，恐怕你们还告诉她警察里有内鬼的秘密吧。"费渡叹了口气，"郑凯风那老东西，真的很狡猾，先是以一纸伪造的亲子鉴定书离间周峻茂和周怀瑾父子，埋下棋子，再暗地里买凶杀人，这样一来，即使阴谋论者发现周峻茂死得有猫腻，嫌疑也都指向周怀瑾这个身世成谜的大少爷，弄不好，连董乾都以为雇主是周怀瑾——可是小美人，你别告诉我，你们神通广大的范老师也被他误导了。"

女人一愣。

费渡笑出了声："为什么不告诉董晓晴郑凯风才是罪魁祸首啊，范老师？"

女人嘴硬地说："因为……因为董晓晴根本靠近不了郑凯风，让她知道又怎么样？最后下场也只是无声无息地被那个老人渣处理掉！"

"她捅死周怀信之后，不也照样被对方灭口了吗？"费渡的视线越过她，钉在范思远身上，"范老师，你明知道这事没完之前，董晓晴身边会有张春龄的人盯着，你还生怕迟钝的警察发现不了组织的痕迹，赶在他们处理董晓晴之前把警察引到她家里，放火诱导警察去查对门的监控……"

范思远脸色微沉，冲跟在他身边的两个男人使了个眼色，那两个人立刻推开女人上前。

费渡飞快地说："其实你本来就想诱导董晓晴去杀周怀瑾——对，本来目标是周怀瑾，因为周怀信更傻，更好控制！为什么董晓晴会知道周怀瑾那天在哪儿出院？那是你替她策划好的！周怀信本来就对家里不满，如果父亲和相依为命的大哥又先后死于非命，你就可以趁机接近他、利用他，替你追查周家恒安福利院的旧……唔……"

费渡闷哼一声，一个男人掐住了他的脖子，一拳砸在了他小腹上，强行截断他的话音，同时，另一个人粗暴地用胶带封住了他的嘴。费渡的冷汗顺着额头淌下来，很快沾湿了睫毛，整个人痛苦地蜷缩起来，眼睛却始终盯着范思远身边的女人，捕捉到了她脸上一闪而过的慌乱。

范思远冲那女人招招手："若冰，这个人有多狡猾、多会蛊惑人心，你难道不知道吗？"

女人迟疑着退了一步。

就在这时，外面突然响起人声，一直在保险门处端着枪戒备的人转头对范思远说："老师，他们追上来了！"

急促的枪声追近——这地方毕竟是张春龄一手建的，有几个耗子洞他都了然于胸，追过来只是时间问题，所有的人都紧张地戒备了起来。

"走到今天这一步，牺牲了我们多少人？包括刚才还和你我站在一起的兄弟姐妹们，他们为了把张春龄引过来，血都涂在了这块肮脏的地上，"范思远冷冷地说，"若冰，你在想什么？"

女人一声不敢吭地低下头。

范思远用仿佛看死物的目光看了费渡一眼："给他戴上枷锁吧，最后的审判可以开始了。"

女人迟疑了一下，又看了费渡一眼，缓缓走到费承宇那个移动的病床边，拉下他身上的被单。

费渡的脸色终于变了。

凌晨四点五十分，范思远他们所在的"地下堡垒"遭到了堪比战场的火力攻击，可惜一边进不来，一边出不去，双方几乎僵持住了。

张东来在费渡手里，费渡扬言他只有"一个小时的耐性"，此时，燕城的天已经快要破晓，没有人知道异国他乡被扣下的张东来会遭遇什么，张春龄简直要发疯，大有要把范思远这根搅屎棍子炸上天的意思。

埃德蒙·唐泰斯

范思远却丝毫不为所动，一点儿也不担心自己弹尽粮绝被困死在这里，干陪着他们耗。

四点五十五分，张春龄先绷不住了。

绑架费渡的司机身上一部手机突兀地响起，他恭恭敬敬地拿过去递给范思远："老师。"

范思远嘴角露出一点笑意："张董，我以为你不打算联系我了呢。"

张春龄咬着牙："你要怎么样？"

"下来叙个旧吧，"范思远说，"你亲自来，不然姓费的看不见太阳升起，令公子可就危险了。"

"你等着——"

"我可以等，"范思远笑了，"我虽然快不行了，但这点时间还是有的，就怕费总的人等不了，对吧，费总？"

费渡没法回答，那边张春龄飞快地挂断了电话。

"老师，外面的人停火了，他们要……"

正趴在保险门上往外张望的人话说了一半，突然被一声巨响打断——这地下堡垒坚不可摧似的一面墙竟然塌了。暴土狼烟、劈头盖脸地压下来，最里面的一面墙的一角居然不是实心的，那里有一个一人左右的孔洞！

郎乔和肖海洋一路险象环生地跟着那群绕到山脚下的人，眼睁睁地看着他们钻进了一间破破烂烂的小茅屋，然后掀开地板，直接下去了。

郎乔目瞪口呆，不由得想起了小时候学校组织集体看的《地道战》，她拽住直接就想下去的肖海洋，在周遭谨慎地探查一遍，这才冲他打了个手势，两人一前一后地跟着钻了进去，这似乎是一条逃命用的小密道，只够一人通过，一不小心就被周围的砂石糊一脸，幸亏已经有人开过路了。

就在弯弯曲曲的地道快要拐弯的时候，前面突然传来一声巨响，郎乔下意识地一回手捂住肖海洋的嘴，把他按在旁边。

接着，她远远地听见了一个人的声音。

那人说："这里是我们当年为了以防万一，逃命避难的地方，没想到被你找到了——范思远，你不会以为我们建这个避难所，就是想把自己困死在这里吧？"

第二十八章

"骆队，二十分钟以前，附近一处国道入口处的监控显示，大约有十几辆车开往目的地，怀疑是嫌疑人。"

"骆队，肖海洋和郎乔他们俩在附近，我让他们原地待命，可是现在他们俩联系不上了……"

骆闻舟："还有多远？"

"马上到，无人机就位——"

"闻舟，"电话里的陆有良忽然低声说，"今天这件事是我做主批准的，也是我的主意，万一出了问题，我……"

"骆队，厂房附近有血迹和疑似交火的痕迹，没看见郎乔和肖海洋。"

骆闻舟闭了闭眼，打断了陆局："不是您，陆叔，我知道，是费渡那个混账安排的。他还让您瞒着我，这我也猜得出来。"

陆局一想起费渡临走前那个神神道道的"心诚则灵"，就心塞得说不出话来，沉默了好一会儿，他才说："我问过他为什么，他没说实话——为什么？"

呼啸的风声和警笛声协奏而鸣，车灯交织在黑锅一般的天幕下，在空旷而荒凉的滨海打出老远。

骆闻舟的喉咙微微动了一下："因为朱凤。"

陆有良没明白："什么？"

"因为朱凤、杨欣、师……傅佳慧，这些人和张春龄他们那些通缉犯不一样，不显眼，其中很多人做过的事甚至谈不上犯罪，转身就能随便找地方隐藏，平时看起来和普通人没有什么不一样——但他们就好像战后的地雷，如果不能安全引爆，以后会贻害无穷。所以必须要有一根'引线'。"

张春久被捕，张春龄被通缉，春来集团已经是强弩之末。

这一年来，整个春来集团不断被削弱，乃至于现在分崩离析，张春龄身份曝光，又在逃亡途中，身边很容易混进"朗诵者"的人——范思远能无声无息地劫走费渡就是个证明——想要让张春龄死于非命并不难。到时候这群可怕的"正义法官"们会功成身退，悄无声息地沉入地下，恐怕再难找到他们了。

所以，这根负责引爆他们的"引线"必须给他们更大的危机感，必须能填补他们空出来无处安放的仇恨——这种时候，还有什么会比一个"黄雀在后"的"幕后黑手"更能作为他们狂欢的理由呢？

费渡扣下张东来，不单是为了抓捕张春龄、诱出"朗诵者"，恐怕他还准备迅速激化双方矛盾，这样一网捞起来，抓住的所有人全都会是"非法持枪的黑社会分子"，没有人能逃出去……

费渡这个疯子！

"疯子"算计来算计去，不知道有没有算计到自己奄奄一息的惨状。

他脖子上虚扣着一个活动的金属环，金属环的另一端连在无知无觉的植物人费承宇的脖子上，在暴力下保持了短暂的安静，他总算没机会再"妖言惑众"了。周围三四个枪口同时对着他，一把枪抵在费渡的后脑上，保证稍有风吹草动，就能将他打成个筛子。

费渡有些直不起腰来，干脆靠在了枪口上——背后持枪的那位手很稳，一动不动地任他靠，就是质地有点硬，不太舒服。他开不了口，只好冲"从天而降"的张春龄眨了眨眼，那双被冷汗浸得发红的眼睛里竟还能看出些许揶揄的味道，仿佛是觉得张春龄这时候还要捏着鼻子保护他非常有趣。

张春龄对他是眼不见心不烦，目光在没有人样的"尸体"费承宇身上扫了一眼，直接落到了范思远身上。

不知为什么，范思远在看见张春龄的一瞬间，搭在轮椅上的手突然发起抖来。

张春龄冷冷地说："听说你要见我，我来了。"

"张春龄。"范思远把这名字含在嘴里，来回嚼碎了三遍，他那因为疾病而浑浊的眼睛里泛起近乎回光返照的亮度，里面像是着起了两团火。

费渡冷眼旁观，忽然有种错觉，他觉得这一瞬间，他在这个男人身上看到了一点人的气息。说来奇怪，张春龄其实已经是穷途末路的一条落水狗，一时疏忽，还被费渡抓住痛脚，成了这盘"黑吃黑"游戏里最大的输家。从"朗诵者"的角度看，无论如何也应该是费渡这个"通吃"的更危险，更"恶毒"。可是范思远嘴里说着费渡"可怕"，却并没有对他的"可怕"表现出足够的敬意，在他面前依然能游刃有余地装神弄鬼。

反倒是面对仿佛已经"不值一提"的张春龄时，他竟然失态了。

神明和恶鬼都是不会失态的，只有人才会。

范思远枯瘦的后背拉成了一张弓，脖颈向前探着，用一种复杂难辨又近乎空洞的语气开了口："十五年前，327国道上，有个叫卢国盛的无业青年，伙同一男一女两人，连杀了三个过路司机，被警察通缉后神秘失踪，是你收留了他。"

张春龄的脸颊抽动了一下："十三年前，有一个走火入魔的犯罪心理学者连杀六个人，被警察秘密追捕，也是我收留了他，我喂了他骨头、给了他窝，事到如今，他却要来反咬我一口。"

范思远的信徒们纷纷露出仿佛信仰被亵渎的愤怒，"信仰"本人却毫无触动，范思远好像没听见张春龄说什么，兀自继续说："卢国盛藏匿在罗浮宫，一次不慎留下指纹，引起警察注意，警方追加悬赏，搜索他的下落，一个礼拜收到了二十多个举报电话，有一些举报人言之凿凿，但是不管警察多快赶去，全都一无所获——因为你们在市局里有一双通风报信的'眼睛'。有个警察起了疑心，在案件被搁置之后，他开始独自私下追查，一直顺着蛛丝马迹查到了罗浮宫，但在调查取证的关键时候，他选错了搭档，信错了人。"

"有这件事，"张春龄平静地说，"我们被迫放弃了罗浮宫，我记得那个多事的警察好像是叫……"

密道尽头偷听的肖海洋死死地握住了拳头，突然一言不发地往前凑去。

郎乔吃了一惊，连忙追上去，一边死命拽着肖海洋，一边拿出了通讯设备打算联系支援，谁知一看手机才发现，地下没信号！

怪不得她手机这么消停！

郎乔汗毛倒竖，一不留心，肖海洋已经钻到了密道口，随后，他突然不知看到了什么，猛地后退一步，自己缩了回来。郎乔有点奇怪，小心翼翼地顺着他的目光一扫，立刻捂住嘴——没人告诉她"人质"居然是费渡！

费渡是怎么搅和进来的？

他为什么会在这儿？

他在这儿干什么？

现在是什么情况？

郎乔和肖海洋一瞬间交换了几个眼神——然而该沟通既没有成效也没有默契，只发现对方和自己一样六神无主。

下一刻，一颗子弹倏地射向费渡，两个年轻人心脏陡然揪紧，郎乔差点儿直接冲出去——子弹和费渡擦肩而过，令人震惊的是，张春龄看起来比他俩还紧张。范思远开枪的瞬间，张春龄肩膀倏地绷紧，他身后所有人一起举起枪对准了轮椅上的范思远，气氛陡然紧张。

"不准你叫他的名字。"范思远的声音好像是从嗓子眼里挤出来的，"不准你叫他！"

他警告费渡不许提起"顾钊"的时候，是冰冷而仪式化的。仿佛顾钊是块高悬于龛上的牌位，是个象征，理论上神圣不可侵犯，他出于职责守护。可是，此时他面对张春龄，麻木多年的反射神经却好像突然复苏，范思远像个刚从漫长的冬眠中醒来的人，裹在他身上那层坚不可摧的冰一寸一寸龟裂，压抑多年的悲愤重新苏醒，褪色的、不真切的记忆死灰复燃，他的喉咙里带了颤音。

郎乔一推肖海洋，冲他做了个"骆"的口型，又把没信号的手机给他看，用眼神示意他——我在这儿看着，你出去找骆队他们。

肖海洋面色凝重地摇摇头。

郎乔瞪他——不是逞英雄的时候！

肖海洋冲她做了个手势，又摇摇头——郎乔看懂了他的意思，这"小眼镜"说，并不是逞英雄，他方才是闷头跟着她冲进来的，这里地形太复杂，他出去就找不回来了。

肖海洋指了指郎乔，又指了指自己，比了个拇指，一点头，意思是"你快去，我留在这儿看着，我有分寸，你放心"。

郎乔不能放心，然而此时已经别无他法，她看出来了，多耽搁一秒没准都会发生不可想象的事。郎乔一咬牙，把她的护身符——摔碎了屏的手机往肖海洋手里一塞，转身往密道外钻去。

而范思远的控诉仍在继续："……线人……那些垃圾们背叛他，争着抢着做伪证，他的好兄弟、好朋友，一个个不声不响，没有人替他说话，没有人替他申冤，区区五十万和一个随处可以复制的指纹膜，他们就认定了他有罪，他的档案被封存，名字被抹杀……"

张春龄毫无触动："这是警察的问题，你不能安在我头上。"

"你说得对，这就是冷漠又没用的警察，"范思远说，"所以想把你们彻底毁掉，我只能选择这条路。"

变态如张春龄，听了这话，一时间也觉得匪夷所思："你当年杀了人，把自己弄得身败名裂，就是为了混进来查我？"

范思远冷冷地说："我杀的都是该杀的人。"

范思远身边的女人这时不知为什么，下意识地低头看了费渡一眼，不料正对上费渡的目光。费渡的目光平静而透彻，好像一面能照进她心里的镜子，女人一时忍不住心生恼怒，倏地皱起眉，费渡却弯起眼角，无声地冲她一笑。

"滨海的荒地里埋的都是冤魂，从三十多年前至今，被你们害死的人不计其数。"范思远忽然抬起头，"张春龄，你认罪吗？"

张春龄好像听了个天大的笑话："哈！是你策划让那个倒霉催的董乾给郑凯风当杀手，撞死周峻茂，也是你算计魏展鸿家那个傻×小崽子买凶杀人。为了栽赃嫁祸，你找人到医院杀那个没用的线人，你的人跟警察打成了一锅粥——我说，咱俩半斤八两，你问我的罪，你凭什么？"

范思远用一种让人毛骨悚然的目光看着他："就凭我能让你遭到报应，你今天会和被你害死的人一个下场，你信不信？"

肖海洋一时汗毛都竖起来了，起了一身鸡皮疙瘩——他当然知道顾钊的死因，而这种地下空间，密道丛生，又有各种诡异的仓库和小空间比邻，简直是埋火油和炸弹的绝佳地点！

果然，随后他就听范思远说："张春龄，你敢不敢低头看看，你脚下就是烈火，你跑不了！"

警方的无人机已经先人一步赶到了现场，将狼藉的画面传了回去，随即，最早抵达的警车也到了。警车惊动了荒山中的乌鸦，那通体漆黑的不祥之鸟嘶哑地尖叫着上了天，张春龄留在外面放哨的几个人对视一眼，转身往那通往地下的小茅屋赶去报信。

郎乔已经看到了入口的光，却突然停了下来——她听见了急促的脚步声！

郎乔深吸一口气，侧耳贴在冰冷潮湿的密道墙壁上，闭上眼睛——两……三，对方大概有三个人，身上肯定有武器，她不能开枪，不能惊动其他人，必须速战速决，否则里面的肖海洋和费渡都危险……

"骆队，不对劲，这里太安静了。"

骆闻舟车没停稳就冲了下来，已经赶到了旧厂房入口——枪声、人声，一概听不见，除了满地的血和零星的尸体让人知道这里曾经发生过激烈交火外，简直是悄无声息。

骆闻舟看着满地的血，心里咯噔一声，好像从高处毫无征兆地摔了下来，尝到了舌尖上的血腥气。

"不可能，"骆闻舟狠狠地把自己飞散的魂魄揪回来，"不可能，血还没干，跑也跑不远——听我说，张春龄他们当年是用这里藏匿通缉犯的，不要停，继续搜，带上狗！"

郎乔紧紧地贴在密道的墙壁上，躲在拐角的暗处，走在最前面的人与她擦肩而过的瞬间，郎乔蓦地伸出脚绊倒了他，那人一时没反应过来，骂了一句往前扑去，倒下的一瞬间，郎乔重重地敲在他后颈上，第二个人不知道同伴为什么突然摔了，略一弯腰，正要查看，黑暗里突然冲出来一个人，猝不及防地一抬膝盖顶在他小腹上，那人没来得及吭声就被扣住脖子，随后眼前一黑，就地扑倒，郎乔顺手摘走了他腰间的枪和长棍。

第三个人却已经看见了黑暗中的偷袭者，立刻就要张嘴大叫，同时朝她扑了过来，已经适应了黑暗的郎乔眼疾手快地把长棍往前一捅，重重地打在对方的咽喉上，险险地把那一声叫唤打了回去，那人一把抓住她的胳膊，郎乔整个人往外衣里一缩，重重踩在对方脚背上，棍子自下而上地杵上了他的下巴，再次强行令他闭嘴，随即将枪口抵在那人胸口。

那人浑身冷汗地举起双手，顺着她的力道后退，两人一个往前一个后退，一路退到了密道入口处。

郎乔压低声音："转身。"

对方不敢不转，高举双手，缓缓地转了过去，还没来得及站稳，后颈就被人切了一记手刀，无声无息地软下去了。

郎乔从他身上搜出一根绳索，三下五除二地绑住他，随后把外衣扒下来，袖子塞进了那倒霉蛋嘴里，终于重重地松了口气——超常发挥，幸亏这个跑腿的活没让肖海洋来。

肖海洋浑然未觉身后发生了什么惊心动魄的事，他整个人绷紧了——费渡离他太远了，从这里冲过去，他至少要解决五六个人！

还不等他计算出路线，就听见范思远说："点火！"

肖海洋脑子里"嗡"一声，一把掏出枪，然而预料中的大火却没有发生，地下室里安静了片刻，张春龄突然大笑起来，他的脸有点歪，笑起来显得分外不怀好意："你不会以为你在这儿搞什么猫腻我不知道吧？范思远，这可是我的地盘，这是我一砖一瓦、泡着血泪建起来的，你也太自以为是了！"

肖海洋没料到这个转折，脚下一软，差点儿趴下。可他这口气还没来得及松下来，就看见范思远突然举起枪指向费渡，然后他竟然笑了。

"你的地盘？说得对，杀人放火都是你的专业，我怎么可能干得过你？"范思远喉咙嘶哑，声如夜枭，"可是你儿子的小命在他手里啊。"

用枪抵着费渡的男人一把撕下了封住他嘴的胶条。

范思远头也不回："费总，轮到你了。"

"我？我现在有点尴尬，要顺着敌人的意思，威胁还没来得及化敌为友的合伙人。"费渡吐字十分艰难，他脖子上的金属环虽然没有完全收紧，熟悉的触感却已经让他呼吸困难，这让他的声音好像随时会和喉咙一起撕裂，"张董现在一定想在我头上开个洞。"

"医生说我活不过三个月，死亡对我来说，只是个迟到的归宿。"范思远对张春龄说，伸手一指费渡，"你可以现在给我一颗子弹，只要你愿意赌——看是你杀我快，还是我杀你快。"

"我倒是不太想死，毕竟我没病，"费渡说，"所以……张董，张东来联系你了吗？"

这充满暗示的一句话成功地让张春龄额角跳起了青筋——张东来的手机每分钟给他发一张照片，张东来被五花大绑，怀里抱着个硕大的倒计时器，上面的数字不断减少，最新的一张照片上只剩下三分钟。

这里是张春龄的地盘，他能轻易排除地下的火油，清理范思远的埋伏，抬手就能把他们一伙人打成烂西瓜，偏偏范思远的枪口顶在费渡头上，而费渡手里扣着张东来，张春龄从小亲缘淡薄，对子女的溺爱与血缘的执念是刻在骨子里的，远在异国他乡的张东来是张春龄的命。

场中三个主角，外加场外一个无辜纨绔张东来，构成了一个你死我活的圆环，跨越十来个小时的时区和漫漫大洋，完美地僵持在一起。

只有时间在不断塌陷。

"我们四个人里，看来一定得死一个才能打破平衡，谁先死呢？"范思远带着诡秘的笑容看向张春龄，"你的地盘，你说了算。"

埃德蒙·唐泰斯

躲在一角的肖海洋本来已经做好了冲出去的准备，被这复杂的"四角关系"镇住了，一时不知从哪儿下手掺和。

郎乔一口气跑到了密道入口，正打算一跃而起，突然不知想起什么，她脚步一顿，在露头之前，先轻轻地在洞口处敲了两下。仿佛是她摔碎的手机在冥冥中保佑着她，郎乔这个突如其来的机智立了大功——刚敲完，外面就有人应声，有人一边朝洞口走来，一边压低声音开口问："怎么了？"

刚才那三个人果然在外面留了人望风！

郎乔吐出一口气，在对方探头往洞口看的瞬间，突然把随身的手铐当双节棍甩了出去，直接缠在那人脚上，随后她用力一拽，那人大叫一声失去平衡，往后仰倒，一脚踹向郎乔。

郎乔缩头躲开，而后迅速从密道里钻了出去。可她脚还没踏上实地，耳畔突然刮过凌厉的风声，郎乔下意识地将双手挡在身前，"啪嚓"一声，一根木棍抡了过来，正砸在了她的一双小臂上。

她的胳膊一阵剧痛后麻了，配枪也脱手而出——这里望风的不止一个！

与此同时，被她拽倒的那位也爬了起来，摸出一把刀向她捅了过来。

这地方不比细窄的密道，不能让她出其不意地搞偷袭，郎乔顿时陷入被动，手铐才狼狈地卷开对方的刀，肩膀又挨了一棍。这一棍挨得实实在在，她的五脏六腑都跟着震了三震，一个趔趄跪下了，突然，借着微弱的光，她看见抡棍子打她的人腰里有枪。

既然有枪，为什么对付她还要刀棍齐上？摆拍吗？

"朗诵者"们基本都已经集中在地下了，他们是怕惊动谁？

电光石火间，郎乔脑中闪过一个念头——她在地上狼狈地滚成一团，扑向自己方才被打飞的配枪。手臂粗的棍子当空袭来，一下砸在了她后腰上，郎乔几乎觉得自己被砸成了两截，持刀的歹徒紧跟着过来，一刀捅向她："去死吧！"

就在这时，一道不知从哪儿打来的光扫进这不起眼的茅草屋里，两个歹徒全都吃了一惊，郎乔趁机一侧身，顺手在地上抓了一把沙子，转头往对方脸上扔去，走偏的刀锋钉在了她的毛衣上，冰冷的刀锋从她皮肤上擦过，麻花针的毛衣一下变了形，她四肢并用地在地上挣扎几下，手碰到了配枪，对方一棒子冲着她的头砸下来。

与此同时，郎乔一把勾起扳机，转头冲歹徒的小腿连开两枪。

山脚林间突兀的枪声让正在搜查旧厂房的骆闻舟一下抬起头。

这时，张春龄兜里的手机又振了一下，有信息进来。

张春龄不用看就知道，张东来身边那个催命一样的倒计时器上还有两分钟！如果谁也打破不了僵局，第一个死的必然是张东来！

张春龄冷汗都下来了。

"张春龄，你恶贯满盈，看看病床上躺着的那个植物人吧，你们和费承宇当年狼狈为奸的时候，有没有想到过有朝一日会在这种情况下见面？"

张春龄："闭嘴……闭嘴！"

"至于费承宇，这个人本来是贫困子弟，从小父亲就因为故意杀人入狱，家里没有经济来源，靠好心人资助勉强度日，好心人一直资助他到大学，直到他垂涎起人家的独生女——啊，我说错了，他垂涎的不是那个愚蠢又没用的女人，而是人家的万贯家财。资助人看出了这个长得人模狗样的男人骨子里是什么东西，禁止女儿和他交往，也停止了对他的资助……下场嘛，当然不用我说了，费承宇自以为这是一出《呼啸山庄》，我看其实是《农夫与蛇》，我说得对不对，费总？"

费渡血色褪尽的嘴唇微微弯了一下。

"你继承了他的一切，财产、卑劣，还有肮脏的手段，如果张董决定放弃他的宝贝儿子，我也只能放弃你这个筹码，但是你似乎还没杀过人，所以为了公平，我愿意给你一点儿优待……一个选择怎么样？"

费渡的目光落在了虚扣住他脖子的金属环上——这金属环如此熟悉、如此陌生。

当他很小的时候，另一端是一把简单的指环，在窒息中逼迫他收紧手指，掐住那些小动物的脖子。

后来，那金属环开始连接复杂的装置，另一端扣在人的脖子上，中间有一个小小的握环，只要他下意识地捏紧，就能看着对方惊惶又窒息的脸……让自己多喘一口气。

这是费承宇自己发明的刑具，充满了恶毒的想象力。

现在，他伟大的发明——金属环的另一端，扣在了他自己脖子上。

"张董还颇为举棋不定啊——费总，那我们等等他，趁这会儿工夫做个游戏打发时间吧，你觉得你是想自己去死，还是有冤报冤、有仇报仇，让费承宇替你先死？"

他话音没落，手下一个男人即刻上前，抓住了费渡颈上的金属环，将他提了起来。

费渡根本没有反抗的余地，整个人被人强行拖起，仿佛永远可有可无的平静终于从他的脸上消失了，他反射性地呛咳起来。肖海洋忍无可忍，把手心的冷汗往裤子上一抹，端起手枪冲了出去，扯着嗓子吼了一声："不许动，警察！"

"警察"的"察"字中途破音，调门捅到了地下室房顶上，众目睽睽之下，虎视眈眈的持枪歹徒们一同回过头去，沉默地看着密道洞口里钻进来的四眼小青年——该青年的腿肚子瑟瑟发抖，哆嗦得把裤腿也弄得无风自动，"不许动"了一半，他才想起保险栓又忘了开，连忙又是一阵手忙脚乱，跟闹着玩一样。

一瞬间，连费渡脸上也滑过了惨不忍睹的表情。

肖海洋浑然不觉自己的尴尬处境，不依不饶地要把台词念完，吼道："你们被捕了！把枪放下！举起手来！"

然而，并没有人理他。

"范老师，不如我来打破这个'平衡'吧。"费渡在众人分神的瞬间，逮到机会开了口，他虽然口称"范老师"，却在说话的时候转向了那个叫若冰的女人，"朱凤和杨欣被捕之前，一个出租车司机找上了我，自称是你的人。他非常不谨慎，轻而易举就被人缀上，让警察顺着他抓到了杨欣他们，这是你故意为之的吗？"

范思远身边的女人一呆，随即好像被烫了手似的，松开了轮椅靠背。

"傅佳慧暴露，杨欣当然也没用了，让她逃窜在外只会扰乱警方视线，给张春龄他们可乘之机，所以你故意把她和重要线索朱凤一起……"

若冰却从他的话音里意识到了什么，小幅度地往后退了一步，难以置信地摇了摇头。

范思远冲那卡着金属环开关的男人吼道："愣着干什么？！"

"……暴露出来，却又给他们误导的警告和武器，因为……"

费渡的话音随着金属环的收紧戛然而止，无边的黑暗随着熟悉的窒息感席卷一切，记忆朝他张开了血盆大口。地下室、冰冷的尸体、带血的皮毛、女人的尖叫……轰然炸开，用金属环扣住他脖子的男人割开了绑住他手的绳子，那个致命的握环近在眼前，他本能地伸手抓住。

与此同时，若冰听懂了费渡没来得及出口的话。

因为……

因为范思远了解他手下的这些牵线木偶，知道他们都是被毒液浸泡过的木材雕成，知道他们罪无可恕。他也绝不相信费渡像他一开始表现出来的一样无辜，笃定他会盯上杨欣他们藏身的仓库。到时候双方一定会发生冲突，非法持枪暴力伤人，警察百分之百会被惊动，他可以一箭双雕，把没用的垃圾和心机深沉的费渡一起炸出水面。

可是事情出了误差，费渡居然沉得住气，按捺住了没有贸然行动，让警察先找到了那个仓库。

肖海洋情急之下脑子里一片空白，倏地掉转枪口指向范思远："你放开他！"

张春龄的脑子里却"嗡"的一声，他从此情此景与费渡的三言两语里听出了另一层意思——范思远故意把杨欣和朱凤他们藏匿的仓库暴露给了费渡，但本该被费渡盯上的人却莫名落到了警方手里。

接着，张春龄又想起来，他派人追杀与费渡暗中勾结的周怀瑾时，那些警察赶到的速度快得不正常。费渡能轻易拿到警方的内部信息，除了警察被他骗得团团转之外，还有可能是……

再看眼前这自称"警察"的小四眼紧张的表情，张春龄还有什么不明白的？

费渡这个钓鱼的局分明并不高明，可是张春龄和范思远却一个因为儿子关心则乱，另一个早早先入为主，认定了费渡不是什么好人，当中很多细节居然没有细想——范思远恐怕到现在都没反应过来，费渡是警方的人！

"你让我选怎么解开这个环？"张春龄刹那间神色几变，在所有人始料未及中举起枪口，冷笑一声，对着费渡就是一枪。

平衡破了！

费渡身边那几个原本挟持他的男人下意识地将人一拽，子弹擦着费渡的肩头打在了费承宇病床的床脚上，场中局势再次一百八十度逆转，张春龄和范思远的人对着开起了火。

肖海洋汗毛倒竖，混乱中冲向费渡。

就在这时，若冰退到墙角，突然大喊一声："他在病床上放了炸弹，握环一攥就会引……"

话没说完，一颗子弹击中了她，女人闷哼一声，直直地扑倒下去。

女人这一嗓子炸雷似的落在所有人耳朵里。

范思远倏地看向费渡——那致命的金属握环被费渡捏在手里，他却不知什么毛病，宁可被掐断脖子也不肯往下攥，仅剩的意识撑着他用模糊的视线看向范思远，竟冲他挤出了一个洞察了什么似的微笑。

"炸弹"两个字一出口，张春龄悚然一惊，身边几个手下想也不想地冲了上来，在范思远他们那些人疯狗似的反击中要掩护他往外跑，同时，张春龄又一枪打向手握着握环的费渡。

肖海洋大叫一声，猛地拽过费承宇的病床做掩体，扑到费渡身上，将他卷到了病床之下，衣兜里有什么东西和配枪一起甩了出去，与此同时，范思远不知哪里来的力气，推开了轮椅，借着手下人的尸体掩护，他像一头爬行的怪物，一边开枪，一边向费渡他们逼近。

这时，已经退到密道入口的张春龄突然听见手下人惊惶地大叫一声："张董，有……"

张春龄没来得及回头，枪声响起，他持枪的手上一阵剧痛——一颗子弹精准地贯穿了他的手掌。

这回是货真价实的。

"警察，不许动！"

范思远不管不顾地朝护在费渡身前的肖海洋举起枪，形如疯狂："按下去啊！你按下去啊！费承宇用这东西训练你扼住你母亲的喉咙，无数次！你忘了吗！你不是做梦都想弑父吗？啊！"

那一刹那，肖海洋整个人仿佛被劈成了三瓣，第一瓣在目瞪口呆地质问自己的耳朵："这老不死在说什么？"

第二瓣则操控着他的双手，想去解开费渡脖子上的金属环，可惜肖警官虽然有过目不忘的本领，对机械装置却基本是一窍不通，又听方才的女人说什么"有炸弹"，更加一筹莫展，不知从哪儿下手，急得浑身发麻。

剩下的全副心神都在后背上，预备着替费渡挡住下一刻就要飞过来的子弹，肖海洋虽然没过过什么好日子，却也从未被人用枪指过，他像躺在铡刀下的死囚，尚未行刑，他已经想象出了自己的死状。

死囚因为背负枷锁，所以在铡刀下一动也不能动。

肖海洋说不清自己背负什么，一头雾水地扛着巨大的恐惧，他也想不通自己为什么不躲开。

然而他就是没躲开。

背后的枪声突兀地响了，肖海洋整个人一僵，脑中闪过一个念头："要死了。"

"要死"的感怀约莫只有短短的一刹，他来不及回顾自己短暂的一生，也并未如同文学作品中描述的那样伤怀悠远，他心里很乱，像一片不知从何说起的大海，万千念头起伏湮灭如潮，最突兀的一个是："这圈到底怎么打开？"

下一刻，肖海洋被人一把推开，他保持着这样魂飞魄散的僵硬歪倒在一边，这才意识到臆想中的剧痛竟然没有来，只是衣兜漏了个窟窿。

范思远开枪的瞬间被冲进来的骆闻舟一脚踢中了，子弹走偏，擦着肖海洋的衣角飞了，一头撞在郎乔留下的碎屏手机上，本来只是碎屏的手机当即殉职。同时，绝症病人脆弱的骨头没能扛住这一脚，范思远的胳膊直接折了，被紧跟着赶上来的郎乔利索地铐了起来。

骆闻舟从听说费渡失踪开始，整个人就在高度应激状态中——他粗暴地将七情六欲卸下来扔在地上，身体跑出了十万八千里远，踢飞范思远的枪、拽开肖海洋一气呵成，此时跪在地上，根本没看费渡的脸，把方才听见的、看见的……所有一切都屏蔽在意识以外，全部精力缩窄到细细的一条，迅速扫过金属环的构造，有条不紊地摸到费渡后颈处。

与此同时，他还能有条有理地吩咐道："叫拆弹专家过来。"

"咔嗒"一声，金属环应声开了。

急速涌入的空气狂风似的扫过费渡受伤的喉咙，强行惊扰他行将涣散的意识，剧烈的咳嗽让他一阵痉挛，致命的握环终于脱手而出。骆闻舟一把抱住他，直到这时，被血染红了一半的裤腿和费渡身上的伤痕才针扎似的戳进了他眼里，方才被骆闻舟屏蔽的所有声音、愤怒、焦虑与恐惧全都成了开闸的洪水，轰然将他淹没其中。

埃德蒙·唐泰斯

骆闻舟整个人一软，几乎抱不住费渡。

方才被他甩在后面的同事连忙冲过来。

"骆队，快把人放下！"

"放平！放平让他呼吸！"

"慢点儿……都过来帮忙！"

骆闻舟手上蹭了费渡身上的血迹，依稀意识到是急救人员不顾现场没清理干净就冲进来了，茫然地跟着急救员的指示走。

费渡，仿佛是从未被风霜摧折过的盆景。

他不算难养活，日常只有两样东西不吃——这也不吃、那也不吃。

他的甜言蜜语是国际水平，拥有"寻欢作乐"专业的博导资格。

他像琉璃，脆弱无瑕着。

"勒死，是一种细水长流、享受式的杀人方式。"

"您能不能……再给我一次假装看见妈妈的机会？"

"困住我的不是她的死因。"

"世界上有成千上万座高楼，她为什么只选择了这里？"

"我没有……创伤。"

冰冷潮湿的地下室，藏着无边秘密的回忆，他每每提到时不由自主的呛咳，永远单曲循环的歌……种种迹象都被范思远的只言片语穿在了一起，难以想象的黑暗真相猝不及防地冲撞过来，一瞬间把骆闻舟的胸口掏空了。

他想起那年夏天，背靠孤独的别墅，仿佛无法融入世界的少年，想起那双清透、偏执，仿佛隐藏着无数秘密的眼睛。他恨不能撕裂时空，大步闯入七年前，一把抱起那个沉默的孩子，双手捧起他从不流露的伤痕，对他说一句"对不起，我来晚了"。

"我来晚了……"

直到上了救护车，费渡才好像有了点意识，难以聚焦的目光在骆闻舟脸上停留了许久，大概是认出了他，露出了一个微笑。

骆闻舟艰难地看懂了他无声的唇语。

他说："没有了……怪物都清理干净了，我是最后一个，你可不可以把我关在你身边？"

三代人，由肮脏的金钱欲望开端，延续的仇恨不断发酵、膨胀……至此，终于尘埃落定。

骆闻舟再也忍不住，泪如雨下，姓费的可能真的都是天生的虐待狂，只剩下一口气，也能拼凑出他一生中最大的一份酷刑来折磨他。

"哎，'眼镜'，你没事吧？"郎乔抹掉额头的冷汗，伸手拉起了肖海洋，她的外衣早就不翼而飞，颇为时髦的棒针毛衣不知经历了什么变故，变成了更"时髦"的乞丐装，倘若把脸洗干净，这身特立独行的造型大约能去时装周照儿张猎奇的街拍。

肖海洋这才如梦方醒地爬起来，看见郎乔，他突然想起什么，伸手往兜里一摸："小乔姐，你那手机……"

肖海洋说着，突然一愣，伸手在自己身上摸了个遍。

郎乔："手机不要了，你还找什么？"

"刚才工作证掉了。"肖海洋嘀咕了一声，手指从焦黑漏孔的衣兜里穿出来，皱着眉四下找。

"等会儿清理现场的时候让他们帮你找，"郎乔拽着他的胳膊让过拆弹专家，"这里不安全，先撤。"

"哦……哎，我看见了！"肖海洋的工作证和配枪是一起飞出去的，落在了不远处，就在被两个警察强行架起来的范思远脚下，皮夹掉落的时候摔开了，"小眼镜"的工作证里还夹着一张顾钊的照片。

肖海洋不喜欢顾钊那张黑白的遗像，他随身带着的是一张合影，是顾钊休班的时候带他出去玩，在公园照的。那上面的男人看起来更年轻、更放松一点儿，按着小男孩的头，手里替他举着个棉花糖，冲着镜头有些不自在地微笑，和遗像上的不大一样。

范思远一直盯着那张照片，觉得上面的男人十分眼熟，可是无论如何也想不起那人是谁，直到被警察拖走。

肖海洋上前一步捡回来，有点心疼地挡住范思远的视线，抹去上面的土。

"你夹了一张谁的照片？"郎乔一边催他快走一边随口问。

肖海洋："顾叔叔。"

"啊，"声音清脆的年轻女警说，"是顾钊警官吗？你真的认识他？哎，让我看一下……"

范思远整个人一震，如遭雷击，他倏地回过头去，挣扎着想要冲向肖海洋的方向："等等！"

押着他的刑警以为他又要出什么幺蛾子，死死地按住他，厉声呵斥："干什么！你老实点！"

"等等……等等！给我看看！回来！你给我看他一眼……"

可是肖海洋冷冷地回头看了他一眼，并没有驻足。

范思远双脚不沾地地被警察押走了，他的脖子扭出了一个不可思议的弧度，依然在不依不饶地回着头。

十四年了，顾钊在他心里活成了那张遗像上的模样，永远是那一个表情，有一点区别，他就认不出来了。

燕公大里萧萧而落的梧桐树叶，骑自行车的青年腼腆又温和……都已经灰飞烟灭，踪迹杳然，范思远至此方才惊觉，原来自己已经忘了顾钊，忘了他笑起来的模样。

十几年来，他心里居然血肉流逝，到最后，竟然只剩下一个张春龄和一个张春久。春来集团在他身上留下了深入骨肉的印记，同他自己一道，把他捏成了如今的模样。

张春龄眼睁睁地看着费渡被人抬走，随即，铐住他的警察搜了他的身，从他兜里搜出了手机，拿出来的瞬间，一条信息提示刚好点亮了屏幕，信息内容跃到了锁屏之上，"时间到，游戏结束了"，另外，还附有一张图片。

锁屏状态下没法看图片，张春龄急了，主动报出一串密码："这是锁屏密码，让我看他一眼，让我看看他！"

抓他的刑警给手机套上证物袋，隔着透明袋，他大发慈悲地解锁了张春龄的手机，把图片发给他看。倒计时器上的数字全部归零，张东来闭着眼睛倒在一边，白衬衫被血迹染得通红，一动不动。

"不！不——"

"不不不，别浇了，黏糊糊的！"此时，身在大洋彼岸的张东来突然一跃而起，身上还绑着绳子，"红酒也要钱买的！再说你们也不能可着我一个人玩！"

一圈姑娘嘻嘻哈哈地笑作一团，其中一个瓜子脸的年轻女孩拿着他的手机晃了晃："输了输了！张大哥，收到你信息的人没理你哦，要么是你做人太失败了，要么是给人家识破了，反正你输了，不能耍赖！"

张东来笑嘻嘻地让女孩帮他解开绳子，随意甩了一下头上假装血的红酒——他在跟女孩们玩无聊的"真心话大冒险"，轮到他的时候选了"大冒险"，大家要求他假装被绑架，把照片发给一个亲友，看对方的反应。

张东来被叽叽喳喳的漂亮姑娘们灌得东倒西歪，丝毫也没考虑到这玩法哪里不妥，痛痛快快地答应了，果然被整得很惨："别闹，给我看看，到底谁这么不够意……"

他的话音戛然而止，看清了聊天对象，当即一蹦三尺高："姐姐！可真有你的，你知道你把信息发给谁了吗？这是我爸！"

拿他手机拍照的女孩无辜地歪过头："你给你爸的备注是'大佬'？"

"老头子嘛，"张东来打了个酒嗝，随意拉了拉被红酒泡湿的领口，"在家可严肃了，我都没见他笑过，我小时候，他偶尔回一次家，说话的时候让我跟我妹离他两米远，跟汇报工作似的，我记得张婷小时候有一次在校服底下偷偷穿了一条碎花裙，学校老师都没说她什么，结果让老头看见了，哎哟，就为这点屁事，发火发得我二叔都不敢劝，弄得张婷再也不敢臭美，十几岁的小姑娘，一天到晚灰头土脸的……不过我们长大了以后倒是跟他亲了不少，可能是老头上岁数了吧。"

他说到这里，忽然愣了愣，因为发现方才这个疯玩疯闹还拿酒泼他的女孩子目光很奇怪，浓妆和美瞳两层掩盖下的眼睛里居然透出了一点说不出的悲悯，花似的笑容都勉强了起来。

张东来："怎么了？"

"没怎么，想起我小时候悲剧的校服了，"女孩眨眼间收拾好了自己的表情，"还没罚完呢，别转移话题，快去开酒！"

张东来被一大帮女孩甜蜜地折磨着，不知该哭还是该笑："姑奶奶们，饶了我吧！"

周怀瑾居高临下地扫了一眼围绕在泳池旁边的男男女女，悄无声息地走了出去。

夕阳已经开始下沉了，他听见不远处的陆嘉不知在给谁打电话，陆嘉脸色一直很紧绷，对着电话那头接连追问了两遍"你确定没事了"，才略有缓和，然后声音柔软下来，周怀瑾隐约听见他对电话那头的人说："我们过两天就回去，放心吧。"

回去——周怀瑾出神地想，回哪儿去呢？

国内他不熟，周家老宅也不是他的家，仅有的亲人已经离散于忘川之间。

他还能回哪儿去？

过了好一会儿，陆嘉神不知鬼不觉地来到他身边，不知从哪儿弄来了两个冰激凌，递给周怀瑾一个——据陆嘉说，洋鬼子味觉不灵敏，冰激凌做得比国内甜，正合他的胃口，一定要吃够了再回去。

周怀瑾没有研究过冰激凌口味的地域问题，就着小寒风尝了一口，打了个哆嗦。两个已经算是步入中年的男人并排坐在酒店后院冰冷的石阶上，陆嘉说："人都抓住了。"

周怀瑾转过头去。

"春来集团的头——就是之前追杀你的那帮人——还有害死你弟弟的那伙神经病，都抓住了。"陆嘉停顿了一下，大致整理了来龙去脉给他听。

荒谬的豪门恩怨，阴险的郑凯风，被利用的董家父女……还有代替他躺进了棺材的周怀信。来龙去脉十分复杂，毕竟是绵亘了四五十年的深仇大恨，他们兄弟只是被仇恨的暴风扫到的一个边角，在故事里占了一个微不足道的小角色。

龙套都算不上，大概只配叫道具。

周怀瑾听完这个漫长的故事，点了点头，缓缓地吃了一口陆嘉给他的冰激凌，感觉自己的味觉可能是给冻住了，并没有尝出个酸甜苦辣来。他嘴角沾着奶油发了会儿呆，突然缓缓地垂下头，把脸深深地埋在膝盖中间，号啕大哭起来。

陆嘉沉默无声地听着，继而想起了什么，从兜里翻出一张新印的名片，放在周怀瑾手边。

陆嘉，行政总监，就职于避雨亭基金管理公司。

给所有淋湿了羽毛的人一个歇脚的地方，来日天光重现，再各奔东西。

夕阳借着周怀瑾的哭声埋葬了这一天的自己，燕城的除夕应当是天亮了。

零星的鞭炮声渐次响起，加班的刑警们匆匆洗了把脸，开了个战斗一样的短会，各自忙碌起来。审讯室里自首的卫兰脸上带着隔夜的残妆，双手一拢鬓角，伸手冲警察要了根烟。

"我原名叫卫兰，我杀过人，杀人后潜逃，他们收留了我，给了我一个假身份。"

"嗯……可以，我可以做证。"

"后悔？"卫兰一顿，低头一笑，弹了弹烟灰，附近又不知是谁清早起来就放了一挂大地红，炸得路边汽车齐声鼓噪，连审讯室里都能依稀听见，卫兰侧耳听了片刻，有些出神，答非所问地喃喃说，"这是快过年了吧？"

尾声

鬓发花白的男人穿着一件洗得发白的夹克衫，看起来有点坐立不安的局促，一个志愿者走过来，他立刻像个做错了事的小学生，站起来和人家说话。

志愿者只是个二十出头的年轻人，连忙说："郭恒叔，您放松点，别这么客气，喝水吗？"

郭恒拘谨地冲她一笑："不用，谢谢，是该我上台了吗？"

"我同学正在调试话筒，马上到您，让我跟您说一声。"

"哦，好好……"郭恒往下拉了一下衣角，好像觉得自己的左右肩不对称似的，用力活动了一下，他额角露出一点虚汗，语无伦次地叫住志愿者，"哎，姑娘，他们都知道我要来对吧？也知道我是谁，你们跟他们说过了吗？"

"都通知到了，"志愿者说，"我们也没想到会来这么多人，刚听说好像市局那边也会来人，不知道到了没有……"

她正说到这儿，另一个志愿者远远地冲她挥挥手："话筒调试好了。"

郭恒整个人一僵，连忙趁机喝了一口水润喉，听着主持人叫出了他的名字，同手同脚地走了上去。他接过话筒，目光扫向他的听众——这里是燕城大学的一处阶梯教室，学生还没开学，临时租给他们用。

底下坐了二十多个人，最年轻的有三十五六岁，剩下基本都已经是中老年人，年纪也许未必像看上去的那么老，只是给岁月摧残得不成样子。郭恒抿抿嘴，目光扫过第一排，看见一个有些眼熟的女人——她好像是去年被害女孩曲桐的母亲，郭恒在报纸上见过她。这下面坐着的所有人都曾经有过一

The light
in the
night

埃德蒙·唐泰斯

- 281

个活泼机灵的小女孩，只是小女孩永远停留在豆蔻梢头，和老去的人间父母渐行渐远了。

"我……"郭恒不小心把话筒对准了扩音器，音箱里顿时一声尖鸣，自他双耳间穿入，听众们鸦雀无声，没有人抗议。

尖鸣声散去，郭恒清了清嗓子，先冲下面所有人深深地鞠了一躬，腰弯过了九十度。

"我叫郭恒，"他开了口，举起一张旧照片，"这是我女儿郭菲，二十多年前，我们家住在莲花山……"

骆闻舟无声无息地从后门走进来，坐在最后一排，听台上的男人讲了女儿小时候的事，又声泪俱下地道歉——为了他曾经一时冲动捅死吴广川，导致真凶逍遥法外二十多年。

一个小时后，交流会结束，郭恒满眼通红地走下讲台，曲桐的母亲犹豫了一下，递给他一包纸巾。

郭恒双手接过，无言以对。

这时，有个人朝他走过来，伸手拍了拍郭恒的手臂。

郭恒一愣："骆队？"

"我今天代表市局过来，给大家交代个事，"骆闻舟难得穿了制服，平时有些吊儿郎当的气质也被板正的制服压了下去，"去年年底，我们逮捕了春来集团董事长张春龄及其兄弟、同党一干人，现在，主要涉案人员已经交代了他们资助并参与苏慧、苏筱岚和苏落盏绑架谋杀女童的全部经过，根据犯罪团伙的交代，我们又找到了两处抛尸掩埋的地点，这回应该是证据确凿，之前……之前没能找到，或者没能找全的孩子们都有下落了，等法医那边清点完毕，就能让诸位带回家……节哀。"

他话音没落，已经有人呜咽出声。

骆闻舟叹了口气，沉默地冲众人颔首致歉，离开了有回音的阶梯教室，还要赶赴下一个地方——他买了东西，去了南湾派出所民警孔维晨家。

逮捕尹平那天，孔维晨因为事先和张春久打了个电话，非但烈士的荣誉没了，还一直背着嫌疑，至此，随着两方嫌疑人归案，那起扑朔迷离的灭口案也终于大白于天下——卢国盛被捕，顾钊案被猝不及防地翻了出来。张春久在市局内部扎的钉子基本全部暴露，他本人失去了消息来源，但他在市局多年，了解刑侦队的一切工作习惯，知道要查顾钊旧案，警方肯定要去找当年的几个关键证人，证人们自然已经处理干净、人间蒸发，警察只能去寻访亲朋好友。尹平身边早就有盯着他的人，只不过一开始，连张春久也没料到这貌不惊人的锅炉工胆子这么大，居然敢李代桃僵。

"事发当天，我们的同事从尹平家离开后，两辆皮卡中的一辆缀上了警车，中途发现他们去而复返，同时尹平出逃，嫌疑人意识到不对，立刻宁可错杀也不放过地打算灭口……"骆闻舟用尽可能轻缓的语气对孔维晨的家人说，"是我们工作的疏忽，和老孔那通电话没关系——嫌疑人承认，如果他早知道尹平有问题，当时根本不会接老孔的电话，省得沾上嫌疑。"

孔维晨家境贫困，哪怕工作以后，靠派出所小民警那一点微薄的工资也很难发家致富，他家里仍然是破破烂烂，沙发塌陷了一块，难以待客，只能让骆闻舟委委屈屈地蜷着腿坐在一个小板凳上。

"孔维晨是清白的，"他说，"您放心，评烈士这事，我……还有老孔救过的同事，我们都会全力争取——您节哀。"

从孔维晨家离开，骆闻舟又去了冯斌家、美术老师余斌的学生家……他觉得自己像个报丧的人，一路劝人节哀，最后来到了杨欣面前。

杨欣被捕之后，一直是陶然和她接触，骆闻舟没来看过她——因为实在是跟她无话好说。

此时两人隔着一张桌子和一副手铐，彼此都觉得对方陌生。杨欣低着头，新剪短的头发别在耳后，用发旋对着骆闻舟，不敢看他，小声说："我知道的都告诉陶然哥了。"

"我不是来审你的。"骆闻舟说，"我今天过来是想告诉你，你父亲牺牲的真相——杨欣，你把头抬起来，好好听着。"

杨欣有些畏缩地抬起头。

"三年前，老杨接到范思远的匿名信，开始调查顾钊旧案，他们的联系方式是匿名电台，老杨错信张春久，被他设计死在那个地下通道——这些事，我想范思远应该告诉过你。"

杨欣点了点头。

"他还有没告诉你的。"骆闻舟面无表情，接着说，"三年后，在你妈妈的牵线下，范思远去见了潘云腾，想让他举报花市区分局王洪亮涉嫌贩毒

- 283

一事，借机拉张春久下台，范思远当时是亲自去的。你不觉得奇怪吗？为什么和你父亲联络时他那么躲躲藏藏，去见潘云腾却大大方方？"

杨欣一脸茫然。

"范思远一定还对你说过，他没有张春久就是内鬼的证据，所以要一步一步地逼迫他们露出狐狸尾巴——那你有没有奇怪过，他既然没有证据，为什么会认定了张春久就是那个内鬼？他这样大费周章，就不怕怀疑错人，最后功亏一篑吗？而如果他真的早就怀疑张春久，为什么从未和你父亲透露过一点，以至于他轻易被张春久骗去信任，死于非命？还有，你不觉得，和他三年后步步为营的算计，最后让春来集团分崩离析的手法相比，三年前寄匿名材料给一个老警察这事太粗糙，太不像他运筹帷幄的风格了吗？"

杨欣张了张嘴："骆大哥……"

"别叫我大哥，我当不起，"骆闻舟嘴角轻轻牵动，一字一顿地说，"张春久被捕的时候，一直很不明白，为什么他都故布疑阵到重启了'画册计划'，范思远还是跟王八吃秤砣一样，认准了他是内鬼——我来告诉你们这个答案。"

那一瞬间，杨欣仿佛意识到了什么，她惊惶地睁大了眼睛，整个人发起抖来，下意识地摇着头，拒绝接受冰冷的事实。

"很简单，范思远当时检查出自己罹患重病，只好加快速度行动，他的怀疑对象主要集中在两个人身上，一个是当年和顾钊搭档最多的老杨，一个是因为这件事上位的张春久。范思远先给老杨寄匿名材料'钓鱼'，几经接触后，基本排除了老杨的嫌疑，于是把重点放在张春久身上。"

"老杨为什么会那么轻易地信任张春久？"骆闻舟逼视着杨欣，"我告诉你，不是因为张春久高明，也不是因为你爸爸草率轻信——而是范思远一直在暗示他，张春久可信。"

杨欣觉得自己的信仰摇摇欲坠，灵魂被逼到了一角，在穷途末路中瑟瑟发抖，她屏着呼吸，说不出话，发出气声一样的一个"不"。

"你的范老师，用你爸爸当探路石，故意借由他向张春久暴露费承宇，顺便借张氏兄弟的手除掉费承宇，自己收编了费承宇的势力，隐入幕后——张家兄弟以为他们发现了范思远这个病毒，其实是病毒故意暴露，锁定了他们俩的身份。"

手铐被杨欣弄得乱响一通："不！不是！不可能！你胡说！"

骆闻舟冷酷地说："不管你相不相信，这就是事实。"

这是他这一整天走访的最后一个受害者家属，也是他最不想看到的一个，杨欣疯了似的大吼大叫，然而骆闻舟不想再看见她，兀自站起来，往门口走去。

"骆大哥！"杨欣仓皇无措地叫了他一声。

骆闻舟的脚步微顿，没有回头，只是给了她一个失望的背影。

这天天气转暖了些，风中带了一点隐秘的潮湿气息，预示着来自东南的暖风即将北上抵达燕城。

骆闻舟回到家的时候已经傍晚了，拎着一袋糖炒栗子和一堆补血的食材推开门，发现平时守在门口的看门猫不见了。

骆闻舟伸脚带上门，朝屋里吹了声口哨："孩儿们？"

叫一声没有回应，骆闻舟的冷汗腾一下冒出来了，这是他把费渡从滨海一路抱出来之后落下的毛病，一时见不到人，心率能一下飙到一百八，陶然说他也属于轻度的"PTSD"。他把手里东西一扔，鞋都没换就冲进了卧室——客厅、书房、阳台……都没有，难以形容的恐惧感一下攥住了他的胸口。

骆闻舟："费渡！"

这一嗓子破了音，大约连邻居都能惊动了，地下室里突然咣当一声，好像掉了什么东西。

骆闻舟扭头冲了下去。

地下室的灯亮着，费渡受伤的脚踝还不能碰地，撑着个拐杖背对着骆闻舟戳在那儿……正在跟一只胖猫对峙。

实实在在地看见人，骆闻舟长出了一口气，腿一软，急忙扶了下墙。

费渡被他急促的脚步声惊动："你什么时候回来的？我都没听见。"

骆闻舟定了定神，一言不发地走过去，一把搂住他，费渡莫名其妙地被他按在胸前，整个人几乎往后折去，实在难以金鸡独立地站稳，只好伸手搭住骆闻舟的后背，不经意间感受到了骆闻舟急促的心跳，他愣了一下："你……"

骆闻舟抬手在他身上拍了一巴掌，含混地说："混蛋玩意儿，叫你听不见，聋了吗？"

他不愿意在费渡面前过多地表现出自己的不安，若无其事地板起脸，拽过费渡的拐杖扔在一边，把他架了起来："谁让你个瘸子走楼梯的，你下来干吗？"

费渡："找猫，它生气了。"

骆闻舟这才注意到，骆一锅同志正站在储物间的柜子顶上，一脸愤世嫉俗地盯着他俩，身上好像少了点什么。

骆闻舟被骆一锅的新造型震撼了一下："哪个缺德玩意儿把猫毛给剃了？"

费渡："你妈。"

"叫谁呢？"骆闻舟有些不高兴地瞪他，"过年时候人家给你的红包是白拿的？"

过年的时候，骆诚夫妇来看过再次受伤卧床的费渡，穆小青开玩笑说她一直想要一个文静一点儿的儿子，打算认他当干儿子，还强行塞给费渡一个红包。

费渡没接话茬，明显停顿了一下。

骆闻舟本来是随口开玩笑，见他迟疑，突然回过神来，心里一疼——寻常人能脱口而出的"爸妈"，对于费渡来说，是一道跨不过去的坎儿。

也许要迈很久，一辈子那么久。

骆闻舟知道自己说错了话，只好强行跳过这个话题："大冷天的给猫剃毛，穆小青这个女同志怎么那么欠呢……"

费渡忽然出声说："妈说这样能帮它面对现实，省得它总觉得自己只是毛长虚胖……"

骆闻舟一脚踩在地下室最后一个台阶上，呆住了似的看向费渡。

费渡好似若无其事地避开他的视线："你买什么了？我好像闻到炒栗子味了。"

每一天都是一个新的日子，走运当然是好的，不过我情愿做到分毫不差，这样，运气来的时候，你就有所准备了。

————《老人与海》海明威。

番 外

The light in the night

"时间有限，得分轻重缓急，重要的事，花点时间不算什么。"——费渡

番外一

骆闻舟半夜惊醒，心悸如鼓，抹了一把冷汗，半晌才回过神来，低头看见了他的噩梦之源——秃猫骆一锅。

这一年的供暖虽然已经接近尾声，火力依然格外旺，屋里温暖得过了头，因此他晚上睡觉没关房门，导致骆一锅同志不光堂而皇之地"登堂入室"，还四仰八叉地把十六斤的身躯压在了骆闻舟胸口上。

骆闻舟托起骆一锅，请它老人家移驾床头柜，庆幸自己算得上身强体壮，否则迟早有一天得让锅总一屁股坐出心梗。他半坐起来，用质问的目光瞪着被他弄醒的骆一锅，然而锅总凛然不惧，爪子勾着床头柜的桌面，伸了个两尺长的大懒腰，冲骆闻舟打了个牙尖嘴利的哈欠，又怡然自得地卧倒了，浑不在意自己还是戴罪之身。

不错，骆一锅今天确实闯祸了。

骆闻舟头天晚上做饭，把菜倒进锅里之后，发现家里没料酒了，只好打开酒柜，翻出一小坛子花雕凑合用，由于煎炒烹炸过程烦琐忙乱，他就把锁酒柜这茬给忘了。

第二天中午不放心伤员费渡，照常给家里打电话，话还没说两句，就听见电话里传来一阵叮咣乱响和重物落地声——这动静骆闻舟十分熟悉，刚养猫的时候没有防范意识，他平均一天能听两遍现场直播的"骆一锅砸缸"。

这回，骆一锅砸的不是缸，是酒。

它不知怎么扒拉开了酒柜，一个放在最外侧的细长红酒瓶重心不稳，不幸惨死在猫爪之下。尽管费渡很快把现场收拾干净了，厨房仍然留下了不少罪证——地板缝隙里有少量红色液体，冰箱旁边有半个费渡没注意到的红酒味猫爪印……决定性的证据，则是嫌疑猫骆一锅的尾巴。

该嫌疑猫虽然被剃秃了，但头和尾巴尖上各自保存了一撮毛，尾巴尖上的长毛已经被染红了。

可是证据确凿怎么样呢？前科累累又怎么样呢？

反正骆一锅毛也剃了、育也绝了，自觉余生四大皆空，已经没什么值得缅怀的了，它当着骆闻舟的面，明目张胆地舔了舔自己的大尾巴，并不把铲屎工的威吓放在眼里。

骆闻舟拿它老人家没什么办法，正好起来了，他回想起方才的噩梦，临时起意，打算去看看费渡。

费渡呼吸轻浅而绵长，半张脸埋在枕头里，闭上眼睛后，反而更能清晰地看出他眼睛的形状，柔软的头发垂下来，懒洋洋地勾在下巴上，这时候他看起来既不强势也不狡猾，只是个安静的睡美男。

单是看这一张睡颜，无论如何也想象不出他经历过什么、做过什么。

骆闻舟小心地伸手撩起费渡脖子上的几缕头发，见那可怕的淤血已经散得差不多了，只剩下几道浅印。可能是脖子太敏感，费渡无意识地躲了躲，随后翻了个身，骆闻舟生怕他乱动压到还没好利索的脚踝，连忙伸手固定住他有伤的小腿，继而轻轻安放好。

费渡好像被惊动了，但没醒，只是迷迷糊糊地不知冲哪儿笑了一下，又不动了。

骆闻舟目光扫过床头的小闹钟，忽然意识到一个问题——荧光的指针已经过了凌晨五点，按理说，每天这时候，费渡已经快自然醒了，本来就不怎么沉的睡眠会变得很浅，猫走过去都能惊醒他，怎么今天睡得这么沉？

一般这种情况，除了费渡生病，就只有……

他白天喝过酒或者咖啡。

费渡的体质很特别，喝适量酒或者咖啡，都能提神醒脑，不过等那一点精神劲过去，如果没有再来一杯，他之前的精力就仿佛被透支，晚上会困得比较早，睡眠也比较实在。

骆闻舟怎么想怎么觉得这事可疑，于是溜到客厅，翻开存酒杯的玻璃橱，重新检查"犯罪现场"。他家大大小小的红酒杯一共九支，分三排摆放，骆闻舟把它们挨个翻出来检查，终于，在最里面、最角落的地方，找到了杯口留下的一圈干涸的水渍。

真相大白。

有个两条腿的生物趁酒柜没锁偷酒喝，喝完不但毁尸灭迹，还装模作样地嫁祸给一只猫！

费总这出息越发大了。

于是这天早晨，蒙冤的骆一锅得到了"政府"发的补偿抚恤——妙鲜包一盒，真正的"幕后黑手"则遭到了家庭审讯。

骆闻舟敲着饭桌："你给我说实话。"

费渡不慌不忙地在熏培根条里夹了一小片生菜叶，卷成一个小卷："我没有不说实话。"

骆闻舟一想——也是，他在电话里听见响动以后，自己问了一句"死猫把什么东西摔了"，费渡的回答是"你好像忘了锁酒柜"——八个字，没毛病。

骆闻舟无言以对。

费渡把卷好的培根卷夹起来，塞进骆闻舟嘴里："就半杯，我今天需要处理一点公司的事。"

骆闻舟："禁烟禁酒禁蛋黄派，你怎么答应我的？"

费渡承认错误从来都很快："我错了。"

"家不是讲理的地方"，这是费总做人的基本原则，但凡有点鸡毛蒜皮，他永远都是率先认错、甜言蜜语、息事宁人，把别人哄得晕头转向——至于悔不悔改，那得看他的心情。

骆闻舟面无表情地想：下一句不是"我知道你对我最好了"，就是"师兄我爱你"。

不料费渡油腔滑调地说："我想想，罚我点什么？唔……不过半杯酒只有两百毫升，不至于用'你生气'这么严重的手段罚我吧？"

骆闻舟：这小子的套路还会定期更新升级！

骆闻舟用钢铁般的意志力，拒绝了资产阶级的糖衣炮弹："滚！"

针对费渡毫无诚意、不知悔过的恶劣行径，骆闻舟想出了一个"绝佳"的主意，灵感来自于他本人的童年阴影——写检查。

"至少一千字，手写，"骆闻舟一边换鞋准备上班一边说，"晚上吃饭之前拿到饭桌上念，不然今天没你的饭。"

费总难以置信："两百毫升要写一千字？太丧心病狂了吧！"

"谁说光是那两百毫升的事了？"骆闻舟微微一顿，回头看了费渡一眼——他想说，还有你瞒着我犯险的事；你故意激怒范思远，把自己伤得体无完肤的事；我差点儿就见不到你的事；还有……你一直对我小心翼翼保护的那个费渡时而出言不逊的事。

这些事简直不能细想，骆闻舟觉得自己还没做好细细回忆的准备，于是仓促咽下了下文，匆忙走了。费渡敏锐地感觉到了他的未竟之言，愣了愣，撑着拐杖，悬着曾经被一枪打穿的伤脚，缓缓踱回书房。

骆闻舟随口一说，晚上下班回来已经把这事忘了……直到看见费渡拿出两张十六开的稿纸。

"费渡"和"写检查"，这完全是风马牛不相及的两个词，稿纸上的手写正楷横平竖直，带着一点逼人的力度，满满当当，目测总字数绝对过千。骆闻舟十分凌乱，伸手去接："你还真……"

费渡一侧身，避开了："不是让我念吗？坐下。"

骆闻舟和骆一锅并排坐在沙发上，一脸找不着北地对视了一眼。

费渡单手背在身后，准备登台演出似的略一欠身，瘸了一条腿也没影响他的潇洒，然后他把藏在背后的手拿了出来，他居然还拿了一朵半开不开的纸玫瑰，一伸手别在了骆闻舟领口。

骆闻舟已经预感到"检查"的内容是什么了，然而还是不敢相信，姓费的能不要脸到自己念出来。

可是费总就是这么不要脸。

费渡清了清嗓子，当着一脸莫名其妙的骆一锅，一点儿也不害臊地念他情书一样的"检查"："我心里有一簇迎着烈日而生的花……"

骆闻舟："费渡你是不是有毛病！"

"……比一切美酒都要芬芳。"

"小崽子，我让你写检查，你消遣你哥，真以为我治不了你！"

"滚烫的……哎，君子动口不动手……"

骆闻舟搓着鸡皮疙瘩，把费渡这棵肉麻的病苗移植回了卧室，骆一锅抱着自己仅剩的尾巴毛啃了一会儿，竖起的耳朵顺着屋里传来的笑闹和求饶声动了动，继续四大皆空地与尾毛为伴。

　　我心里有一簇迎着烈日而生的花，
　　比一切美酒都要芬芳，
　　滚烫的馨香淹没过稻草人的胸膛，
　　草扎的精神，从此万寿无疆。

番外二

　　一场车祸撞坏了费承宇的脑子，他卧床三年多，成了个冰箱里放久了的蟹——皮囊完整，只是自己把自己耗成了空壳。

　　范思远把他偷出来，让他颠沛流离不说，还差点儿把他做成人体炸弹，想必整个过程中对他也不太客气，警察和救护车把他从"地下防空洞"里刨出来时，费承宇就有点奄奄一息要死的意思，苟延残喘地要死了几个月，他"嘎嘣"一声，总算是咽气了。

　　此时，这起春节期间引起了轩然大波的大案已经渐渐走出市民的朋友圈，费承宇这口气咽得身败名裂、死有余辜，并没能再吸引谁的视线，费渡做主，把他身上尚且能用的零件卸下来，为现代医疗做了贡献，剩下的一切从简，找了个不用排队的偏远火葬场，把他烧了。

　　费渡的伤终于好得差不多了，只是受伤的脚暂时不能走远路或者剧烈运动，不过这倒无所谓，反正用骆闻舟的话说，他那双脚的作用一贯是聊胜于无，没有固然不大方便，有……基本也没什么大用场。

　　火葬场的家属等候区十分简陋，基本陈设就一张桌子并几条长椅，焚化炉里冒着黑烟，费渡借着窗口的自然光摆弄着一块手表——来时路上骆闻舟的表扣松了，里面有个簧片卡不上，费渡跟工作人员借了根细针，手工维修。

　　费渡看起来人很花，但其实心很静，烦琐的表格、鸡零狗碎的小零件、乱成一团解不开的麻绳……诸如此类能让焦虑的现代都市人崩溃的东西，到了他手里都不成问题。

　　骆闻舟表扣上的小簧片很细，不知别在了哪儿，细针对准半天才能勾出来，没勾到合适的位置，自己又会弹回去，俨然是要逼死强迫症的节奏。费渡却在连续重复以上动作十几次之后，呼吸的频率没有一点儿变化，风流到他身边，都会自动静止成普通空气，别人冷眼旁观一会儿，也不由自主地跟他平静下来。

　　"有点神奇。"骆闻舟撑着头在旁边看着他，心里想。

　　费渡是个精神攻击系，他想让人想入非非，就能让人想入非非，想让人白日里参禅，就能让人睁着眼进入冥想。小簧片又一次功亏一篑地弹了回去，费渡丝毫没有不耐烦的意思，只是略微换了个坐姿，无意中撞上骆闻舟的目光，他递了个疑问的眼神。

"不干吗，"骆闻舟登徒子似的回答，"看帅哥做做眼保健操。"

费渡说："咱在火葬场能庄重点儿吗？"

骆闻舟诧异道："奇了怪了，你居然会说别人不庄重？"

费渡反问："这有什么好奇怪的，你不是也经常说别人不要脸吗？"

这个逻辑没毛病，骆闻舟无言以对，只好诉诸暴力——在桌子底下给了他一脚。

费渡连忙一躲："别闹，好不容易扒拉出来，又让你碰回去了。"

骆闻舟："修不好就别弄了，我也不是天天戴表。"

"没关系，不难。"费渡对着光仔细观察了一下小簧片卡住的位置，他手指修长，关节适中，既没有粗大得突兀，也不是细不见骨，给人一种十分温柔的有力感，好像无论什么东西放在那双手里，都会得到最妥帖的安置。

骆闻舟伸了个懒腰，忍不住问："你怎么有这么多耐心？"

"不算有耐心，"费渡眯起眼睛，漫不经心地说，"只不过时间有限，得分轻重缓急，重要的事，花点时间不算什么。"

骆闻舟没听明白，鼓捣块表怎么就能算"重要事项"了？

这时，费渡终于把卡住的簧片拨回了正确位置，"咔嗒"一声合上了表扣，开合几次，灵活如初。

"好了，"费渡似笑非笑地把手表递过去，"哄你高兴就是最重要的事。"

骆闻舟当头吃了一记套路，血条减半，隐约的笑意从费渡眼角扩散开，就在这时，火葬场的两个工作人员一前一后地走进来，一个拎着红绸包裹的骨灰，另一个抱着骨灰盒。

费承宇活着的时候兴风作浪，死后原来也并不比别人烧得时间长。此时，他栖身于狭小的骨灰盒里，像一团烧过的劣质散煤，灰灰白白的一堆，看不出忠奸善恶。

工作人员问："家属需要把死者生前喜欢的东西放进来吗？"

费渡就从兜里摸出了一对戒指，连个包装盒也没有，隔着半米远，轻慢地扔到了装骨灰的绸缎包里。往骨灰盒里放什么的都有，工作人员早已经见怪不怪，一眼看出这是一对婚戒，见费渡这态度，大概也猜得出——盒子里这位，生前恐怕是没有善待过妻儿，死后儿子做主，把婚戒往骨灰里一扔，算是斩断了他们孽缘似的夫妻关系。

工作人员十分机灵，一张嘴，把平时说的"逝者已去，请您节哀"咽了回去，他临时改口说："阴阳一隔，恩怨两清。往后桥归桥、路归路，谁也碍不着谁了。"

费渡：这家火葬场的悼词怎么这么清新脱俗？

工作人员又趁机推销："我们现在正在搞活动，长期寄存业务，一年只要一千九百九十八，一次性交够五万元，您就可以一直放在这儿，什么时候方便什么时候取，您想想，现在郊区最便宜的墓地都十五万起了，产权才二十年，哪有放我们这儿划算呢？"

就这样，费承宇在这个偏远的小火葬场里得到了一个很"划算"的小墙角，将他卑鄙的一生挂在了墙上。

火葬场地段偏远，焚化炉在半山腰上，出入时需要经过一段不大好走的山路，骆闻舟怕费渡崴脚，手一直虚虚地在他身后护着，忽然带着几分试探说："你妈妈……的时候，手上好像没戴那枚戒指。"

"她自己拿掉了，"费渡说，"自杀前扔在了我卧室的笔筒里，费承宇没找到，过了好几天我才发现。"

费渡的母亲，大概并不是一个生来就懦弱疯癫的女人，她一生中只做错了一件事，就是错信了费承宇。

头两天刚下过一场大雨，地面有些泥泞湿滑，费渡脚腕还吃不了力，脚下滑了一下，不等他伸手，骆闻舟就一把扶住他："你能跟我说说吗？"

骆闻舟从范思远那里，得知了当年那个地下室里发生过的一切，只言片语，已经十分触目惊心，这些日子抓心挠肝地折磨他，一直没找到合适的机会问。

费渡叹了口气："你早就想问了吧？"

骆闻舟收紧了扶着他的手。

"没什么不能说的，不用那么小心翼翼，"费渡语气很平淡地开了口，"费承宇年轻的时候，长得还可以。出身不太好，不过估计在外人眼里能算励志典范，他很会说话，天生就知道怎么让人晕头转向地围着他转。"

这点毋庸置疑——虽然骆闻舟不大愿意承认，但费渡确实长得更像费承宇，不管对男人还是对女人，单凭着那张脸，他就差不多能无往不利了。

何况他还狠毒狡猾、处心积虑。

"刚结婚的时候，她大概也过了几天好日子，好得昏了头，直到我那个外祖父去世，费承宇成了合法继承人，他得到了自己想要的一切，当然也就图穷匕见了。"费渡三言两语总结了父母的婚姻，"这中间没有爱情什么事，从头到尾就是骗局和报复，费承宇的大脑结构不足以让他产生感情这种东西。"

"报复？"

"我外公曾经资助他上大学，后来觉得他人品有问题，中止了资助，这大大得罪了费承宇。'升米恩，斗米仇'，到最后，费承宇最恨的人就是他。他后来把我妈视为那一类所谓'高高在上，看不起他的人'的代表，所以要穷其所能地虐待她。"

骆闻舟轻轻地问："你呢？"

"我……"费渡刚说一个字，感觉骆闻舟圈在他身上的手仿佛又紧了一圈，手臂上绷紧的肌肉几乎有些发抖。费渡注视着面前温柔平缓的山坡，喉咙轻轻动了动，把几乎脱口而出的"我倒没什么"咽了回去。

"我……我让他不太满意，费承宇觉得我是个样子货，只有脸像他，骨子里还是流着我妈的血脉，软弱，而且愚蠢，他希望能矫正我这些先天的毛病。所以先用小动物……因为正常的儿童成长的时候，会经过一个把小动物拟人化的阶段，在这个阶段里，让他去杀动物和让他去杀人的心理感受差不多。"费渡低头看了看自己的手，"小猫小狗，兔子，小鸡……都在我手里血流成河过，如果法律规定虐杀动物和杀人同罪，我大概能凑够几十个死刑。"

骆闻舟沉声问："什么时候开始的？"

费渡静静地回忆了片刻，摇摇头："记不清了……我妈让我记着，可我还是记不清了。"

骆闻舟吃了一惊："你妈让你记着什么？"

"它们都是被卡住脖子，无法呼吸，在这种漫长的挣扎和绝望中死的，她让我记着窒息的感觉，记着它们都是代替我死的。"

她在加深他的痛苦，因为担心他像费承宇希望的那样，伤口上长出麻木的老茧和增生，变成那样一个丑恶而凶险的怪物，于是用更锋利的刀子不断加深他的痛苦，透过血肉，一直刻在骨头上。

刮骨疗毒。

"可我大概也不像我妈希望的那样，"费渡一耸肩，"我比她想象的软弱，我没有认同过费承宇，但是也不敢忤逆他……"

"费渡，"骆闻舟忽然有点严厉地打断他，"你给我好好想想，把一个正常的大姑娘活活虐成了精神病，她还跑不了，躲不开，反抗不得，她能怎么办？死就是她唯一的自由。可是这种日子她过了十四年，不说别人，我觉得我是肯定不行的，可是她做到了，你知道她为什么熬过这么多年吗？"

费渡一愣。

"因为她要看着你长大，看着你学会怎么在费承宇面前保护自己，还因为你过了十四周岁，就不是干什么都不予刑事处罚的无行为能力人了，费承宇只要不想让他的独生子冒蹲监狱的风险，他就会尽量避免让你亲手做那些不可挽回的事。那天在地下室，金属环卡在她脖子上，你当她是怕死吗？"骆闻舟抓住费渡的肩膀，强行把他转过来，"你那么聪明，难道想不明白，死亡是她最渴望的归宿。她根本不怕死，只是怕就这么死在你手上，她怕你一辈子也洗不干净手。"

费渡下意识地一挣。

"她爱你，在乎你，我也在乎你，很多人都在乎你。"

费渡："闻舟……"

骆闻舟并不给他说话的机会："除夕那天我带人去滨海，这辈子没那么害怕过，害怕到现在都不敢细想，一想起来手就哆嗦。我不是怕你斗不过什么……什么张春龄、范思远之类的货色，我知道你心眼多、你厉害，他俩加在一起都能让你一勺烩了——我是怕你不知道惜命，拿着我的心肝去喂狗！"

这句话定时炸弹似的在骆闻舟心里憋了好久，忽然就这么脱口而出，在他胸口引爆，炸开了淤塞在那儿许久的石头，让混着泥土味的微风空荡荡地从中划过。

费渡瞳孔微微一缩，巧舌如簧似的人突然哑巴了。

满山老槐森严、松涛如怒，微风中窃窃私语。

不知过了多久，费渡才轻轻地动了一下，他抬起关节僵住的手，按在骆闻舟的胸口上。

"对不起，我……"他半晌没能"我"出个所以然来，仿佛是已经词穷。

骆闻舟却愣住了，零星的火气轰然散开，因为看见费渡那不笑也隐约露三分形状的卧蚕和修长的眼角居然泛了红。

虽然只有一点儿，像是调淡的水彩浅浅晕上去的。

"……对不起。"费渡又重复了一遍。

骆闻舟没应声，受了这句迟来的道歉，不声不响地抓住他的手，拉着他往山下走去。

黔谜
大结局

番外三

由于当代社会刑罚中并没有"鞭尸"这一条，因此尽管费承宇生前作恶多端，此时既然已经化作骨灰，自然也就免于被追究刑事责任。

不过他生前的非法所得还是要处理的。

好在费渡对此早有准备，该剥离的剥离，该撇清的也撇清了。毕竟，在他原本的计划里，并没有给自己设计一个好下场，所以无论如何，他得给跟着他的人留好后路。只不过现在这条"后路"要由他本人亲自来经营。

总之，以前那个闲散败家的"纨绔子弟"他是当不成了，费渡自己虽然有一口稀粥就能凑合活，但他还得养活一大帮人，只好被迫走上了日理万机的总裁之路，每天都得去上班。

骆闻舟在车位紧张的小区里弄到了一个车位——那车位设计得有问题，等闲人根本停不进去，有个买了二手房的房主搬过来才知道上当，十分痛快地低价转给了骆闻舟，费总当年山地上飙车练出来的技术总算有了用武之地。

他那些花天酒地、飙车鬼混的日子，好像都已经成了上辈子的事，不过"繁忙"本身绝不是一种痛苦，只要知道自己为什么而忙。

每天晚上，费渡抱着笔记本坐在通往地下室的台阶上加班，那是他的固定座位，坐垫靠垫俱全，还有个小杯架。他右手边放一碗冰糖梨水，左手边放一只骆一锅——骆一锅守在他电脑的散热孔旁边蹭温暖、揣着前爪闭目养神——盯着屏幕时间长了，费渡还能抬头看看美男休息眼睛。

该挥汗如雨的美男自觉很帅，全身上下只穿了一条松松垮垮的运动长裤。

骆闻舟的地下室里除了杂物和二八自行车，还有完备的家用健身器材，跑步机、沙袋、史密斯架……一应俱全。

他从仍在惯性下转动的跑步机传送带上跳下来，拎起毛巾胡乱抹了一把身上亮晶晶的汗，溜达到费渡旁边："我让你下来，你就天天在这儿当场外观众，上回那大夫不是说你可以适当活动活动了吗？"

费渡敲下最后一个标点符号，发送邮件，十分敷衍地说："等我去办张卡。"

骆闻舟端起他没来得及喝完的半碗梨水，两口灌了，然后冲费渡龇出一口白牙："办什么卡，家里这么多东西不够发挥？私教能有我这么周到的服务吗？"

费渡抬头看了看"教练"，又看了看眼前的家用健身房，面露难色地伸手一指："你看，深更半夜、不见天日的小黑屋、一个……'那什么'在匀速旋转的跑步机上原地奔跑——你不觉得这环境像个仓鼠球吗？"

出言不逊的后果不言而喻，费总被大仓鼠当场叼走了。

骆一锅站了起来，睁大了猫眼，随后，它判断自己未必斗得过耗子精，只好苦恼地追着自己的尾巴转了两圈，见死不救地尿成了一团。

第二天，骆闻舟上班时罕见地穿了制服。他们平时不强制要求穿制服，今天看来是要出席特殊活动。

费渡围观了一会儿，发话说："警察叔叔，以你这姿色，要是愿意辞职到我公司上班，每天睡到中午都行。"

骆闻舟是被费渡放猫坐醒的，起床气还没消，一整衣领，他没好气地说："光天化日之下，挖陆局墙脚，有前途啊，年轻人——不过你知道陆局已经把你拉黑了吗？

"他其实都不知道怎么拉黑，特意下楼找陶然问的，问完就拿你实践了。费总，一个年过五旬、落后时代至少三十年的中老年男子，特意为你学会了一项新技术，光荣不？"

从抓捕张春龄和范思远，费渡以身犯险差点儿玩脱开始，陆局就认定了此人是个不靠谱的小青年，前两天在朋友圈看见费渡发了一条长文，题目叫"万变不离其宗"。陆局还以为费总对瞬息万变的市场经济发表了什么高论，正想拜读一下，看什么时候给孩子买房合适，不料点进去一看，发现是此人自己写的一篇"骗术"总结，从原则到方法论一应俱全、头头是道，让陆局一下想起了自己被他忽悠的亲身经历，顿时怒从心头起，眼不见心不烦地把他给屏蔽了。

费渡干巴巴地说："那太遗憾了。"

骆闻舟抬头一看表："不行，我真得走了。"

费渡："今天怎么这么早？"

骆闻舟正经下来，对着镜子整了整衣冠："今天是顾钊忌日，要正式给他还有小武他们追授烈士，有个仪式。"

仪式的地点在顾钊的葬身之地。

那陵园位置偏僻，面积也不大，似乎是当年有一阵子流行炒墓地的时候建的。

为了能多卖点钱，墓穴与墓穴之间距离非常狭小，像个戳进了地底下的鸽子笼，两排墓碑之间，大约只有一米来宽的间隔，勉强够放得下两个花圈，凭吊的人一多，地方就捉襟见肘起来。

　　生不能和许多人同居，死倒是能热热闹闹地共眠。

　　顾钊就葬在这个捉襟见肘的"鸽子笼"里。

　　太阳才刚刚升起，名不见经传的小陵园门口停满了车。

　　这场姗姗来迟的仪式办得十分隆重，墓碑前后三排都站满了人，外围还有源源不断赶来的媒体，来得晚的，连镜头都挤不进来。

　　陆局正在念一篇事先写好的悼词。

　　肖海洋心不在焉地抱着捧花站在旁边，潮湿的营养泥沾了他一手。

　　骆闻舟用胳膊肘杵了他一下："陆局快念完了，他念完你就上去献花，别在这儿梦游，燕城卫视拿镜头扫你呢。"

　　肖海洋回过神来，余光一瞥，果然看见有一台摄像机正对着自己，摄像注意到了他的目光，远远地冲他一笑，让肖海洋忽然想起了一桩旧事。

　　那是他小时候，学校组织去军营慰问演出，挑了一帮球球蛋蛋的小孩子表演百人大合唱，有本地电视台跟踪报道，据说能上晚间新闻。肖海洋不知踩了什么狗屎入选了，由于个子小发育不良，被安排在第一排最角落的地方。

　　有生以来，肖海洋还是头一次站在镜头下，尽管他只是大合唱的百分之一，扮演了一个小得不能再小的角色，但能上电视，对于当年还没有那么愤世嫉俗的小男孩来说，还是十分值得期待的。他特意跟老师打听了新闻哪天会播，特意在当天晚间新闻时跑到顾钊家里，拉他一起等着看。不过很可惜，整场演出的报道都只有不到一分钟，声势浩大的百人大合唱也只捞着一个镜头，刚好快要扫到站在角落里的他时，镜头切了。

　　期待了很久要上电视，连个影子都没有，肖海洋失望极了，越想越委屈，蹲在顾钊的客厅里号啕大哭。

　　顾钊只好手忙脚乱地哄，他说："你看，你才六岁半，已经差一点就上电视了，等你七岁半的时候，没准你就能站在电视中间了，比叔叔强多了，叔叔这么大年纪都没上过电视，这辈子估计也没什么戏了……"

　　顾钊大概想不到，有朝一日，他的遗像会和肖海洋一起出现在镜头中间。

　　一旦生死相隔，人间的荣与辱，便都鞭长莫及了。

　　陆局的悼词念完，肖海洋按部就班地上前献花，然后全体敬礼，快门声响成一片，算是给这一起错综复杂的大案画上了一个句号，只有小武的妈妈站在人群里，悄无声息地掉眼泪，她实在抑制不住，就紧紧地捂住自己的嘴……因为怕自己发出不恰当的悲声，打扰此时此地的庄严神圣。

"顾叔叔的抚恤金没人领。"肖海洋目视着离场的众人，几不可闻地说，"他没有家属。"

骆闻舟脚步一顿，他觉得肖海洋好像个漏了气的人形气球，整个人塌陷了下去，顾钊终于翻案，肖海洋好像也并没觉得多高兴，反而无所适从起来。

肖海洋天生小脑不太发达，是块当书呆子的好材料，小时候理科成绩一般，倒是文科十分出类拔萃，老师看他"骨骼清奇"，以为他能成就一代社科人才，谁也没想到他居然去当了警察。

想当刑警，除了要参加公务员考试，当然也不能是根追公交都喘成狗的废柴。肖海洋回忆起来，觉得自己能一路阴差阳错地进入市局，运气简直不能用玄学来解释，仿佛是冥冥中注定了顾钊能在这一年沉冤昭雪，推着他一路连滚带爬地吊着车尾，走到如今这场终局。

十几年来，肖海洋就是想当警察，查旧案，给一个人洗刷冤屈，从来没想过查完以后他要去干什么。有时候，结局对于仍然活着的人来说，并非是一了百了的解脱，只能让人从纠缠不去的梦魇中惊醒，有往前看的可能性而已。

骆闻舟问他："你还想继续干这行吗？"

肖海洋茫然地看着他。

骆闻舟又问："那你有别的计划吗？"

肖海洋沉默着摇摇头。

"骆队，"郎乔举着电话快步走过来，"那个跨省作案的诈骗团伙的老巢找到了，逮吗？"

不等骆闻舟发话，肖海洋已经十分训练有素地一扫之前的迷茫："等等，小乔姐，我怀疑他们的据点不止一个！"

骆闻舟冲他一招手："边走边说。"

肖海洋一边跟上骆闻舟的脚步，一边展开他的"无影嘴"，念灌口似的滔滔不绝道："我从上个月开始追踪他们的作案规律和行为模式，发现……"

往前走，往前看，哪怕前途一片迷惘，哪怕只是凭着惯性继续往前走——总有一天，会在自己漫长的脚印中找到方向。

只是大概需要一点儿耐心。

番外四

"有个事。"骆闻舟人五人六地推门走进办公室，众人见他表情严肃，还以为又出了什么大案，齐刷刷地放下手头工作，抬头看向他。

骆闻舟却不慌不忙地端起自己的茶杯，慢悠悠地晃了晃手里一沓门票似的东西："我就知道这事说出来你们得激动，有个免费的集体联谊活动，时间是下周日下午两点，报销往返车费，机会有限……"

骆闻舟话没说完，铺天盖地的白眼已经把他埋了。

"什么态度？组织上担心你们这些单身狗的身心健康，特意组织的，邀请函可就给了咱们队里一份，邀请函我放饮水机桶上了，想去的自己来取，不是单身的别跟着凑热闹。等会儿要是万一不够分，大家就互相谦让一点儿，年纪小的自觉点往后排。"骆闻舟说着，途经肖海洋的办公桌，顺手在"小眼镜"那一头乱毛上扒拉了一下，十分意味深长地看了肖海洋一眼，点了点他，说，"要抓住机会啊，年轻人。"

可惜，肖海洋并不能通过"眉来眼去"领会精神，他正往嘴里塞着面包，两耳不闻窗外事地研读旧案例，无端挨了骆闻舟一爪子，眼镜腿顿时歪歪地挂在了鼓起来的腮帮子上，肖海洋扑棱了一下脑袋，面无表情地看了骆闻舟一眼，怀疑上司有病。

青年人对老大爷们组织的相亲会没有兴趣，郎乔头天晚上值夜班，刚交接完工作，打了个哈欠，她懒洋洋地收拾包准备下班，边走边说："上学的时候被早恋绊住了追求真理的脚步，被耽误成了一个普通的大人，现在，好，非但和诺贝尔奖擦肩而过，还要因为没对象去相亲，可悲可叹啊朋友们！爱谁去谁去，反正我不去。"

肖海洋从角落里抬起头，默默看了一眼她晃晃悠悠的背影。

骆闻舟的声音从办公室里传出来："那叫联谊，相什么亲？"

郎乔说："联谊，就是分男女，坐两桌，桌上放点儿橘子、瓜子、矿泉水，大家都是一个系统的，互相大眼瞪小眼，尴尬地汇报工作……"

"谁跟你说都是一个系统的？"骆闻舟打断了她的厥词，"那是陆局他们家太座那个歌舞团的赞助商组织的，老陆冒着跪搓板的风险从夫人那儿顺出来的。"

他话音没落，敏锐的男青年们已经捕捉到了"歌舞团"三个关键字，几个人一跃而起，你争我抢地抓过邀请函："活动安排是先看展览，晚上有一场话剧……我去，还有自助晚宴！"

本来已经晃悠到办公室门口的郎乔脚步一顿："自助晚宴？"

"各国风情美食，豪华海鲜无限量供应，意大利手工冰激凌……"

郎乔没听完，就"嗷"一嗓子叫唤出来："我！我去！"

如果把古往今来的"公主"论资排辈，小乔公主大约只能在"馋"这方面有所建树。

骆闻舟十分牙疼："郎大眼，爸爸平时是饿着你了吗？看你这点出息！"

郎乔深得骆队真传，既不要皮也不要脸，飞快地抽走了一张邀请函，她轻快地回答："父皇，我没出息。"

她的插队行为顿时引起群众不满："你个小丫头片子才多大，长幼有序知道吗？后面排着去，交出来！"

郎乔把包一扔，霸气地亮出拳头："来，有本事抢！"

"哎，别忙内讧，我们当中混进个特务。"

"那位大哥，你儿子都两岁了，还要不要脸了！"

方才无人响应的邀请函摇身一变，忽然抢手起来，未婚青年们推推搡搡，合伙把企图混吃混喝的非单身人士扔出争抢队伍。

肖海洋被他们吵得默默抬头张望了一眼，他虽然早已经不像刚来时那样满身是刺，但性情所致，也不大活泼得起来，至今依然掺和不到这种日常打闹起哄频道。每到这种场合，他就成了个围观的人，像一盆遗世独立的绿萝，居高临下地鄙视着满地鸡飞狗跳。

这时，陶然忽然走过来，在他桌上敲了敲，随后不等肖海洋开口，陶然竖起食指嘘了一声，鬼鬼祟祟地把一张邀请函从桌子底下递过来，也不知他是怎么在这种情况下神不知鬼不觉地得手的。

肖海洋一愣，陶然小声对他说："悄悄地进村，打枪的不要——你去不去？"

肖海洋第一反应就是摇头，头摇了一半，他的目光越过正在追跑打闹的智障同事们，落到了……某个值了一宿班，还能轻松撂倒师兄的人身上，正在摇摆的头好像卡住了。

陶然笑眯眯地问："嗯？"

肖海洋局促地一推眼镜，蚊子似的"嗯"了一声："……去。"

默读
大结局

陶然在他后脑勺上拍了一下，深藏功与名地转身回自己工位："这有什么不好意思的！"

就在他走出一米开外后，肖海洋脑子里那根时常慢半拍的弦终于赶上了拍，他反应过来了——这张邀请函好像是陶然偷偷"让"给他的。

肖海洋难得"懂了一次事"，连忙说："陶副队，你怎么给我了，自己不想去吗？"

陶然默默叹气：肖海洋这个遭瘟的男青年，恐怕是不知道"悄悄"这个词是什么意思，一嗓子广播得整个办公室都听见了。众人统一回头盯住了陶然。

就听那耿直的肖海洋又耿直地补充了一句："还是你已经有女朋友了？"

里间办公室里的骆闻舟一口茶水呛了出来，很想替肖海洋叫个好。这个新闻曝光的时机实在是相当及时，别人不清楚，骆闻舟却知道陶然上周末晚上难得准点下班的原因——他是陪着姑娘听演唱会去了，票还是费渡托人帮忙弄到的。

出于"人之初，性本贱"的天性，骆闻舟得知此事后，很想把这个独家八卦广而告之一下，可是至今没有找到一个合适的姿势——怎么才能一边保持着他本人伟光正的气质，一边伟光正地散布八卦呢？

The light
in
the night

骆闻舟琢磨了好几天都没想好，憋得抓心挠肝的，就在他感觉自己快憋出梦话来的时候，神器肖海洋同志横空出世了。

"不不不……"陶然的脸以肉眼可见的速度熟了，现场变成了一个结巴，"我……我不是女朋友……"

众人在陶副队哆哆嗦嗦的口误下安静了片刻，集体爆发出一阵大哄，陶然窘迫得想要一头钻进键盘槽里，边躲边摆手："别闹别闹，八字没一撇。"

骆闻舟唯恐天下不乱："没一撇不要紧，有一捺就行。"

肖海洋听了这熟悉的结巴，顿时想起陶然住院时，那个在他病房里照顾了很久的姑娘，直不愣登地说："我知道了，是不是医院里那个？"

骆闻舟十分暧昧地说："怪不得托我给你找'那个'呢。"

郎乔："哪个？"

陶然头顶冒气："骆闻舟！"

骆闻舟跷起二郎腿，好整以暇地围观被一帮人按在桌上的陶然。就在这时，郎乔那张石破天惊的乌鸦嘴里冒出一句："有一次还给你送过花是不是？"

陶然一愣："啊？"

"一大捧！"郎乔比比画画地说，"还有一张写了情诗的小纸条，落款有个'费'！"

郎乔兴高采烈地感慨道："哎哟喂，真巧，也姓费，跟费总是本家呢！"

有道是"病从口入，祸从口出"，有形的食和话往往夹带无形的灾难和厄运，郎乔一句话奠定了她下半年早饭的基调——香菜全席。

费总也成了被殃及的池鱼。

费渡下班一回家，就感觉不对，骆一锅没有探头出门迎接。费渡进屋，发现它正团在玄关鞋架上，噤若寒蝉地抱着自己的尾巴。不知这二位爷是怎么交流的，反正费渡和骆一锅对视了一眼后，立刻敏锐地嗅出气氛不对——他的脚步机敏地一顿，脑子里飞快地过了一遍自己近期的所作所为。

早出晚归随时报备没有遗漏，没有参与不正经的娱乐活动，少说话多做事，坚定杜绝了骆闻舟界定的"四处撩闲"行为，连超速和闯红灯都没有。难道是昨天中午商务宴请的时候喝了一个碗底的酒？

费渡冲骆一锅做了个噤声的手势，回手拉开没关严的屋门，蹑手蹑脚地往外溜，心里琢磨着加班的借口，打算出去避一避风头。

骆一锅一歪头出了声："喵嗷？"

费渡觉得，自己和这只猫的友谊恐怕是走到了尽头。

一只手突然从旁边伸过来，越过费渡推上了门。

骆闻舟准备了一肚子秋后算的账，拖着长音问："费总，刚回来，还上哪儿去啊？"

费渡一看东窗事发，立刻机灵地承认错误："我错了。"

骆闻舟："你错哪儿了？"

费渡只好照实交代："前天晚上趁你值班，打游戏打到半夜三点。"

骆闻舟：嚯，还有意外收获！

费渡一看他的表情，就知道自己交代错了，连忙又改口："昨天中午喝了二两酒——最多二两，没再多了。"

骆闻舟微笑着看着他，目光慈祥得像屠夫围观待宰的羊，默默估量着在哪儿下刀："还有什么？"

费渡："……上礼拜你那茶杯是我不小心碰碎的，不是猫。"

骆闻舟前所未有地意识到，他家确实养了两只猫，以后所有坏事的嫌疑人都不只骆一锅一个了。

骆一锅一脸麻木地在旁边舔着爪，身形萧索——都是一笔一笔的血债。

番外五

深秋时，燕城某个流浪动物救助组织在费渡公司附近的小公园里设了个点，安了一些过冬避寒的简易猫屋，小公园被一圈写字楼和商业广场包围，平时熙攘来往的都是都市白领，难得见有动物来，一窝蜂地都来投喂，渐渐形成了一个野猫的自然村。

这天，费渡清早出门，稍微绕了个远，他把车停好以后，拎着几个猫罐头来到了猫屋。

猫罐头本来是骆一锅的，头天晚上，骆闻舟跟骆一锅你来我往地大吵了一架，究竟因为什么，一宿过去了，费总也没打听明白，只能通过骆闻舟的另类泄愤行动来判断，这场人猫大战中，猫可能是略占上风——骆闻舟把所有猫罐头打包清理出了柜门，并且声称，宁可留着自己吃，也不便宜骆一锅这个小崽子。

骆闻舟这个同志，平时在外面看着人五人六的，在家一旦幼稚起来就六亲不认。为了不让骆闻舟言出必行地把猫罐头端上自己的餐桌，费渡只好亲自替他处理，一大早来到野猫村送温暖。

野猫村里住的都是颠沛流离的"浪子"，平时都靠才艺讨饭吃，不像骆一锅那么张扬跋扈，闻到香味，猫屋里先是小心翼翼地探出了几颗脑袋，等一只领头的灰色大猫侦查完毕，率先尝了，其他的猫才争先恐后地跟着出来吃。

这时，费渡注意到角落里有一个损坏的破猫屋，塌了半边，只有个摇摇欲坠的顶，一只丑得出奇的白猫从"危房"里探出头来，动作有些畏缩。它瞎了一只眼，双耳也不对称，半张脸上有一道不规则的伤疤，可能是人，也可能是流浪狗或者其他猫伤的，野外的环境并不那么友好。

大白猫露出一个脑袋，仅剩的眼睛是浅蓝色的，对上费渡的目光，它也不叫，只是殷殷地看着他，莫名让人觉出一点不同于普通畜类的灵性。

费渡手上还剩最后一盒罐头，给谁都是给，于是朝角落里的"危房"走了过去。走近才发现，原来大白猫不是光棍一条，那"危房"里还住着几只耗子一样大的幼猫，都是杂毛，其中一只的毛色和骆一锅有点像，见了人也不知道怕，睁着无知的大眼睛，伸长了脖子看着费渡。

费渡把猫罐头打开，放在半坍的猫屋旁，大白猫却不吃，反而蜷缩起身体，喉咙里发出低沉的咆哮，亮出指甲的爪子抠进地里，像是准备要跟谁打仗。

费渡一抬头，看见几只大猫悄无声息地围了过来，一边舔着嘴，一边贪婪地盯着白猫这一家老弱病残，只等人一走，就要扑过来打劫。窝里的幼猫们挤作一团，大小像老鼠，"叽叽"的叫声也和耗子差不多，竖起来的尾巴尖都只有短短的一截，一起哆嗦着，不知是冷还是怕。

这些出生在冬天的小动物，就像出生在动荡里的人，命贱，死起来一茬一茬的，可怜不过来。

费渡看了看表，不过反正他自己当老板，不用打卡，于是在白猫的猫屋旁边坐下了。

大概是气场的缘故，野猫黑社会好像有点怕他，大猫们垂着尾巴远远觊觎着，不敢到他跟前放肆，眼看他没有要走的意思，只好不甘不愿地各自散了。好一会儿，大白猫才放松下来，小心翼翼地在罐头上舔了一下，然后拉开沙哑的嗓子，冲费渡叫了一声。

费渡戴着耳机，正拿手机查邮件，没理它。

大约有十多分钟，白猫一家终于饱餐完毕，费渡余光瞥了一眼，见那只长得很像骆一锅的小猫胆大包天，居然从猫屋里爬了出来，摆动着稚拙的四肢，哆哆嗦嗦地向他走过来，想去蹭他垂在膝盖上的手。

除了已经习惯一起生活的骆一锅，费渡依然没有亲近小动物的习惯，也并不打算和一只没满月的小猫崽交朋友，于是站起来躲开了。

幼猫失望地叫了一声，这时，有人在他身后轻轻地叹了口气："它只是喜欢你，你既然是铁石心肠，干吗还要给它们恩惠？"

费渡脚步一顿——不远处的石凳上，坐着一个又熟悉又陌生的年轻男人。那人穿着一件不打眼的卡其色外套，休闲裤打理得不大精心，有点皱，头发也略有些长了，五官还是"原班人马"，底下却仿佛换了个灵魂，乍一眼看过去，根本认不出这会是当年燕城著名的纨绔子弟张东来。

张东来对上费渡的目光，缓缓地站了起来，两人在群猫丛中面面相觑，物是人非，一时两相无语。

印象里，但凡他们俩凑在一起，周围不是觥筹交错，就是纸醉金迷，聒噪的笑声与呛人的香水味总是如影随形，谁能想到有一天见面会是这样的光景呢？

费渡摘下耳机，率先开了口："好久不见。"

张东来用一种复杂难言的目光看着他，近乎拘谨地一点头。

费渡走到他身边，指着旁边的石凳问："我能坐这儿吗？"

张东来的目光牢牢地锁在他身上，不知道为什么事到如今，费渡还是这样坦然，坦然得好像他从未做过那些事一样。

那年除夕，他从一场颠倒的寻欢作乐场里爬出来，余醉未退，一步跌进了一个冰天雪地的噩梦里。他好像是误入了一个荒谬的平行世界，做梦都想不到的曲折离奇一股脑儿地砸在他头上，身边熟悉的人都变了样，一个个地成了裹着人皮的妖怪。

他一直尊重敬畏的父亲是冷血变态的杀人狂，刚正得让他时常自愧有辱门楣的叔叔手上血债累累，还有他的朋友……他的朋友费渡。

酒肉朋友也是朋友。

费渡有趣、敢玩，哪个圈子都混得开，而且三观和张东来一样，信奉及时行乐，从不以自己不学无术为耻，全心全意地扮演着一个快乐的小傻×。在燕城的纨绔圈子里，张东来最欣赏的是他，最亲近的是他，甚至人在异乡，惶惶不安的时候，下意识求助与信任的，依然是他。他拿费渡当浮华场上的知音，可原来，其实只有费渡知他的音——他是个长了耳朵的聋子。

费渡舒展开长腿，坐在旁边的石凳上："一年多没你消息了，过得怎么样，婷婷好吗？"

张东来反问："如果是你，你会好吗？"

费渡静静地看着他，不置一词。

张东来第一次发现，自己从未仔细看过费渡的眼睛，印象里，费渡总是漫不经心的，瞳孔像是对不准焦，惊鸿一瞥的一个眼神扫过，随后就再次隐没在镜片……或者别的什么后面。他想，如果他早注意到这双藏着深渊的眼睛，一定不会傻呵呵地把这个人当成自己的同类。

张东来声音有些尖锐地说："我从来没有认识过你，费总，是不是？"

费渡坦然回答："可以这么说。"

张东来被他噎了个倒仰，布满血丝的眼睛狠狠地瞪着他。

"你也从来没有认识过你父亲、你叔叔，还有他们身边的那些人。"费渡平静地说，"你一出生，身上就被人套了个乌托邦似的罩子，玻璃罩外面贴满了花团锦簇，严丝合缝，你从来没有往外窥探过。你父亲急惶惶地把他可望而不可得的东西全堆在你们兄妹身上，他把你们俩当成自己生命的延伸，好像这样就能得到补偿。"

张东来的呼吸急促起来，一只手下意识地插进外衣兜里。

费渡却好像什么都没看见，接着说："我没打招呼就毁了你的乌托邦，对不起，所以你今天过来，想做个了结吗？"

"我朋友不少，但你是分量最重的一个，"张东来嗓音嘶哑，"你说什么我都信，真的，费渡，我对你……我对你不说掏心挖肺，可也差不了多少，我从来没把怀疑俩字往你身上搁过，想都没想过……可你把我当什么？送上门来的傻子吗！我有什么对不起你的地方？"

"没有，是我对不起你，"费渡说，"但是一码归一码，再有一次，我还会这么干。"

"你……"

费渡向张东来摊开双手，他的手修长苍白，外衣平整的袖口露出一段一尘不染的衬衣袖："你兜里有什么？是刀，还是枪？"

张东来的嘴唇剧烈地颤抖起来："你以为……你以为我不敢？"

"如果你想杀我报仇，一把裁纸刀足够了，"费渡叹了口气，轻轻地说，"这样万一事到临头你反悔了，还有余地。但如果你带了管制刀具或者……"

张东来大吼一声，一把揪住了费渡的衣领，野猫们敏锐地感觉到气氛不对，全都噤若寒蝉地躲了起来，只有方才那只第一个吃罐头的长毛大灰猫站了起来，谨慎地往前走了几步，像个放哨的守卫，盯着这边的动静。

费渡脖子一凉，一柄裁纸刀紧紧地抵住了他的颈侧，不知是他颈部的皮太嫩，还是张东来的手抖得太厉害，刀刃下很快出现了一条小血口。费渡远远地冲着多毛的大灰猫做了个手势，离奇的是，大灰猫的耳朵突然往后一背，好像看懂了似的，往周围看了看，重新卧了下去。

费渡眼神往下一瞥，笑了："还真是裁纸刀啊。"

张东来从牙缝里挤出一句话："你利用我，毁了我们家！"

"我利用过你一次，我说了对不住你，愿意的话，以后我可以用任何力所能及的方式补偿你，不愿意也没事，你可以在这儿划一刀。"费渡缓缓按住了张东来抖个不停的手，"最好找个什么东西遮一下，不然会喷你一身血，划得果断一点儿，最多五六分钟，咱俩就一了百了了——你放心，猫不会叫救护车。"

他说到这里，忽然把张东来的手往下一按，颈动脉的震颤顺着刀刃传到了张东来手上，更多的血一下冒了出来，染红了衬衫领。张东来到底是温柔乡里长大的公子哥，几乎被费渡身上那种前所未见的亡命徒气质吓破了胆，一下松了手，避之唯恐不及地躲开费渡，惊恐地睁大了眼睛。

费渡接住裁纸刀，低头笑了一下，把刀刃缩回了塑料壳，歪头用领子擦了擦血迹："你是个好人，出过的最大纰漏就是自己开车超速剐蹭电线杆，就算是跟人打架斗殴，也从来没把别人打坏过。东来，你跟我们不一样。这把刀我就当临别礼物收下了，往后带着婷婷去过正常人的生活吧。"

张东来用一种异样的目光看着他，直到此时，他终于确定了，他不认识费渡，他的朋友是一个大雨夜里、野外飙机车连头盔都不戴的浪荡子，他不认识眼前这个面无表情地把玩着裁纸刀，好像没有知觉似的可怕男人。

"那次在西岭，我们几个凑热闹，帮警察找一个失踪的小女孩，朋友圈里被那女孩的照片刷屏了，认识的不认识的都跟着转发，可惜最后没找着，警察只挖出了她的尸体，"费渡说，张东来却随着他的话音颤抖了起来，"这事传出来之后，我看见你们又刷屏了一次，你还点了蜡，过后大家就忘了这事，我觉得你现在应该知道真相了。"

张东来知道，他花了一年多的时间，去搜寻、追忆、听、看……他知道那个短暂地在他手机上停留过的小女孩在一个泥泞的雨夜里被人带走，又在极度恐惧中死于非命，身体被切成一堆碎肉，死不瞑目地葬身在他父亲亲手置办的抛尸之地。

他曾经一度失眠，总觉得那女孩还如影随形地藏在他手机里，快意看着他从可恶的无知里惊醒过来，每天被真相折磨，惶惶不可终日。

"我没有毁了你们家，"费渡冷漠地说，"东来，你所谓的'家'，一开始就是个谎言，谎言是不可能长久存续的。"

张东来明知道他说的都是实话，然而他的处境这样尴尬，无论接受与不接受，仿佛都是毫无道理的。他茫然无措，忽然被铺天盖地的委屈淹没，难以忍受地哭了。

人一出生，就要被接生的大夫打哭一次，从此脱离母体，开始自主呼吸。

然后又要被无情的真相打哭过无数次，渐渐离开童年、离开平和的"新手村"，走向更远、更不美好、更不可知的未来。

事到如今，张东来这个发育迟缓的大龄男孩，终于放开嗓子，号啕大哭起来。

费渡没有再去打扰他，只是沉默地坐在石凳上，等着张东来哭到筋疲力尽，没再看自己一眼，头也不回地走了。

费渡知道，张东来应该不会再回来了。他伸手摸了一把自己的颈侧，血已经结痂止住了，费渡叹了口气，摸出方才那把裁纸刀。

"他走了？"野猫屋后面的树丛里，一脸凝重的陆嘉和周怀瑾走了出来，周怀瑾弯下腰摸了摸大灰猫的头，大灰猫看起来和他很熟，翘起大尾巴，高冷地在他手上蹭了一下，懒洋洋地站起来走了。

费渡"嗯"了一声，卸下裁纸刀的塑料壳，从里面抽出了一张小纸条，纸条上写了一个地址。

"应该是春来集团的漏网之鱼，"费渡把纸条交给陆嘉，"找人盯住了，匿名报案。"

陆嘉应了一声，接过纸条走了，周怀瑾却弯下腰，皱眉盯着费渡领口的血迹："你晕不晕，想不想吐？赶紧去医院。"

"就破了点皮，我早不那么晕血了。"费渡摆摆手，站起来的时候脚底却踉跄了一下——不那么晕了，但还是稍微有点后遗症。

"我说什么来着！"周怀瑾一把扶住他，"让你没事玩刀，刀是随便玩的吗……"

费渡无奈："周大哥。"

周怀瑾一脸严肃地看着他。

周氏与春来集团的大案了结后，周怀瑾不知去哪儿游荡了几个月，然后孑然一身地回了国，当年的亿万财团继承人，现在在费渡手下做财务总监。一开始大家喊他周总，后来不知怎么的，周总就成了周大哥，公司上下，不管男女老少统一这么叫，平时在外面一脸高贵冷艳的精英，一回来就成了管东管西的啰唆大哥，他爱心泛滥，好像全世界都是他爱闯祸又不靠谱的小弟。

警方对"春来集团"四个字反应极其敏捷，接到线报以后，立刻迅雷不及掩耳地赶到这些漏网之鱼的聚集窝点，在对方毫无防备的时候就把人一网打尽。

张东来悄无声息地来到燕城，又悄无声息地坐飞机离开了，终生没有再回来过。

两代人，纠缠不休的恩怨，至此，终于尘埃落定。

傍晚，费渡坐在自己车里，跟一只没有巴掌大的小野猫面面相觑——方才他刚上车，还没打着火，一道白影突然跳上了他的车前盖，瞎了一只眼的大白猫看了他一眼，把那只长得很像骆一锅的小猫往他车上一放，不等费渡反应过来，大白猫掉头就跑，强买强卖。

小野猫支棱着尾巴，一直在哆嗦，好像是怕冷，不断地往他怀里钻。

费渡拎着它的后颈，把猫扒拉下来："回去跟你妈说，我不打算收养猫。"

小野猫回答："咪。"

费渡跟它讲道理："我们家有一只猫了，把你带回去，它能一巴掌把你打扁了。"

小野猫伸长了脖子，眯着眼在他身上闻，又眼巴巴地看着他。

费渡无奈："……骆闻舟非得挠死我不可。"

小野猫一唱三叹地"喵呜"了一声，伸出小爪子扒住他的外衣。

费渡看了看还不会收爪子的猫，又摸了一把脖子上的创可贴，突然灵机一动："有道理。"

小野猫一歪头，身体腾空而起，它不安地挣动了一下四肢，懵懂地看着费渡捏了捏它的小爪子，指着脖子上的伤口说："记住，这是你挠的，不穿帮我就收养你。"

小野猫在汽车引擎声里打了个寒战，仿佛有种不祥的预感。

这时，费渡的手机振了起来，突然响起的《五环之歌》吓得小野猫一哆嗦，费渡一边缓缓地把车开出停车场，一边接通："嗯，下班了，在路上……晚上啊？想吃焗大虾……不要，吃你做的……"

电话那边的人抱怨了一声什么。

费渡狡猾地笑了起来："对了，我今天还给你带了个'礼物'……嗯？没有乱花钱。"

"你肯定会喜欢的。"

番外六

"桑阿姨,怎么还在打扫?"周怀瑾把外套搭在臂弯,锁上办公室,"说多少次了,早晨扫嘛,你都那么大年纪了,这么晚回去多不安全?"

桑老太拧着抹布上的水,慈祥地冲他笑:"周大哥,怎么连奶奶都要唠叨?"

周怀瑾叫她阿姨,然而阿姨自行长了个辈分,自称奶奶——她对谁都自称奶奶,不管对方多大年纪。

周怀瑾无奈:"还要擦多久?"

"把陆总办公室的桌子擦干净就好了。"

"他的桌子不用总擦,"周怀瑾靠在楼道口等她,一边说,一边拿出手机,刷开新闻网页,"他自己每天在桌子上滚来滚去,袖子都把灰抹干净了。"

五分钟以后,桑老太把最后一间办公室打扫干净,换下工作服,让周怀瑾开车送她回家。

一直等到看着老太太上楼开灯,推开阳台窗户探出头,周怀瑾才重新踩油门打火。

桑老太从楼上朝他喊:"明早奶奶炸面食,你要吃什么?"

周怀瑾不跟她客气,拉下车窗回道:"糖油饼!"

桑老太笑了起来:"油饼还要吃糖的,跟小孩子一样哦。"

周怀瑾冲她挥挥手,缓缓地把车开走了。

桑老太不愿意早回家,周怀瑾明白,他也不愿意早回家——陆嘉每天下班后去拳馆,卫卫被费渡逼着去念书了,据说课业很忙,这个时间大概还在图书馆赶作业,费渡……费渡好一点儿,骆闻舟收留了他,骆闻舟值班不在,他还得肩负伺候两只猫的重任,也算有事干。

费渡是个非常安静的人,周怀瑾曾经一度不能理解,他以前怎么会耐着性子和张东来他们鬼混在一起,以费渡的心机,即便是有心想接近张东来,也实在没必要做到这种地步。

后来他懂了,他们都不愿意回家。

他们是一群很难融入人群的人，白天各自忙碌，还有种世界与我同在的错觉，晚上独自回家，就又被打回原形。

　　周怀瑾打开车载广播，两侧的霓虹穿过车窗，广播里在放一条治疗尿频的假药广告，他往住处走的时候，已经接近深夜十一点了，宽阔的道路人烟稀少，让人有种独自穿越时空的错觉，一不小心就超了速。

　　絮絮叨叨的导航立刻发话训斥："您已超速！"

　　周怀瑾的脚踩在油门上没放下来："知道了。"

　　导航："您已超速。"

　　周怀瑾煞有介事地跟它一问一答："你看路上没人嘛，也没有摄像头，我又没超多少。"

　　"您已超速。"

　　"好了好了，听你的，我说你们做导航的，胆子都这么小吗？"

　　"车道偏移——"

　　"哎，知道了，"周怀瑾微微打了一下方向盘，"大哥老了，眼神不好了，有的人四十来岁就眼花了，你知道吗？"

　　导航短暂地安静下来。

　　周怀瑾看着前方的路，成排的路灯打在他瞳孔里，倒映出细微的光圈，他略薄的嘴角似乎浮起一层浅浅的笑意，在空无一人的轿车里，自言自语说："要是费渡在这儿，他肯定会故作惊讶地问我，'什么时候帅和老变成同义词了'——你就不会，讨人喜欢这点，你从小就不能跟你的朋友近朱者赤，没办法。"

　　"别人自称老的时候，就是想让你说'哪有'啊，熊孩子。"

　　这时，一通电话忽然打了过来，周怀瑾正好经过一个十字路口，他在空无一人的路口停下来等红灯，顺手接了电话："老陆。"

　　陆嘉那边的背景音相当混乱，周怀瑾接起来的时候，还能听见他那边有尖叫声，接着有人长长地嘘了一声，电话那头才安静下来，陆嘉干咳一声："周大哥，没睡呢吧？晚上有安排吗？"

　　"什么安排，"周怀瑾说，"你跑得倒快，我才刚下班。"

　　陆嘉那边又爆发出一阵小小的欢呼，再次被嘘声压下去，陆嘉贱兮兮地说："那太好了，过来找我玩，我在拳馆这边，你知道地址，来了有惊喜。"

　　周怀瑾在国外长大，年轻时候也是个荒唐的少爷，失笑说："你跟谁玩真心话大冒险呢吧？"

电话里一阵压抑不住的窃笑，听着七嘴八舌的，看来人还不少，周怀瑾有点无奈——果然被他猜中了，陆嘉这货，一把年纪了，一点正经都没有。

"你们别笑，"陆嘉在那边不知训了谁一句，接着又说，"老周，你可一定得来，要不然今天这帮小崽子要骑到我头上了！"

红灯尽忠职守地在约定的时间跳了绿，周怀瑾犹像了一下，摇摇头，挂断电话，掉头转向另一个方向。

陆嘉白天给费渡打工，晚上去拳馆当教练，拳馆是陆嘉自己投资开的，白天请了几个职业教练收学生上课，晚上他下班就自己回去教，拳馆二楼的卧室就是陆嘉的"家"，周怀瑾去过几次，算是轻车熟路。

往常这个时间，拳馆已经关门了，今天倒是灯火通明，门口还有几辆汽车和机车，周怀瑾一进门吓了一跳，只见拳馆里到处挂着彩带和彩球，装饰得跟圣诞节的马戏团似的，一股奶油和香槟混杂的气味扑面而来，十几个年轻人齐刷刷地把目光投向他，有男孩也有女孩，一起对着周总熨帖考究的三件套尖叫。

周怀瑾一头雾水：什么毛病，这拳馆是教狮吼功的吗？

陆嘉拿不锈钢勺子敲旁边铁制的健身器材，铛铛作响声中，他大声说："帅不帅？帅不帅？你们就说，这个帅不帅？正宗常春藤学校毕业，海归精英，什么叫气质？这就叫气质——服不服，我赢没赢？"

几个女孩嗷嗷地应和。

陆嘉豪气冲天："都给我喝！"

周怀瑾看着这帮群魔乱舞的小青年，太阳穴直跳，后悔得恨不能掉头就走，被陆嘉一把勾住脖子拖了进去。

原来是拳馆的几个小孩参加业余组比赛拿了奖，又正好有人过生日，陆嘉不嫌他们吵，把拳馆场地腾出来给一帮年轻人玩，玩到半夜，都疯了，不知道是哪个不靠谱的提出来，让他们一人叫个朋友过来，谁叫来的人颜值高谁赢，输了的喝酒。

周怀瑾跟他们有代沟，好脾气地任凭几个年轻人七嘴八舌地查了一通户口，就自己找了个角落坐下了。毕竟是累了一天了，此时他端着杯香槟，在吵闹的人声和音乐声里有点犯困，撑着头，疲倦地发呆。

忽然，一个杯子靠过来，在他的杯口碰了一下，来人说："我干杯，你随意。"

周怀瑾笑了："要脸吗，拿可乐跟我干杯？"

陆嘉推了推他，让周怀瑾让出了足够两个人的位置，才晃晃悠悠地坐下：

"酒和可乐不都是为了助兴吗？效果既然一样，你管它什么实质呢。"

周怀瑾开玩笑说："下次这种场合，你应该打电话叫费总过来，叫我有风险，叫他来，保证你下半辈子都赢家通吃。"

"我不想活了吗？"陆嘉扑棱了一下脑袋，"现在的小孩就喜欢你这样的——哎，哥，那边那小女孩，看见了吗？偷偷摸摸冲你笑的那个。"

周怀瑾顺着他的目光望去，一个挽着长发的小姑娘正打量着他，并没有偷偷摸摸，和他眼神一碰，立刻大大方方地露出一个带小虎牙的笑容，可爱得有点甜。

陆嘉："刚才跟我打听你半天，我看她对你很有意思。"

周怀瑾："滚蛋，去你的。"

"那女孩不错，在我这儿学了三年了，"陆嘉眉飞色舞地说，"自由搏击女子组105磅级冠军，外面那些小流氓，她一个人揍四五个不算事，正配你这种肩不能挑手不能提的！"

周怀瑾一口香槟呛了出去。

陆嘉嘿嘿地笑了起来："话说回来，老男人，你一把年纪了，有几段婚史？"

周怀瑾一耸肩："没有。"

陆嘉"哇"了一声："你是当钻石王老五有瘾，还是有别的毛病？"

"别的毛病，"周怀瑾扯起嘴角一笑，"被迫害妄想症。"

陆嘉一愣，忽然不吭声了。

周怀瑾这才想起什么似的，转过脸问他："叫谁老男人呢？你能比我年轻几岁？"

"我是一条比你年轻少许的光棍，"陆嘉说，"不过你是王老五，我是死胖子。我也是被迫害妄想症——真巧，咱俩病友。"

四下热闹非凡，两个奔四张的男人并排坐在一角，交流病史。

周怀瑾杯口一偏，在陆嘉的杯子上碰了一下："听起来你比较惨，不过每个胖子都是潜力股，我相信你。干了，病友。"

陆嘉："谢了，病友。"

喝了酒，后半夜谁也没法开车回家，只好在拳馆里横七竖八地躺了一片，周怀瑾是个讲究人，万万不肯委身沙发，陆嘉只好带着他上楼找床睡，哈欠连天的周怀瑾在看清了陆嘉狗窝的瞬间，就不困了。

"我的天，"周怀瑾目瞪口呆，"老陆，你这……你这是人住的地方吗？"

陆嘉是表里如一的不修边幅，整个二楼在他的祸害下，简直没地方下脚。

周怀瑾："你每天睡哪儿？"

陆嘉叼着根吸管，指了指堆满杂物的床："把东西扒拉开，扔地上。"

周怀瑾长长地叹了口气，把外套往陆嘉身上一扔，动手替他收拾："你这屋，阿嚏——呼吸道敏感的进来都能引发鼻炎……呸，哪来这么多灰……"

陆嘉大猩猩似的倚着门框，蹲在门口，一声不吭地挨训。

"楼下学生上来看见不笑话你吗？"周怀瑾一边说，一边从床头揪出一串不成双的袜子，他最近又焗了头发，黑发如墨迹似的，眉目间挥之不去的阴郁气质在外人看来有些冷淡——想来也是，他从小就是个有一肚子难言之隐的豪门公子，理所当然是高傲而敏感的，如果不是朝夕相处，大概无论如何也想象不出他挽着高定衬衫袖子，骂骂咧咧的样子。

"拿穿过的袜子当枕头，我真服了。"周怀瑾憋了半晌，到底没有说出一句粗话来，"不像话！太不像话了你知道吗？"

"知道了，"陆嘉从善如流地承认了错误，"哥。"

背对着他的周怀瑾周身一震。

刹那间，空气好像不再流动，浮动的尘埃在灯光下漫步漂移，楼下的熊孩子们精力旺盛，还有依稀的笑闹声传来……

周怀瑾缓缓地回头，看了陆嘉一眼，良久，他平整的肩膀垮塌下去，声音沙哑地应了一声："嗯。"

"别在那儿游手好闲，过来帮忙。"

"那我干什么？"

"打盆水洗抹布！"

"……哦。"